果树生产技术

主　编　黄　静（铜仁职业技术学院）
　　　　任树廷（铜仁职业技术学院）
副主编　杨佳琪（铜仁职业技术学院）
　　　　张　涛（德阳农业科技职业学院）
　　　　尤丽娜（滦州市职业技术教育中心）
　　　　邓国志（贵州丰达生态农业科技有限公司）
参　编　王　琨（铜仁职业技术学院）
　　　　赵会芳（铜仁职业技术学院）
　　　　潘绿昌（铜仁职业技术学院）
　　　　闫　凯（成都农业科技职业学院）
　　　　肖建新（泸州职业技术学院）
　　　　李亚娟（铜仁市农业农村局）
　　　　张林林（贵州武陵山果蔬花卉种植园）

北京理工大学出版社
BEIJING INSTITUTE OF TECHNOLOGY PRESS

内 容 提 要

本书是校企合作开发的理实一体化教材，按照园艺工、农业技术员、农作物植保员等相关国家职业技能标准要求，注重理论知识与实际操作有机融合，突出实用性。本书采用"项目+任务/案例"的形式，共分为3大项目26项任务/案例，按照果树生产与管理岗位的工作任务要求，首先介绍果树生产相关的基础知识，然后介绍果树生产关键技术，最后将理论知识与专业技术应用到生产案例中，使读者既知道果树生产与管理该怎么做，又能理解为什么这样做。

本书可作为园艺技术、生态农业技术等相关专业的教材使用，也可作为从事果树科研、教学、技术推广等学者和生产一线的相关人员的参考用书。

版权专有　侵权必究

图书在版编目（CIP）数据

果树生产技术 / 黄静，任树廷主编. -- 北京：北京理工大学出版社，2024.3
　　ISBN 978-7-5763-2042-8

Ⅰ.①果… Ⅱ.①黄… ②任… Ⅲ.①果树园艺 Ⅳ.①S66

中国国家版本馆CIP数据核字（2023）第007814号

责任编辑：阎少华	**文案编辑**：杜　枝
责任校对：刘亚男	**责任印制**：王美丽

出版发行 /	北京理工大学出版社有限责任公司
社　　址 /	北京市丰台区四合庄路6号
邮　　编 /	100070
电　　话 /	（010）68914026（教材售后服务热线）
	（010）68944437（课件资源服务热线）
网　　址 /	http://www.bitpress.com.cn
版印次 /	2024年3月第1版第1次印刷
印　　刷 /	河北鑫彩博图印刷有限公司
开　　本 /	787mm×1092mm　1/16
印　　张 /	18.5
字　　数 /	419千字
定　　价 /	79.00元

图书出现印装质量问题，请拨打售后服务热线，负责调换

前言

Foreword

  本书根据《国务院关于印发国家职业教育改革实施方案的通知》（国发〔2019〕4号）、《关于组织做好职业院校专业人才培养方案制订与实施工作的通知》（教职成司函〔2019〕61号）及中共中央办公厅、国务院办公厅印发《关于深化现代职业教育体系建设改革的意见》（中办发〔2022〕65号），以及二十大提出以中国式现代化推进农业强国建设等有关文件精神与要求，在北京理工大学出版社的大力支持下，由高等职业院校教师、行业、企业一线专家共同编制完成。教材按照园艺技术、生态农业技术、现代农业技术、设施农业与装备等专业的人才培养要求，结合园艺工、农业技术员，农作物植保员等相关工种职业岗位需求，注重理论知识与实际操作有机融合，突出实用性，以尽可能满足培养果树产业发展所需要的高素质技术技能型人才。

  本书为理实一体化教材，重基础、强技能，以果树栽培管理过程所需知识、技能和素质为主线，采用"项目+任务/案例"的形式，其中每个项目下设学习目标，每个任务分为任务引入、知识准备、任务实施、课后练习和知识拓展等环节。教材明确了果树生产的主要工作任务，引用大量参考文献和标准，注重果树生产技术应用能力的分析，其内容涵盖了传统果树栽培学总论的内容，同时也介绍了柑橘、梨、桃、李、葡萄、杨梅等果树的实用生产技术。这样的编写结构既有利于开展理实一体化教学，又有利于学生掌握知识和强化技能。

  本书由黄静、任树廷担任主编，杨佳琪、张涛、尤丽娜、邓国志担任副主编，参加编写的人员还有王琨、赵会芳、潘绿昌、闫凯、肖建新、李亚娟、张林林。项目一中任务一至任务四由任树廷编写；项目一中任务五、任务六由张涛和尤丽娜编写；项目二中任务一、任务二、任务三由王琨编写；项目二中任务四、任务五、任务六由杨佳琪编写；项目二中任务七、任务八由赵会芳编写；项目二中任务九、任务十由潘绿昌编写；项目三中案例一、案例二由任树廷和邓国志编写；项目三中案例三由张涛和黄再发编写；项目三中案例四、案例五、案例六由黄静、尤丽娜和李亚娟编写；项目三中案例七、案例八由闫凯编写；项目三中案例九和案例十由肖建新编写。在编写过程中，铜仁职业技术学院农学院的领导和教师给予了大力帮助和支持，本书参考、借鉴和引用了同行许多资料与图片，在此一并表示感谢！

由于编者水平有限，书中难免存在不妥与疏漏之处，恳请读者批评指正。

编　者

目录

项目一　果树生产基础知识 ·················· 1
任务一　果树生产概况 ·················· 1
　　一、果树及果树生产的概念 ·················· 1
　　二、发展果树生产的意义 ·················· 2
　　三、果树的特点 ·················· 2
　　四、果树生产的现状及发展方向 ·················· 3
任务二　果树分类 ·················· 9
　　一、植物学分类法 ·················· 9
　　二、园艺学分类法 ·················· 10
任务三　我国果树带的划分 ·················· 15
　　一、果树带 ·················· 15
　　二、果树带的划分 ·················· 15
任务四　果树结构及组成器官 ·················· 19
　　一、果树树体结构 ·················· 20
　　二、根系 ·················· 20
　　三、芽 ·················· 24
　　四、枝 ·················· 25
　　五、叶 ·················· 28
　　六、花芽分化及调控 ·················· 31
　　七、开花、坐果与果实发育 ·················· 34
任务五　果树生长环境条件 ·················· 43
　　一、温度 ·················· 43
　　二、光照 ·················· 46
　　三、水分 ·················· 47
　　四、土壤 ·················· 48
　　五、地形地势 ·················· 49
　　六、污染 ·················· 50

任务六　果树的生命周期和年生长周期·······53
一、果树的生命周期·······53
二、果树的年生长周期·······56

项目二　果树生产关键技术·······66

任务一　果树育苗·······66
一、育苗概述·······67
二、常规育苗技术·······67
三、设施育苗技术·······87

任务二　果园建立及果树栽植·······95
一、建立果园·······95
二、果树栽植·······102

任务三　花果管理·······107
一、保花保果·······107
二、疏花疏果·······109
三、果实套袋·······110

任务四　土肥水管理·······113
一、土壤管理技术·······113
二、施肥技术·······117
三、水分管理技术·······121

任务五　病虫害防治·······123
一、果树病虫害防治的原则·······124
二、果树病虫害的主要防治方法·······124
三、果树病虫害防治的注意事项·······126

任务六　夏季修剪·······129
一、整形修剪的原则·······130
二、整形技术·······130
三、整形方法·······130
四、修剪时期·······132

任务七　果实采收及采后处理·······136
一、确定适宜的采收期·······136
二、采收方法·······137
三、采后处理·······137

任务八　秋施基肥·······140
一、秋施基肥的作用·······141
二、肥料种类·······141
三、施肥时期·······141
四、施肥量·······142

五、施肥部位 ·················142
　　六、施肥方法 ·················142
　　七、注意事项 ·················143

任务九　冬季修剪 ·················145
　　一、果树冬季修剪的作用与目的 ·················145
　　二、冬季修剪的方法及反应 ·················146
　　三、不同年龄时期果树的修剪任务 ·················151
　　四、修剪技术的综合运用 ·················151

任务十　越冬防寒 ·················157
　　一、冻害的含义和表现 ·················157
　　二、果树发生冻害的部位 ·················158
　　三、影响冻害的因素 ·················158
　　四、果树防寒措施 ·················159
　　五、冻害补救措施 ·················160

项目三　果树生产案例 ·················165

案例一　柑橘生产技术 ·················165
　　一、生产概况 ·················165
　　二、主要种类与品种 ·················166
　　三、生物学特征 ·················175
　　四、主要生产技术 ·················178
　　五、病虫害防治 ·················185

案例二　梨树生产技术 ·················191
　　一、生产概况 ·················191
　　二、主要种类与品种 ·················191
　　三、生物学特征 ·················195
　　四、主要生产技术 ·················198
　　五、病虫害防治 ·················201

案例三　桃生产技术 ·················204
　　一、生产概况 ·················204
　　二、主要种类与品种 ·················204
　　三、生长发育特点 ·················207
　　四、主要生产技术 ·················210
　　五、病虫害防治 ·················214

案例四　李生产技术 ·················219
　　一、生产概况 ·················219
　　二、主要种类与品种 ·················219
　　三、生长发育特点 ·················222
　　四、主要生产技术 ·················223

案例五　葡萄生产技术 ... 226
  一、生产概况 ... 226
  二、主要种类与品种 ... 226
  三、生物学特性 ... 229
  四、主要生产技术 ... 232
  五、设施栽培技术 ... 238
  六、其他生产技术 ... 240
  七、采收 ... 241
  八、病虫害防治 ... 241

案例六　板栗生产技术 ... 245
  一、生产概况 ... 245
  二、主要种类与品种 ... 246
  三、生长发育特点 ... 247
  四、主要生产技术 ... 249

案例七　杨梅生产技术 ... 253
  一、生产概况 ... 253
  二、主要种类与品种 ... 253
  三、生物学特性 ... 254
  四、主要生产技术 ... 256
  五、病虫害防治 ... 258

案例八　香蕉生产技术 ... 259
  一、生产概况 ... 259
  二、主要种类与品种 ... 260
  三、生物学特性 ... 261
  四、主要生产技术 ... 263
  五、病虫害防治 ... 268

案例九　菠萝生产技术 ... 271
  一、生产概况 ... 271
  二、主要种类与品种 ... 271
  三、生物学特性 ... 272
  四、主要生产技术 ... 274
  五、病虫害防治 ... 277

案例十　枇杷生产技术 ... 278
  一、生产概况 ... 278
  二、主要种类与品种 ... 279
  三、生物学特性 ... 280
  四、主要生产技术 ... 282
  五、病虫害防治 ... 284

参考文献 ... 287

项目一 果树生产基础知识

学习目标

知识目标

1. 了解果树及果树生产的概念、果树分类的原则及方法；
2. 了解果树年生长周期规律在生产中的意义；
3. 熟悉果树树体结构及组成器官；
4. 熟悉果树生长发育与环境之间的相互关系。

能力目标

1. 能够利用不同的分类方法对常见果树进行识别与分类；
2. 能够掌握常见果树树体结构及组成器官之间的相互联系；
3. 能够准确阐述果树生长发育与环境之间的相互关系。

素养目标

1. 融入"大国三农"理念，树立建设农业强国的历史使命；
2. 在果树识别与分类的过程中，培养科学、严谨的工作态度；
3. 从果树树体结构及组成器官之间的相互联系领悟对立统一规律在大自然中的具体体现；
4. 从果树生长发育与环境之间的相互关系，培养绿色发展理念。

课程导学

任务一 果树生产概况

任务引入

通过本任务的学习，简述果树及果树生产的概念，阐述我国果树产业的发展特点、现状及未来发展方向。针对自己家乡的果树产业发展，制订调研方案，开展调研，并形成调研报告。

果树生产概况

知识准备

一、果树及果树生产的概念

果树是指能生产供食用的果实、种子及其衍生物的木本或多年生草本类的经济作物，如苹果、梨、桃、柑橘、香蕉、荔枝等。南方果树是指在我国南方栽种的果树的总称。

我国南方泛指位于长江以南的地区，包括海南、广东、广西、福建、台湾、云南、四川、贵州、重庆、湖南、江西、浙江、上海、湖北、安徽、江苏及西藏部分地区。我国果树界习惯上是用"南方果树"来统称在我国栽培的"热带亚热带果树"。

果树生产宏观上是指果品生产、果实采后处理、贮藏保鲜、加工及销售整个过程，日常生活中讲的果树生产是指果品栽培过程，包括果树育苗、果园建立及果树栽植、果园的土肥水管理、花果管理、整形修剪及病虫害防治等。

二、发展果树生产的意义

1. 果品具有丰富的营养价值

果品中包含了很多人体需要的营养物质，如碳水化合物、蛋白质、脂肪、矿物质（无机盐）、维生素和水，其中水分、碳水化合物（糖）、有机酸、无机盐等物质含量比较高，特别是维生素C、维生素B等，是人体能量的主要来源。

2. 果树是农业经济的重要支柱产业

果品是继粮食、蔬菜之后的第三大种植业，是农民增收的重要产业。

许多地区因栽种果树而脱贫致富，如陕西、山西、甘肃及山东等地种植苹果、梨、软子石榴、葡萄等；湖南、湖北、四川、重庆、广东、广西、江西等地种植柑橘；河北、浙江、广西等地种植葡萄；云南、广西、海南等地种植香蕉、菠萝等果树，都取得了较好的经济效益。

3. 丰富饮食生活

果品除鲜食外，还可以加工成各种产品，增加饮食品种，特别是一些果形不正、大小不均的果品可作果汁、果酒、果醋等加工原料；柑橘皮类又可为提取精油、果胶等化工业提供原料，变废为宝，大大提高果品的利用率。加工果品的比例，是衡量一个地区果树发展水平的重要指标。

4. 保持生态，提高生态环境效益

栽植果树不仅绿化了荒山、丘陵和沙荒，也保持了水土，改善了生态环境。同时，适宜人们现代生活理念：发展生态农业、观光果业等，促进旅游业发展，带动第三产业发展，提高经济、社会及生态效益。

5. 果品的药用价值

各种果品都有其药用价值，西方有句俗谚"An apple a day keep the doctor away"，中文为"日食一苹果，医者勿其顾"。我国也有一句谚语："一天三枣，永不显老。"枣补脾胃，梨清热，香蕉润肠、降压，银杏对脑血管起软化作用。斐济人以杏及其加工制品为主食，降低癌症发生率。

三、果树的特点

1. 多年生

果树是木本（乔木、灌木、藤本）及多年生草本植物，其寿命短的几年，长的几十年，

甚至几百年。因此，在栽种之前要对园地的选择、水源、道路等因素考虑周全。

2. 种类多

全世界的果树包括野生的在内约有 60 科、2 800 种，其中较重要的约 300 种，作为经济作物栽培的约 70 种。

3. 周期长

一般果树要栽后 2～4 年进入结果期，"桃三杏四梨五年"，建园时园地选择要适宜，种类、品种搭配得当，市场判断正确，还要有一定的经济来源。

4. 集约经营

集约经营即高投入、高产出。我国谚语："一亩①园十亩田。"美国大田作物与苹果的产值比为 1∶7.3，意大利为 1∶2.5，1990 年我国小麦∶水稻∶苹果＝1.4∶1∶27.4。

5. 用途多样

果品的利用形式是鲜食与加工。以鲜食为主，鲜食比例越高，果树栽培发展程度越低；果品加工业越发达，果树栽培发展程度越高。目前我国果品加工率仅有 5％左右。

四、果树生产的现状及发展方向

(一) 果树生产的现状

至 2020 年，全国水果种植总面积 1 264.6 万 hm²，总产量 28 692.4 万 t，分别占世界的 19.5％和 32.35％，均居世界首位。目前，世界人均年消费水果约 78 kg，我国人均年消费水果达 60 kg。

据相关资料记载，2003—2020 年，我国水果总产量呈直线上升趋势，2020 年总产量为 28 692.4 万 t，与 2003 年的 14 517.4 万 t 相比，增长了近 1 倍。水果种植面积在 2014 年之前呈上升趋势，之后 2 年出现下降，随后又有所回升(图 1-1)。水果总产值也呈波动上升的趋势，2016 年与 2015 年相比，产值下降了 20.2％，主要是由水果种植面积下降引起的。总体来说，我国水果产量和产值增长的幅度大于种植面积增加的幅度，表明水果单产存在上升趋势，特别是 2011—2015 年较为明显。

2020 年，对我国水果种植的地区分布进行分析。由图 1-2 可以看出，水果产量位于前 5 位的省(自治区、直辖市)依次是山东、广西、河南、陕西、广东，其中，产量最高的是山东省，为 2 938.9 万 t，其次是广西，为 2 785.7 万 t，再次是河南省，为 2 563.4 万 t。然而，山东省和河南省的水果种植面积分别位于第 8 位和第 11 位，表明山东省和河南省的水果单产较高。我国水果种植面积较高的省(自治区、直辖市)是广西、陕西、广东、新疆、贵州及云南，表明这几个省(自治区、直辖市)的水果单产偏低。在产值方面，位于前 5 位的省依次是陕西、山东、广东、河南和四川，且均超过 1 000 亿元。西藏、青海、上海、北京、天津及吉林等省(自治区、直辖市)，无论是产量、产值还是种

---

① 亩为非法定计量单位，1 亩＝1/15 hm²。——编者注

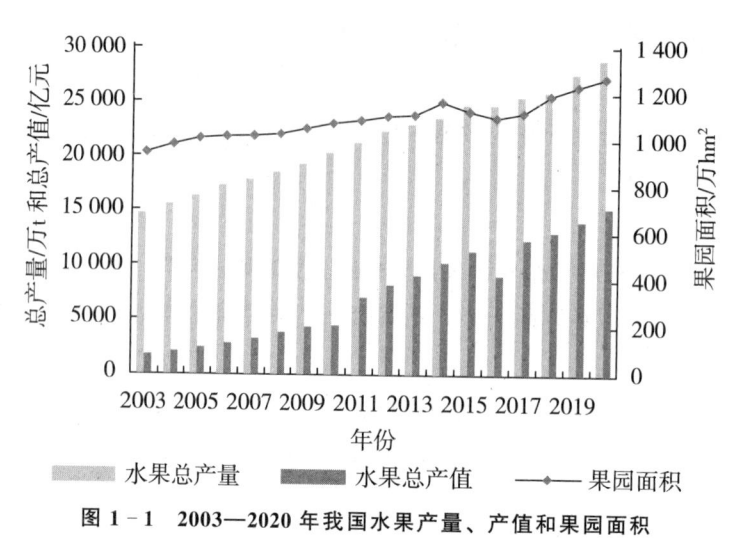

图 1-1 2003—2020 年我国水果产量、产值和果园面积

注：产量和果园面积数据来源于中国统计年鉴，总产值数据来源于中国农村统计年鉴。下同。

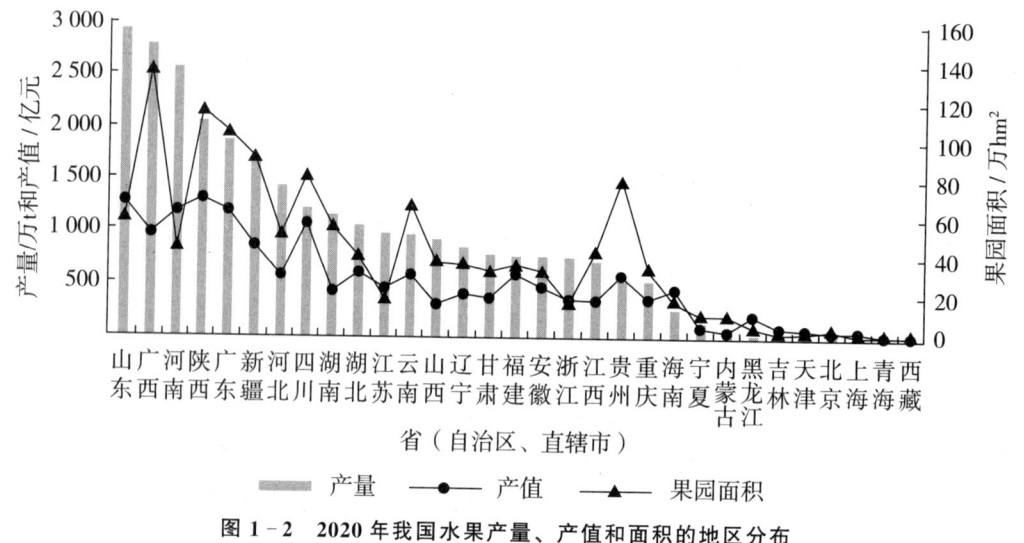

图 1-2 2020 年我国水果产量、产值和面积的地区分布

植面积都非常低，可见这些省（自治区、直辖市）不是水果生产的主产区。

近年来，我国各省（自治区、直辖市）根据市场需求情况积极调整产区、树种、品种，水果生产结构趋于合理，柑橘、苹果、梨三大水果种植面积所占比例均有所下降，小树种果树种植面积逐渐增大，各地名、优、特、稀、新品种比例增多，并注重建设优质水果示范基地，我国水果生产逐渐走上生产规模化、区域化和品牌化的发展模式。但是，与果树生产发达国家（如美国、日本、巴西等）相比仍存在以下差距：各类果树及品种区域布局不太合理，苹果、柑橘、梨等大宗果树比例偏大，早、中、晚熟品种组合不恰当，成熟期过于集中，鲜食与加工品种搭配不合理，适合加工的品种比较少；果园管理粗陋，结果晚、大小年现象严重、单产低；果品质量参差不齐，优质果率低；果品农药残留量超标，无公害果品比例小；果品商品化处理意识和技术落后，果品采收后清洗、打蜡、分级、包装等商品化处理的意识和技术亟待提升；果品贮藏保鲜设施和技术、果品加工设备和技术滞后，不能确保果品丰产丰收和果品资源的充分利用；生产机械化程度低，生产效率低，生产成本高；社会服务体系滞后，如现代营销手段、政策保障、技术服务、肥料农药质量的保障等都有待完善。

(二)果树生产的发展方向

1. 区域化生产

根据果树的立地条件，选择适宜区域栽植的果树，实行区域化栽培。集中发展，凸显优势。在栽培区域内要注意种植树种中大宗水果与小杂果、特有树种的比例；适当增加早、晚熟品种的比例，做到果实均衡上市。

世界各果品主产国都利用土地、气候、资金、技术、人力等优势发展生产。柑橘产量居世界首位的巴西，充分利用其气候、土地优势，大力发展以橙汁为主的加工业，使其橙汁无论是数量还是价格均具有强大的竞争力。西班牙利用地中海的气候优势和在欧洲的区位优势，发展市场需求的鲜食柑橘，使其在世界鲜食柑橘出口上独占鳌头。非洲的尼日利亚利用气候和劳动力的优势大力发展柑橘业，十几年间其柑橘种植面积超过美国。中国农业部2002年以来陆续划定了果品生产优势区域，将渤海湾和黄土高原规划为苹果优势区；根据鲜食柑橘和加工柑橘特点，规划长江上中游柑橘带、赣南-湘南-桂北柑橘带、浙-闽-粤柑橘带、鄂西-湘西柑橘带四大优势区；2008年又规划华北白梨区、西北白梨区、长江中下游砂梨区为重点优势区。

2. 安全化生产

采用绿色生产，实现农业的可持续发展已成为各国农业政策的优先选择。目前有机农业生产制度、IPM制度(病虫害综合防治制度)、IFP水果生产制度(果实综合管理技术)等以生产绿色果品为目标的生产制度在发达国家广泛开展。在世界有机杀虫剂生产的大本营——德国，有机食品生产量已占到食品生产总量的30%~50%。在意大利的苹果主产区，绿色苹果生产制度得到普及。1998年该地区采用有机生产方式的果园占1%，采用IFP水果生产制度的果园已占到81.9%。新西兰1990年引进西欧的IFP水果生产制度，此后其"绿色"标志的苹果、猕猴桃占到总产量的80%。发展中国家也予以高度关注，在安全生产方面制订并执行了一系列标准和操作技术规范。

3. 产业化生产

发达国家已经实现产业化生产，规模不断扩大。例如，1990—2000年，巴西柑橘种植场(企业)由2.9万个合并扩大规模减少为1.4万个，使加工原料成本降低，提高了竞争力。同时，加工企业也减少到15家，2 000万t产量中用于加工的有1 600万t，主要由6家企业完成，足见其规模之大，效益之高。美国的新奇士(SUNKIST)公司，不仅靠果品在世界各地提高销售，而且还用新奇士品牌营利，使公司的利润最大化。

中国果业在30多年的发展历程中，产生了山东复发中记、陕西华圣等一批经营出口鲜苹果的企业，以及汇源、恒河集团等庞大的苹果浓缩汁加工企业等，成为最大的苹果浓缩汁出口国。水果品质不断提升，以苹果为代表的优质果率已经由20世纪初期的30%提高到50%以上，平均亩产量达670 kg。20世纪90年代以来，利用劳动力和宽皮柑橘品种的优势，大力发展橘瓣罐头加工，取代了日本"橘瓣罐头王国"的地位。但制约我国产业化的因素主要是果园生产规模小，生产单位多，原料质量低。随着土地流转政策的不断落实，果园种植和加工企业规模将会不断扩大，竞争力不断增强。

另外，贵州省近年成立的农村果树生产专业合作社，开发设施果树栽培、观光果业等，结合旅游休闲，增加城市周边地区采摘消费，一些小水果已经显示出较大优势，例如，城市周边鲜艳可口的樱桃种植采摘对果树产品种类的增多、产量及质量的提高起到了极大的推动作用。

4. 加强采后各产业的发展

果实采收后的清洗、打蜡、分级、包装等商品化处理；果品的贮藏及加工；旅游观光；果树产品市场营销等相关产业的协调发展，实现以果品企业为龙头、基地专门化生产为基础、社会化服务为依托的果树现代化产业体系。

5. 低消耗生产

世界果品主产国的果树栽培正朝着省力、低成本的方向发展。法国、意大利在苹果上均实行"高纺锤形"的简化修剪技术。日本是最讲究苹果、柑橘整形修剪的，中国先后从日本引进了多种整形技术。但20世纪80年代起因劳动力昂贵而强调省力化栽培，在修剪上提出了大枝疏剪的概念。中国近20年果园种植密植化过度，导致后期产量锐减，因此，从省力增效出发提出"疏果疏枝，疏枝疏株""大改形"等做法，既省力又省钱。在果园管理中，不少国家为节省劳动力，推行生草、种草、免耕的管理制度，对需要灌溉的果园，采用滴灌或推行水肥一体化技术。

任务实施

一、实训准备

准备好必要的通信设备、铅笔、记载纸、相机、皮尺、计数器等。

二、实训内容

制订果园调查方案，到校内外实训基地的果园实地开展调查。主要调查内容分为以下几个部分。

1. 果园环境条件调查

(1) 气候条件。重点调查：年平均温度，最高、最低温度，初霜期和晚霜期的时间；年降雨量，雨量分布情况；不同季节的风向、风速。

(2) 土壤条件。重点调查土层厚度、表土和心土、土壤肥力、土壤酸碱度、有害盐含量、地下水情况。

(3) 果园基本情况调查。果园基本情况调查包括栽培历史、果园面积、树种、品种、栽植方式、机械化程度及果园树体整齐度的调查等。

(4) 树体调查。树体调查要有数据，以进一步找出果树的生长发育与环境条件和栽培管理的密切关系，从而为因地制宜地制订技术措施提出依据。选择果园主要树种、品种进行调查。调查重点包括：

①病虫害调查。为害果树的主要病虫害及发生时期，为害程度及防治情况。

②主要栽培管理措施。土壤施肥或喷肥的种类、时期，灌水时期，土壤改良情况，绿肥的施用，整形修剪的主要特点和方法。

③其他方面调查。果树生理病害发生和发展程度，如何防治，有无病毒植株、冻害、抽条、日烧、霜害、涝害、风害、冰雹灾害等。

(5) 果园管理情况的调查。调查每种果树的用工、用料及成本核算。

2. 调查材料的整理及分析

材料整理是一项重要工作，把调查材料进行分门别类的统计，将得出的数据结合访问了解的情况和栽培管理措施进行分析，经过去粗取精、去伪存真，找出果树与环境条件和栽培管理的关系。

3. 调查总结

对果园的客观反映做出评论。评论要准确，要有理有据，好的方面要肯定，欠缺的方面和存在的问题要提出改进措施。

三、实训汇报

从实训方案制订、任务划分、实地调研、调查结果及实训过程中遇到的困难等方面分组进行汇报，要有自己的观点和体会。

四、实训考核与评价

序号	考核重点	考核内容	分值
1	态度与任务	认真仔细，善于合作；按时保质地完成调查、记录与总结任务	40
2	操作过程	1. 是否对调查项目心中有数、清晰明了； 2. 是否根据调查项目设计了调查表； 3. 是否对调查数据进行统计、归纳、分析、总结	25
3	实训报告	调查总结报告，有自己的观点和体会	25
4	问题思考与答疑	在实训过程中勤于思考，积极答疑	10

课后练习

1. 简述果树、果树生产的概念。
2. 试述我国果树产业发展特点、现状及前景。

知识拓展

2021年中国果品区域公用品牌价值榜

中国农业品牌研究中心、中国果品流通协会在第七届中国果业品牌大会上联合发布了"2021年中国果品区域公用品牌价值排行榜"名单(表1-1)。此次研究,课题组共收集到132个果品区域公用品牌(评估对象邀请不包含我国港澳台地区),经过对参评品牌相关数据的多方审核、调研、分析,最终完成了对116个果品区域公用品牌的价值评估。

表1-1 2021年中国果品区域公用品牌价值排行榜(前20位)

序号	省(自治区)	品牌名称	品牌价值/亿元
1	山东	烟台苹果	150.34
2	新疆	库尔勒香梨	127.52
3	陕西	延安苹果	76.48
4	陕西	咸阳马栏红苹果	69.14
5	山东	栖霞苹果	68.29
6	河南	灵宝苹果	66.33
7	陕西	白水苹果	59.99
8	陕西	周至猕猴桃	58.28
9	山西	运城苹果	56.01
10	山东	烟台大樱桃	55.96
11	甘肃	平凉金果	55.22
12	甘肃	静宁苹果	53.74
13	陕西	大荔冬枣	53.68
14	江西	南丰蜜橘	53.60
15	安徽	砀山酥梨	50.44
16	甘肃	花牛苹果	49.13
17	安徽	长丰草莓	47.07
18	新疆	哈密瓜	46.96
19	山东	昌乐西瓜	43.17
20	湖北	宜都蜜柑	40.52

据显示,上榜的116个果品区域公用品牌,其品牌价值平均达到了24.47亿元,品牌价值中位值为17.65亿元,与2020年度相比,分别提升了3.54亿元和3.45亿元。位列品牌价值前三位的品牌是烟台苹果、库尔勒香梨和延安苹果,分别达到了150.34亿元、127.52亿元和76.48亿元。其中,库尔勒香梨的品牌价值较2020年提高了17.18亿元,提升幅度达15.57%。

从品牌价值大小区间来看,品牌价值在100亿元以上的品牌共计2个,与2019年、

2020年度评估结果相同,仍为烟台苹果和库尔勒香梨;品牌价值在50亿元至100亿元之间的品牌共计13个,较2020年度增加了4个;品牌价值在10亿元至50亿元之间的品牌数量所占比重最大,共计73个,占整体有效评估品牌数量的63%;品牌价值在10亿元以下的品牌共计28个。

任务二　果树分类

任务引入

通过本任务的学习,能够完成柑橘、桃、葡萄、核桃、枣、草莓等常见果树树种特性的识别与分类。

果树的分类

知识准备

全世界的果树包括野生在内约有60科、2 800种,其中较重要的约300种,作为经济栽培的约70种。现有的栽培果树都是由原始野生种进化而来。经人们长期在不同地区、不同气候条件下对野生果树的驯化和选育,才获得今天众多的果树优良品种。

由于果树种类繁多,为便于学习,根据生物学特性相近和栽培管理措施相似的原则,对果树进行分类。

果树的分类方法有两种,一种是植物学分类法,另一种是园艺学分类法。

一、植物学分类法

植物学分类法是按植物系统分类法单位——植物界、门、纲、科、属、种、品种进行分类。植物学分类法是果树分类的主要依据。这种分类法对于了解果树的亲缘关系和系统发育,进行果树选种、育种或开发利用野生果树具有重要的指导意义。

果树种是植物学分类的基本单位。一个树种是指形态结构基本相同、个体间能够进行有性生殖、遗传特性相对稳定、在一定的生态环境条件下生存的一群果树群体。同类果树的亲缘关系较近,如苹果、桃、葡萄、香蕉、菠萝、荔枝等。

(一)裸子植物果树

裸子植物纲的果树包括银杏科银杏属的银杏、紫杉科(红豆杉科)榧属的香榧、松科松属的华山松等。

(二)被子植物果树

被子植物果树分为单子叶植物果树和双子叶植物果树。

(1)单子叶植物。包括芭蕉科芭蕉属的香蕉、凤梨科凤梨属的菠萝、棕榈科椰子属的椰子。

(2)双子叶植物。包括蔷薇科苹果属的苹果、海棠等；蔷薇科梨属的梨；山毛榉科栗属的板栗；柿科柿属的柿子；芸香科柑橘属的宽皮柑橘、甜橙等。

二、园艺学分类法

果树的园艺学分类常按果树栽培状况、冬季叶幕特性、果实结构、果树形态特征和栽培地区的气候条件对主要果树进行分类。

（一）根据栽培状况分类

(1)野生果树。野生果树指仍然在自然环境下生长，未经人类驯化改良栽培的果树植物，如酸枣、君迁子、山定子。野生果树可以作为种质资源用于培育新品种，也可作为砧木。

(2)栽培果树。栽培果树指经过人类驯化，具有一定的经济价值和相对稳定遗传性状，并在生产上广泛栽培的果树植物，如苹果、梨、柑橘、葡萄等。

（二）根据冬季叶幕特性分类

(1)落叶果树。落叶果树指每年秋季和冬季叶片全部脱落的果树，如苹果、梨、桃等。

(2)常绿果树。常绿果树指终年有绿叶的果树。其特点是老叶在新叶长出之后脱落，如柑橘、荔枝等。

（三）根据果实结构分类

(1)仁果类果树。仁果类果树以蔷薇科的苹果属、梨属、山楂属、木瓜属、榲桲属、枇杷属六个属为主。其共同特征：果实为子房下位，由2~5个心皮构成，其食用部分由花托及萼筒等部分膨大发育而成，其子房壁与心室则形成软骨状果心。每一心室有1~2粒种子，种皮黑色或棕褐色，子叶白色。因人们食用的部分非子房而是花托，故又称假果。

(2)核果类果树。核果类果树包括蔷薇科的桃属、杏属、樱桃属、稠李属，鼠李科的枣属，漆树科的杧果属和人面子。果实为子房上位，由单心皮构成。食用部分为子房中果皮发育而成，内果皮则硬化为坚硬的核，故为核果，包括桃、李、杏、樱桃、枣等。

(3)浆果类果树。浆果类果树的果实具有丰富的浆液，种子小，藏于果实内，包括多种不同科属的果树。如葡萄科的葡萄属、柿科的柿属、猕猴桃科的猕猴桃属等。

(4)坚果类果树。坚果类果树又称壳果类果树，包括核桃、板栗、椰子等。

(5)柑橘果类果树。柑橘果类果树属于芸香科，包括柑橘属、金橘属和枳属，如橘、橙、柚、柠檬、葡萄柚等。其果实由上位子房发育而成，外果皮革质，有油胞，中果皮白色、呈海绵状，内果皮形成瓣状囊瓣，称瓤囊，瓤囊内着生大量多细胞表皮毛，表皮毛的先端几个细胞肥大多汁，果实成熟时，细胞间隔消失，形成纺锤状的肉质多浆的汁胞，是主要食用部分。

(6)聚复果类果树。聚复果类果树包括菠萝、桑葚、草莓、番荔枝等。果实大多以多数密集的小花和花轴发育而来。小花无柄,有一个三角形花苞。子房下位,每室有数个胚珠,一般不形成种子。食用部分主要是小花花被基部、子房和花轴。

(7)其他类果树。其他类果树包括荔枝、龙眼、韶子及荚果类豆科中的酸豆、角豆,梧桐科的苹婆等。

(四)根据果树形态特征分类

1. 多年生草本果树

多年生草本果树茎内木质部不发达,一般地上部在生长季结束后死亡。其包括草莓、香蕉、菠萝、番木瓜等。

2. 木本果树

(1)乔木果树。树体较高大,主干明显而直立,如银杏、板栗、苹果、梨等。

(2)灌木果树。一般树体较矮小,主干矮小不明显,枝干丛生,如醋栗、刺梨、番荔枝、树莓等。

(3)藤本果树。茎长而不能直立,茎具缠绕攀缘特性,可依靠他物攀升,如葡萄、猕猴桃、罗汉果、西番莲等。

(五)根据栽培地区的气候条件分类

1. 寒带果树

寒带果树指能耐-40~-30 ℃以下的低温,适宜在寒带地区栽培的果树。如树莓、榛子、秋子梨、山葡萄、山定子、醋栗等。

2. 温带果树

温带果树适宜在温带地区栽培,一般秋冬落叶,如苹果、梨、桃、葡萄、板栗、核桃、柿等。

3. 亚热带果树

亚热带果树通常需要短时间的冷凉气候(10~13 ℃,1~2个月)以促进开花结果。
(1)落叶性亚热带果树:如柿、石榴、无花果、猕猴桃、枳等。
(2)常绿性亚热带果树:如柑橘、荔枝、龙眼、杨梅、枇杷、黄皮等。

4. 热带果树

适宜在热带地区栽培果树。
(1)一般热带果树:如香蕉、菠萝、番木瓜、番荔枝、番石榴、人心果等。
(2)典型热带果树:如榴莲、面包果、槟榔、山竹子等。

从以上分类可以看出,一种果树可以分在几个类群内,在运用时,可根据需要采用其中一种或综合使用几种方法。在综合使用时,一般以果树冬季叶幕为基础配合使用其他的分类方法,如苹果,属于落叶、乔木、温带仁果类果树。

任务实施

一、实训准备

(1)材料：

①果园或植物园内的果树植株：柑橘、梨、桃、葡萄、枣、核桃、猕猴桃、石榴、银杏等主要果树。

②实验室果树标本：果园或植物园内没有的果树枝、叶、花、果的蜡叶标本或浸泡标本。

(2)用具：笔、记录纸、皮尺、卡尺、计数器等。

二、实训内容

1. 内容

观察各种果树的主要特征，具体内容如下。

(1)树性：乔木、小乔木、灌木、多年生草本。

(2)树形：圆球形、圆锥形、半圆形、扇形。

(3)树干：色泽、光滑度、树皮裂纹。

(4)新梢：色泽、茸毛、皮孔、卷须。

(5)叶芽：形状、着生状态、主芽、副芽。

(6)花芽：形状、着生状态、单芽、复芽。

(7)叶片：大小、形状、锯齿、叶柄、茸毛、色泽。

(8)花：花序、单花、色泽、柱头、子房。

(9)果实：大小、形状、色泽。

(10)种子：大小、形状、色泽。

完成主要果树树种形态特征记载表(表1-2)。

2. 实施建议

(1)建议在秋季大部分树种果实成熟时于果园中进行。由于季节的限制，现场看不到的花、果等内容，可于室内观察标本或图片。在果园内供观察的各种果树的代表植株，要事先挂牌，标明科、属、种名称，以便观察。

(2)实训时，由学员独立进行观察记载，掌握各树种的主要特征，最后达到能够识别当地主要果树的能力目标。

表1-2 主要果树树种形态特征记载表

观察项目							
树性							
树形							

续表

树干	色泽							
	光滑度							
	树皮裂纹							
新梢	色泽							
	茸毛							
	皮孔							
	卷须							
叶芽	形状							
	着生状态							
	主芽							
	副芽							
花芽	形状							
	着生状态							
	单芽							
	副芽							
叶片	大小							
	形状							
	锯齿							
	叶柄							
	茸毛							
	色泽							
花	花序、单花							
	色泽							
	柱头							
	子房							
果实	大小							
	形状							
	色泽							
种子	大小							
	形状							
	色泽							

三、实训汇报

针对常见果树的树种特征，分组进行调查结果汇报，对实训过程中遇到的困难进行汇报和讨论，同时提出解决方案。

四、实训考核与评价

序号	考核重点	考核内容	分值
1	态度与任务	认真仔细，善于合作；按时完成观察与记录任务	40
2	操作过程	观察记载目标果园中果树的树性、树干、花果等观察记载表中的项目内容，达到识别当地主要果树树种、熟知其基本的植物学特征的目的	25
3	实训报告	观察记载表填写清晰、明确，有自己的观点和体会	25
4	问题思考与答疑	在实训过程中勤于思考，积极答疑	10

课后练习

1. 简述果树分类的原则。
2. 简述果树分类的方法。

知识拓展

柑橘家族大揭秘

柑橘属及相关属（*Fortunella*、*Poncirus*、*Eremocitrus* 和 *Microcitrus*）属于芸香科的被子植物柑橘亚科，其广泛分布于季风区，从巴基斯坦西部到中国中北部和南部，横穿东印度群岛到澳大利亚东北部，是世界上最普遍种植的水果之一。

经过多年的自然选择和人为培育，柑橘属逐渐庞大，成了一个内部成员关系极其"混乱"的家族，我们市面上常见的橘子、柑、柚、枸橼、甜橙、酸橙、金橘、柠檬等水果都是柑橘属家族的成员。经过漫长的溯源分析，植物学家最后公认香橼（*Citrus medica* L.）、柚子[*Citrus maxima*（Burm.）Merr.]和宽皮橘（*Citrus reticulata*）为柑橘家族的三大元老，即原始种。

香橼，在《异物志》中被称为枸橼，在我国已有2000多年的种植历史，被认为是这三元老中年纪最大的。由于它们的果皮厚度通常占有果实的一半之多，可食用部分少，因此常用作中药，很少进入水果市场受到大家关注，有种"事了拂衣去，深藏身与名"的作风。颇负盛名的佛手便是香橼的一个栽培变种，除形状似手指外，其他部分与香橼无较大差异。

柚子，又名文旦、香栾和内紫等，口味香甜多汁。作为体型最大的柑橘类水果，其果实直径通常可达25 cm，在中国已有3 000多年的栽培历史。因为个头大、水分足、方便储藏等特点，人们常把柚子比作天然的水果罐头。

宽皮橘，果如其名，皮松而薄，极易与果肉剥离，其在我国的种植历史与柚子相差无几。宽皮橘还易受环境影响而导致自身变种，生在淮南为橘，于淮北则为枳。

任务三　我国果树带的划分

📋 任务引入

通过本任务的学习,根据我国地图,画出各果树带的分布区域,并标注出 5 种以上有代表性的果树。

我国果树带的划分

⌨ 知识准备

一、果树带

1. 果树带的概念

果树在长期生长和发展的过程中,经过自然淘汰和其对自然环境的适应,有了一定的自然分布规律,形成了一定的果树分布地带,简称为果树带。

2. 划分果树带的意义

(1)反映果树分布与自然环境条件的关系。如苹果,在温带较多,表明经过自然选择,它已经适应了温带的环境条件,包括温度、湿度、光照、土壤等,柑橘也是如此。

(2)可以作为制订果树发展规划、建立果树生产基地、制订果树增产措施以及引种和育种的理论依据,这一点非常重要。比如,引种想成功,就必须研究引种地环境条件、原产地环境条件及品种特性,这些差距越小,成功的可能性就越大。目前果树生产中存在着许多盲目性,造成了一些损失。

当然,自然环境条件和果树本身都在不断变化,因此果树带的划分,只能说明现在的果树种类与环境条件的统一关系,不能理解为不可逾越的永久界限。实践证明,通过人工改变遗传特性培育新的品种、改进栽培技术、利用有利的小气候条件或刻意创造优良的生态条件,均可能使果树突破其原分布区域,如利用山区小气候、温室栽培等。

二、果树带的划分

根据各地的自然环境条件及果树的分布,可以将我国果树划分为热带常绿果树带、亚热带常绿果树带、云贵高原常绿落叶果树混交带、温带落叶果树带、旱温落叶果树带、干寒落叶果树带、耐寒落叶果树带、青藏高寒落叶果树带 8 个带。

1. 热带常绿果树带

热带常绿果树带位于北纬 24°,大约在北回归线以南地区,即:广东的潮安、从化;广西的梧州、百色,云南的开远、临沧、盈江;福建的漳州及台湾的台中以南;海南及南海诸岛的全部地区。本带为我国热带、亚热带果树主产区。主要栽培的热带果树有香蕉、菠萝、椰子、杧果、番木瓜等;亚热带果树有柑橘、荔枝、龙眼、橄榄、乌榄等。还有菠萝蜜、棕枣、桃、李、梨、枇杷、黄皮、番石榴、番荔枝、梅、柿、板栗、人心果、腰果、蒲桃、阳桃、杨梅、余甘等。

2. 亚热带常绿果树带

亚热带常绿果树带位于热带常绿果树带以北，包括江西全省，福建大部，广东、广西北部，湖南溆浦以东，浙江宁波、金华以南，安徽南缘的屯溪、宿松，湖北南缘的广济、崇阳地区。本带为我国亚热带常绿果树主要产区，果树种类多、品质好，同时还有大量落叶果树栽培，仅广东省经济栽培果树就达 40~50 种。主要栽培果树有柑橘、枇杷、杨梅、黄皮、阳桃等，其次有柿(南方品种群)、砂梨、板栗(南方品种群)、桃(华南系)、李、梅、枣(南方品种群)、龙眼、荔枝、葡萄、核桃、中国樱桃、石榴、香榧、长山核桃、花红(沙果)、锥栗、无花果、草莓等。

3. 云贵高原常绿落叶果树混交带

云贵高原常绿落叶果树混交带位于北纬 24°~33°，海拔自 99 m(湖南慈利)至 2 109 m(云南会泽)，地形复杂多变，具明显的垂直地带性气候特点。年平均温度为 11.6~19.6 ℃(一般多在 15 ℃以上)，7 月平均温度为 18.6~28.7 ℃，1 月平均温度为 2.1~12 ℃，绝对最低温度为-10.4 ℃(河南西峡)至 0 ℃(云南镇源)。年降水量 467 mm(甘肃武都)至 1 422 mm(湖南慈利)。无霜期 202 d(西藏察隅)至 341 d(贵州罗甸)。

由于自然地理及生态条件的作用，此带内果树种类繁多，常绿落叶果树常混交分布。多种果树在多地的分布随纬度的南北差异、海拔高低和小区生态环境不同变化较大，多呈明显的垂直分布。大约在海拔 800 m 以下、气温高、终年无霜、雨量较多的地区，可栽热带和亚热带果树；海拔 800~1 200 m 地区，常绿和落叶果树混交分布；海拔 1 300~3 000 m 地区，分布多种落叶果树；海拔 3 000 m 以上地区，果树较少。

此带内主要落叶果树有梨、苹果、桃、李、核桃、板栗、石榴等，其次为柿、中国樱桃、枣、葡萄、杏、花红、无花果、海棠果等。

此带内的野生落叶果树有猕猴桃、湖北海棠、丽江山定子、树莓、草莓、豆梨、山楂、山葡萄、野樱桃、杏、枣、君迁子、毛桃、榛子等。西藏东南的察隅，野生果树资源极为丰富，其中落叶果树资源有桃、葡萄、海棠果等。

云贵高原常绿落叶果树混交带内的著名落叶果树产区及品种有云南昭通的苹果和贵州威宁的梨。

4. 温带落叶果树带

温带落叶果树带所属地区地势多较低平，海拔多不超过 400 m，年平均温度为 8~16.6 ℃(多数在 12 ℃以上)，7 月平均温度为 22.3~28.7 ℃，1 月平均温度为-10.9~4.2 ℃，绝对最低温度为-29.9 ℃(辽宁鞍山)至-10.1 ℃(浙江嵊州市)。年降水量为 499~1 215 mm，东部多西部少，一般多在 800 mm 以内。无霜期 157~256 d，多在 200 d 以上。

温带落叶果树带内分布的落叶果树种类多、数量大，是我国落叶果树，尤其是苹果和梨的最大生产基地。分布和栽培的主要果树有苹果、梨(西洋梨、白梨、砂梨)、桃、柿(北方品种群)、葡萄、核桃、板栗、杏、樱桃(中国樱桃、甜樱桃)、山楂、海棠果、沙果、石榴、李、梅、无花果、草莓、油桃、君迁子、银杏、山核桃等。

此带内的主要野生果树有山定子、山桃、酸枣、杜梨、豆梨、木梨、猕猴桃、毛樱桃、麻梨、湖北海棠、河南海棠、三叶海棠、野葡萄、榅桲等。

温带落叶果树带所属地区的著名果树产区及品种有辽宁果树、山东肥城桃、莱阳慈梨、乐陵无核枣、河北定县鸭梨、河南灵宝圆枣、安徽砀山酥梨、陕西华县大接杏等。

此外，此带南缘少数小气候较好的区域，如上海崇明、安徽桐城等地，还有柑橘栽培。

5. 旱温落叶果树带

旱温落叶果树带所属地区地势高亢，海拔为700～3 600 m，为我国果树栽培高海拔区域。年平均温度为7.1～12 ℃，7月平均温度为15～26.7 ℃，1月平均温度为3.5～10.4 ℃，绝对最低温度为-28.4～-12.1 ℃（仅新疆伊宁为-40.4 ℃）。年降水量32 mm（新疆和田）至619 mm（陕西铜川）。年平均相对湿度42%（甘肃敦煌）至69%（甘肃天水）。无霜期120～229 d。和温带落叶果树带相比，本带气候干燥（平均降水量约为温带落叶果树带的56%，平均相对湿度低11%）；年平均温度约低2.6 ℃，平均无霜期短18 d左右；海拔较高，日照较充足，平均日照2 600 h，最高达3 400 h。

旱温落叶果树带内主要栽培的果树有苹果、梨、葡萄、核桃、桃、柿、杏等，其次有枣、李、扁桃、阿月浑子、槟子、海棠等。主要野生果树有榛子、猕猴桃、山樱桃、木李、山定子、稠李、甘肃山楂、悬钩子等。

此带内的川西高地有甘肃天水、陕西凤县及铜川、四川茂汶小金、西藏昌都、山西太原等地，由于气候干燥温凉，海拔高而日照充足，昼夜温差较大，因此是我国苹果生产品质最好的地区，成为苹果外销商品生产基地。新疆塔里木盆地周围的干温地带，日照更充足，昼夜温差更大，气候更干燥，是我国最大的葡萄生产基地，也是世界著名的葡萄干产区。此带西北缘的伊犁盆地内还分布有大面积的野生苹果林（塞威氏苹果）。

6. 干寒落叶果树带

干寒落叶果树带的年平均温度为4.8～8.5 ℃，7月平均温度为17.2～25.7 ℃，1月平均温度为-8.6～-15.2 ℃，绝对最低温度为-21.9～-32 ℃。年降水量116～415 mm，平均相对湿度47%～57%。无霜期127～183 d。

此带与耐寒落叶果树带的差异，主要是气候较干燥（平均降水量约少280 mm，相对湿度低10%），日照强（日照约多370 h），较温暖（年平均温度约高1.7 ℃，无霜期多18 d）。

干寒落叶果树带海拔较高，气候干燥而较为寒冷，适于耐干燥寒冷的落叶果树栽培。主要栽培果树有中小苹果、苹果（要进行抗旱、抗寒栽培）、葡萄、秋子梨、新疆梨、海棠果等，其次有李、桃、草莓、树莓等。野生果树有杜梨、生梨、沙枣、山桃、花叶海棠、山葡萄、山楂、酸枣等。

7. 耐寒落叶果树带

耐寒落叶果树带是我国果树栽培纬度最高、气候最寒冷的地区。此带内年平均温度为3.2～7.8 ℃，7月平均温度为21.3～24.5 ℃，1月平均温度为-12.5～-22.7 ℃，绝对最低温度为-40.2～-30.3 ℃。年降水量406～871 mm。无霜期130～153 d。总而言之，此带的气候特点是生长期内的气温及降水能满足一般落叶果树生长结果的要求，但生长期短，休眠期气温及湿度较低，对果树越冬不利。一般仅耐寒落叶果树可以栽培，但吉林南端的集安、库伦旗等小气候较好的地方，小苹果仍可生长结果，安全越冬。

此带内主要栽培果树有中小苹果、海棠果、秋子梨、杏、乌苏里李、加拿大李、中国李、葡萄等，其次有树莓、草莓、醋栗、穗状醋栗、毛樱桃等。野生果树有西伯利亚杏、辽杏、山桃、刺梨、山杏、山楂、毛樱桃、山葡萄、越橘、笃斯越橘、榛子、猕猴桃等。此带内大量的山葡萄、猕猴桃等野生果树资源，是良好的制果汁、果酱、果酒的原材料，现正被开发利用。

8. 青藏高寒落叶果树带

青藏高寒落叶果树带海拔多在3 000 m以上（西藏4 000 m以上）。年平均温度仅-2~3 ℃，绝对最低温度为-42~-24 ℃。地势高，气温低，降水较少，气候较干燥。

我国各果树带的温度条件及代表果树见表1-3。

表1-3 我国各果树带的温度（℃）条件及代表果树

果树带	年平均温度/℃	1月平均温度/℃	7月平均温度/℃	绝对最低温度/℃	无霜期/d	积温/℃	代表果树
热带常绿果树带	19.3~25.5	11.9~20.8	28.8~29.1	>-1	340~365	6 500~9 000	香蕉、菠萝、荔枝、龙眼、柑橘、椰子
亚热带常绿果树带	16.2~21	4~12.3	27.7~29.2	-1.1~8.2	240~331	5 000~8 000	柑橘、枇杷、杨梅、龙眼、砂梨
云贵高原常绿落叶混交带	11.6~19.6	2.1~12	18.6~28.7	-10.4~0	202~341	3 100~6 500	柑橘、梨、苹果、桃、李、荔枝、龙眼、香蕉、菠萝
温带落叶果树带	8~16.6	-10.9~4.2	22.3~28.7	-29.9~-10.1	157~265	3 100~4 500	苹果、梨、桃、李、柿、枣、葡萄
旱温落叶果树带	7.1~-12.1	-10.4~3.5	15~26.7	-28~-12.1	120~229	2 000~4 000	苹果、梨、葡萄、核桃、柿、桃
干寒落叶果树带	4.8~8.5	-15.2~-8.6	17.2~25.7	-32~-21.9	127~183	1 600~3 400	中小苹果、葡萄、秋子梨
耐寒落叶果树带	3.2~7.8	-22.7~-12.5	21.3~24.5	-40~-30	130~153	>1 600	中小苹果、李、葡萄
青藏高原落叶果树带	-2~3	-15~-2	8~18	-42~-24	50~100	>2 000	杏、核桃、李

课后练习

1. 我国果树带分布的依据是什么？
2. 我国果树带分为哪几部分？各果树带的代表性果树有哪些？

知识拓展

我国桃生产区划

(1) 西北高旱桃区：包括新疆、陕西、甘肃、宁夏等省（自治区、直辖市），是桃的原生地。年降水量 250 mm 左右，绝对最低温度在 −20 ℃ 以下，无霜期 150 d 以上，本区甘肃桃、新疆桃、毛桃有大片野生群落。中国著名黄桃，集中于此区。白桃为北方桃系，汁少味甘，肉质致密，耐贮运。南疆盛产李光桃，甜仁桃。

(2) 华北平原桃区：除华北大平原外，还包括辽南、辽西及苏皖北部。年均温度为 10～15 ℃，年降水量为 700～900 mm，年日照 2 400～3 000 h，无霜期为 200 d 左右。根据气候差异又可分为大陆性亚区、海洋性亚区及暖温带亚区（黄河故道南北），是中国北方桃的主要经济栽培区，著名品种有肥城佛桃、深州桃、五月红、春蜜等。

(3) 长江流域温湿桃区：处于长江两岸，包括苏南、浙北、上海、皖南、赣北、湘北、湖北大部及成都平原、汉中盆地。年均温度为 14～15 ℃，年降水量 1 000 mm 以上，年日照较少，一般为 1 350～2 200 h，尤以水蜜桃、蟠桃久负盛名。

(4) 云贵高原桃区：包括云南、贵州和四川的西南部。纬度低，海拔高，垂直分布显著，桃多栽培于 1 500 m 左右半山区。夏季凉爽多雨，冬季温暖干旱，年降水量为 1 000 mm 左右。云贵高原桃区是中国西南黄桃主要分布区。著名品种有呈贡黄离核、大金蛋、黄心桃、波斯桃等；白桃有二早桃、草白桃、泸定香桃等。

(5) 青藏高寒桃区：包括西藏、青海大部、四川西部。系高寒地带，海拔高达 4 000 m 以上，年日照＞2 500 h，桃树栽植于海拔 2 600 m 以下。属硬肉桃区系。

(6) 东北寒地桃区：北纬 41°以北，小气候较好的地方，有桃树的少量栽培，吉林延边有耐 −30 ℃ 低温的毛桃。

任务四 果树结构及组成器官

任务引入

通过本任务的学习，各小组协作完成常见果树树体结构及组成器官的实地观察、记录与汇报。

知识准备

一、果树树体结构

果树树体是由地上部、地下部及根颈三部分组成，其结构如图1-3所示。

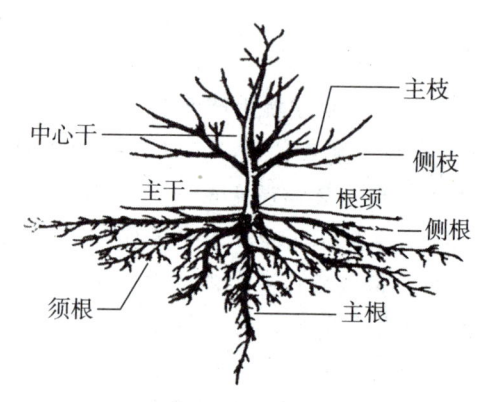

图1-3 果树树体结构示意

（1）地上部：由主干及树冠组成。树冠由枝、叶、芽（花、果）组成。根颈到第一个主枝之间的树干部分称为主干，它上连主枝，下连根颈，是树冠地上部的支柱和上下运输通道，对整个植株的正常生长发育影响极大，生产上应加以保护。

（2）地下部：地下部即根系部分，它由主根、侧根及须根等组成。

（3）根颈：根颈是根和茎的交界处，根颈处于地上部与地下部交界处，是树体营养物质交流必经的通道。它在秋季最迟进入休眠，在春季最早脱离休眠，因而对环境条件变化比较敏感，如果颈部深埋或全部裸露，对果树生长发育均不利。栽培树体时覆土不要超过根颈，越冬前对根颈进行培土，防止其受冻，第二年春应及时解除培土。

二、根系

（一）根系的功能

（1）庞大的根系将果树固定于土壤中，是保证果树地上部生长发育正常进行的前提。

（2）果树所需要的水分和矿物质营养绝大部分是通过根系吸收的。

（3）果树地上部与地下部之间的物质交换是通过根系完成的。

（4）根系是重要的贮藏器官，休眠期许多营养物质贮藏在根中，尤其细根是贮藏碳素的重要场所。

（5）根系吸收的许多无机养分，需要在根系中合成为有机物后方可上运到地上部加以利用，如无机氮转变成氨基酸和蛋白质、合成某些激素（如细胞分裂素）等。

(二)根系的类型和结构

1. 果树根系的类型

果树根系按其发生及来源可分为以下三类(图1-4)。

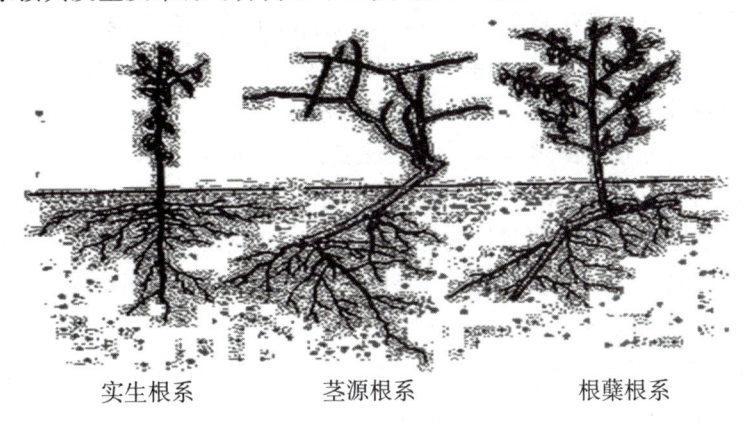

实生根系　　　　茎源根系　　　　根蘖根系

图1-4 果树根系类型

(1)实生根系。从种子胚根发育而来的根系称为实生根系。其特点是主根发达、分布较深、对根际环境有较强的适应力,但个体间差异大。生产上所用的砧木一般都属实生苗,其根系属此类型。

(2)茎源根系。由茎上的不定根形成的根系称为茎源根系。其特点为主根不明显、分布较浅、个体间差异小、对根际环境适应力不如实生根系。

(3)根蘖根系。根段(根蘖)上的不定芽形成的独立植株的根系称为根蘖根系。其特点与茎源根系相似。

2. 果树根系的结构

果树根系通常由主根、侧根、须根组成。主根由种子的胚根发育而来,在其上着生的粗大分枝为侧根;侧根上形成的较细的根为须根(一般直径小于2.5 mm),主根和各级粗大的侧根寿命较长,构成根系骨架,统称骨干根。果树骨干根可分为垂直根和水平根两类。

垂直根的主要功能是将植株固定于土壤中,并从较深土层中吸收水分和某些微量元素,对于提高树体抗逆性有实际意义。

与地面近于平行着生的根称为水平根,它对果树营养具有重要意义。生产果园中,果树的水平根分布范围较小,约有60%的根分布在树冠正投影(输盘)内。在土壤管理较好的果园中根群的分布主要集中在地表以下10~40 cm范围内,因此,耕作层和输盘管理至为重要。在土层深厚而肥沃的土壤中,以及经常培肥管理的果园,水平根的分布范围比较小,且须根较多;而干燥贫瘠的土壤,根系水平分布范围广,须根稀少。

3. 果树根系的分布

根系在土壤中分布的深度和广度因种类、品种、繁殖方法、砧木类型、树龄大小、土壤条件和栽培技术措施等因素的不同而不同。通常梨、葡萄、板栗、核桃、银杏等果树的根系分布较深,属深根性果树;柑橘、桃、李、梅、杏、樱桃、枣、石榴、无花果、香蕉、菠萝、草莓等果树的根系分布较浅,属浅根性果树。用扦插、压条、分株繁殖或采用矮化砧嫁接的果树,根性分布浅。根系分布与土壤厚度及其理化性状的关系也很大,如栽植地段的土层厚度和肥沃程度不一致,则根系的生长分布常偏于一侧,树冠也偏于一侧。根系的分布不仅与地上部分相关,而且也具有一定的分布密度,这是因为根系有自疏现象:在新根发生的同时有部分旧根、老根枯死。

根系在土壤中的分布呈倒圆锥体,上层较多、下层逐渐减少,其垂直分布主要范围为20～100 cm,水平分布常相当于树冠的2～3倍,其中有60%在树冠垂直投影下,且细根分布较多。在进行果园土壤耕作与肥水管理时,应注意这点。另外,根系相邻时,会力避相接,它们或改变生长方向或向下延伸,密植果园根系分布较深。

4. 根系生长及其影响因子

(1)树体有机营养。根系的生长,对养分、水分的吸收运输、合成等所需的能量物质,都要靠地上部有机营养来供应。据研究表明,田间条件下有超过50%的光合产物用于果树的根系的生长,主要是用于新根生长(草本植物甚至超过75%)。在结果太多或叶片损伤等不良情形下都会引起有机营养供应不足,明显地抑制根系生长,这种现象即使在加强肥水条件下也难克服。

(2)土壤温度、水分与通气条件。果树的根系无自然休眠,当温度、水分与需氧量都得到保证时,可全年不断生长。不同的果树种类、品种和砧木,对土壤的水、气、热要求不同,但多数果树根系的最适宜生长温度为20～25 ℃,原产于北方的果树要求的温度较低,热带、亚热带果树要求的土温较高(表1-4)。

表1-4 不同果树根系对温度的要求

种类	开始生长温度/℃	最适宜温度/℃	最高温度/℃
梨	5～7	20	28～29
桃	4～5	16～18	31
柑橘	12	25～26	37
荔枝	10～12	23～26	31～35
菠萝	10	30	40

果树根系生长要求的最适宜土壤湿度一般为田间最大持水量的60%～80%,当土壤水分过低时,根系生长不良;土壤水分过高时,影响土壤通气缺氧,削弱根系生长,甚至造成窒息烂根现象。

土壤的通气性与根系生长密切相关。通气良好的土壤,既可保证果树根系和土壤微生物在呼吸作用中所需要的氧气,又能防止二氧化碳积累造成根系中毒现象,使根系分布密度进一步加大,分生的须根进一步增多,进一步增强根系的吸收能力。不同树种对土壤含氧量的要求不同:桃根需氧量高达10%以上;柑橘根对土壤缺氧忍受能力较强,当含氧量降到1.5%以下时才引起老根枯死，特别是枳，当土壤含氧量降至1%时，根系逐渐枯死。

土壤通气状况对根系的影响还与二氧化碳含量有关，如土壤二氧化碳含量较低，即使根系周围的空气含氧量不高也能存活。当土壤紧实、空隙率低时，气体变换恶化，二氧化碳含量升高，根系代谢功能受破坏，妨碍了根系生长。因此根系对土壤空隙率的要求为100%。

5. 果树根系的生长特点

(1)果树没有自然休眠期，在适宜条件下，根系可不断生长。

(2)果树根系的生长常表现出周期性变化，即在不同时期中有生长强弱和大小的差别，存在生长高峰与低峰的相互交替现象。这种现象与新梢生长交替进行，通常发根高峰常在枝梢缓慢生长，叶片大量形成后出现。

一般来说，根系的发根高峰与低谷是综合作用的结果，但也不排除某一阶段、某一因素的主导作用。就树体本身来说，有机物质与内源激素的积累是根系生长的内因；从外界环境看，某些时候温度的变化可以是发根高峰与低谷出现的主要外因。

(3)由于土温比气温变化缓和，果树根系的活动变化时期比地上部稳定。一般原产于北方的落叶果树(如梨、葡萄等)的根系能在较低温度下先于枝芽开始活动；原产于热带、亚热带的树种(如柑橘等)，根系活动要求温度较高，在冬春季节比寒冷地区地温升高慢，而气温相对较高，则大多先萌芽而后发根。

(4)因土温的变化造成不同土层深处的果树根系活动有交替现象。春季，土壤上层温度升高较快，因而上层根系开始活动较早；随着土温继续上升，土壤中层根系相继开始活动；夏、秋季因土壤上、中层温度过高，根系停止生长，而下层因温度适宜，仍能维持旺盛的生长活动；冬季上层土温下降到不适宜根系生长时，下层土温下降缓慢，因此下层根系仍能活动。此外，根系在一天内的生长中，以夜间的生长量和发根数为多。果树地上部与根系的生长发育的能量主要来源于光合产物，白天大量的营养物质用于维持树体正常的生理活动，而夜间根系才可能获得较多营养用于生长。

(5)果树定植后，首先在伤口和粗根上发生新根并垂直生长，开始结果后达到最大深度，然后以水平伸展为主。直到结果盛期，根系占有的空间达到最大。之后，根系占有的空间逐渐缩小，在果树衰亡之前，可能出现大量根蘖。因此，对于果园经济来说，盛果期后就要考虑果园的更新。

(6)更新过程中要考虑不同种类的果树更新能力不一样。如柑橘、葡萄、猕猴桃根系的愈合与再生能力都很强；梨的根系无论粗细，断根后都不易愈合，但伤口以上仍可发生新根；板栗根的再生能力较弱。了解各种果树根系的更新能力，就可进行根系修剪，达到控制树势的目的，有利于果树早产、丰产、优化。

(三)菌根

1. 菌根的类型

几乎所有果树的根系都有与真菌存在共生的现象，这种果树根系与真菌的共生体称为菌根。根据真菌侵入根末木栓化皮层的程度，将菌根分为外生菌根和内生菌根两种类型。

(1)外生菌根。多数属于担子菌目。菌丝一般只侵入皮层的细胞间隙，未进入细胞内。多数木本植物都能形成外生菌根，如蔷薇科、柿科、石南科、胡桃科、葡萄科和壳斗科的一些果树。

(2)内生菌根。多数属于藻形菌目。真菌与植物形成丛枝-泡囊状菌根。内生菌根的菌丝可以穿过根表皮或根毛进入细胞内部，进入细胞内的菌丝常形成一些称为泡囊丛枝的特殊结构。大多数一年生作物、许多灌木和乔木树种都有内生菌根，如柑橘、苹果、樱桃、杧果、桃和番木瓜都有内生菌根。

另外，除内生菌根和外生菌根两种类型外，还有兼具内生和外生菌根特点的内外生菌根，或称过度菌根、兼生菌根。

2. 菌根的作用

菌根能把果树根系与土壤连接起来，扩大根系的吸收范围，增强对磷、锌、镁、钙等矿物质的吸收，提高树体的激素水平，并能激活内源激素和各种维生素，促进果树糖代谢，提高果树的抗病力。

果树的菌根在有机质含量高、湿润、含氧量适宜的土壤中形成良好。如土壤过于干旱，土温过高，通气不良，会引起菌根的死亡。因此，在进行果园管理时，要注意增施有机肥料，改善土壤水分和通气状况，促进菌根生长，增强树势。

菌根在果树生产中有较好的应用前景：第一，提高肥料利用率，减少化肥施用量；第二，提高果树的适应力；第三，栽植果树前结合土壤杀菌处理，施用菌根剂可解决果树重茬障碍。

三、芽

芽是枝、叶、花的原始体，是度过不良环境的临时性器官。

1. 芽的种类

(1)根据芽的性质，可分为叶芽、花芽和混合芽。只含叶原基的称为叶芽，萌发后只抽生枝梢。只含花原基的称为纯花芽，萌发后只开花或抽生花序，如核果类、核桃的雌花序、枳壳、香蕉、番木瓜等。叶原基与花原基存于同一芽体中称为混合芽。萌发后既抽生枝、叶又开花，如柑橘、龙眼、荔枝、仁果、葡萄、板栗等。

(2)根据芽着生位置，可分为顶芽和侧芽。顶芽着生在枝梢顶端；侧芽着生在叶腋内。

2. 芽的特性

(1)芽鳞痕与潜伏芽。芽鳞片随枝轴的延长而脱落所留下的痕迹，即芽鳞痕，或称外年轮和假年轮，可依此判断枝龄。每个芽鳞痕和过渡性叶的腋间都含有一个弱分化的芽原基，从枝的外部看不到它的形态，不能正常萌发，称为潜伏芽（隐芽）。此外，在春秋梢交界处即秋梢基部1~3节的叶腋中有隐芽，称为盲节。

果树进入衰老期后，能由潜伏芽发生新梢。强则易更新复壮。与树种有关，梨强，

芽、枝、叶

桃弱。也受营养条件和栽培管理的影响，条件好隐芽寿命长。不同种类、品种潜伏芽寿命和萌发能力不同。柿、仁果类（如梨）潜伏芽寿命长，桃较短。

(2)芽的异质性。同一枝条上不同部位的芽在发育过程中由于所处的环境条件不同以及枝条内部营养状况的差异，造成芽的生长势及其他特性的差别（枝条不同部位的芽体形成期、营养状况、激素供应及外界环境不同，造成了它们在质量上的差异，称为芽异质性）。

如枝条基部的芽发生在早春，此时正处于生长开始阶段，叶面积小，气温又低，质量较差。枝条如能及时停长，顶芽质量最好。腋芽质量主要取决于该节叶片的大小和提供养分的能力，因为芽形成的养分和能量主要来源于该节上的叶片，所以，一般枝条基部和先端芽的质量较差。

(3)芽的早熟性和晚熟性。芽当年形成当年萌发的特性称为芽的早熟性，如桃副梢、葡萄夏芽、苹果二次枝。芽的早熟性与树种有关。自然状态下，第一年形成的芽一般情况下当年不萌发，而于第二年春萌发，称为芽的晚熟性，或晚熟性芽或正常芽。

(4)萌芽率与成枝力。萌芽率是一年生枝上所萌发的芽数占总芽数的百分率。发育枝抽生长枝的能力称为成枝力，以抽生长枝的个数表示。苹果大于 15 cm 的枝为长枝。

四、枝

果树地上部包括主干与树冠两部分。根颈到第一个主枝之间的树干部分称为主干，它上连主枝，下连根颈，是树冠地上部的支柱和上下运输通道，对整个植株的正常生长发育影响极大。

树冠中的枝条由中心干、主枝、副主枝（侧枝）和枝组组成。主干向上延伸形成树冠中轴，称为中心干；着生在中心干上的大枝称为主枝；着生在主枝上的大枝称为副主枝（侧枝）。中心干、主枝、副主枝较粗大，构成树冠骨架，统称为骨干枝。

树冠中有一种小枝称为枝组，它着生在各级骨干枝上。枝组是着生叶片和开花结果的主要部位，对果树起到生长与结果的作用。

(一)枝条的类型

枝条通过顶端分生组织分裂和节间细胞的伸长实现枝条的生长，又通过形成层细胞分裂、分化和增大完成枝条的加粗生长，形成各类枝条。

1. 依据枝条的性质分类

(1)生长枝。生长枝又称为营养枝或发育枝，是指仅着生有叶芽的枝。根据枝梢生长情况，生长枝可分为徒长枝、纤细枝、普通枝。

①徒长枝一般是由主枝基部或多年生枝上的潜伏芽、不定芽抽发而来，生长强健。发生原因多系树体平衡关系遭受破坏或局部营养突增。管理中施氮肥过多、不恰当重剪、树体衰老等，均易引起徒长枝的大量抽发。此种枝条如着生位置不当或抽发不当，要及时剪除，以免消耗营养，扰乱树形。如位置适当的，可利用其加速幼树成形与老树更新复壮，也可采用摘心弯枝等措施抑制徒长，改变其生长方向而转化成结果枝组。

②纤细枝又称为细弱枝，生长弱小，叶片不充实，且小而薄。这种枝多发生在营养条件差的树冠中，利用价值不大。

③普通枝是三类生长枝中最有利用价值的枝条，其生长健壮，叶芽饱满，较容易转化成结果枝。

(2)结果枝。直接着生花果的枝称为结果枝。根据结果枝的长度可分长果枝、中果枝、短果枝及极短的花束状短果枝。不同果树因年龄不同、栽培技术措施不同、结果习性与结果枝的类型不同而应区别对待。如桃树一般以长果枝、中果枝结果为主，李树则以花束状果枝结果为主。

依据枝条年龄可分为一年生结果枝和二年生结果枝。在抽生的当年开花结果的结果枝为一年生结果枝，它是由结果母枝上的混合芽抽生，如柑橘、苹果、梨、葡萄、柿、板栗、荔枝、龙眼等；由上年的枝上直接开花结果的结果枝为二年生结果枝，如核果类及杨梅的结果枝。

依据结果枝上有无叶片可分为有叶结果枝、无叶结果枝。

(3)结果母枝。枝上着生混合芽，翌年能自混合芽抽发出结果枝的枝称为结果母枝。如柑橘、枇杷、荔枝、龙眼、杧果、葡萄、板栗、柿等果树有明显的结果母枝，而仁果类果树中的苹果、梨等果树的结果母枝很短，好像直接从结果母枝上开花结果，因此，习惯上把这类果树的结果母枝称为"结果枝"，实质上不是。

2. 依据枝条年龄分类

落叶果树枝条上的叶芽，萌发后抽生的枝梢，未木质化的称为嫩梢；已木质化的在落叶以前称为新梢；落叶以后至翌年萌芽前称为一年生枝；翌年，当一年生枝上的叶芽又抽生新梢，该一年生枝就成为二年生枝。常绿果树也有相应的一年生枝、二年生枝。

3. 依据枝条抽生的季节分类

常绿果树(如柑橘、枇杷、杨梅等)抽梢具有明显的季节性，可分为春梢、夏梢、秋梢甚至冬梢。这类果树一年内抽梢的次数、数量和树种、树龄、树势、肥水管理等密切相关，特别是与树体营养有关。

4. 依据枝条抽发的次数分类

有些果树一年内能多次萌芽抽发出一次梢、二次梢等，由冬芽萌发抽生的枝条成为一次梢，自一次梢再抽生的枝条成为二次梢，以此类推。生长旺盛的桃树，一年可抽生3~4次。葡萄的一次捎成为主梢，由冬芽萌发抽生而来，而二次梢一般由新梢的夏芽萌发抽生，常称为副梢，但也可促使冬芽萌发抽生二次梢。

5. 枝序

枝序又称为级次，是指枝条在树体上从主干开始排列的顺序。通常把主干定为零级，主枝为一级，着生在主枝上的副主枝为二级，依次类推。在一定的栽培管理条件下，各种果树开始结果的枝序都有一定规律，如柑橘开始开花结果的枝序大概为四级。

(二)枝条的生长特性

1. 顶端优势

同一枝条上的芽因着生部位与芽的质量不同,发枝力有强弱之分,一般枝条顶部芽的发枝力最强,向下依次减弱的现象,称为顶端优势。通常木本果树都有较强的顶端优势。表现为枝条上部的芽萌发后能形成新梢,越向下生长势越弱,最下部芽暂不萌发而呈休眠状态。顶端枝条沿母枝轴延伸,越向下枝条开张角度越大。

顶端优势形成因素与顶芽所处的极性位置有关。顶芽由于养分和水分的极性运输,光照条件好,因而生长好。同时,顶芽能够产生高浓度的生长素,经过韧皮部向枝条基部运输,枝条基部芽的萌发生长受到抑制。根部合成的细胞激动素运到顶芽,能进一步促进顶部枝梢的生长。

2. 垂直优势和干性

枝条生长势的强弱与着生状态有关,直立枝生长势最强,斜生枝次之,水平枝生长较弱,下垂枝最弱。这种因枝条着生方位不同而出现生长强弱变化的现象,称为垂直优势。其形成原因除与外界环境条件有关外,与激素含量的差别也有关系。依此特点可通过改变枝芽生长方向来调节枝条的生长势。

顶端优势明显的果树,中心干强而持久。中心干的强弱和维持时间的长短称为干性。苹果、梨、银杏、枇杷等果树的干性较强,即枝干的中心轴部分较侧生部分具有明显的相对优势。

3. 层性

顶端优势、芽的异质性共同作用,使枝梢顶芽萌发力强,向下逐渐减弱,基部芽常呈隐芽状态而不萌发。随着年龄的增长,强枝越强,弱枝越弱,使树冠中的枝梢分布形成明显的层次,这种树冠中枝条排列呈现的层性结构,就是层性。树体具有较强中心干的,干性强,层性明显,如枇杷等。反之,干性弱,层性不明显,如柑橘等。树冠层性与树龄、土壤条件等密切相关。树冠因有层性,更有利于通风透光及树体光合作用,从而增强树势,减少病虫害,增加结果体积,提高产量和品质。

4. 影响枝梢生长的因子

(1)树体营养。树体营养水平是枝梢生长的物质基础。果树树体营养充足,树势强壮,枝梢生长量大,生长势强,生长时间长。反之,枝梢生长细弱,生长时间短。结果太多与早期严重落叶会造成果树树体营养不足,导致枝梢少而短弱。枝梢生长因着生位置和枝势不同,获得营养也不同,树冠上部枝条、直立枝、顶芽抽出的新梢因获得营养多,生长势强,而树冠内堂下部的枝条、水平枝、下垂枝、枝梢上侧芽抽发的新梢生长势弱。

(2)品种与砧木。不同树种品种的枝梢生长有很大差异,如柑橘品种中的尾张比宫川的枝梢生长势强。

砧木类型对接穗品种枝梢生长量也有显著影响。乔化砧嫁接树枝梢生长量大、节间较长；矮化砧嫁接树枝梢生长量小、节间粗短。

（3）栽培环境。

①气候条件。外界气候条件中，温度是控制枝梢生长的决定性因素。各种果树的生长都有其适温范围，过高或过低都影响生长。

水分供应充足能促进新梢的加长生长，促使枝梢伸长；缺水则抑制细胞增大，加速组织成熟，导致生长减弱。

充分的光照可增强枝梢生长势与生长持续时间，光照不足则枝梢细弱且停止生长时间早。过弱的紫外线有抑制枝梢生长的效应。

②栽培管理技术。体内有适量的氮素，新梢生长良好；缺氮则新梢生长细弱。但是氮素过多常使枝梢徒长，组织不充实。适量的磷、钾肥促进新梢生长充实健壮；过多则有抑制生长的作用。

修剪能调节树体枝梢抽发数量和生长势。重剪虽会减少树体整体枝梢数量，但能增强局部新梢的生长势，调节果树开花结果数量。夏季摘心可抑制枝梢徒长，促进枝梢的加粗生长。

③激素影响。激素是影响枝梢生长的重要因素。生长势、赤霉素、细胞激动素可刺激枝梢生长；脱落酸和乙烯能抑制枝梢的延伸与加长，促进果树的花芽分化。直立枝生长旺盛，除因养分、水分的极性运输能获得较多的营养外，还因顶芽能产生较高浓度的生长素抑制了侧芽的萌发。如将枝条拉平或枝条下垂时，细胞激动素（BA）可向弯曲处的芽内移动，有利于此芽萌发抽梢。弯曲的枝梢则因乙烯（ETH）含量增高，生长削弱，有利于花芽分化。生产实践中可采用拉枝、摘心等修剪措施改变枝梢内源激素的平衡与营养的分配，以控制枝梢生长势，控制生长与结果。此外，水涝与水分胁迫都会使枝梢内脱落酸（ABA）含量增多而抑制生长。

生产上常用掌握生长调节剂一类的外源激素来调节枝梢的生长与开花结果。掌握生长调节剂的作用效果与内源激素相似，两者不同的是：内源激素是植物内产生的，而植物外生长调节剂是人工合成的。果树树体上喷布一定浓度的生长素，赤霉素（GA）可促进新梢的加长生长；喷布比久（B_9）、矮壮素（CCC）、PP_{333}（多效唑或控长灵）可抑制植物体内 GA 的生物合成，使 GA 含量下降，ABA 增多，影响枝条内生长素的作用，枝梢生长减缓，节间粗短，喷布 ETH 能抑制新梢生长，促进侧芽萌发。

五、叶

（一）叶的形态结构与寿命

1. 叶的形态结构

通常果树的叶片大致有单叶、复叶和单身复叶三类。

仁果类、核果类、香蕉、菠萝等果树的叶片为单叶；核桃、荔枝、龙眼、草莓等的叶片为复叶；柑橘类果树的叶片为单身复叶，如图 1-5 所示。果树的叶片具有相对固定性。因此，叶片是进行分类和识别果树树种、品种的重要依据之一，如图 1-6～图 1-8 所示。

图 1-5　叶的类型
(a)梨树单身叶片；(b)核桃羽状复叶；(c)柑橘单身复叶

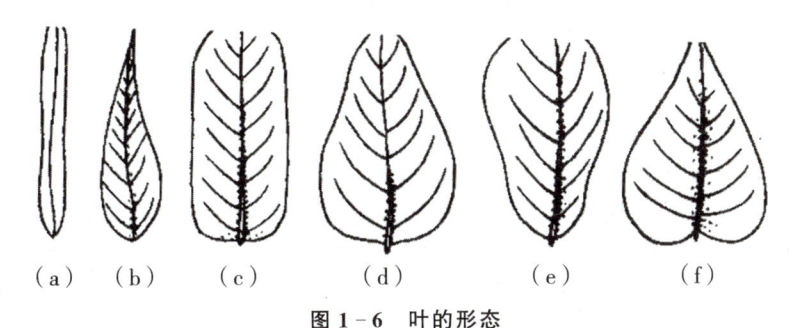

图 1-6　叶的形态
(a)线形；(b)披针形；(c)椭圆形；(d)卵圆形；(e)倒卵圆形；(f)心形

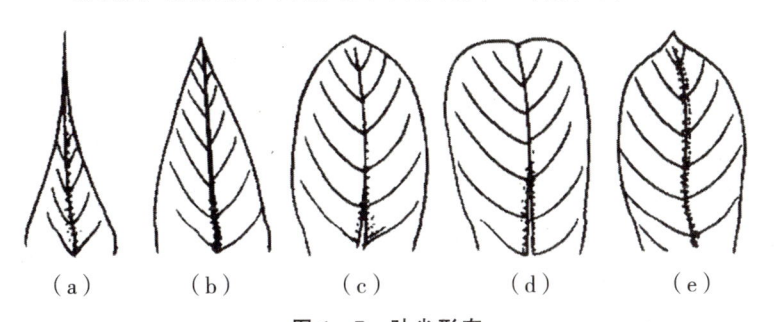

图 1-7　叶尖形态
(a)长尖；(b)短尖；(c)园钝；(d)截状；(e)急尖

大多数果树的叶序虽是 2/5(叶序即叶片在枝梢上的排列顺序)，但同一植株上的叶片，因形成过程中受树体内部和外界栽培环境、着生部位等的影响，叶片发育特别是叶片大小有很大差别。在肥水缺乏、管理粗放的条件下，叶小而薄，营养元素含量低，叶片光合效能差；如肥水过多，则叶片大，枝叶徒长。树冠内部的叶片，因光照条件较差，叶形多平展薄大，光合效能低；树冠外围的叶片，因光照充足，叶形多波皱而肥厚，光合效能高，如图 1-8 所示。

2. 叶的寿命

同一植株或同一枝条上，叶片形成的迟早和时期因环境条件不同，叶片生长情况和叶龄也不一样。枝梢生长初期与末期，因气温较低，叶片较小，光合效能较弱，寿命较

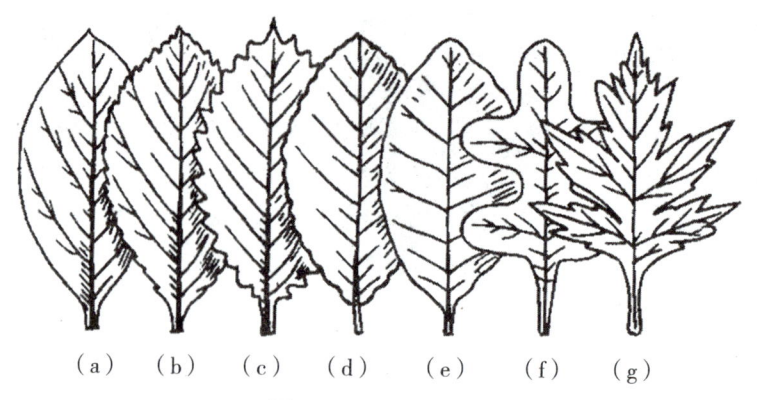

图 1-8 叶缘的形态

(a)全缘；(b)细锯齿；(c)粗锯齿；(d)钝锯齿；(e)波纹；(f)深裂；(g)全裂

短；而枝梢生长旺盛的叶片最大，光合能力最强，寿命较长。

从叶龄来说，幼嫩叶片因叶绿素含量低，光合能力很弱，呼吸能力强；随叶龄增长，叶色转绿，光合能力提高；叶片进入衰老阶段，光合能力显著下降。

落叶果树的叶片春发秋落，寿命为一个年度，常绿果树的叶片寿命较长，可达 2～4 年之久。不良环境条件与病虫害都可缩短叶片寿命，过早或异常落叶对树体生长发育都会带来不良后果。所以，采取各种措施保护叶片，对果树高产稳产具有重要意义。

(二)叶幕与叶面积指数

1. 叶幕

叶幕是树冠内全部叶片构成的具有一定形状和体积的集合体(即常说的绿叶层)，如图 1-9 所示。不同的果树树龄不同，定植密度、整形方法不同，叶幕的形状、体积也不同。适当的叶幕厚度是合理利用光能的基础。通常叶幕厚，叶面积较大，结果部位较多，容易获得高产。

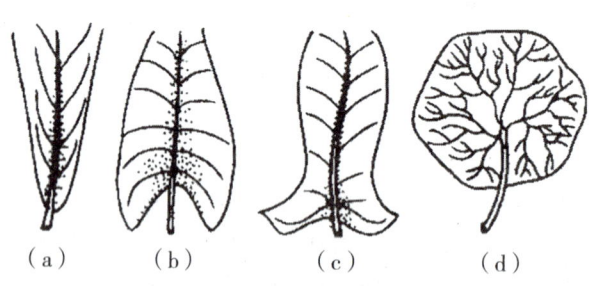

图 1-9 叶幕形态

(a)楔形；(b)矢形；(c)矛形；(d)盾形

2. 叶面积系数

叶面积系数即单位面积上所有果树叶面积总和与所占土地面积的比值。叶片多，叶面积系数高。但并不是叶片越多或叶面积系数越高越好，一般果树的叶面积系数 4～6 为宜，耐阴树种可稍高，低于 3，则会减产。如叶片过多，叶幕太厚，树冠内光线减弱，当光线减弱到全光照的 30% 以下时，叶片的养分合成能力低于消耗而变成寄生叶，因而树冠内部无效光区增大，这样果树不但不能增产，甚至还会导致减产。

$$叶面积系数＝单株叶面积/单株营养面积或总叶面积/单位土地面积$$

叶片在树冠中的分布状况可用叶片曝光率表示：

$$叶片曝光率＝单株叶面积/单株营养面积(行距×株距)×100\%$$

采用小树冠整形，就是为了增加树冠有效光能利用率。叶片的光合水平与能力也可以从叶色深浅反映出来，所以，生产上常用叶分析营养诊断及观察叶色变化的方法来施肥。

六、花芽分化及调控

花芽分化是果树年周期中的重要物候期。它关系到花芽的数量和质量，从而直接影响果树的产量和果实品质，所以，了解和掌握果树花芽分化的规律非常重要。

花芽分化、坐果

1. 花芽分化的概念

(1)花芽分化：由叶芽的生理和组织状态转化为花芽的生理和组织状态的过程称为花芽分化。

(2)花芽形成：从花芽与叶芽开始有区别的时候，逐步分化出萼片、花瓣、雌蕊、雄蕊，以及整个花蕾和花序原始体的全过程，称为花芽形成。

(3)形态分化：由叶芽生长点的细胞组织形态转化为花芽生长点的细胞组织形态过程，称为形态分化。

(4)生理分化：在出现形态分化之前，生长点内部由叶芽的生理状态(代谢方式)转向形成花芽的生理状态(代谢方式)的过程称为生理分化。

(5)幼年期：实生苗进入性成熟阶段前，不能诱导开花，此阶段称为童期或幼年期。一般木本植物具有较长童期。

(6)成年期：通过幼年期后进入稳定而持续的成花能力阶段称为成年期或花熟期。用营养繁殖方法繁育的苗木已具有开花潜势，仅因为外界条件的制约而不能开花，即开花"程序链"被阻遏。只要解除阻遏，程序正常进行，花芽分化开始。

2. 花芽分化的过程

果树的花芽分化过程包括生理分化期和形态分化期。

(1)花芽生理分化期。花芽生理分化期又可称为花芽分化临界期。此期内，芽的生长点原生质处于不稳定状态，对内外因素的反应极为敏感，是易于改变代谢方向的时期，或者说此期决定芽的性质与发展方向，是控制花芽分化的关键时期。各种促进花芽分化的措施应着重在此期进行，才能取得较好的效果。

果树花芽生理分化期开始的时间与长短因果树种类而不同。柑橘一般集中在9月中旬至12月上旬，桃在6—8月。生理分化期延续的时间可用枝梢顶芽发育情况来衡量，大部分短枝开始形成顶芽至大部分长枝顶芽形成，期间为生理分化期延续的时间，此段一般需要4周左右。

(2)形态分化期。花芽通过生理分化后，即进入形态分化期。形态分化期指叶芽生长点的细胞组织形态转化为花芽生长点的细胞组织形态的过程。

3. 花芽分化的时期

不同种类的果树，花芽分化期不同，可以归纳为四种类型：

(1)夏秋分化型：包括仁果类、核果类的大部分温带落叶果树，它们多在夏秋新梢生长减缓后开始分化，通过冬季休眠，雌雄蕊才正常发育成熟，于春季开花。如苹果、梨、桃、银杏等的花芽分化是6—7月开始，到第二年开花。

(2)冬春分化型：大多数常绿果树，是冬春进行花芽分化，并连续进行花器官各部分的分化与发育，不需经过休眠就能开花。如柑橘、荔枝、龙眼、杧果、黄皮等，一般是在秋季枝梢生长停止后至第二年萌芽前进行花芽分化。

(3)多次分化型：一年内能多次分化花芽，多次结果。如金柑、四季橘、柠檬、阳桃、番荔枝等。

(4)不定期分化型：一年仅分化花芽一次，并且可以在一年中的任何时候进行，其主要决定因素是植株大小和叶片多少。如菠萝的卡因品种在30～40片叶时分化花芽；香蕉一般抽生20～24片大叶时分化花芽。

4. 花芽分化的规律

(1)长期性：分期分批陆续进行。长期性与果树着生花芽的新梢在不同时间停长，以及停长后各类新梢处于不同的内外条件有密切关系。

(2)相对集中性和相对稳定性：果树花芽分化的开始期和盛期在北半球不同月份有差别，但不悬殊。如苹果和梨大都集中在6—9月，桃在7—8月。这与稳定的气候条件和物候期有关。多数果树在每次新梢停长后和采果后各有一个分化高峰。

(3)花芽分化临界期：即生理分化期。此期生长点原生质处于不稳定状态，对内外因素有高度敏感性，这是易于改变代谢方向的时期，也是控制花芽分化的关键时期。苹果短枝在花后2～6周是临界期，桃的临界期取决于枝条长度和芽在枝条上的位置，枝条越短分化越早，临界期由基部向枝顶逐渐发展。

(4)花芽分化的不可逆性：形态分化一旦开始不可逆转。

(5)形成一个花芽所需的时间：苹果从生理分化到雌蕊形成需用1.5～4个月，从形态分化开始到雌蕊形成只要一个月或一个多月。而枣形成一朵花需5～8 d。

5. 影响花芽分化的因素

(1)内因。

①营养物质的积累：综合国内外研究报告，花芽分化的直接因素是营养物质的积累水平，只有树体的营养积累达到一定水平花芽才能形成。

②碳氮营养及碳氮比(C/N)：Hooker(1920)首先提出C/N学说，认为C/N比高时才能形成花芽。C/N学说分为以下四种类型：

a. C/N低，C少，由于遮光、摘叶或其他因素妨碍碳水化合物的合成引起，植物具有淡绿色叶，枝条徒长，细长，成花少或无。

b. C/N低，稍缺C，但不是由于碳水化合物合成不足，而是因为氮素肥料供给过多或和修剪过重，蛋白合成旺盛，导致碳水化合物被迅速利用，成花少。

c. C/N适中，C、N供应都充足，体内碳水化合物累积，生长稍微差些，但结果良好。

d. C/N高，N是限制因素，碳水化合物积累过多，由于N不足不能进行氮素合成，老树或衰弱树多见此情况。

C/N比学说对生产有一定的指导意义，但这一学说有如下缺点：

a. 缺乏具体比例数据，且四种C/N比例关系与一些分析数据相矛盾。

b. 只笼统说明碳水化合物与氮素化合物的平衡，而不能具体指出多种碳水化合物与多种氮素化合物的具体平衡关系对花芽形成的影响。如后来有人指出蛋白态氮在花芽分化中的作用，在开花过多的情况下，碳水化合物消耗过度，因此氮素物质就无条件合成蛋白质而停留在氨基酸状态。在碳水化合物丰富的情况下，代谢转向蛋白质合成，保证了花芽形成的条件。

c. 完全排除了与花芽分化有密切关系的内源激素、遗传物质和高能物质的作用。

③内源激素平衡（激素平衡论）：很多试验表明赤霉素（GA_3）、生长素（Auxins）、细胞分裂素（CTK）、脱落酸（ABA）和乙烯（ETH）对花芽的形成都有影响。GA_3能抑制花芽的形成；多胺类（PAS）、ABA、ETH能促进花芽形成；花原基的发生与分化必须要有CTK；ABA由于与GA_3拮抗，引起枝条停长，有利于糖的积累，对成花有利。在果树栽植和器官中常常是几种激素并存，所以，激素对花芽分化的调节不取决于单一激素水平，而有赖于各种激素的动态平衡。

(2)外因。

①光照：光照强，增加光合产物，利于成花。

②光质：紫外光钝化和分解生长素，诱导乙烯生成，有利于成花，是高海拔地区早果高产的原因之一。

③温度：不同果树的花芽分化对温度的要求不同。落叶果树一般夏秋高温下进行花芽分化，如苹果适温为20 ℃（15～28 ℃），20 ℃以下分化缓慢，大多数常绿果树则在较低的温度下分化，如柑橘花芽分化适温为13 ℃以下，龙眼在相对低温（8～14 ℃）下花芽分化良好。

④水分：在花芽分化临界期前，适度控水，使营养生长受抑制，碳水化合物积累，氨基酸特别是精氨酸量增加，细胞液浓度增加，IAA、GA含量下降，ABA和CTK相对增多，有利于花芽分化，如柑橘在13 ℃以下的低温下，适当干旱能诱导成花。

6. 花芽分化的调控措施

(1)选择适宜的繁殖方法。选择适宜的无性繁殖方法，如嫁接繁殖、扦插繁殖等。嫁接繁殖时，因地制宜地选择矮化、半矮化砧，可使果树提早花芽分化。

(2)平衡果树各器官间的生长发育关系。对大年树疏花疏果，可减少养分消耗，有利于花芽形成；幼树轻剪、长放、开张枝条角度等可缓和生长势，促进成花；对旺树采用拉枝、摘心、扭枝、环剥、环割、倒贴皮、断根等可促进花芽分化。

(3)控制环境条件。合理密植、合理修剪改善果园内及树冠内光照条件；花芽分化前适当控水，促进新梢及时停止生长；花芽分化临界期合理施铵态氮肥和磷、钾肥均能有效地增加花芽的数量。

（4）应用植物生长调节剂。在果园花芽生理分化前喷布比久、多效唑（PP$_{333}$）、矮壮素（CCC）等生长调节剂，使枝条生长势缓并促进成花。

七、开花、坐果与果实发育

（一）开花

1. 花和花序类型

（1）花。通常一朵花由花梗、花托、花萼、花瓣、雄蕊和雌蕊组成。一朵花中有雌蕊和雄蕊者，称两性花或完全花，如柑橘、仁果类、核果类等果树的花都是两性花。花中仅有雄蕊或雌蕊者，称单性花，如核桃、银杏、板栗、猕猴桃等果树的花是单性花。雌花与雄花着生在同一树体上的称为雌雄同株，如荔枝、龙眼、核桃、板栗等。雌花和雄花着生于不同树体上的称为雌雄异株，如杨梅、银杏、猕猴桃、罗汉果等。具有单性花的果树栽植时，必须注意配置授粉树。

有的树种和品种虽具有两性花，但因雌蕊或雄蕊发育不完全，成熟期不一致，两者结构不协调或两者互不亲和，也需要配置授粉树，如某些桃、柿、梨等。

（2）花序类型。有总状花序（如甜橙、柚、柠檬等）、复总状花序或圆锥花序（如葡萄、荔枝、龙眼、枇杷等）、伞房花序（如梨等）、聚伞花序（如枣等）、隐头花序（如无花果等）、柔荑花序（如板栗、银杏、核桃）、穗状花序（如香蕉、椰子等）。同一花序上单花开花有先后，一般先开的花坐果率高。

2. 开花期

开花期是指一株树从有极少数的花开放至所有花全部凋谢为止。一般可分为四个时期。

（1）初花期：全树有5%的花开放；

（2）盛花期：全树有25%以上的花开放为盛花始期，50%的花开放为盛花期，75%的花开放为盛花末期；

（3）终花期：全部花已开放，并有部分花瓣开始脱落；

（4）谢花期：全树有5%的花瓣脱落为谢花始期，95%的花瓣脱落为谢花终期。

3. 影响开花的因素

（1）树体营养：果树开花需消耗大量营养，特别是氮素。如树体储存营养充足，花器发育健全，树势强壮，则开花整齐，延续时间也长，坐果率也高；如树体管理不善，营养不良，则开花不整齐，花期短。

（2）气候条件：不同地区不同年份因气候条件有差异，同一品种的果树花期有不同，如广东与湖南都有栽培的柑橘，但花期差异较大。开花期间如天气晴朗，高温干旱，风速较大，则花期较早、较短；如遇低温阴冷、冷凉湿润的天气，则开花不整齐，花期较长。长江流域各省开花季节往往遇上梅雨季节，这对开花坐果不利，很容易造成大量落花落果。

(3)栽培技术：因栽培技术措施不当，生产管理粗放，常使一些果树在不正常的时期开放（异时花），如梨、桃因病虫害与干旱常使树体早期落叶，造成二次抽梢、二次开花现象，这种现象严重影响树势与翌年产量，生产上一定要注意。

(二)授粉与受精

1. 授粉与受精的概念

(1)授粉。授粉是指花粉从花药传到柱头的过程。果树的花粉常因风与昆虫的媒介作用落到已成熟、表面有黏液的柱头上，由此可分为风媒花与虫媒花。

①风媒花：借助风力进行授粉的，称风媒花。此类花的花粉数量多。花粉粒小，如核桃、板栗等。这类果树的柱头较发达，常呈羽状分裂，有利于附着花粉。

②虫媒花：借助昆虫进行授粉的，称虫媒花。此类花的花粉较大，花朵较艳，并有蜜腺分泌蜜汁与芳香物以引诱昆虫辅助授粉，如柑橘、仁果类、核果类等果树。

(2)受精。受精就是花粉中的精核与子房胚囊里的卵核、极核融合的过程。精核与卵核结合发育成胚；精核与极核结合发育成胚乳（五胚乳的种子由子叶替代料胚乳）。

果树中凡用同品种的花粉授粉受精结实的称为自花授粉。用异品种的花授粉受精结实的称为异花授粉。异花授粉后能满足生产要求的产量的称为异花结实。在异花授粉中，如果雄配子和雌配子都具有生活力，但授粉后不能结实或结实很少，这种特性称为异花不亲和性，这种结实状态称为异花不实。

有的果树（如葡萄）在花冠脱落前，在同一花朵内进行了授粉，称为闭花授粉。自花授粉后能满足经济栽培要求的称为自花结实，如葡萄、柑橘、枇杷、龙眼、荔枝等绝大多数果树品种都是自花结实。自花结实的品种，异花授粉后往往产量更高。自花授粉后不能达到经济栽培上认为丰产的结实率，称为自花不结实，如沙田柚及大部分苹果、梨的品种，李、桃、梅、杏的某些品种，自花结实率很低，需要实行异花授粉才能提高结实率，这类果树栽植时必须配置适宜的授粉树。

供给花粉的品种称为授粉品种，这些品种的植株称为授粉树。选择授粉树应考虑：与主栽品种花期相同；具有大量有生命力的花粉；与主栽品种的亲和力强；每年能开花，结果期与树体寿命和主栽品种相同；最好能相互授粉，与主栽品种一样是优良品种。

有些果树不经授粉或虽经授粉而未完成受精过程，不产生种子，其子房也能膨大而形成无核果实，这种现象称为单性结实。前者子房发育不受外来刺激，完全是自身生理活动造成的，称为自发性单性结实。如柿、香蕉、温州蜜柑、脐橙、菠萝、无花果等。经过授粉但未完成受精过程而形成果实，或受精后胚珠在发育过程中败育，称为刺激性单性结实，如一些西洋梨品种，可经花粉刺激产生单性结实。在此基础上，人们用激素处理花朵以诱发单性结实，已在葡萄、苹果、桃、李、梨等果树上获得成功。

2. 影响授粉受精的因素

(1)营养条件。氮素不足花粉管生长慢，胚囊寿命短，应加强秋季氮素管理，提高氮贮藏水平，花期喷尿素。

硼对花粉萌发和受精有良好作用。花粉含硼不多，而是由含硼多的柱头和花柱补充，硼可增加糖的吸收、运输、代谢，以及氧的吸收，有利于花粉管的生长。发芽前喷1%硼砂，或花期喷0.1%。

钙有利于花粉管的生长，其最适浓度可高达1 mg/kg，有人认为花粉管向胚珠性生长，是柱头到胚珠钙浓度梯度的反映。

(2)环境条件。温度为重要因素。过低温可能造成花粉或胚囊伤害，低温时花粉管生长慢。低温阴雨影响授粉昆虫活动。一般蜜蜂活动要15 ℃以上。大风(17 m/s以上)不利于昆虫活动，大风也使柱头干燥，不利于花粉发芽。

空气污染会影响花粉发芽和花粉管生长。空气中氟含量增加使甜樱桃花粉管生长下降，草莓由开花到结实期如有5~14 μg/m² 氟，会降低坐果率。

(三)果实

1. 坐果和落花落果

(1)坐果。花经过授粉受精后，子房或子房及其附属部分膨大发育成为果实，在生产上称为坐果(或着果)。坐果数与开花数的百分比，称为坐果率。

(2)落花落果。从花蕾出现到果实成熟采收，会出现花、果脱落的现象，称为落花落果。落花是指未经授粉受精的子房脱落，所以落花也称为子房脱落。落果是指授粉受精后，一部分幼果因授粉受精不完全、营养不良或其他原因而脱落。果实在成熟之前，有些品种也有落果现象，称为采前落果。

落花落果是果树在系统发育过程中为适应不良环境而形成的一种自疏现象，也是一种自身的调节。果树的落花落果现象大多数是因为生理的原因引起的，又称为生理落果。

果树落花落果时期依果树种类、品种而异。仁果类和核果类一般有三次落果高峰。第一次在开花后，未见子房膨大，花即脱离。第二次在第一次落花后2周左右。这时子房已开始膨大，但仍有大批幼果带果柄脱落。第三次在第二次落果后1个月，即盛花后6周左右，此次落果多在6月发生，也称六月落果。

引起落花落果的原因：第一、二次主要是花器发育不完全、授粉受精不充分引起，树体贮藏养分不足也是第二次落果的主要原因之一。第三次主要是同化养分和水分供应不足引起。另外，外界条件(如低温阴雨、高温且伴随干旱与大风、水涝、病虫危害等)也能引起落花落果。

2. 果实生长发育

(1)果实的生长动态。不同种类的果树果实生长期长短、果实体积增长幅度差别很大。

①果实生长发育期的长短。果实发育所需时间的长短，因树种、品种而异。最短的为草莓，仅需3周，梨为100~180 d，荔枝为90~100 d，柑橘为150~390 d。此外，外界条件和栽培技术也影响果实发育期的长短。

②果实生长发育曲线。从开花以后，把果实的体积、直径或鲜重在不同时期的累积增长量画成曲线，可以得到两类图形：一类是S型，另一类是双S型。曲线图形与果实的形态构造没有关系。

a. S型：如柑橘、枇杷、苹果、梨、草莓、菠萝、香蕉、扁桃、核桃、板栗等。单S型果实生长的特点是只有一个速长期。

b. 双S型：大部分核果类果树，如桃、杏、李、樱桃、葡萄、无花果、树莓、猕猴桃(三S)、山楂、枣、柿、阿月浑子等。

双S型果实生长的特点是有两个速长期，在两个速长期之间，有一个缓慢生长期。在第一个速长期中，除胚乳和胚外，子房的各个部分都迅速生长。第二期子房壁生长很少，内果皮进行木质化，胚和胚乳迅速生长(硬核期)。产生原因还不十分清楚，可能是胚的发育和果肉竞争养分。第三期中果皮迅速生长。同一树种成熟期不同的品种，主要表现在第二期长短不同。

③果实纵、横径的相对生长。果实细胞分生组织属于先端分生组织，当它最初细胞分裂时，表现为果实的纵轴伸长快。早期长果，说明细胞分裂旺盛，具有形成大果的基础，可作为早期预测果实大小的指标，供人工疏果参考。

果形指数＝果实的纵径/横径之比(L/D)，是某些果实品质标准之一。

④果实在一昼夜内的生长动态。果实一昼夜内的生长变化因品种而不同，也因生长发育阶段而异。环境因子(如湿度、温度、光照强度)也影响果实的昼夜变化。果实昼夜间的变化基本上是昼缩夜胀。果实生长主要在夜间，黎明时开始缩小。原因是白天光照加强，叶片气孔开张，光合作用增强，渗透压升高，叶需从果实内吸取水分，使果实缩小。

⑤果实成熟。果实成熟是指果实生长发育已达到该品种固有的形状、质地、风味和营养物质等可食用阶段。果实发育和成熟过程中内部发生一系列的生理变化，如淀粉转化为糖，有机酸参与呼吸作用而氧化分解，单宁被氧化，原果胶在果胶酶的作用下转化为可溶性的果胶，果肉变松脆或柔软且具有芳香味，叶绿素分解、消失，类胡萝卜素、花青素等色素的颜色显现出来。

果实中含有水分、糖、有机酸、脂肪、淀粉、纤维素、蛋白质、色素、单宁、果胶、芳香物质、维生素及各种矿物元素等。这些物质中，除水分外均称为干物质。干物质在水中可溶解的部分称为水溶性物质或可溶性固形物。可溶性固形物主要是糖、有机酸、果胶、单宁和一些色素及维生素，其中占比例最大的是糖，其次是酸。因此，果实可溶性固形物的含量是衡量果实成熟和品质的主要指标之一。

判断果实成熟：外观性状、大小、形状、色泽等达到固有特性。

根据果实的用途，果实的成熟度可分为：

a. 可采成熟度。果实大小已定，未完全成熟，未充分香味，肉硬。此成熟度用于贮运或加工罐头、蜜饯等。

b. 食用成熟度。果实适于当地销售或制作果汁、酒，果已成熟，有固有的香味。

c. 生理成熟度。果实生理上充分成熟，果肉松绵，种子充分成熟，果无味，用于采种。以种子为果的宜此时采，如核桃、板栗。

⑥果实品质。果实品质由外观品质和内在品质构成。外观品质包括形状、大小、整齐度和色泽；内在品质包括风味、质地、香味和营养成分等。

果实色泽因种类、品种而异。决定色泽的主要物质是叶绿素、胡萝卜素、花青素和黄酮素等。花青素是主要的水溶性色素，花青素的形成需要糖的积累。近年来，对梨、葡萄、杧果、阳桃、香蕉等果树的果实进行套袋，改善了果实的着色和光洁度，是提高果实品质的主要技术之一。柑橘在采收前用红色透明纸对果实进行套袋或在果实贮藏期间用红光照射果实，能形成很好的色泽。另外，还可在树下铺反光膜，改善树冠内堂和下部的光照条件，使果实着色良好。一般情况下，糖的积累、温度和光照条件是色泽形成的三个重要因子。

果实中糖、酸含量和糖酸比是衡量果实品质的主要指标。决定果实甜酸味的主要因素是含糖量与含酸量之比，简称糖酸比，该比值大则味甜，反之酸味重，品质差。一般糖酸比为(8～14)∶1为宜。

(2)影响果实增长的因素。

①细胞数和细胞体积。果实体积的增大，决定于细胞数目、细胞体积和细胞间隙的增大，以前两个因素为主。

细胞数目的多少与细胞分裂时期的长短和分裂速度有关。果实细胞分裂始于花原始体形成后，到开花时暂停，之后视果树种类而异。有的花不再分裂，只有细胞增大，如黑醋栗的食用部分；有的花一直分裂到果实成熟，如草莓。大多数果实介于两者之间，花前有细胞分裂，开花时中止，授粉授精后继续分裂。

苹果开花时，细胞数为200万，成熟时4 000万，花前加倍21次，花后4.5次。葡萄开花时子房有20万，40 d后为60万，花前加倍17次，花后1.5次。因此花前改变细胞数目的机会多于花后。

花后细胞旺盛分裂时，细胞体积即同时开始增大，在细胞停止分裂后，细胞体积继续增大。

从栽培的要求来看，要促进果实细胞的分裂，首先重视第一年夏秋间的树体管理。

②有机营养。果实细胞分裂主要是原生质增长过程，称为蛋白质营养时期。需要有氮、磷和碳水化合物的供应。树体贮藏碳水化合物的多少及其早春分配情况，为果实蛋白质营养期(细胞分裂期)的决定因子。

果实发育中后期，即果肉细胞体积增大期，最初原生质稍有增长，随后主要是液泡增大，除水分绝对量大大增加外，碳水化合物的绝对量也直线上升，称碳水化合物营养期。果实增重主要在此期，要有适宜的叶果比保证叶片光合作用。

③无机营养。矿质元素在果实中的含量很少，不到1%，除一部分构成果实躯体外，主要影响有机物质的运转和代谢。

缺磷果肉细胞数减少。

钾对果实的增大和果肉干重的增加有明显促进作用。钾提高原生质活性，促进糖的运转流入，增加干重；钾有水合作用，钾多，果实鲜重中水分百分比增加。

钙与果实细胞膜结构的稳定性和降低呼吸强度有关。缺钙会引起果实生理病害，如苹果的苦痘病、木塞斑点病、内部坏死、红玉斑点病和水心病。钙进入果实主要在前期(花后4～5周)，后期随果实增大，钙浓度被稀释，因此，大果易出现缺钙的生理病。钙只能由根部经木质部供应，不能从叶经韧皮部向果实供应。旺盛生长的新梢顶端会与果竞争，所以徒长树，修剪过重的树，果实易出现缺钙的生理病。第一年秋季树体吸收的钙，第二年可供果实初期发育用。

离子拮抗作用，苹果果实苦痘病的组织内，钙比正常的组织多1.7倍，而镁多5～8倍，镁与钙拮抗，因此仍然表现缺钙。

钙在果实中的分布是不均匀的，近梗洼处较高、萼端较低；果皮含量高，果肉低，果心又高，所以苦痘病首先出现在萼端果肉。

④水分。果实内含水量为80%～90%。

⑤温度和光照。幼果期温度为限制因子，因主要利用储存营养，后期光照为限制因子。

适温条件下果实大。

果实生长主要在夜间，夜温影响较大。温度影响光合作用和呼吸作用，影响碳水化合物的积累，所以昼夜温差影响较大。

⑥种子。果实内种子的数目和分布影响果实大小和形状。

任务实施

一、实训准备

(1)材料：从苹果、梨、桃、葡萄、核桃、枣、柿等果树中选择能代表当地主要果树种类的结果树各2～3株。

(2)用具：钢卷尺、放大镜、修枝剪、记载和绘图用具。

二、实训内容

1. 观察果树地上部枝类组成

(1)树干：树体的中轴，由主干和中心干组成。

(2)主干：从地面到第一主枝的树干部分。

(3)中心干(又称中央领导干、中干)：指第一主枝以上的树干部分。

(4)主枝：着生在树干上的永久性大分枝。

(5)侧枝(又称副主枝)：着生在主枝上的永久性分枝。

主干、中心干、主枝、侧枝是构成树体骨架的大枝，统称为骨干枝。骨干枝依分枝顺序可分为一级骨干枝、二级骨干枝、三级骨干枝……如主枝是一级枝，一级枝上的分枝是二级枝，依此类推。

(6)延长枝：各级骨干枝先端的一年生枝。

(7)枝组：着生在各级骨干枝上的小枝群，是生长和结果的基本单位。

2. 观察果树枝条的类型

果树枝条根据分类方法不同，可分为不同的类型。

(1)根据枝条的年龄分类。

①当年生枝(新梢)。落叶果树自春季萌芽以后发生的新枝到落叶前称为当年生枝或新梢。当年能发出二次枝的新梢也称为一次枝。

二次枝(副梢)：由新梢叶腋发生的分枝。

三次枝(二次副梢)：由二次枝叶腋发生的分枝。

果台：一般指苹果、梨花序下的一段新梢(短缩枝)，因着生果实后膨大，故称为果台。

果台副梢：苹果、梨由果台上抽出的新梢。

②一年生枝。新梢从落叶到次年萌芽以前称为一年生枝。

③二年生枝。一年生枝春季萌芽后到下年萌芽前称为二年生枝。

其他年龄枝依此类推。

落叶果树枝条的基部一般都有芽鳞痕(芽萌发时鳞片脱落的痕迹)，观察时可以通过它来区别枝条的年龄。

(2)根据新梢生长的季节分类：柑橘根据新梢生长的季节一般分为春梢、夏梢和秋梢。

(3)根据枝条的性质分类。

①生长枝(营养枝、发育枝)。根据其长势强弱和发育充实程度又可分为普通发育枝、徒长枝、纤细枝、叶丛枝等。

②结果枝(果枝)。结果枝根据结果特点可分为三种情况，一种是具纯花芽的枝条，如核果类的果枝；一种是具混合芽但混合芽发出的直接着生花芽的枝条很短，如苹果、梨等果树的枝条；还有一种是具混合芽而混合芽发出的直接着生花或花序的枝条很长，在其上开花结果，如葡萄、柿、板栗。在最后一种内，由混合芽发生的直接着生花或花序的枝条称结果新梢，而着生混合芽的枝条称为结果母枝。

有些果树的果枝，根据长短及形态不同，分为长果枝、中果枝、短果枝等，具体划分标准如下：

苹果和梨——长果枝：长度 15 cm 以上；中果枝：长度 5~15 cm；短果枝：长度 5 cm 以下。

桃——徒长性果枝：长度 60 cm 以上；长果枝：长度 30~60 cm；中果枝：长度 15~30 cm；短果枝：长度 5~15 cm；花束状果枝：长度 5 cm 以下。

3. 观察果树芽的类型

果树芽由于区分的依据不同而有不同的名称。

(1)根据芽在枝条上着生的位置可分为顶芽、侧芽(腋芽)。

(2)根据芽的性质和内部构造可分为叶芽、花芽，花芽又分为纯花芽和混合芽。

(3)根据芽在同一节上着生的数量可分为单芽、复芽。单芽是在一节上仅有一个明显的芽，如苹果、梨等；复芽是在一节上有两个以上明显的芽，如桃、李、核桃等。

(4)根据芽在叶腋的位置及生长习性可分为主芽、副芽。主芽着生于叶腋正中央，一般当年不萌发。副芽着生于主芽两侧或上方、下方，有的当年萌发，如枣，有的当年和第二年不萌发，如苹果、梨。后者的副芽通常很小，成为休眠芽。

(5)根据芽的萌发时期可分为早熟芽、活动芽、休眠芽。芽在形成的当年就萌发的称早熟芽。芽在形成的当年不萌发而第二年才萌发的称活动芽。芽在形成的当年、第二年都不萌发而潜伏下来的称为休眠芽(潜伏芽)。

完成果树枝芽类型与特性观察及调查表(表1-5)。

4. 实训方法及建议

(1)本实训项目的适宜时间,落叶果树在落叶后到发芽前,因这时树叶脱落,便于观察;常绿果树在春梢萌发前。

(2)实训前预先从当地栽培果树中,选择枝芽类型较典型的果树若干种,每种各选结果树1~3株,并标明树种名称,便于学员独立观察。

(3)实训时先由教师带领学生边观察边讲解,然后以组为单位进行,每组至少调查2个树种的枝芽数据,选择1个主枝调查结果枝类型和数量,选择5个二年生枝调查萌芽率和成枝率。

三、实训汇报

根据实训内容,观察并填写果树枝芽类型与特性观察及调查表(表1-5),记录结果按小组进行汇报。

表1-5 果树枝芽类型与特性观察及调查表

树种及序号	花芽			叶芽			结果枝类型及数量					秋梢枝数量	结果母枝数量	萌芽率	成枝力
	大小	形状	着生部位	大小	形状	着生部位	徒长性	长果枝	中果枝	短果枝	花束状果枝				
1															
2															
3															

四、实训考核与评价

序号	考核重点	考核内容	分值
1	态度与任务	认真仔细,善于合作;按时完成观察与记录任务	40
2	操作过程	1. 学习识别当地主要果树的各类枝芽; 2. 学习辨识各类枝芽的特征; 3. 熟知各类枝芽的分类依据; 4. 熟知各类枝芽在果树的生长发育过程中所起到的作用	25
3	实训报告	准确描绘1~2种代表果树的枝芽图,标注正确;会计算萌芽率和成枝力,有自己的观点和体会	25
4	问题思考与答疑	在实训过程中勤于思考,积极答疑	10

课后练习

1. 果树树体是由哪几部分组成？
2. 果树根系有哪些功能？
3. 果树根系按发生及来源可分为哪几种？其各有何特点？
4. 什么是菌根？菌根有何作用？
5. 密植果园根系分布有何特点？为什么？
6. 何为花芽分化？花芽分化的控制措施有哪些？
7. 影响果树开花的因素有哪些？
8. 果树枝条是如何进行分类的？

知识拓展

果树各器官生长发育之间的辩证关系

植物各器官之间存在着相互联系、相互抑制或相互促进的相关性，即某一部分或某一器官的生长发育常会影响另一部分或另一器官的生长发育。这主要是由于树体内营养的供求关系和激素等调节物质的作用所致。这种相互依赖又相互制约的关系，也是植物有机体整体性的表现，是对立统一的辩证关系。

一、地下部与地上部的相关性

果树各器官相互关系中，根系与地上部的相关性十分突出，因为根系生命活动所需要的营养物质，主要由地上部叶片光合作用所制造，这些物质沿着枝干的韧皮部运输以供应根系。同样，地上部生长所需的水分和矿物质元素，主要是由地下部根系吸收供应的。此外，根系也具有代谢机能，能否合成对生长极为重要。果树体内经常进行着根系和枝叶间养分的交换和联系，它们之间相互影响，并经常保持着一定的动态平衡关系，地上部枝叶繁茂，则根系也必然深广。

枝叶和根系在生长量上常保持一定比例，称为根冠比（T/R）。根冠比值高的说明根的机能强，反之则弱。但根冠比的大小常依环境条件和树体状态等而变化。

地上部树冠的冠径与根系水平分布范围也有密切关系，这种关系因树种和环境条件等而不同，但一般果树根系的扩张大于树冠，而其垂直生长则小于树高。

根据果树地上部与地下部相互关系的特点，可运用各种农业技术措施，以达到栽培的目的。例如，利用矮化砧根系可以调节生长，提早结果；深翻改土，培养健壮根系，能收到增强树势连年高产的效果；同样，合理修剪，疏花疏果等地上部的管理措施，也能减轻根系负担，促进养分积累，使树健壮，达到高产、稳产的目的。

二、果树营养器官与生殖器官的相关性

果树由根、茎、叶、花、果实和种子等器官构成。根、茎、叶的主要生理功能是吸

收、合成和输导，称为营养器官。花、果实和种子从进化观点看，主要是繁衍后代，所以称为生殖器官。两者在生理功能上有区别，但是它们的形成都需要光合产物，所以二者之间在营养物质的供求关系上是十分复杂的。生殖器官所需要的营养物质是营养器官供应的，所以，果树营养器官的发达和健壮，是高产、稳产、优质的前提。营养器官的生长和扩大也需要消耗大量养分。因此，营养器官常与生殖器官的生长发育竞争，引起自身调节，如果调节不当，则将影响果树的正常生长发育。果树在不良的条件下和在管理水平低的情况下，造成营养生长过弱或过强，制造养分少，而消耗养分过多，使花芽分化不良，落花落果严重，果实发育不良，从而影响产量和品质。

在果树栽培中，了解果树营养生长和生殖生长的相关性，就可以选择合理的技术措施，如选择优良的苗木、按规格要求和适宜密度定植、合理施肥灌水、根据树势采用不同的修剪技术，以及加强病虫害和自然灾害的防治，达到早果、丰产、稳产、优质的目的。

果树主要器官之间的相关性：顶芽与侧芽的相关性、主根与侧根的相关性、枝条生长与花芽分化的相关性、叶片和果实的相关性、花芽分化与果实生长的相关性。

任务五　果树生长环境条件

任务引入

通过本任务的学习，小组协作完成现有果园的温度、水肥、光照、土壤、地形等环境条件的调查，根据调查材料和数据，对现有果园加以分析研究，为园地建设和果园管理提出建议。

果树生长环境条件

知识准备

影响果树生长发育的生态环境条件是指影响果树生存空间的一切因素总和，包括气候条件、土壤条件、地势条件和生物因子。果树的优质丰产需要适宜的生态环境。

一、温度

温度是果树重要的生存因子。它决定果树的地理分布，制约果树的生长发育速度，果树体内的一切生理、生化活动都必须在一定温度条件下进行。

(一) 温度与果树分布

温度条件是决定果树分布的主要因素之一，各种果树的地理分布受温度条件的限制，其中最主要的是年平均温度、生长期积温和冬季最低温度。

1. 年平均温度

各种果树适宜栽培的年平均温度都有各自的范围，这与其生态条件类型和品种特性有关(表1-6)。

表 1-6　主要果树适栽的年平均温度

(引自《果树栽培学总论》，李文华)

树种	年平均温度/℃	树种	年平均温度/℃
柑橘类	16～23	苹果	7～14
菠萝	21～27	梨(砂梨)	15～20
香蕉	24	梨(白梨)	7～15
荔枝、龙眼	20～23	梨(秋子梨)	5～7
枇杷	16～17	葡萄	5～18
桃(南方)	12～17	中国樱桃	15～16
桃(北方)	8～14	西洋樱桃	7～12
杏	6～14	李	13～22
柿(北方)	9～16	梅	16～20
柿(南方)	16～20	枣(北枣)	10～15
核桃	8～15	枣(南枣)	15～20

2. 生长期积温

在综合外界条件下能使果树萌芽的日平均温度称为生物学零度，即生物学有效积温的起点。一般落叶果树的生物学零度为 6～10 ℃，常绿果树为 10～15 ℃。在一年中能保证果树生物学有效温度的持续时期为生长期(或生长季)，生长期中生物学有效温度的积累值为生物学有效积温(简称有效积温或积温)。

各种果树在生长期内，从萌芽开花到果实成熟都要求一定的积温。积温是影响果树生长的重要因素，积温不足果树枝条生长发育成熟不好，同时影响果实的产量和品质。如柑橘需要 2 500 ℃以上，葡萄需要 3 000 ℃以上。积温是果树经济栽培区的重要指标。在某些地区，由于长期的有效积温不足，导致果实不能正常成熟，即使年平均温度适宜，冬季能安全越冬，该地区也会失去改种果树的栽培价值。

3. 冬季最低温度

一种果树能否抵抗某地区冬季最低温度的寒冷或冻害，是决定该果树能否在该地区生存或进行商品栽培的重要条件。因此，冬季的绝对低温是决定某种果树分布北限的重要条件。不同树种和品种具有不同的抗寒力。

落叶果树有自然休眠的特性，冬季进入自然休眠期后，需要一定低温才能正常通过休眠。如果冬季温暖，平均温度过高，不能满足通过休眠期所需的低温，常导致发芽不良，春季萌芽、开花延迟且不整齐，花期延长，落花落蕾严重，甚至花芽大量枯落。因此，冬季的温暖是影响落叶果树南限分布的重要因素。在落叶果树南移时尤其需注意。各种果树要求低温量不同，一般在 0～7.2 ℃条件下，200～1 500 h 可以通过休眠。

(二)温度与果树生长发育

果树维持生命与生长发育都有一定的温度范围，不同温度的生物学效应有所不同，有其最低点、最适点与最高点,称为三基点。最适点表现生长发育正常,过高或过低,生长发育过程将受到抑制或完全停止,并出现异常现象。

同化和异化过程对温度的要求不同。二者要求的温度因树种、品种、发育阶段和地理条件的不同而有差异。一般植物光合作用最适合温度为20~30 ℃,最低为5~10 ℃,最高为45~50 ℃。呼吸作用的最适温为30~40 ℃,最低为0 ℃左右,最高为45~50 ℃,由此看来,光合作用的最适温度低于呼吸作用的最适温度。当温度超过光合作用最适温度时,则光合作用减弱,而呼吸作用增强,不利于有机营养积累;当温度在10 ℃以下,40 ℃以上时,同化的积累和异化的消耗均少,不能大量积累;而当温度在20~30 ℃时,光合作用强,呼吸作用弱,同化积累大,有利于有机营养积累。

早春气温对萌芽、开花有很大影响。温度上升快,开花提早,花期缩短。如早春气温回升慢,花期延迟,有些果树畸形花增多。花粉发芽适温为20~25 ℃,过低发芽受到抑制,高于27 ℃时花粉发芽率显著下降。

花芽分化与温度也有关系。落叶果树花芽分化需要高温、干燥和日照充足。如苹果在平均温度20~27 ℃时,有利于花芽分化。而柑橘、荔枝、龙眼的花芽分化则要求低温和干旱,多在冬春季节进行。

温度对果实品质、色泽和成熟度有较大的影响。一般温度较高,果实含糖量高,成熟较早,但色泽较差。温度低则含糖量少,含酸量高,色泽艳丽,成熟期推迟。昼夜温差对品质的影响非常明显,温差大,糖分积累多,风味浓。

(三)高温与低温对果树的影响

温度在果树年周期中呈现着正常的季节变化和日变化,有利于果树生长发育。如春季温变,可促进解除休眠和萌芽;秋季温变,可促使组织成熟和落叶,为越冬做好准备。但温度的突然变化,对果树十分有害,常造成大量减产,甚至导致整株死亡。生长期温度高达30~35 ℃时,一般落叶果树的生理过程受到抑制,升高到50~55 ℃时,将会受到严重伤害。常绿果树较耐高温,但高达50 ℃也会引起伤害。夏季热量过多,果实成熟推迟,果实小、着色差、耐贮性差;夏季高温,果实易发生日灼;秋冬季温度过高,落叶果树不能及时进入休眠或按时结束休眠。

低温和突然的低温对果树的危害比高温危害更严重。不同树种、品种对低温的抵抗能力不同(表1-7)。果树一般以枝梢、花芽、根颈易受冻害。同一种果树在不同生育期对低温的忍受力不同,如柑橘在不同生育期能忍耐的低温:花蕾期为-1.1 ℃,开花期为-0.55 ℃,绿果期为-3.3 ℃。

表1-7 各种果树受冻的温度

(引自《果树栽培学总论》,李文华)

树种	枝梢受冻温度/℃	整株冻死温度/℃
香蕉、菠萝	0	-5~-3
荔枝、龙眼	-2~-3	-7~-5
甜橙、柚	-5~-6	-9~-8

续表

树种	枝梢受冻温度/℃	整株冻死温度/℃
枇杷	−9～−10	−15～−14
葡萄、石榴核桃、枳	−16～−15	−25～−18
桃、中国李、砂梨	−20～−18	−35～−23
杏、苹果、秋子梨	−30～−25	−45～−30

二、光照

光是果树的生存因素之一，是光合作用的能量来源。果树生长发育与产量形成都需要来自光合作用形成的有机物。提高果园的光能利用是实现丰产优质的主要途径。

(一)光与果树生长发育的关系

1. 果树的受光量

果树对光的利用率决定于树冠大小和叶面积多少。稀植树空间大，受光量小，光能利用率低。在一定范围内，果树密植比稀植的叶面积指数大，光能利用率高，故能提高单位面积的产量。但并不是越密越好，当超过一定限度时，会引起严重隐蔽，有效叶面积反而减少，光能利用率也随之降低。

光照强度影响同化量，光照减弱时，同化量下降，如阴雨天，葡萄叶的同化量为晴天的 1/9～1/2。

合理的树体结构可使树冠受光量分布合理，能显著提高光能利用率。合理的树体结构标准是树冠中有效光区大。据国外研究，直立面树形比水平面树形有效光区大，前者为 98.2%，后者仅 72%。一般圆形树冠，由外向内受光量逐渐减少，最内层为非生产区，没有结果能力。对果实品质来说，最好的受光量为 60% 以上，40% 是最下限。因此进行合理整形修剪和树体管理，使树冠受光量提高，对提高产量和品质尤为重要。

2. 光照与果树营养生长的关系

光照强度对果树地上部和根系的生长都有明显影响。光照强时，易形成密集短枝，削弱顶芽枝向上生长，而增强侧生生长点的生长，树姿呈现开张。光照不足时，枝梢细弱，直立生长势强，呈现徒长；同时，间接地抑制果树根系的生长，根的生长量减少，新根发生数量少，甚至停止生长。光照良好，在一定程度上能抑制病菌活动。日照充足的山地果园，果树病虫害明显减少。但是光照过强，常引起枝干和果实日灼。

3. 光照与果树生殖生长的关系

光照与果树花芽分化、花器发育、生理落果、果实产量、色泽和品质等都有密切关系。果树花芽分化需要一定的物质基础，光照充足，同化产物多，营养积累快，有利于花芽分化，且花器发育完全。光照不足会引起结果不良，坐果率低。

生长期日照时间长，则果实的糖分和维生素合理增加，果实品质提高。果实成熟期受光良好，则着色美观。日照对果实糖分的增高有直接作用，通常果实阳面的含糖量较阴面高，套袋果实糖分含量均低于不套袋。直射光充足，果皮较紧密，有利于提高果实的耐运能力。

(二)果实的需光度和对光照的反应

果实对光的需要程度与各树种、品种原产地的地理位置和长期适应的自然条件有关。生长在我国南部低纬度、多雨地区的热带、亚热带树种，对光的要求低于原产我国北部高纬度、干旱地区的落叶果树。原产在森林边缘和空旷山地的果树，绝大部分都是喜光树种。

果树需光度是相对而言的，一般果树比森林树种喜光；成年树比幼树喜光；同一植株，生殖器官的生长比营养器官的生长需光较多，如花芽分化、果实发育比萌芽、枝叶生长需光较多，休眠期需光量少。

在落叶果树中，桃、杏、枣最喜光；苹果、梨、李、葡萄、柿、板栗次之；核桃、山楂、石榴、猕猴桃等较耐阴。常绿果树中椰子较喜光；荔枝、龙眼次之；杨梅、柑橘、枇杷、阳桃较耐阴。

三、水分

水是果树生存的重要生态因素，是组成树体的重要成分，如果树含水量为50%~70%，果实的含水量最高达80%~90%。水是果树生命活动中不可缺少的重要介质，营养物质的吸收、转化、运输与分配，光合作用、呼吸作用等重要的生理过程，都必须在有水的条件下才能正常进行。因此，果园的水分管理是实现优质高产的重要保证。

(一)果树对水分的生态反应

1. 果树抗旱性

果树在长期干旱条件下能忍受水分不足，并能维持正常生长发育的特性称为耐旱性。起源于夏季多雨地区的果树需水量大，也较耐湿，如柑橘、枇杷、沙梨等，起源于夏季干旱地区的树种则耐旱怕湿，如欧洲葡萄、西洋梨等。果树按抗旱力的强弱分为以下三类：

(1)抗旱力强的树种：如桃、枣、石榴、板栗、菠萝、荔枝、龙眼、橄榄等。

(2)抗旱力中等的树种：如柑橘、梨、柿、李、梅、枇杷、苹果等。

(3)抗旱力弱的树种：如香蕉、草莓等。

2. 果树耐涝性

果树能适应土壤水分过多的能力称为耐涝性。各种果树对水涝的反应不同。按果树耐涝性的强弱分为以下三类：

(1)耐涝性强的树种：如葡萄、柿、枣、椰子、山核桃、荔枝、龙眼等。

(2)耐涝性中等的树种：如柑橘、香蕉、李、梅、杏、苹果等。

(3)耐涝性弱的树种：如无花果、桃、菠萝、油梨等。

(二)果树的需水量

需水量是指生产 1 g 干物质所需的水量。果树一般需水量为 125～500 g。不同树种、品种、砧木的果树需水量不同，如甜橙的需水量比温州蜜柑高，酸橙砧比枳砧高。植株 T/R 率(地上部与根系重量之比)高的比低的需水量高。

果树在年生长周期中，不同生长发育时期需水量不同。通常落叶果树在春季萌芽前，树体需要一定的水分才能发芽，如此期水分不足，常延迟萌芽或萌芽不整齐，影响新梢生长。花期干旱或水分过多，常引起落花落果，坐果率低。新梢生长期气温逐渐上升，枝叶生长迅速旺盛，需水量最多，为需水临界期，如此期供水不足，则削弱新梢生长，甚至提早停止生长。果实生长期需一定水分，如水分不足，将影响果实发育，严重时会引起落果。果实发育后期，多雨或久旱遇骤雨，容易引起裂果。花芽分化期需水相对较少，如果水分过多则削弱分化。

四、土壤

土壤是果树生存的场所，是果树生长发育的基础，良好的土壤条件能满足果树对水、肥、气、热的要求。

1. 土层厚度与土壤质地对果树的影响

土层厚度直接影响果树根系的分布和根系吸收水分与养分的范围。土层深厚，果树根系分布深，吸收养分与水分的有效容积大，水分与养分的新梢量多，树体健壮，结果良好，寿命长，对不良环境的抵抗力强。相反，土层浅则根系分布浅，土壤温度、水分变化剧烈，影响果树生长发育，树冠矮小，树势弱，寿命短，抵抗不良环境的能力弱。

果树根系分布深浅还受到土壤类型的影响。砂质土栽培果树，根系分布深而广，植株生长快而高大，容易实现早期丰产优质。壤质土是栽培果树较为理想的土壤，适宜栽培多种果树。黏质土栽培果树根系分布较浅，容易受环境胁迫的影响。

2. 土壤的理化性质对果树的影响

土壤温度直接影响根系的生长、吸收及运输能力，影响矿质营养的溶解、流动与转化，影响有机质的分解和微生物的活动。

土壤水分是土壤肥力的重要组成因素。土壤中养分的转化、溶解都必须在有水的条件下才能被树体吸收利用。土壤水分还可以调节土壤温度和土壤通气状况。果树正常生长结果最适土壤含水量，一般为田间持水量的 60%～80%。当土壤含水量减少，则根系吸收水分减少，根系生长受抑制，养分不易分解吸收，甚至根系发生缺氧呼吸，产生有毒物质，导致根系生长不良或死亡。

土壤质地疏松、透气良好利于果树根系生长。一般土壤空气的含氧量不低于 15% 时，根系正常生长，不低于 12% 时生新根。土壤通气不足，根系生长受阻，吸收能力减弱，同时，微生物活动减弱，有机质分解缓慢，根系周围二氧化碳浓度增高。当土壤严重缺氧时，根系进行无氧呼吸，积累酒精，造成中毒，引起烂根。

土壤酸碱度影响土壤中各种矿物质养分的有效性，进而影响果树的吸收和利用。土壤酸碱度还影响根际微生物的活动，硝化细菌在pH为6.5时发育良好，而固氮菌在pH为7.5时发育良好。土壤中大多数有益微生物适于接近中性的酸碱度，即pH为6.5~7.5，土壤过酸或过碱都会抑制微生物活动。主要果树对酸碱度的适应范围见表1-8。

表1-8 主要果树对酸碱度的适应范围

（引自《果树栽培学总论》，李文华）

树种	适应范围(pH)	最适应范围(pH)
苹果	5.3~8.2	5.4~6.8
梨	5.4~8.5	5.6~7.2
桃	5.0~8.2	5.2~6.8
葡萄	7.5~8.3	5.8~7.5
板栗	7.5~8.3	5.8~7.5
枣	5.0~8.5	5.2~8.0
柑橘	5.5~8.5	5.5~6.5

盐碱土的主要盐类为碳酸钠、氯化钠和硫酸钠，其中以硫酸钠危害最大。果树受盐碱危害轻者，生长发育受阻，表现为枝叶焦枯，严重时全株死亡。不同果树种类、品种的耐盐能力不同（表1-9）。

表1-9 主要果树的耐盐情况

（引自《果树栽培学总论》，李文华）

树种	土壤中含盐量/% 正常生长	土壤中含盐量/% 受害极限
苹果	0.13~0.16	0.28以上
梨	0.14~0.20	0.30
桃	0.08~0.10	0.40
杏	0.10~0.20	0.24
葡萄	0.14~0.29	0.32~0.40
枣	0.14~0.23	0.35以上
板栗	0.12~0.14	0.20
柑橘	0.07~0.13	0.40

五、地形地势

地表形态或地面形状变化的总和为地形。地势是指地面形状高低变化的程度。地势对果树的影响是通过海拔高度、坡度、坡向等影响光、温、水、热在地面上的分配，进而影响果树的生长发育，其中以海拔高度对果树的影响最为明显。

海拔高度对气温呈现有规律的影响。相同纬度时，海拔高度每升高100 m，平均气温降低0.4~0.6 ℃。海拔越高，光照越强，雨量增多，果树物候期延迟，生长结束期提早。

坡度对果树的生长结果有明显影响。5～20 ℃的斜坡是发展果树的良好坡度，尤以3～5 ℃的缓坡地最好。

不同坡向接受的太阳辐射量不同，光、热、水条件有明显的差别。南坡日照充足，气温较高，土壤增温也快，而北坡则相反，西坡与东坡得到的太阳辐射相等，但实际上午太阳照东坡时，大量的辐射热消耗于蒸发，下午太阳照到西坡时，太阳辐射用于蒸发大大减少，因而西坡的日照较强，温度较高，果树遭受日灼也较多。生长在南坡的果树树势健壮，产量较高，果实成熟较早，着色好，含糖量较高，含酸量较少。生长在北坡的果树，由于温度低，日照少，枝梢成熟不良，降低越冬力。

六、污染

随着科学技术的发展，环境污染问题日趋严重。农业生产的发展伴随着化肥和农药的大量投入，工矿、交通事业的发展也使"三废"排放量增加，加上人为活动的破坏使生态配合失调，加剧了环境污染。环境污染包括空气污染、水体污染和土壤污染三方面。污染源主要有工业"三废"、农药、化肥、塑料等。

1. 空气污染

空气中污染物含量过高会影响果树的正常生长，诱发急性或慢性伤害。影响果树生长的空气污染物主要包括总悬浮颗粒物、二氧化硫、氟化物、氮氧化物、氯气等。其中二氧化硫和氟化物是最主要的大气污染物。

（1）总悬浮颗粒物：俗称粉尘，是指能悬浮在空气中，直径≤100μm 的颗粒物，来源于工矿企业排放的烟尘，当落到植株上，会使嫩叶和果实上产生污斑，影响光合作用、呼吸作用和水分蒸腾等生理活动，果实品质和商品性降低。

（2）二氧化硫：是由煤、石油和焦油等燃烧时产生的有害气体，可以通过气孔进入叶片，破坏叶绿素、影响光合作用、使组织脱水，叶片受伤后极易脱落。果树开花期对二氧化硫最为敏感，此时受污染会导致开花不整齐，花朵受损，提早脱落，影响坐果。大气中二氧化碳浓度高时，会进一步氧化并与雨、雾、霜等结合形成酸雨，造成大面积危害。

（3）氟化物：主要有氟化氢、氟化硅、氟化钙、氟气等。来自磷肥、冶金、玻璃、搪瓷、塑料、砖瓦等工厂及燃煤排放的废气。氟化氢的毒性最大，比二氧化硫的毒性大20倍。氟化物通过气孔进入植物体内，并溶入汁液中，随植物体内的水分运输，流向各个部分，当积累到一定浓度时会抑制生殖生长，降低花朵受精率，不易坐果。氟化物还能抑制多种酶的活性，使叶绿素难以形成，造成植物组织失绿。还能引起钙素营养失调。

（4）氮氧化物：包括一氧化氮、二氧化氮和硝酸雾等，以二氧化氮的毒性较大，主要来源于汽车尾气以及锅炉、药厂排放的废气。二氧化氮危害的症状与二氧化硫相似。

（5）氯气：主要来自食盐电解工业及农药、塑料、漂白粉和合成纤维等工厂排放的废气。氯气危害极大，它能破坏细胞结构，阻碍水分和养分吸收，造成植株分枝少，叶片褪绿或焦枯，根系不发达。

2. 水体污染

工业"三废"尤其是工业废水，含有铬、汞、砷、铅、镉、锌、镍等重金属，是造成果园灌溉水污染的主要原因。随着我国工业尤其是乡镇企业的迅速发展，工业废水大量排放，对果园灌溉水源的污染日趋加重。污水灌溉果园，引起土壤盐渍化，使果树生长受到抑制，叶片和植株矮小，以致枯死。并且大部分重金属积累在耕作层，极难去除。因此，污水灌溉不仅污染果园土壤，影响果树生长，还会影响果实品质，造成有害物质和重金属残留、超标。

3. 土壤污染

土壤污染因子包括重金属（铬、汞、砷、铅、镉、锌、镍等）、有毒物（石油、酚、苯并芘、六六粉、滴滴涕、三氯乙醛、多氯联苯等）和其他污染因子（氟化物、硫化物、磷化物、酸、碱、盐类物质等）。土壤污染物主要来自三个方面，一是工业"三废"的排放；二是农药、化肥、农膜、垃圾杂肥的施用；三是污水灌溉，土壤被污染后，土质发生变化，板结无结构、盐渍化，植物不能生长。

任务实施

一、实训准备

（1）材料：盛果期的柑橘、葡萄树、桃树各若干株。
（2）用具：温湿度计、光照计、铁锹、卷尺、盐度计、pH 测定仪等。

二、实训内容

1. 温湿度测定

各组利用温湿度计测定果园环境中的温湿度，并对数据进行记录与分析。

2. 光照度测定

各组利用照度计测定果园环境中的光照度，并对数据进行记录与分析。

3. 土壤指标测定

各组针对果园土壤的土层厚度（表土和心土）、土壤肥力、土壤酸碱度、有害盐含量、地下水情况等指标进行测量，并对数据进行记录与分析。

三、实训汇报

分组阐述果园温湿度、光照度、土壤指标等环境条件的测定指标与方法，汇报测定结果。

四、实训考核与评价

序号	考核重点	考核内容	分值
1	态度与任务	认真仔细,善于合作;按时保质地完成实训任务	40
2	操作过程	1. 方法选择是否正确、操作是否规范; 2. 是否协作完成相关指标的测定; 3. 环境条件测定仪器是否正确使用	25
3	实训报告	准确阐述果园温湿度、光照度、土壤指标等环境条件的测定方法和测定结果	25
4	问题思考与答疑	在实训过程中勤于思考,积极答疑	10

课后练习

1. 影响果树生长发育的生态环境条件主要包括哪些?
2. 温度三基点表示的是什么?各自对果树生长发育的影响是怎样的?
3. 简述不同光照强度及光质对果树生长发育的影响。
4. 简述土壤通气性、土壤水分与土壤pH对果树生长发育的影响。

知识拓展

我国果园土壤有机质现状

土壤有机质在果树优质高效生产中具有重要作用,提高果园有机质含量不但能实现稳产高产,还可提高果品品质。有机质含量高,则果树生长旺盛、病虫害少,产量高且稳定,品质好。一些研究表明,果园土壤有机质提高后,苹果的果个大,优果率高,且硬度及可溶性固形物含量得到显著提高,果实去皮硬度增加,苦痘病及皱皮、裂果率降低。相反,有机质缺乏,则果树生长缓慢、化肥利用率低,产量低而不稳,抗逆性差。

我国果园土壤有机质偏低是目前存在的普遍问题。研究表明,制约我国果树产业可持续发展的主要问题就是土壤有机质含量低。丰产稳产果园的土壤有机质含量应在2%以上,国家无公害苹果技术规程要求,果园土壤有机质含量应在1.5%以上,最好达到5%~8%,但我国多数果园土壤有机质含量平均不到1%。

不同的种植地区果园土壤有机质含量不同。在苹果园中,山西省中南部生产优势区13个县土壤有机质平均值为1.02%;陕西省果园土壤有机质含量平均为1.23%;北京为1.68%;甘肃省天水市为1.13%;山西省吉县为1.22%。赣南脐橙主要分布区,土壤有机质含量为0.9%~1.4%,81%的果园土壤表现为有机质缺乏。

在北京地区,苹果园土壤有机质含量最高为1.68%,其次是葡萄园和桃园,分别为1.58%和1.5%,最低为梨园仅1.04%。

不同的果园随着种植年限的变化,土壤有机质的增减不一,这种变化与果园的管理及施肥方式有直接的关系。随着种植年限的增加，不同土壤深度土壤有机质变化也有所差异。

土壤有机质的变化和果园的管理方法、果农对土壤的重视程度等密切相关，多数果园土壤有机质减少的主要原因是只注意化肥的大量施加而忽略了有机肥的使用。一些简单的农业措施，如果园种草、青草还田、施用有机肥、开沟压入麦草、玉米秸秆等，均可使果园土壤有机质得到明显提高。另外，在盛果期时，大量的肥料投入利于土壤有机质的积累，但当果树进入衰老期后，由于施肥量的减少，加上果树与土壤之间的相互协调能力减弱，将导致果园土壤肥力急速下降。同时，果园土壤管理方式也影响有机质的含量，对苹果园不同土壤管理条件下有机质的研究表明，中耕和深耕管理的土壤有机质含量均高于免耕。

任务六　果树的生命周期和年生长周期

任务引入

通过本任务的学习，能够表述出果树生命周期与年生长周期的概念及各阶段生长特点，同时完成基地果树的物候期调查，最终形成果树周年管理历。

果树的生命周期和年生长周期

知识准备

一、果树的生命周期

了解和研究果树生命周期，具有以下重要意义：

(1)缩短幼树期：研究实生树和营养繁殖果树的幼树期的特性，尽量缩短幼树期，使之提早结果，有利于品种选育进程及及早获得经济效益。

(2)尽量延长成年阶段：成年阶段是果树产量和质量最好的时期，因此是效益最高的时期，延长成年阶段，对栽培者极为有利。

(3)推迟衰老期到来。

(4)有利于制订栽培技术方案：了解果树在各个时期的变化，有针对性地制订技术方案，如营养繁殖树幼树期枝量少，应尽快增加枝量，自然生长的盛果树枝量太大，应使其维持在一定范围。

(一)果树生命周期的概念

果树一生经历萌芽、生长、结实、衰老、更新和死亡，它包含了果树的全部生命过程，称为生命周期，又称年龄时期。

(二)实生树的生命周期

实生果树个体发育的生命周期包括两个明显不同的发育阶段,即幼年阶段(童期)和成年阶段。幼年阶段也称童期,指从种子播种后萌芽起,经历一定的生长阶段,到具备开花潜能这段时期。在这段时期,植株只有营养生长而不开花结果。在实生苗的童期中,任何措施均不能使其开花。实生果树进入性成熟阶段以后,在适宜的外界条件下可随时开花结果,这个阶段称为成年阶段。

童期长短是植物的遗传属性,通常以播种到开花结果所需年份表示。各种果树童期长短不同,如早实核桃为1~2年,晚实核桃为8~10年,红橘为5~8年,柑橘为6年,甜橙为9年以上。在生产上缩短童期的常用措施有:

(1)环状剥皮,这是缩短童期的有效方法。
(2)扭枝、拉枝、摘心等均可提早开花。
(3)加强施肥管理。
(4)应用生长调节剂:PP333、比久、乙烯利、矮壮素等均可抑制生长,提早结果。
(5)嫁接:从实生苗上剪取接穗,接于矮化砧上,可提早结果。

另外,高接也能提早结果。

(三)营养繁殖果树的生命周期及其调控

营养繁殖果树是指利用营养器官通过压条、扦插、嫁接、组织培养等方法繁殖的果树植株。繁殖材料取自成年阶段的优良母树,是成熟母体的继续,已经度过了幼年阶段,在适当的条件下,随时可以开花结果。因此,严格讲它们的生命周期中没有真正的幼年阶段,只有以营养生长为主的幼年阶段。但在生产实践中,幼树营养生长旺盛,甚至在某些形态特征上与实生树的幼年阶段相似,如枝条徒长、叶片薄、小等,但并不意味着营养繁殖树也具有童期和需要度过幼年阶段。

生产上根据果树一生中的生长发育规律变化,可将栽培的果树分为三个年龄时期,即幼树期、结果期和衰老期。根据各个时期的特点采取相应的技术措施,以促进和控制其生长和发育的进程,达到栽培的目的。

1. 幼树期

从苗木定植到开始开花结果这段时期称为幼树期。

(1)特点。
①地上部和根系的离心生长旺盛,生长量大。
②长枝占比例高而短枝少。
③枝条多趋向直立,树冠往往呈圆锥形或长圆形,由于生长旺盛而生长期长。
④往往组织不充实,影响越冬能力。

这一时期的长短因树种、品种、栽培形式及技术等不同而有明显差异,一般苹果和梨为3~6年,桃、枣、葡萄为1~3年,杏和李为2~4年。

(2)技术措施。

① 为根系的扩大创造条件,在栽植前和建园后的最初几年内要进行土壤改良和提高土壤肥力,采取的技术措施包括深翻扩穴、供应肥水等。

② 做好整形工作,尽快成形和形成牢固的骨架。这一阶段,实行轻剪多留枝,增加枝量。

③ 缩短生长期,提早结果。在轻剪长放多留枝的基础上,采取系列技术措施(如摘心、环割、环剥、扭梢等)配合生长调节剂的应用,可以缩短生长期,提早结果。目前,幼树提早结果的实例很多,如杏第二年结果、苹果第四年结果,亩产可达 3 000 kg。

④ 做好冬季防寒工作。特别是对一些生长旺盛的品种,在 1~2 年做好防寒工作,采取的技术措施有埋土防寒、培月牙埂、喷布防寒剂等。

2. 结果期

结果期又可分为三个时期:初果期(生长结果期)、盛果期(结果盛期)和结果后期。

(1)初果期。开始结果到大量结果以前称为初果期(生长结果期)。

① 特点。

a. 根系和树冠的离心生长加速,可能达到或接近最大的营养面积。

b. 枝类比发生变化,长枝比例减少,中短枝比例增加。

c. 随结果量的增加,树冠逐渐开张。

d. 花芽形成容易,产量逐渐上升,果实逐渐表现出固有品质。

这一时期的栽培任务是在保证树体健康生长的基础上,迅速提高产量,夺取早期丰产。

② 技术措施。

a. 合理供应肥水,保证根系和地上部的正常生长,继续扩大树冠,并增加结果部位。

b. 继续完成整形工作,并要不断培养结果枝组。

c. 做好花果管理;授粉不良的果园(授粉树配置不合理、授粉树花少等)应做好人工授粉、花期喷硼、花期环剥等工作。

(2)盛果期。大量结果的时期,从果树开始大量结果到产量开始下降为止称为盛果期。

① 特点。

a. 离心生长逐渐减弱直至停止,树冠达到最大体积。

b. 新梢生长缓和,全树形成大量花芽。

c. 短果枝和中果枝比例大,长枝量少。

d. 产量高,质量好。

e. 骨干枝开张角度大,下垂枝多,同时背上直立枝增多。

f. 由于树冠内膛光照不良,致使枝条枯死,引起光秃,造成结果部位外移。随着枝组的衰老死亡,内膛光秃。

② 技术措施。

a. 加强土肥水管理,使树势健壮。增施有机肥,在此基础上平衡施肥,一般斤果斤肥或斤果半斤肥或斤果二斤肥，根据产量而定。

b. 合理修剪，此阶段应注意以下几个问题：

(a)解决光照：落头开天窗，解决上光，疏枝解决侧光，回缩解决下光。

(b)结果枝组更新与复壮：对结果枝组应进行细致修剪，如在国光上强调三套枝修剪，一套预备枝，一套结果枝，一套育花枝，一定要调整营养枝与结果枝的比例。

(c)注意大小年修剪问题：大年时多留花芽，小年时少留花芽。

(d)精细花果管理：包括人工授粉、疏花疏果、果实套袋等。

(e)加强病虫害防治：此时是生产出的果实品质最佳的时期，一定要加强病虫防治，以免高产不高效。在红富士苹果上要防治轮纹病；在梨上要防治黑星病、黄粉虫、梨木虱等。

通过以上措施，尽量延长盛果期。

(3)结果后期。从高产稳产开始出现大小年直至产量明显下降。

①特点。

a. 主枝、根开始衰枯并相继死亡。

b. 新梢生长量小。

c. 果实小、品质差。

②技术措施。

a. 加强肥水管理。

b. 合理修剪，适当回缩刺激发枝。

c. 花果管理，注意疏花疏果。

3. 衰老期

从产量明显降低到植株生命终结为止称为衰老期。

(1)特点。

①新梢生长量极小，几乎不发生健壮营养枝。

②落花落果严重，产量急剧下降。

③主枝末端和小侧枝开始枯死，枯死范围越来越大，最后部分侧枝和主枝开始枯死。

④主枝上出现大更新枝。

(2)栽培技术。主要是培养和利用更新技术尽快恢复树冠，达到一定的产量。当更新后的树冠再度衰老时，则已失去栽培经济价值，应伐树。

二、果树的年生长周期

(一)果树年生长周期和物候期

1. 年生长周期

(1)概念。一年中果树随气候而变化的生命活动过程称为年生长周期。

落叶果树春季随着气温升高，果树萌芽展叶，开花坐果，随着秋季的到来，叶片逐渐老化，进入冬季低温期落叶休眠，从而完成一个年生长周期；常绿果树，冬季不落叶，没有明显的休眠期,但冬季的干旱及低温而减弱或停止营养生长,一般认为这属于相对休眠性质。因此,年生长周期可分为生长期和休眠期。

(2)果树的年生长周期的意义。可以为调控果树的生长发育提供依据,如苹果枝条生长最快时期在7—8月,对树体生长结果产生不良影响,因此,应采取措施控制其生长,如施用多效唑、拉枝等。不同地区,立地条件不同,果树的生长发育也有差异,指导生产时必须明确。

2. 物候期

(1)概念。与季节性气候变化相适应的果树器官的动态变化时期,称为生物气候学时期,简称物候期。

(2)物候期的类型。果树器官动态变化可以范围较大,也可以范围较小,因此,果树物候期可分为大物候期和小物候期。一般大物候期可以分为几个小物候期,如开花期可以分为初花期、盛花期、落花期等。就像春季可以分为立春、雨水、惊蛰、春分、清明、谷雨,夏季可以分为立夏、小满、芒种、夏至、小暑、大暑。

从大物候期来看,可以分为根系生长物候期、萌芽展叶物候期、新梢生长物候期、果实生长物候期、花芽分化物候期、落叶休眠物候期、开花物候期等。

(3)物候期的特点。

①顺序性。在年生长周期中,每一物候期都是在前一物候期通过的基础上才能进行,同时又为下一物候期奠定基础,如萌芽是在芽分化基础上进行的,又为抽枝、展叶做准备;坐果是在开花基础上进行的,又为果实发育做准备。

②重演性。在一定条件下物候期可以重演,如苹果一般在4月开花,由于病虫害造成6—7月大量落叶,落叶后又可开二次花;葡萄开二次花、三次花等。

③重叠性。重叠性表现为同一时间和同一树上可同时表现多个物候期,如春季,地下部根系生长,地上部萌芽、展叶,夏季要进行果实生长,又要进行花芽分化、枝条生长等。

(4)影响物候期进程的因子。

①树种、品种特性。树种、品种不同,物候期进程不同,如开花物候期,苹果、梨、桃在春季,而枇杷则在冬季开花,金柑在夏秋季多次开花,苹果成熟在秋季,而樱桃则在初夏。同一树种,品种不同物候期也不同,如苹果,红富士苹果在10月下旬至11月初成熟,而藤牧一号则在7月初成熟;桃,春蕾在6月初成熟,绿化9号在8月底9月初成熟。

②气候条件。气候条件改变影响物候期进程,如早春低温,延迟开花,花期干燥高温,开花物候期进程快,干旱影响枝条生长和果实生长等。

③立地条件。影响气候而影响物候期。

a. 纬度:每向北推进1°,温度降低1 ℃左右,物候期晚几天。

b. 海拔高度:海拔每升高100 m,温度降低1 ℃左右,物候期晚几天。

④生物影响。生物影响包括技术措施等,如喷施生长调节剂、设施栽培、病虫危害等。

物候特性产生的原因是在原产地长期生长发育过程中所产生的适应性，因此，在引种时必须掌握各品种原产地的土壤气候条件、物候特性及引种地的气候土壤状况等资料。

(二)落叶果树的年生长周期及其调控

落叶果树的年生长周期分为生长期和休眠期两个阶段。

1. 生长期

生长期内进行根系生长开花、果实发育、新梢生长、花芽分化等。

2. 休眠期及其调控

落叶果树的休眠是指果树的生长发育暂时的停顿状态，它是为适应不良环境(如低温、高温、干旱等)所表现的一种特性。温带落叶果树主要是对冬季低温形成的适应性。只有正常进入休眠，才能进行以后的生理活动，如萌芽、展叶、开花坐果等。

(1)休眠的外部表现。落叶是果树进入休眠的标志。在休眠期内，从树体的外部形态看，叶子脱落；枝条变色成熟；冬芽形成老化，没有任何生长发育的表现；地下部根系在适宜的条件下可以维持微弱的生长，但是在休眠期树体内部仍进行着一系列的生理活动(如呼吸、蒸腾、营养物质的转换等)，这些外部形态的变化和内部生理活动，使果树顺利越冬。

(2)休眠阶段的划分。

①自然休眠。自然休眠是指落叶果树落叶之后处于低温环境下，即使给它一些最合适的环境条件也不萌发的情况，称为自然休眠。自然休眠是果树器官本身的特性所决定的，也是果树长期适应外界条件的结果。

解除果树的自然休眠需要果树在一定的低温条件下度过一定的时间，这段时间称为需冷量，一般以小时表示。果树种类不同，要求的低温量不同，一般在 $0\sim7.2$ ℃条件下，$200\sim1\,500$ h 可通过休眠，如苹果需要 $1\,200\sim1\,500$ h，桃需要 $500\sim1\,200$ h。

如果不能满足果树的需冷量，则第二年果树生长发育不良，如苹果南移，往往由于冬季低温不足，不能顺利通过自然休眠，萌芽不整齐，花的质量也差。

自然休眠期的长短与树种、品种、树势、树龄等有关。扁桃休眠期短，11 月中下旬就结束，而桃、柿、梨等则较长，核桃、枣、葡萄最长。同一树种不同品种也有差异，如桃中，早醒艳需要几十个小时，玛丽维拉为 250 h，五月火为 $550\sim600$ h，曙光为 $650\sim750$ h。幼树、旺树进入休眠期较长，解除休眠较迟。

一株树上不同组织或器官进入、解除休眠的时间也不一样。根茎部进入休眠最晚，解除早，易受冻害；形成层进入休眠迟于皮层和木质部，因此初冬易遭受冻害，但进入休眠后，形成层又比皮部和木质部耐寒。

②被迫休眠。被迫休眠指果树已通过自然休眠，开始或完成了生长所需的准备，但外界条件不适宜，被迫不能萌发而呈休眠状态。果树在被迫休眠中通常遇到回暖天气，致使果树开始活动，但又出现寒流，使果树遭受早春冻害或晚霜危害，如桃、李、杏等冻花芽现象，苹果幼树遭受低温、干旱、冻害而发生的抽条现象等，因此在某些地区应采取延迟萌芽的措施，如树干涂白、灌水等使树体避免增温过快，减轻或避免危害。

(3)影响休眠的外在因素。

①日照长度。长日照促进生长，短日照抑制生长诱导进入休眠。梨、苹果、桃等对日照长度反应较迟钝，需要短时的时间较长才有反应；葡萄、黑穗醋栗、树莓类等对短日照条件敏感。

②温度。低温可促进果树进入休眠。

③水分和营养状况。生长后期水分过多或多施氮肥，枝条生长旺盛，进入休眠晚，易受冻；若树体缺乏氮素或组织缺水，树体生长弱，提早进入休眠。

(4)休眠的生理基础。

①激素变化。在短日照条件下，芽内 ABA 含量增多，而 GA 类物质减少，从而使芽进入休眠状态。经过一段低温时间后，GA 含量增加，而 ABA 类减少，如雷司令葡萄节间内激素变化。

②其他物质。如二氢哈耳康皮苷、扁桃苷、氰酸等也可抑制萌发，诱导休眠。

(5)控制休眠的措施。

①促进休眠。可提高其抗寒力，减少初冬的危害。方法有生长后期限制灌水，少施氮肥，疏除徒长枝、过密枝、喷布生长延缓剂或抑制剂，如 PP333、抑芽丹等。

②推迟进入休眠。可延迟次年萌芽，减少早春的危害。方法有夏季重修剪、多施氮肥、灌水等。

③延长休眠期。可减少早春危害，主要原理是延长被迫休眠期。方法有：树干涂白、早春灌水，可使地温及树体温度上升缓慢，延迟萌芽开花。秋季使用青鲜素、多效唑、早春喷 NAA、2,4-D 也可延迟休眠，葡萄喷硫酸亚铁也可延长休眠期。

④打破休眠。在温室栽培中常用。葡萄用石灰氮处理，可使 80% 植株于 30 d 后萌芽，二硝基邻甲酚(DNOC)可打破苹果休眠。

任务实施

实训一、果树物候期观察

(一)实训准备

(1)材料：选择当地栽培的主要树种及其主要品种的结果树进行观察。
(2)用具：记载表格。

(二)实训内容

1. 柑橘物候期的观察项目和标准

(1)萌芽期：芽开始膨大，叶苞开裂，出现淡绿色生长点。
(2)幼叶出现期：第一片幼叶展开，叶柄出现。
(3)新梢生长期：萌芽后第一片叶展开，到顶芽自剪脱落。春、夏、秋梢分开观察。

(4)花蕾期：分三个阶段。现蕾期：幼叶出现；露白期：萼片开裂，露出白色或红色花瓣；花瓣全露期：花蕾膨大伸长，花瓣全露。

(5)初花期：全树有5%的花开放。

(6)盛花期：全树25%的花开放为盛花始期，50%的花开放为盛花期，75%的花开放为盛花末期。

(7)落花期：全树有5%的花正常脱落花瓣为谢花始期，95%的花正常脱落花瓣为谢花终期。

(8)生理落果期：幼果开始膨大后出现较多数量变黄脱落为生理落果期。第一次生理落果：落花后连果梗脱落；第二次生理落果：幼果从蜜盘处脱落；第三次生理落果：果实直径2 cm左右时从蜜盘处脱落。

(9)果实生长期：生理落果后幼果膨大到果实着色。

(10)果实着色期：全树有25%的果实1/3果面褪绿着色。

(11)果实成熟期：全树有50%的果实果面着色。

(12)花芽分化期：生长点变宽致原始体全面出现，形态分化完成。

完成柑橘物候期观察记载表(表1-10)。

表1-10　柑橘物候期观察记载表

地点：　　　　年份：　　　　观察人：

项目/品种	萌芽期	花蕾期	花芽露白期	花瓣全露期	初花期	盛花期	落花期	坐果期	第一次生理落果期		第二次生理落果期		果实生长期	备注
									始期	终期	始期	终期		

2. 桃(杏、李)物候期的观察项目和标准

(1)花芽膨大期：春季花芽开始膨大，鳞片开始松包。

(2)露萼期：花萼由鳞片顶端露出。

(3)露瓣期：花瓣由花萼中露出。

(4)初花期：全树有5%的花开放。

(5)盛花期：全树25%的花开放为盛花始期，50%的花开放为盛花期，75%的花开放为盛花末期。

(6)谢花期：全树有5%的花正常脱落花瓣为谢花始期，95%的花正常脱落花瓣为谢花终期。

(7)落果期：记载落果开始到基本落尽的时期。

(8)硬核期：通过对果实的解剖，记载从果核开始硬化（内果皮由白色开始变黄，变硬，口嚼有木渣）到完全硬化。

(9)果实成熟期：全树大部分果实成熟。

(10)新梢生长始期：新梢叶片分离，出现第一个长节。

(11)副梢生长始期：一次梢上副梢叶片分离，节间开始伸长。

(12)新梢生长终期：最后一批新梢形成顶芽。

(13)落叶期：秋末全树有5%的叶片正常脱落为落叶始期，95%以上的叶片脱落为落叶终期。

完成桃物候期观察记载表（表1-11）。

表1-11 桃物候期观察记载表

地点：　　　　年份：　　　　观察人：

项目/品种	花芽膨大期	花芽露萼期	花芽露瓣期	初花期	盛花期	谢花始期	谢花终期	硬核期	果实成熟期	新梢生长始期	副梢生长始期	新梢生长终期	落叶始期	落叶终期	备注

3. 葡萄物候期的观察项目和标准

(1)伤流期：春季萌芽前树液开始流动时，以枝条新剪口流出液体成水滴状时为准。

(2)萌芽期：芽外鳞片开始分开，鳞片下茸毛层破裂，以露出带红色或绿色的嫩叶时为准。

(3)花序出现期：随着结果新梢生长，露出花序时为花序出现期。

(4)开花期：花冠呈灯罩状脱落为开花。当全树有1~2个花序内有数朵花的花冠脱落为初花期，全树有50%的花花冠脱落为盛花期，有95%的花花冠脱落为终花期。

(5)新梢开始成熟期：新梢（一次梢）基部四节以下的表皮变为黄褐色。

(6)果实成熟期：全树有少数果粒开始呈现出品种成熟固有的特征时为开始成熟期，每穗有90%的果粒呈现品种固有特征时为完全成熟期。

(7)落叶期：秋末全树有5%的叶片正常脱落为落叶始期，95%以上的叶片脱落为落叶终期。

完成葡萄物候期观察记载表（表1-12）。

表 1－12 葡萄物候期观察记载表

地点：　　　年份：　　　观察人：

项目/品种	伤流期	萌芽期	花序出现期	初花期	盛花期	终花期	新梢开始成熟	果实始熟期	果实完熟期	落叶始期	落叶终期	备注

4. 实训建议与方法

(1)实训项目前根据当地栽培的树种，确定观察树种及其观察项目。主要树种可选2～3个代表性品种，作较详细的观察；次要树种，可选主要项目观察，如萌芽期、开花期、果实成熟期、落叶期等。主要果树可多观察一些品种，每个品种只观察萌芽期、开花期、果实成熟期。某一物候期作详细观察时，可分为几个时期，如开花期可分为初花期、盛花期、终花期等。如作简要观察，可以始期(初花期)作为开花期记载。

(2)实训项目应在春季发芽前布置和讲解观察的项目和标准。具体的观察应利用业余时间进行，要坚持一个年周期，有始有终。

(3)如观察的树种、品种较多，可以分组分人进行观察。每人以2～3个树种，10个品种为宜。观察前要印制或绘制好观察记载表格。

(4)观察的树种品种要事先选定观察的植株。植株应选生长健壮的结果树，地点不要太远，以便于学员利用业余时间进行观察。由于地势、土壤、植株年龄影响物候期的早晚，因此同一树种不同品种的植株，应尽可能选条件比较一致的进行观察。每个品种选定2～3株，并做好标记，注明品种名称，以便于观察。

(5)观察时间间隔的长短，根据果树一年中生长发育进程的快慢和要求观察项目的繁简而定。一般萌芽至开花期每隔2～3 d观察1次，开花期每天或隔1 d观察1次；其他时间可每隔5～7 d观察1次。

(三)实训考核与评价

序号	考核重点	考核内容	分值
1	态度与任务	认真仔细，善于合作；按时完成观察与记录任务	40
2	操作过程	观察记载目标果园中主要果树的物候期，了解并准确把握柑橘、桃、葡萄等主要树种各物候期的特征，能根据物候期推断果树在年周期中的生长发育规律	25
3	实训报告	观察记载表填写清晰、明确，有自己的观点和体会	25
4	问题思考与答疑	在实训过程中勤于思考，积极答疑	10

实训二、果园周年管理历的制订

(一)实训准备

(1)材料：盛果期的葡萄树、桃树各若干株，疏果药剂。
(2)用具：疏果剪或修枝剪、套果袋、绑扎物、喷雾器、天平、量杯等。

(二)实训内容

1. 制订周年管理历的要求

(1)制订每项管理的技术措施，必须有的放矢。因此，一定要在总结过去果园管理经验的基础上，结合当年的生育情况和存在的问题，找出矛盾，提出解决途径和制订出既有先进指标的管理技术水平，又切实可行的周年果园管理工作历。工作历可按月、按旬或按周制订。

(2)一个大果园，树种多，树龄、树势、株产均不一致，因此，必须根据不同情况，按区、片制订不同的技术措施。

(3)对结果树要求提出产量和质量的指标。要有技术要求，保证措施和检查制度。

(4)工作历是果园管理的计划和目标，因此，制订工作历要求具体、详细，并有成本核算，包括每项技术措施的具体要求，用工、用料要订出数量，以便做好准备。

2. 果园周年管理历的主要内容

(1)土壤管理。
①施肥：包括施基肥、追肥的时期，肥料种类，施肥量，施肥方法。
②灌水排水：时期，方法，要求。
③中耕除草：时期，深度，使用除草剂的种类、时期和方法。
④深翻和改良土壤的时期和方法。
⑤修整渠道：包括修整主渠、支渠、毛渠的时期和要求。
⑥修树盘的时期和要求。
⑦种植绿肥：种类，播种和翻耕的时期和方法要求。

(2)树体管理。
①整形修剪：包括冬季修剪和夏季修剪的时期和重点要求，并附修剪方案。
②人工授粉的时期和方法。
③疏花疏果：人工疏花疏果的时期和要求；药剂疏花疏果的时期、种类、浓度、喷布要领。
④果实套袋：数量、时期和要求。
⑤吊枝和顶枝：时期和方法。
⑥高接和桥接：时期、品种和方法。
⑦刮树皮和涂白：时期和要求。
⑧补树洞和伤口治疗：时期、方法和要求。

⑨果树防寒：时期、方法和要求。

⑩防晚霜：时期和方法，预测预报和措施。

(3)采收、分级、包装和贮藏。

①采收：不同树种、品种的采收时期和要求，预计产量和对品质的要求。

②分级：确定不同树种和品种的分级标准。

③包装：器材的准备、数量、包装方法和要求。

④贮藏：时期和要求。

(4)病虫害防治。

①配制石硫合剂原液：计划用量，配制方法和原液的要求浓度。

②防治病虫害的对象、发生时期、防治方法，喷药种类和浓度。

(5)检修农具和机械的时期和数量。

(6)清洁果园的时期和要求。

(7)果园补栽。树种和品种数量、补栽方法和要求。

(8)防护林的管理。包括修剪、灌水、病虫害防治和补栽等。

3. 附果园管理工作历

果园周年管理历记录表见表1-13。

表1-13 果园周年管理历记录表

树种：　　　树龄：　　　小区：

时间	工作项目	技术要求	用工	用料	备注
×月×旬					

(三)实训汇报

1. 在一个管理周期后制订工作历，以小组为单位进行。
2. 各组以PPT形式汇报，小组互相交流，教师点评，最后归纳总结。

(四)实训考核与评价

序号	考核重点	考核内容	分值
1	态度与任务	认真仔细，勤于动手动脑；按时保质地完成各项任务	40
2	操作过程	1. 对果园管理工作历的作用是否清楚明白； 2. 是否知道果园管理工作历应该包括的具体内容； 3. 是否知道使用技术文献，制订工作历时是否条理清晰	25
3	实训报告	果园管理工作历的制订原则与方法，重点的技术措施，有自己的观点和体会	25
4	问题思考与答疑	在实训过程中勤于思考，积极答疑	10

课后练习

1. 简述果树生命周期与年生长周期的概念及各阶段生长特点。
2. 简述果树物候期的概念。

知识拓展

最长寿的果树——银杏

据科学研究记载，银杏树是世界现存种子植物中最古老的孑遗植物，银杏类起源于 3.45 亿年前的石炭纪，银杏目起源于 2.5 亿年以前的二叠纪，最早的银杏树起源于 1.9 亿年前的侏罗纪早期。现存的银杏历史可追溯到 7 000 万年以前的第三纪早期，直到白垩纪后期及新生代第三纪银杏才逐渐由盛变衰，到了第四纪冰川之后除中国外其他地方的银杏几乎全部灭绝了，因此，银杏成为我国独特的树种。在学术界一直被誉为"活化三古"，郭沫若先生称银杏树为"东方的圣者"，是"完全由人力保存下来的珍奇"，是"随中国文化以俱来的亘古的证人"。

因银杏果种植后要很长时间才能结果，可一旦结果就至少能持续结果 1 000 年，因此也被称为"长寿果"，而且它有较高的营养价值，每 100 g 含蛋白质 6.4 g、脂肪 2.4 g、碳水化合物 36 g、粗纤维 1.2 g、钙 10 mg、胡萝卜素 320 μg 等。银杏果又称为白果，外面果壳是白色，剥开坚硬的外壳后，里面的果仁是黄绿色的，带有清香味，不过因其内含有氢酸毒素，毒性很强，遇热后毒性减小，故生食银杏果更易中毒。一般中毒剂量为 10~50 颗，中毒症状会在进食后 1~12 h 内发生，所以为预防白果中毒，不宜多吃更不宜生吃，就算是熟的，它的毒性物质也并未消除，吃多了会导致腹痛、呕吐、发烧等症状，危害健康。

银杏的价值不仅在于它能跨越"有史时期"而生存下来，更重要的是它能在这漫长的"地质时期"保持该物种的遗传稳定，具有很高的科研价值。银杏浑身是宝，可食用、可药用，同时具备绿化和观赏等多种用途，具有很高的经济价值和药用价值。清代《本经逢原》中记载白果有降痰、清毒、杀虫的功能，可治疗"疥癣疽瘤、乳痈溃烂、牙齿虫龋、小儿腹泻、赤白带下、慢性淋浊、遗精遗尿等症"。

项目二　果树生产关键技术

学习目标

知识目标

1. 了解果树生产管理的主要任务；
2. 熟悉果树育苗、建园、土肥水管理、花果管理、整形修剪、病虫害防控等方式方法。

能力目标

1. 能够制订果树育苗、建园和栽植方案；
2. 能够进行树种、品种的选择和授粉树的配制；
3. 能够结合土肥水管理方法，创造良好的土壤环境、平衡施肥、合理灌水及控水；
4. 能够利用果树病虫害防治技术，制订合理的综合防治方案；
5. 能够根据果树种类和品种，完成果树夏季和冬季整形修剪。

素养目标

1. 融入"大国三农"理念，树立建设农业强国的历史使命；
2. 在果树栽培管理过程中，培养科学、严谨的工作态度；
3. 从果园管理任务中培养学生团队合作精神；
4. 从果树花果管理、整形修剪等任务中形成质量意识、成本意识；
5. 在果树病虫害任务实施过程中培养学生的生态文明意识。

任务一　果树育苗

任务引入

通过本任务的学习了解果树育苗的方式方法，掌握果树嫁接育苗的原理及主要方法，能够进行果树砧木种子识别及处理、完成果树实生苗种子的播种和播后管理、进行果树嫁接及果树自根繁殖。

知识准备

一、育苗概述

(一)育苗的意义

果树苗木是果树生产的基础,关系到果树一生的生长和结果。苗木生产是根据国家规定的良种繁育制度,培育一定数量的、适合当地自然条件、无检疫对象、丰产、优质的果苗,以供果树生产的需要。

果树育苗技术概述

(二)育苗的方式及方法

(1)果树育苗的方式有露地育苗、保护地育苗、容器育苗、试管育苗、无病毒育苗等。

(2)果树育苗的方法有有性繁殖(实生繁殖)和营养繁殖。营养繁殖包括嫁接、扦插、压条、分株、组培(试管)等。

二、常规育苗技术

(一)实生苗

用种子播种培育出来的苗木称为实生苗。

1. 实生苗的特点

主根明显、根系发达、生长健壮,抗逆性强;种子来源广,繁殖系数高,繁育方法简单;进入结果期迟,具有明显的童期;存在较强的变异性和明显的分离现象。

实生繁殖一般不用在生产苗木的培育上,主要是用在砧木的培育、杂交育种材料,以及板栗、核桃等果树苗的培育上。

2. 实生苗的培育

(1)种子的采集。要采集良种,培育壮苗,必须做好以下几项工作。

①选择优良母树。种子的遗传性状与母树的优劣有密切的联系。因此,在采种时,应选择对环境条件适应性强、生长健壮、无病虫为害的母树。

②采集时间。有些果树种子,其生理成熟和形态成熟在时期上几乎是一致的。生产上所说的成熟是指形态成熟。一般果实从绿色变成其固有的色泽、果肉变软、种子含水量减少、充实饱满、种皮色泽加深即表示达到成熟期,也就是已经到了采收期。有些果树种子形态成熟之后,隔一定时期才能达到生理成熟,还有的树种,种子形态成熟的时候,种胚还没有成熟,需在采收后再经过一段后熟期,种子才有发芽能力。过早采收,种子未成熟,种胚发育不全,贮藏养分不足,生活力弱,发芽率低。

环境条件对果树种子成熟有一定的影响,一般是气温越高,成熟越快。同一纬度条件下,种子成熟期也有差异,一般平原早、山区晚;阳坡早、阴坡晚。通常从果实外形、果皮色泽可看出其种子发育的情况,一般果实肥大,果型端正,果色正常,种子也饱满。

③采集方法。砧木果实要在无风的晴天采收;母树高大,上树采收时要注意安全。果肉是有利用价值的,要尽量减少果实碰伤,以增加经济收益。低矮的母树,可用梯子或高凳站在上面采收。

(2)种子贮藏。经过精选的种子要标明品种或树种名称,严防混杂,然后妥善贮藏,以保持种子的生活力。贮藏过程中,要经常注意贮藏场所的温度、湿度和通风状况,发现种子发热霉烂要及时处理。另外,还要做到防鼠、防虫等项的工作。

(3)种子后熟与层积。

①种子后熟。在一定条件下,使种子内部发生一系列的生理变化后,种子能够发芽的过程,在园艺上称为种子的后熟。生产上常用层积完成种子的后熟。

②层积。处于休眠状态的种子要经过一段时间的低温、湿润处理才能发芽,这种处理称为层积(图 2-1)。层积处理需要的环境是低温(3~8 ℃)、适宜的湿度和良好的通气环境。不同果树层积所需时间不同,一般为 90~100 d,而杜梨、沙梨等种子需 60~80 d,毛桃在常温下需 6~7 个月。但在 2~7 ℃条件下只需要两个月。

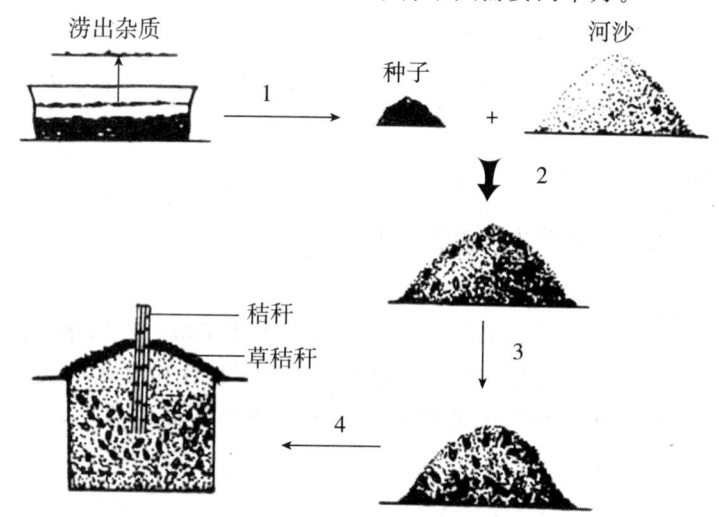

图 2-1 种子层积处理过程
1—水浸;2—混合;3—拌匀;4—入坑

(4)播种前种子处理。种子催芽与冷水浸种。

①种子催芽:播种前的种子催芽,通常是指将层积过的种子,移到温度适宜的地方使其发芽,以提高出苗率和出苗整齐度。近年来,由于果树苗木商品化生产的发展,有时购入种子较晚,错过了层积时期,这种情况下也可采用特殊的浸种与催芽处理方法,打破种子休眠,但是这种方法不太可靠,生产中应该慎用。

②冷水浸种:核桃、桃等大粒种子,可放入冷水中浸泡 5~7 d,每天换水一次,以供给种子必需的氧气,并排除有害的二氧化碳气体。然后捞出种子曝晒 2~3 h。以后每浸泡一天,曝晒 2~3 h,这样反复进行,有 40%~50%的种壳开裂即可播种。

③两开一凉热水浸种：大小粒种子均可放入两份开水兑一份凉水的热水中，不断搅拌，水温降至室温时停止搅拌，继续浸泡，每天换水一次，2~3 h后捞出，移到温度适宜的地方催芽。有10%~20%的小粒种子露白或大粒种子种壳开裂时，即可播种。

④开水烫种：也称变温浸种，适于大粒种子。先把种子倒入开水中烫种并不断搅拌，5 min后立即捞出倒进冷水中浸泡，每天换水一次，2~3 d捞出种子催芽，部分种壳开裂即可播种。

(5)播种。播种是决定育苗工作成败的关键，必须熟悉果树砧木的生长特性，只有正确掌握播种时期、播种方法和播种量，才能获得良好的效果。

①苗圃地准备。播种前苗圃地每亩施入腐熟的有机肥4 500~5 000 kg，并对圃地进行消毒。常用的消毒方法有高温消毒和药剂消毒两种。高温消毒可在圃地表面焚烧谷壳、稻草等；药剂处理常用的方法：碱性土播种前2~3 d，每亩用硫酸亚铁3~4.5 kg和细干土成100~150 kg药土撒施；酸性土在翻耕前可撒生石灰30~45g/m^2后再整地；播种前7 d用福尔马林(50mL/m^2)加水120~240倍撒于圃地，并用薄膜覆盖3~5 d后揭膜；70%五氯硝基苯4g/m^2拌5~10倍细干土或2g/m^2、50%锌硫磷拌适量细土均匀撒于苗床上，最后作床，一般南北向，床宽1 m，床间步道15~25 cm的苗床。

②播种时期。播种时期分春播和秋播两种。采用春播或秋播要根据当地的土壤，气候条件和砧木种类来决定。

a.春播，在初春土壤解冻后进行，是生产上常用的播种季节。其优点是种子在土壤中停留的时间长，以减少鸟、兽、病虫等为害。同时，春播地表不发生板结，便于幼苗出土，适时春播，幼苗不易受低温、霜冻等自然灾害，但要注意种子出土所需天数，方可正确掌握播种的时机。

b.秋播，是秋末初冬地表尚未结冻之前播种。其优点是种子在地里越冬，不必进行层积和催芽处理，第二年出土早而整齐。但冬季风大、严寒、干旱的地区，土壤黏重地块和容易受冻害的种子不宜秋播。

③播种方式及方法。

a.播种方式：有直播和床播两种。直播是直接播种于苗圃地，床播是先播在苗床上，出苗后再移到嫁接圃地。

b.播种方法有条播、撒播和点播三种。

(a)条播：是在施足基肥、灌足底水、整平耙细的畦面上按一定的距离开沟，沟内坐水，把种子均匀地撒在沟内。播种后要立即覆土、压实并因材加覆盖物保湿。这是小粒种子播种常用的，也是可靠的一种方法，覆土厚度应根据种子大小、苗圃地的土壤及气候等条件来决定。一般覆土厚度为种子大小的2~3倍。黏重土壤覆土要薄一些，沙质土壤土要厚一些，秋播覆土要厚一些，春播要薄一些，播后床面地膜覆盖要比不覆盖的薄一些，天气干旱、水源泉不足的地方覆土要稍厚一些，土壤黏重容易板结的地块，可用沙、土、腐熟马粪混合物覆盖。春季干旱、蒸发量大的地区，畦面上应覆草或覆盖地膜保湿。确保种子附近的水分供应，是播种出苗的关键之一。

(b)撒播：主要用于床播。但在种源缺少、圃地不足的情况下，为了充分利用土地，提高单位面积产苗量,小粒种子亦可在直播时采用撒播法。但出苗后会给追肥浇水、中耕锄草、嫁接抹芽等一系列管理工作带来很大的困难,生产上很少应用。

(c)点播:多用于核桃、杏、桃、板栗等大粒种子直播,播后也要覆土压实。为了节省种子,管理方便,大粒种子床播也有用点播法的。

(二)嫁接苗的培育

嫁接育苗就是将优良品种的枝或芽,接到另一植株的适当部位上,从而形成一棵新株的育苗方法。当前,嫁接育苗是培养果树苗木的主要手段。

1. 嫁接苗的特点

嫁接除保持品种固有的优良特性外,还可以提早结果,早期丰产,增加对旱、水涝、盐碱、病虫的抗性,也可以改劣换优,将野果变家果。

果树嫁接育苗技术

2. 嫁接愈合的原理

在嫁接过程中,砧、穗两者形成层和薄壁细胞,并在削伤刺激下形成愈伤组织。愈伤组织在胞间连丝作用下,形成输到组织,将砧木与接穗连接起来,并逐渐分化,向内形成新的木质部,向外形成新的韧皮部,愈合形成一个新的植株。嫁接的关键主要决定于砧木和接穗的组织是否愈合,枝的木质部、韧皮部等构造部位如图2-2所示,嫁接愈合过程如图2-3所示。

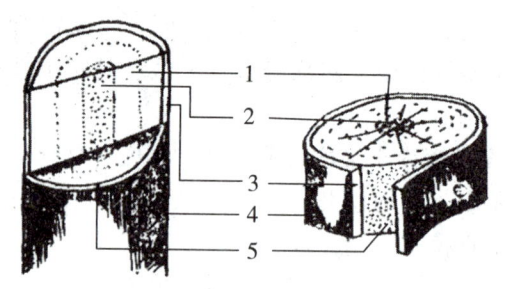

图2-2 枝的纵横断面
1—木质部;2—髓;3—韧皮部;4—表皮;5—形成层

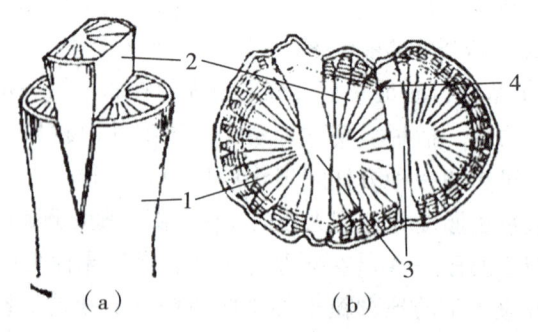

图2-3 嫁接中接穗与砧木的愈合
(a)将接穗插入劈开的劈缝中 (b)愈合后的横切面结构
1—砧木;2—接穗;3—愈伤组织层;4—新的维管束组织把二者连接起来

3. 影响嫁接成活的因素

(1)植物内在因素。

①亲和力。一般情况下砧、穗亲缘关系越近,亲和力越强。

②形成层细胞的再生能力。阶段发育越年轻,再生能力越强。

(2)外界环境因素。

温度:在一定温度范围内(4~30 ℃),温度高比温度低愈合快。

湿度:空气湿度接近饱和,对愈合最适宜。

空气:砧木和接穗接口处薄壁细胞的分生、愈合需要充足的氧气。

光照:避光条件下,愈合快。

各因素之间的关系如图2-4所示。

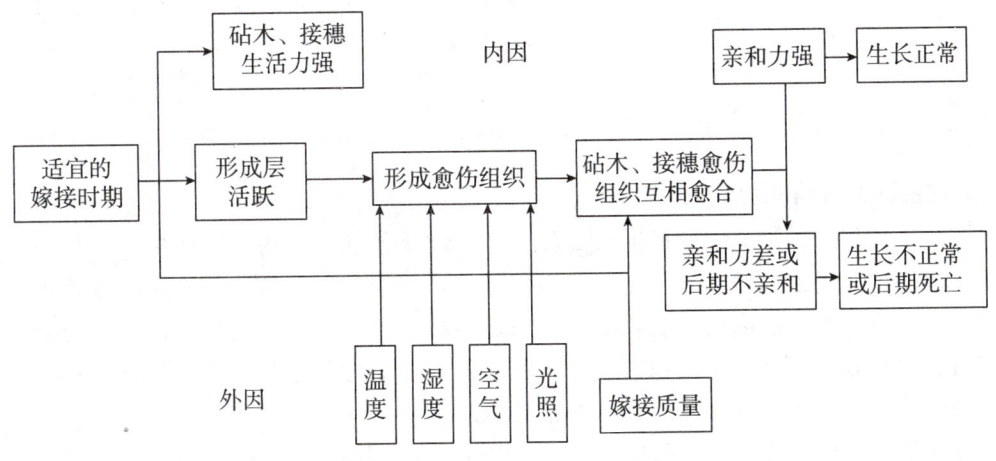

图2-4 影响嫁接成活因素间的关系

(3)嫁接技术。嫁接操作应牢记"齐、平、快、紧、净"五字要诀。

齐:指砧木和接穗的形成层必须对齐;

平:指砧木和接穗的削面要平整光滑,最好一刀削成;

快:指操作动作要迅速,尽量减少砧木和接穗切面失水,对含单宁较多的植物,可减少单宁被空气氧化的机会;

紧:指砧木和接穗的切面必须紧密地贴在一起;

净:指砧木、嫁接的切面保持干净,不要被泥土污染。

另外,嫁接刀具必须锋利,保证切削砧木和接穗时不撕皮、不破损木质部,又可提高工效。

4. 砧木类型与选择

(1)砧木类型。

①实生砧:利用砧木种子繁殖的砧木苗称实生砧。

②自根砧:利用植株某一营养器官而培育的砧木。

③共砧:又称本砧,砧穗同种或同品种。

④矮化砧:可使树冠矮化,利于果树早结果的砧木。如枳壳能使柑橘矮化,石楠是

枇杷的矮化砧。

⑤乔化砧：可使树体高大的砧木。

⑥基砧和中间砧：果树进行二次或多次嫁接，称二重或多重嫁接。位于基部的砧木称基砧；位于接穗和基砧之间的砧木称中间砧。

(2)砧木选择。生产一般选择与嫁接品种有良好亲和力的实生苗作嫁接砧木，南方主要果树的常见砧木见表2-1。

表 2-1 南方主要果树的常见砧木

树种	常用砧木	树种	常用砧木
柑橘	枳、酸橘、柠檬、酸柚	板栗	本砧、野生板栗
荔枝	本砧禾荔、黑叶、大造、白蜡	柿	本砧、君迁子
龙眼	本砧、大乌圆、石硖	梨	棠梨、杜梨
杧果	本砧、土忙、扁桃	李	毛桃、李
枇杷	石楠、本砧、野生枇杷	枣	本砧、酸枣、铜钱树

5. 接穗的选择和贮藏

采集接穗的母树，应该选择生长健壮、高产优质的壮年果树。用作接穗的枝条应该是组织成熟、芽子饱满的发育枝，芽接用的接穗，用当年生的枝，枝接用的接穗可采用一至二年生枝，不要选取内膛枝、下垂枝及徒长枝作接穗，病虫害发生严重，特别是有检疫对象的果园，不宜采集接穗，用于采集接穗的母树必须是品种纯正的优良树种，这是果树丰产栽培技术不可忽视的一项重要工作。

接穗最好就近采集，随采随接。夏秋季去外地采集接穗时，采下后应立即去掉叶片，留下叶柄，修整完好，每50～100根绑成一捆挂牌，标明品种、数量、采集时间和地点。然后用湿包或湿麻袋包好，再挂上同样的品种标签，放置背阴处及时调运。运输中要注意喷水保湿和通风换气。冬季调运接穗，可用塑料布包装保湿、保温。

夏季采集接穗数量较多一时用不完时，要立即贮藏。可将接穗装入筐内吊在较深的井内水面上，注意不要沾水，或竖放在地窖内，用湿沙埋半截，这样可以保持7～10 d。

冬季采集准备翌年春季枝接用的接穗，采后要打成捆挂好标签，埋好备用。掩埋的方法：可在背阴冷凉处挖沟，深40～60 cm，宽80～100 cm，沟长视接多少而定，沟内保持湿润，沟底铺10 cm厚湿沙，把小捆接穗放置沟内，捆与捆、枝与枝之间用湿沙隔开，放好后盖上30～40 cm松散潮湿的松土，高出地面，以防积水。注意：冬贮接穗不能用塑料布包裹埋藏，以免霉烂，造成损失。

6. 嫁接时期

随着果树育苗技术的不断发展，嫁接由春、夏扩大到秋、冬，就是说，在一年四季能嫁接。具体嫁接时期的确定，一是根据嫁接方法；二是根据嫁接目的，例如，枝接还是芽接，培育成苗还是半成苗，当年出圃还是不出圃。

华南地区在2～11月均可嫁接，但以3～4月和秋季9～10月嫁接成活率高。如果采用芽接法则最好选在夏秋季，因此时植株生长活跃，形成层细胞分裂旺盛，皮层与木质部容易分离，嫁接时取芽方便，成活率也高。

7. 嫁接方法

嫁接方法按所取材料不同可分为芽接、枝接、根接三大类。

(1)芽接。芽接是苗木繁殖应用最广的嫁接方法。用生长充实的当年生发育枝上的饱满芽作接芽，于春、夏、秋三季皮层容易剥离时嫁接，其中秋季是主要时期。根据取芽的形状和结合方式不同，芽接的具体方法有"丁"字形芽接、嵌芽接、方块芽接、环状芽接等。而苗圃中较常用的芽接主要为"丁"字形芽接和嵌芽接。

芽接包括削取芽片，切割砧木，取下芽片插入砧木接口和绑缚四个基本步骤。

①T形芽接：也称"丁"字形芽接或盾形芽接。砧木一般选用一至二年生的小苗。砧木过大，不仅皮层过厚不便于操作，而且接后不易成活。芽接前采当年生新鲜枝条为接穗，立即去掉叶片，留有叶柄。削芽片时先从芽上方 0.5 cm 左右横切一刀，刀口长 0.8~1 cm，深达木质部，再从芽片下方 1 cm 左右连同木质部向上切削到横切口处取下芽，芽片一般不带木质部，芽居芽片正中或稍偏上一点。砧木的切法是距地面 5 cm 左右，选光滑无疤部位横切一刀，深度以切断皮层为准，然后从横切口中央切一垂直口，使切口呈 T 形。把芽片放入切口，往下插入，使芽片上边与 T 形切口的横切口对齐(图 2-5)。然后用塑料带从下向上一圈压一圈地把切口包严，注意将芽和叶柄留在外面，以便检查成活。

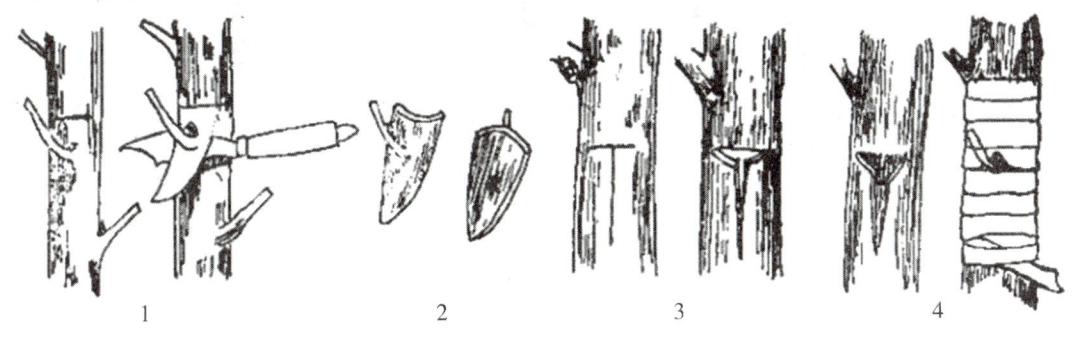

图 2-5 T形芽接
1—取芽片；2—芽片形状；3—插入芽片；4—绑扎

②嵌芽接：又称带木质部芽接。此法不受树木离皮与否的季节限制，且嫁接后接合牢固，利于成活，已在生产实践中广泛应用。嵌芽接适用于大面积育苗。其具体方法如图 2-6 所示。

切削芽片时，自上而下切取，在芽的上部 1~1.5 cm 处稍带木质部往下切一刀，再在芽的下部 1.5 cm 处横向斜切一刀，即可取下芽片，一般芽片长 2~3 cm，宽度不等，依接穗粗度而定。砧木的切法是在选好的部位自上向下稍带木质部削与芽片长宽均相等的切面。将此切开的稍带木质部的树皮上部切去，下部留有 0.5 cm 左右。接着将芽片插入切口使两者形成层对齐，再将留下部分贴到芽片上，用塑料带绑扎好即可。

③方块芽接：又称为块状芽接。此法芽片与砧木形成层接触面积大，成活率较高，多用于柿树、核桃等较难成活的树种。因其操作较复杂，工效较低，一般树种多不采用。

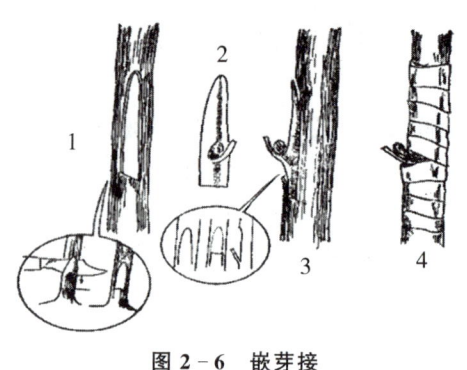

图 2-6 嵌芽接
1—取芽片；2—芽片形状；3—插入芽片；4—绑扎

嵌芽接

其具体方法是取长方形芽片，再按芽片大小在砧木上切开皮层，嵌入芽片。砧木的切法有两种，一种是切成"]"字形，称"单开门"芽接；一种是切成I形，称"双开门"芽接。注意嵌入芽片时，使芽片四周至少有两面与砧木切口皮层密接，嵌好后用塑料薄膜条绑扎即可(图2-7)。

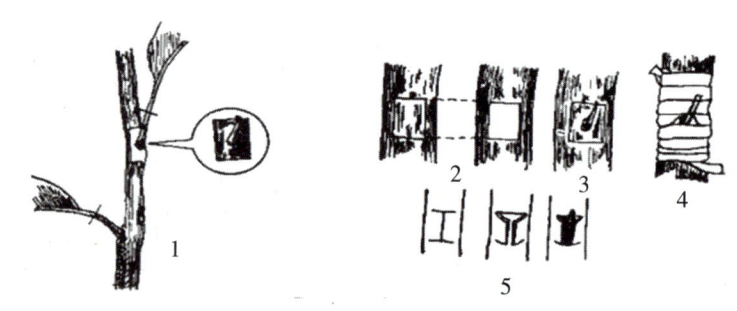

图 2-7 方块芽接
1—接穗去叶及削芽；2—砧木切削；3—芽片嵌入；4—绑扎；5—I形砧木、砧木切削及芽片插入

④套芽接：又称环状芽接。其接触面积大，易于成活。套芽接主要用于皮部易于剥离的树种，在春季树液流动后进行。具体方法是先从接穗枝条芽的上方1 cm左右处剪断，再从芽下方1 cm左右处用刀环切，深达木质部，然后用手轻轻扭动，使树皮与木质部脱离，抽出管状芽套。再选粗细与芽套相同的砧木，剪去上部，呈条状剥离树皮。随即把芽套套在木质部上，对齐砧木切口，再将砧木上的皮层向上包合，盖住砧木与接芽的接合部。用塑料薄膜条绑扎即可(图2-8)。

(2)枝接。枝接多用于嫁接较粗的砧木或在大树上改换品种。枝接时期一般在树木休眠期进行，特别是在春季砧木树液开始流动，接穗尚未萌芽的时期最好。此法的优点是接后苗木生长快，健壮整齐，当年即可成苗，但需要接穗数量大，可供嫁接时间较短。枝接常用的方法有切接、劈接和插皮接等。

①切接法：一般用于直径2 cm左右的小砧木，是枝接中最常用的一种方法(图2-9)。嫁接时先将砧木距地面5 cm左右处剪断、削平，选择较平滑的一面，用切接刀在砧木一侧(略带木质部，在横断面上为直径的1/5~1/4)垂直向下切，深2~3 cm。削接穗时，

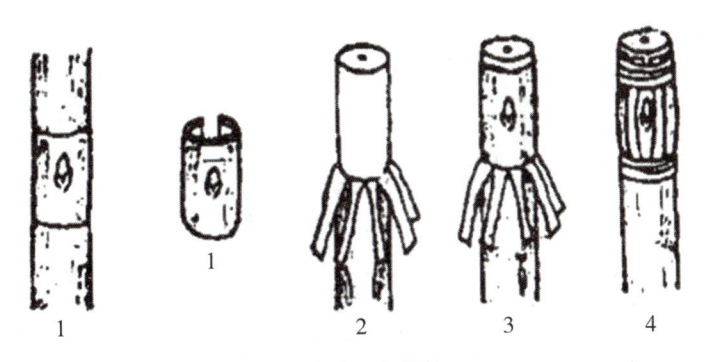

图 2-8 套芽接
1—取套状芽片；2—削砧木树皮；3—接合；4—绑扎

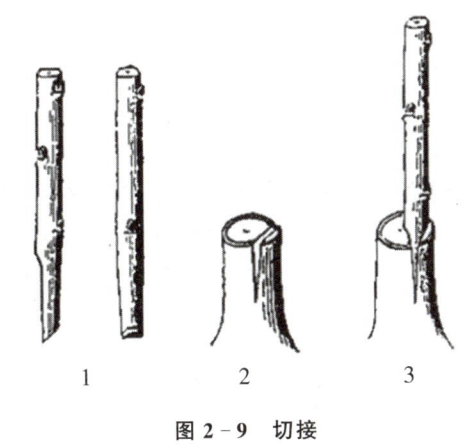

图 2-9 切接
1—削接穗；2—稍带木质部纵切砧木；3—砧穗结合

切接法

接穗上要保留 2~3 个完整饱满的芽，将接穗从距下切口最近的芽位背面，用切接刀向内切达木质部（不要超过髓心），随即向下平行切削到底，切面长 2~3 cm，再于背面末端削成 0.8~1 cm 的小斜面。将削好的接穗，长削面向里插入砧木切口，使双方形成层对准密接。接穗插入的深度以接穗削面上端露出 0.2~0.3 cm 为宜，俗称"露白"，有利于愈合成活。如果砧木切口过宽，可对准一边形成层，然后用塑料条由下向上捆扎紧密，使形成层密接和伤口保湿。嫁接后为保持接口湿度，防止失水干萎，可采用套袋、封土和涂接蜡等措施。

②劈接法：适用于大部分落叶树种。通常在砧木较粗、接穗较小时使用（图 2-10）。将砧木在离地面 5~10 cm 处锯断，用劈接刀从其横断面的中心直向下劈，切口长约 3 cm，接穗削成楔形，削面长约 3 cm，接穗外侧要比内侧稍厚。接穗削好后，把砧木劈口撬开，将接穗厚的一侧向外，窄面向里插入劈口中，使两者的形成层对齐，接穗削面的上端应高出砧木切口 0.2~0.3 cm。当砧木较粗时，可同时插入 2 个或 4 个接穗。一般不必绑扎接口，但如果砧木过细，夹力不够，可用塑料薄膜条或麻绳绑扎。为防止劈口失水影响嫁接成活，接后可培土覆盖或用接蜡封口。

· 75 ·

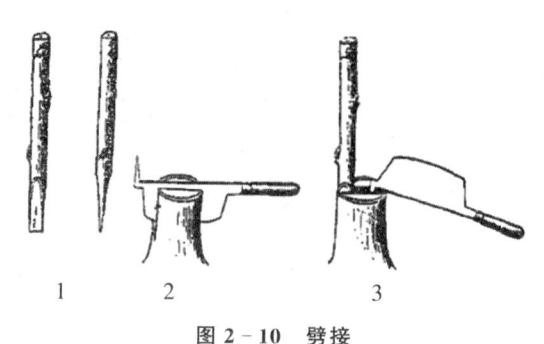

图 2-10 劈接
1—削接穗；2—劈砧木；3—插入接穗

③插皮接：是枝接中最易掌握，成活率最高的一种。要求在砧木较粗，并易剥皮的情况下采用(图2-11)。一般在距地面5～8 cm处断砧，削平断面，选平滑处，将砧木皮层划一纵切口，长度为接穗长度的1/2～2/3。将接穗削成长3～4 cm的单斜面，削面要平直并超过髓心，厚0.3～0.5 cm，背面末端削成0.5～0.8 cm的一小斜面或在背面的两侧再各微微削去一刀。接时，把接穗从砧木切口沿木质部与韧皮部中间插入，长削面朝向木质部，并使接穗背面对准砧木切口正中，接穗上端注意"留白"。如果砧木较粗或皮层韧性较好，砧木也可不切口，直接将削好的接穗插入皮层即可。最后用塑料薄膜条（宽1 cm左右）绑扎。此法也常用于果树的高接换种，如果砧木较粗可同时接上3～4个接穗，均匀分布，成活后即可作为新植株的骨架。

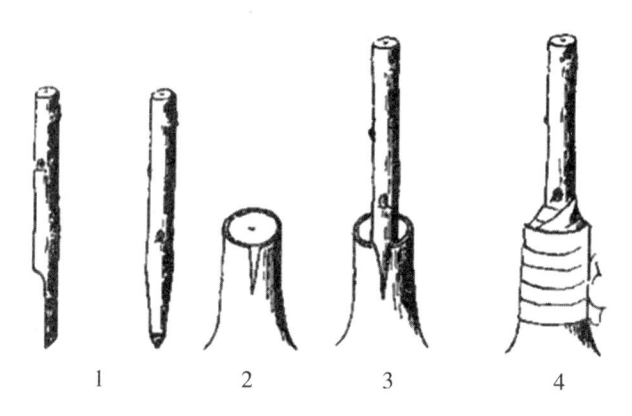

图 2-11 插皮接
1—削接穗；2—切砧木；3—插入接穗；4—绑扎

④舌接：适用于砧木和接穗1～2 cm粗，且大小粗细差不多的嫁接(图2-12)。舌接砧木接穗间接触面积大，结合牢固，成活率高，在园林苗木生产上用此法高接和低接的都有。将砧木上端削成3 cm长的削面，再在削面由上往下1/3处，顺砧干往下切1 cm左右的纵切口，成舌状。在接穗平滑处顺势削3 cm长的斜削面，再在斜面由下往上1/3处同样切1 cm左右的纵切口，和砧木斜面部位纵切口相对应。将接穗的内舌（短舌）插入砧木的纵切口内，使彼此的舌部交叉起来，互相插紧，然后绑扎。

⑤插皮舌接：多用于树液流动、容易剥皮而不适于劈接的树种。将砧木在离地面5~10 cm处锯断，选砧木平直部位，削去粗老皮，露出嫩皮（韧皮）。将接穗削成5~7 cm长的单面马耳形，捏开削面皮层，将接穗的木质部轻轻插于砧木的木质部与韧皮部之间，插至微露接穗削面，然后绑扎，如图2-13所示。

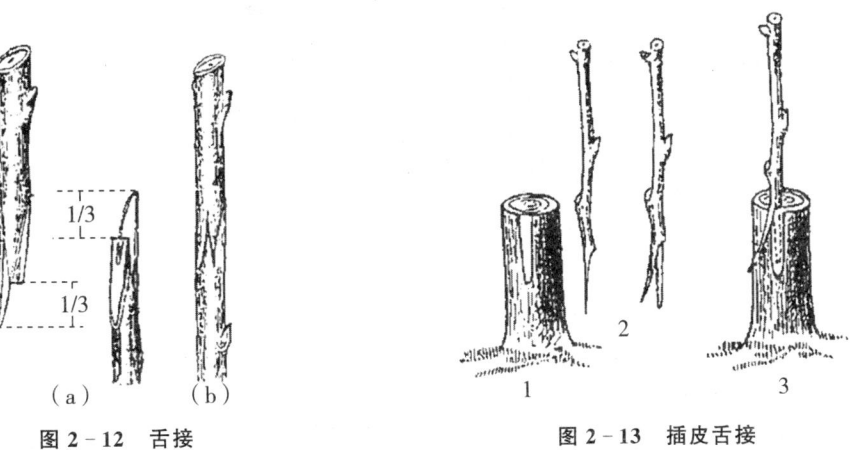

图2-12 舌接
(a)砧穗切削；(b)砧穗结合

图2-13 插皮舌接
1—剪砧；2—削接穗；3—插接穗

⑥腹接：又分普通腹接及皮下腹接两种，是在砧木腹部进行的枝接（图2-14）。常用于针叶树的繁殖，砧木不去头，或仅剪去顶梢，待成活后再剪去接口以上的砧木枝干。

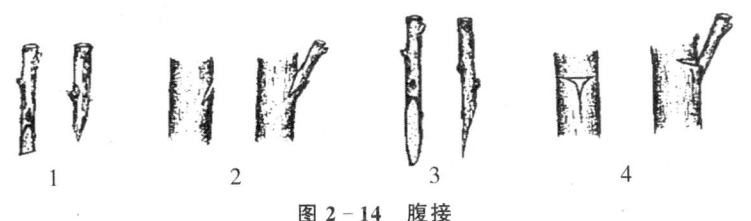

图2-14 腹接
1—削（普通腹接）接穗；2—普通腹接；3—削（皮下腹接）接穗；4—皮下腹接

a. 普通腹接：接穗削成偏楔形，长削面长3 cm左右，削面要平而渐斜，背面削成长2.5 cm左右的短削面。砧木切削应在适当的高度，选择平滑的一面，自上而下深切一口，切口深入木质部，但切口下端不宜超过髓心，切口长度与接穗长削面相当。将接穗长削面朝里插入切口，注意形成层对齐，接后绑扎保湿。

b. 皮下腹接：皮下腹接即砧木切口不伤及木质部，将砧木横切一刀，再竖切一刀，呈T形切口，切口不伤或微伤。接穗长削面平直斜削，背面下部两侧向尖端各削一刀，以露白为度。撬开皮层插入接穗，绑扎即可。

⑦靠接：是特殊形式的枝接。靠接成活率高，可在生长期内进行。但要求接穗和砧木都要带根系，愈合后再剪断，操作麻烦。靠接多用于接穗与砧木亲合力较差、嫁接不易成活的观赏树和柑、橘类树木。

嫁接前使接穗和砧木靠近。嫁接时，按嫁接要求将两者靠拢在一起。选择粗细相当的接穗和砧木，并选择两者靠接部位。然后将接穗和砧木分别朝结合方向弯曲，各自形成"弓背"形状。用利刀在弓背上分别削1个长椭圆形平面，削面长3~5 cm，削切深度为其直径的1/3。两者的削面要大小相当，以便于形成层吻合。削面削好后，将接穗、砧木靠紧，使两者的削面形成层对齐，用塑料条绑缚。愈合后，分别将接穗下段和砧木上段剪除，即成1棵独立生活的新植株，如图2-15所示。

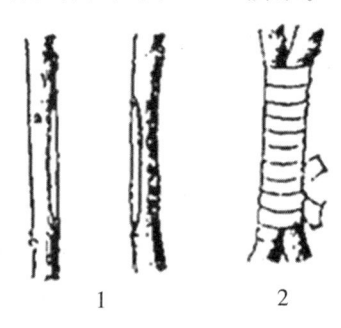

图2-15 靠接
1—砧穗削面；2—接合后绑严

⑧其他枝接方法。

a. 桥接，如图2-16所示。

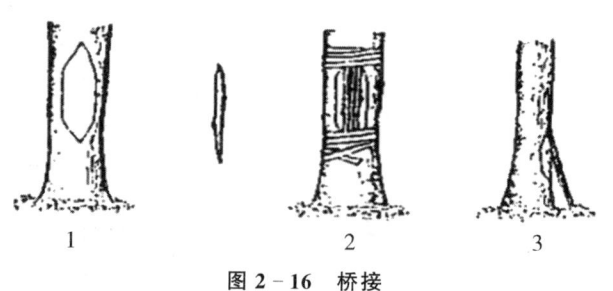

图2-16 桥接
1—伤口修整；2—削接穗；3—绑扎

b. 髓心形成层对接，如图2-17所示。

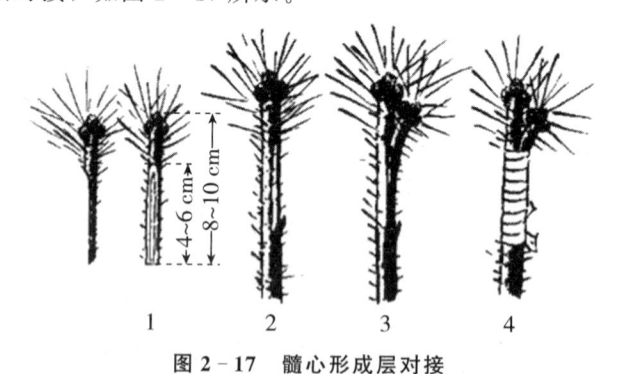

图2-17 髓心形成层对接
1—削接穗；2—削砧木；3—接后状况；4—绑扎

(3)根接。用树根作砧木，将接穗直接接在根上。各种枝接法均可采用。根据接穗与根砧的粗度不同，可以正接，即在根砧上切接口；也可倒接，即将根砧按接穗的削法切削，在接穗上进行嫁接，如图2-18所示。

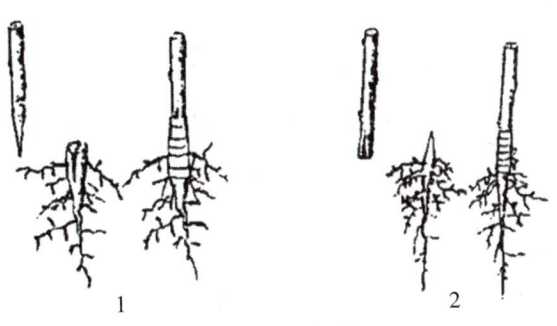

图 2-18 根接
1—正接；2—倒接

8. 嫁接后的管理

(1)检查成活情况、解除绑缚物及补接。枝接和根接一般在接后 20~30 d，可进行成活率的检查。成活后接穗上的芽新鲜、饱满，甚至已经萌发生长；未成活则接穗干枯或变黑腐烂。芽接一般 7~14 d 即可进行成活率的检查，成活者的叶柄一触即掉，芽体与芽片呈新鲜状态；未成活则芽片干枯变黑。在检查时如发现绑缚物太紧，要松绑或解除绑缚物，以免影响接穗的发育和生长。一般当新芽长至 2~3 cm 时，即可全部解除绑缚物，生长快的树种，枝接最好在新梢长到 20~30 cm 长时解绑。如果过早解绑，接口仍有被风吹干的可能。嫁接未成活应在其上或其下错位，及时进行补接。

(2)剪砧、抹芽、除蘖。嫁接成活后，凡在接口上方仍有砧木枝条的，要及时将接口上方砧木部分剪去，以促进接穗的生长。一般树种大多可采用一次剪砧，即在嫁接成活后，春季开始生长前，将砧木自接口处上方剪去，剪口要平，以利于愈合。对于嫁接难成活的树种，可分两次或多次剪砧。

嫁接成活后，砧木常萌发许多蘖芽，为集中养分供给新梢生长，要及时抹除砧木上的萌芽和根蘖，一般需要去蘖 2~3 次。

(3)立支柱。嫁接苗长出新梢时，遇到大风易被吹折或吹弯，从而影响成活和正常生长。因此，一般在新梢长到 5~8 cm 时，紧贴砧木立一支柱，将新梢绑于支柱上。在生产上，此项工作较为费工，通常采用如降低接口、在新梢基部培土、嫁接于砧木的主风方向等其他措施来防止或减轻风折。

(三)自根苗的培育

利用果树的器官形成不定根或不定芽，培育出新植株的方法，称为自根繁殖。繁殖而成的苗木统称自根苗。其方法有扦插、压条、分株、组织培育四种。自根苗繁殖的优点：能保持母本的遗传性状，变异较少；易早果早丰；操作方法简单。但因无主根，根系浅，抗逆性弱，适应性比实生苗和实生砧嫁接苗差。葡萄、无花果、荔枝、龙眼、草莓、香蕉、菠萝等常用自根苗繁殖方法繁殖苗木。

果树扦插育苗技术

1. 自根苗成苗原理

自根苗是利用植株的再生能力产生不定根或不定芽。它是以植物细胞的全能性为基础,所谓植物细胞的全能性是指植物每个细胞均具有该植物全部遗传信息和发育成完整植物的能力。任何植物都能通过无性繁殖获得新的个体,只是由于目前有些植物所需的条件尚不清楚或难以达到使其成活。

2. 影响生根的因素

(1)影响插条生根的内在因子。

①母树的种类。不同种类、品种果树的生物学特性不同,因而它们的枝条生根能力也不一样。就扦插而言,有的树种易生根,如葡萄、无花果和石榴等;有的树种较易生根,如樱桃、猕猴桃等;有的树种较难生根,如君迁子、秋海棠、枣树等;有的树种极难生根,如板栗、核桃、柿树等。有的种类、品种枝插易生根成活,有的根插易成活,如秋子梨、枣、李等枝插形成不定芽能力弱,而根插形成不定芽能力较强。葡萄枝插易产生不定根,而根插却难以成活。生根的难易是相对的,对于许多难生根的树种(如柿子等),如采取相应的措施(如黄化处理等),也可以顺利生根。

②插穗母株年龄与枝条年龄。插穗的生根能力是随着母树年龄的增长而降低的,在一般情况下母树年龄越大,植物插穗生根就越困难,而母树年龄越小则生根越容易。所以,在选条时应采自年幼的母树,特别对许多难以生根的树种,应选用一至二年生实生苗上的枝条,扦插效果最好。

③插穗枝条年龄。插穗年龄一般以当年生枝的再生能力为最强,这是因为嫩枝插穗内源生长素含量高、细胞分生能力旺盛,促进了不定根的形成。

另外,枝条的着生部位及发育状况、枝条的不同部位、插穗的粗细与长短、插穗的叶和芽、同一枝条的不同部位根原基数量和贮存营养物质的数量不同,其插穗生根率、成活率和苗木生长量都有明显的差异。

④树体营养。树体含有较高的碳水化合物和适量氮素营养时,有利于生根;植物体中所含激素(如生长素、细胞分裂素、赤霉素、脱落酸、乙烯等)、维生素、微量元素的种类和含量等都影响生根。

(2)影响插条生根的外界因子。影响插条生根的外因主要有温度、湿度、通气、光照、基质等。其因素之间相互影响、相互制约,因此,扦插时必须使各种环境因子有机协调地满足插条生根的各种要求,以达到提高生根率、培育优质苗木的目的。

①温度。不同果树生根所需的温度各异,见表2-2。通常土温以20~25 ℃为宜(热带果树稍高)(应避免出现先发芽的"假活"现象),一般白天气温21~25 ℃,夜间15 ℃就能满足生根需要。

表2-2 常见树种插穗生根条件

树种	柑橘	桃		李	葡萄		猕猴桃		枣
材料	硬枝	硬枝	软枝	硬枝	硬枝	软枝	硬枝	软枝	根
生根适温/℃	20~25	20±		20~25	25~30		25	25	25

续表

树种	柑橘	桃		李	葡萄		猕猴桃		枣
特殊处理及时间	2~5 g/L IAA 2~3 g	3 g/L IBA 5~7 g	1 g/L IBA 5~7 g	0.5 g/L IBA 浸 20 g	电热温床崔根 15~20 d	0.5~1 g/L IAA 快蘸	1.5~5 g/L IBA 5 s	0.5~1 g/L IBA 快蘸	顶部覆土 5 cm

温度对嫩枝扦插更为重要，30 ℃以下有利于枝条内部生根促进物质的利用，因此对生根有利。但温度高于 30 ℃，会导致扦插失败。一般可采取喷雾方法降低插穗的温度。插穗活动的最佳时期也是病菌猖獗的时期，所以在扦插时应特别注意。

②湿度。生根前插穗干枯死亡是扦插失败的主要原因之一。在插穗生根过程中，空气的相对湿度、插壤湿度及插穗本身的含水量是扦插成活的关键，尤其是嫩枝扦插，应特别注意保持合适的湿度。一般以土壤含水量稳定在田间最大持水量的 50%~60%，空气湿度越大越好（尽可能在 80%以上）。扦插时要灌透水，干旱时要灌水或者覆膜保水。

③氧气。扦插生根需要氧气，一般扦插基质中有适当水分及 15%左右氧时，有利于插条生根萌发，葡萄插床含氧浓度与生根率见表 2-3。

表 2-3 葡萄插床含氧浓度与生根率

含氧量/%	插穗数	生根/%	平均根重		平均根数	平均根长/cm
			鲜重/mg	干重/mg		
标准	6	100	51.5	11.3	5.3	16.6
10	8	87.5	23.3	5.4	2.5	8.2
5	8	50	17.3	3.1	0.8	2.8
2	8	25	1.4	0.4	0.4	0.7
0	8	0	—	—	—	—

④光照。光照能促进插穗生根，对常绿树及嫩枝扦插是不可缺少的。但扦插过程中，强烈的光照不利于扦插成活，在强光下，土壤、插条的水分消耗加剧，易出现失水干枯死亡现象。因此，应避免强光直射（对于带叶扦插，适当的光照有利于叶片光合作用和生根）。生产上常用草帘、遮阳网罩、搭荫棚等遮阴。最好的方法是应用全光照自动间歇喷雾法，既保证了供水又不影响光照。

⑤扦插基质。无论使用什么样的基质，只要能满足插穗对基质水分和通气条件的要求，都有利于生根。目前所用的扦插基质有河沙、蛭石、珍珠岩、炉渣、泥炭土、炭化稻壳、花生壳、苔藓、泡沫塑料等，通常选用排水良好的沙质壤土。

3. 促进插穗生根的技术

(1)物理方法。

①机械处理。在树木生长季节，将枝条基部环剥、刻伤或用铁丝、麻绳或尼龙绳等捆扎，阻止枝条上部的碳水化合物和生长素向下运输，使其贮存养分，至休眠期再将枝条从基部剪下进行扦插，能显著地促进生根。

②增温处理。春天由于气温高于地温,在露地扦插时,易先抽芽展叶后生根,以致降低扦插成活率。为此,可采用在插床内铺设电热线(即电热温床法)或在插床内放入生马粪(即酿热物催根法)等措施来提高地温,促进生根。

③洗脱处理。洗脱处理一般有温水处理、流水处理、酒精处理等。洗脱处理不仅能降低枝条内抑制物质的含量,同时还能增加枝条内水分的含量。

④营养处理。用维生素、糖类及其他氮素处理插条,也是促进生根的措施之一。如用5%~10%的蔗糖溶液处理雪松、龙柏、水杉等树种的插穗12~24 h,对促进生根效果很显著。若用糖类与植物生长素并用,则效果更佳。在嫩枝扦插时,在其叶片上喷洒尿素,也是营养处理的一种方式。

⑤黄化处理。在生长季前用黑色的塑料袋将要作插穗的枝条罩住,使其处在黑暗的条件下生长,形成较幼嫩的组织,待其枝叶长到一定程度后,剪下进行扦插,能为生根创造较有利的条件。

(2)化学处理。对不易发根的树种或品种可采用化学药剂处理,增强插条酶的活性,促进分生细胞的分裂而发根(表2-4)。

表2-4 促进生根的药品

名称	理化性质	促进生根对象	施用浓度/(mg·L^{-1})
吲哚乙酸(IAA)	无色晶体,对人畜无害,不溶于水,溶于丙酮、乙醚、乙醇,溶液避光保存;钠钾盐溶于水较稳定	李、苹果	20~150钾盐水溶液
吲哚丁酸(IBA)	低毒对人畜无害,白色或黄色晶体,不溶于水,溶于乙醚	李、梨、苹果	20~150钾盐水溶液、2 500~5 000乙酸液
		桃	40~60
		柠檬、酸橙	500~2 000
		葡萄	硬枝50/软枝1 000
		杧果	10 000(高压)
萘乙酸(NAA)	白色晶体或粉末,难溶于水、溶于乙醇、醋酸,钠钾盐可溶于热水,对人畜无害	苹果硬枝	滑石粉粉末0.1%~0.4%
丁酰肼(B$_9$)	白色晶体易溶于水	葡萄	5 000
ABT生根粉	粉剂溶于水、乙醚	葡萄、柑橘类、李、梨	50
三十烷醇(TRIA)	不溶于水,溶于乙醚、氯仿、二氯甲烷		1~5
整形素	无色晶体,易光解,溶于乙醇、丙酮	葡萄	4~20
6~BA	白色片状结晶,不溶于水,溶于酸或碱液		20~200

通过化学药剂处理的插穗,不仅生根率、生根数和根的长度、粗度都有所提高,而且生根期缩短,生根一致。插穗的化学处理方法有液剂浸蘸法、粉剂使用法、叶面喷洒法、羊毛脂制剂涂布法等。具体方法如下:

①液剂浸蘸法。把药剂配成水溶液，将插穗基部浸泡溶液中 1～24 h 后取出，用水冲洗基部后扦插。也可以将插穗基部在高浓度溶液中快蘸 5～10 s，待药液干后，立即插入插床。

②粉剂使用法。将药剂与滑石粉等惰性粉末混合均匀，再将插穗基部蘸上粉末。

③叶面喷洒法。将药剂按浓度配成溶液后，对母树喷洒，然后再采插穗扦插。带叶扦插的，可扦插后每周喷洒 1 次。

④羊毛脂制剂涂布法。用羊毛脂 1 g 加入药剂，用热水溶解并充分搅拌，涂在插穗基部表面上，注意不要涂于切口上。

几种促进生根的药剂混合使用处理插穗，效果好于单独一种药剂的处理。如 ABT 生根粉，系多种药剂配制而成。

4. 扦插方法

(1)硬枝扦插。硬枝扦插一般是秋冬落叶后采取穗条，随采随插，也可在春秋两季进行。在优良母株上选择一年生充实的枝条，保留 2～4 个芽体，剪成上平下斜或上斜下平、上平下平，长 10～15 cm 的插穗(上端离芽 1 cm 左右，下端靠近节部)。需要运输或贮藏的插穗应按 50 支或 100 支打捆挂签。硬枝插可在春秋两季进行，秋插不必进行插穗贮藏，但要注意防冻保温。春插时因春季雨水过多，应抓住天气尽早进行。插时以斜插为宜(斜度约 45°)，也可以直插。秋插深度为插条的 1/2～1/3(秋插宜深)。先用竹木棒插孔，然后插入穗条并压实，灌透水，如图 2-19 所示。

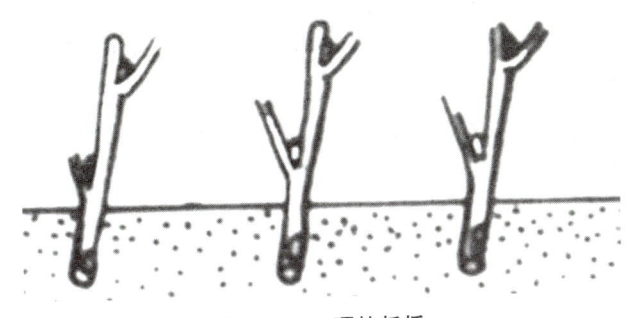

图 2-19 硬枝扦插

插条贮藏通常用沟藏或窖藏。贮藏地点宜选择高燥、背阴、地下水水位低的地方。插条应该用 5°Bé 石硫合剂喷雾进行消毒。

①沟藏。选好地点后，挖 1～2 m 宽，1～1.5 m 深，长度按贮藏量多少而定，然后竖立于沟内，用湿沙填满捆与捆，捆内条与条，可以一层或二层，上盖 30 cm 湿沙。每 2 m 用草把留排气孔一个。

②窖藏。可以利用当地果窖、菜窖。湿度应保持在 80%，温度为 0～5 ℃。

(2)绿枝扦插。用半木质化新梢在生长季节扦插，称为绿枝扦插，葡萄绿枝扦插如图 2-20 所示。

绿枝扦插比其他扦插法较容易生根，但对空气和土壤湿度要求严格。选取当年刚刚木质化或半木质化的中庸枝为插穗(5～10 cm)，插条可带 1～4 个芽、1～2 片叶(叶片较

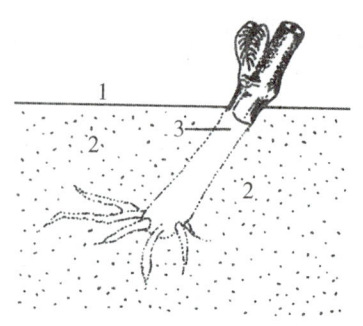

图 2-20 葡萄绿枝扦插
1—塑料地膜；2—苗圃土壤；3—插条

大时可剪去 1/2~1/3)、在清晨或傍晚时扦插。最适宜的露地绿枝插时间以梅雨季节为佳，插时先用竹木棒插孔，然后将剪好的插穗插入并压实喷透水，深度比硬枝插略浅，约为穗长的 1/3，株行距约为 5 cm×5 cm。扦插后注意遮阴和喷水。每天喷 2~3 次，保持基质湿度在 80%。设施条件可全年进行扦插。

(3)根插法。扦插繁殖的另一种方法称为根插法，适合根上能形成不定芽的树种。容易发生不定芽的主要果树(如苹果、梨、柿、枣、山楂等)均可用根插繁殖砧木苗。生产上常利用果苗出圃时剪留下来的根段或留在地下扔残根进行根插繁殖。一般要求根的直径在 0.5 cm 左右，剪成长 10 cm 的根段，上口平、下口斜，然后沙藏。枝插不易成活或生长缓慢，管理费工的树种用根插法容易成活。

(四)分株法

分株繁殖是将果树的根蘖或芽体培育成独立苗木并与母株分离，使其成为新植株的方法。常用的方法如下。

1. 根蘖分株法

根蘖分株法也称根分株法。适用于根上容易大量发生不定芽的树种，如枣、山楂、石榴、樱桃、李等。一般果树如春季产生根蘖，可于梅雨季节培土，秋季分离母株，如图 2-21 所示。枣树根蘖分株方法：于休眠期开始至春季萌芽前在树冠投影区边缘挖 30~40 cm 环状沟，切断 2 cm 以上小根(勿伤大根)箭平伤口，沟内施入与土混合的腐熟有机肥或土杂肥 75~100 kg/株，并灌水。5—6 月出根蘖苗，秋季起苗移入圃地复壮。

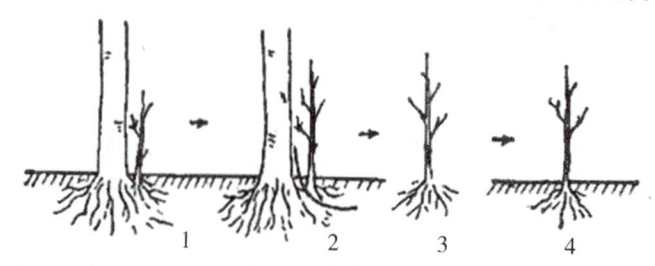

图 2-21 根蘖分株
1—长出的根蘖；2—切割；3—分离；4—栽植

2. 吸芽分株法

芦荟、菠萝、香蕉常用此法繁殖(图2-22、图2-23)。香蕉等在生长期内可于母株茎上抽生吸芽，可选其健壮吸芽切离定植。

图2-22 芦荟吸芽繁殖
(a)示意一；(b)示意二

图2-23 菠萝吸芽繁殖

3. 匍匐茎分株法

利用匍匐茎繁殖，如草莓苗的繁殖，如图2-24所示。

图2-24 草莓苗匍匐茎繁殖

(五)压条繁殖法

压条繁殖是在枝条与母株不分离的情况下，把枝条压入土中，或基部培土使枝条生根，长成独立的植株，再与母株分开培养苗木的方法，如图2-25所示。由于压条法在枝条生根前不与母株分离，因此生根比较容易。扦插生根困难的树种，可用此法培育果苗或砧木苗。但是，压条法产苗量较低。

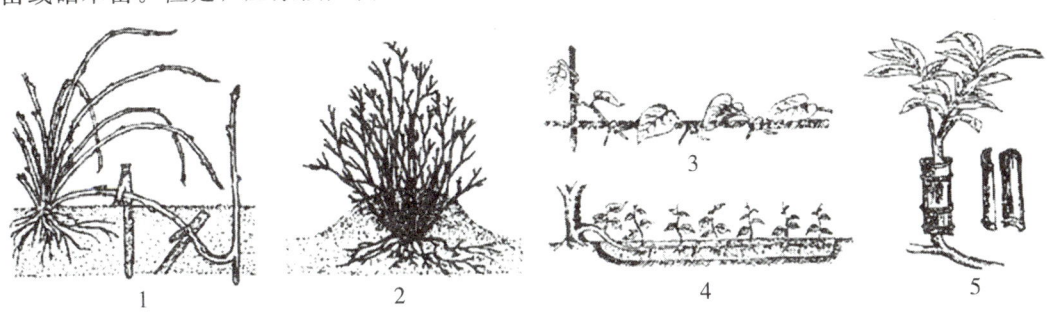

图2-25 压条繁殖法
1—普通压条；2—堆土压条；3—波状压条；4—水平压条；5—空中压条

1. 地面压条

(1)直立压条法。直条压条法又称垂直压条法或堆土压条法，苹果核梨的矮化砧、樱桃、石榴、无花果、李等果树均可用此法繁殖。具体方法是早春将母树重剪，促发萌蘖，当新梢半木质化时，将整个株丛基部用土培起来，厚达 10 cm(培土前适当施些腐熟有机肥并灌水)。20～30 d 后，进行第二次培土(10 cm 左右)，注意保持土壤湿润，加强肥水管理。管理中可视树种生根难易增加培土次数。培土前如果在基部造伤有利于生根。待生根后秋季将土扒开，将生根小苗与母株分离，如图 2-26 所示。

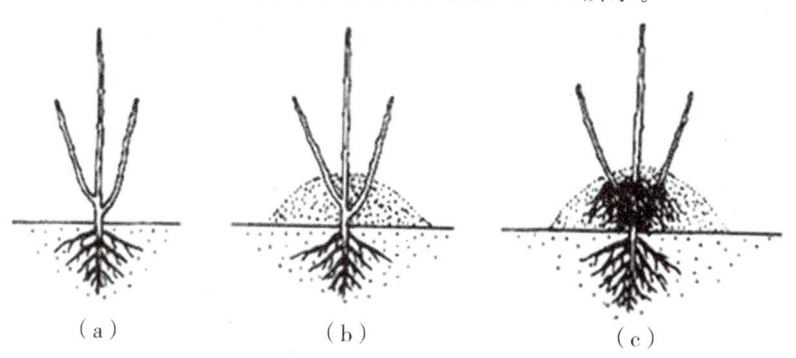

图 2-26 直立压条法
(a)单株植物；(b)土埂枝叉；(c)长出新株

(2)曲枝压条法。适用于葡萄、猕猴桃等蔓性藤本果树和部分灌木果树，以及苹果、梨的矮化砧和樱桃等。曲枝压条多在春季萌芽前进行(生长季节枝条半木质化时也能进行)。葡萄等采用水平压条时，一般在上年冬剪时选留母株基部充分成熟的一年生枝条，第二年春季在母株旁挖 10～15 cm 的沟，将枝条用木杈水平固定在沟中，待芽萌发长出新梢后，在枝条的节间环割或环剥造伤，并向沟内填土(是枝条尖端外露)。当萌芽长到 20 cm 时对枝梢基部培土，7 月再次培土至 10 cm 高，秋季落叶后，即可将新梢植株与母株切开分离，如图 2-27 所示。

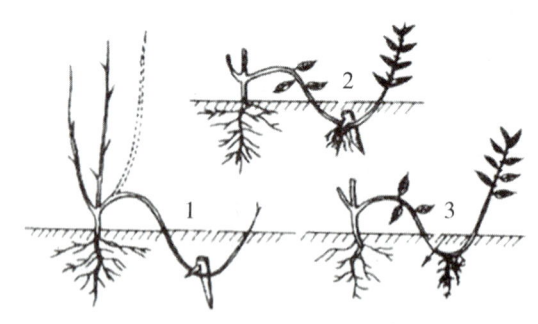

图 2-27 曲枝压条法
1—刻伤曲枝；2—压条；3—分株

(3)普通压条法。以葡萄为例，在靠近母株地面的一年生枝条附近开沟，深宽均为 15～20 cm，将枝条中部弯曲向下，用木杈固定在沟底，并在弯曲处环割环剥造伤，并压土填平，促进埋土中的枝条生根，落叶后剪离母株，如图 2-28 所示。

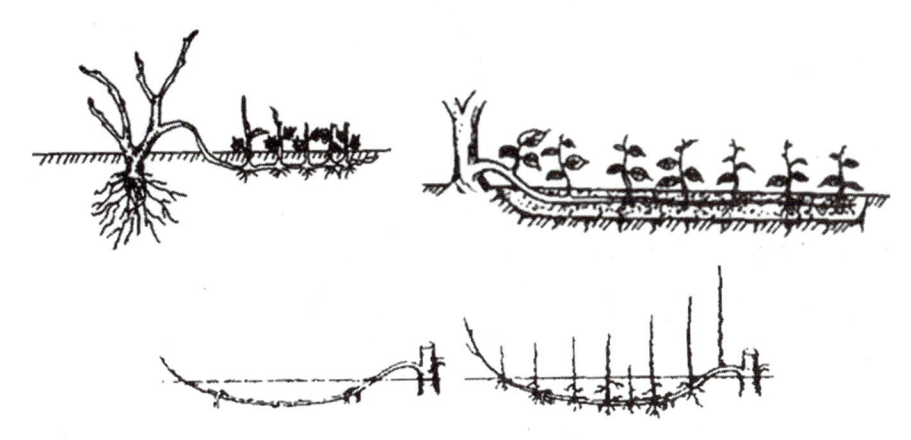

图 2-28 普通压条法(葡萄)

2. 空中压条

空中压条成活率高,技术容易掌握,但繁殖系数低,对母株损伤较大,如图 2-29 所示。采用此法繁殖的果树有荔枝、龙眼、柑橘类、石榴、枇杷、葡萄等。整个生长季节均可用高压法,但以春季和雨季为好。方法是选用充实的二至三年生枝条,在距分枝基部 10～15 cm 处环剥 3 cm 左右,深以破坏形成层为好。为了促进早发根多发根,用基质包扎前可用 500 mg/L 的吲哚丁酸(IBA)或 500～1 000 mg/L 的吲哚乙酸(IAA)或萘乙酸(NAA)处理。2～3 月后即可生根。

图 2-29 空中压条
(a)示意一;(b)示意二

三、设施育苗技术

(一)设施设备(图 2-30)

设施设备在果树育苗上的应用如下:
(1)打破种子休眠与催芽。
(2)扦插育苗。
(3)种子和接穗贮藏。
(4)组培种苗炼苗。
(5)生产和保存无毒苗木。

图 2-30 果树设施设备育苗

(二)育苗保护地设施

1. 塑料棚

(1)小拱棚。结构简单,生产上以拱圆形为主,棚宽为1~1.2 m,棚高1 m左右,棚长为20~25 m,南北走向搭建为好,小拱棚常用弯成拱形的竹片作棚架,竹片间距为0.5~1 m,外覆塑料薄膜,薄膜落地处用土压实,如图2-31所示。

(2)塑料中棚。塑料中棚是南方地区冬春季最常用的设施,保温效果较好,且耗材不多,搭建较容易。中棚跨度4~6 m,棚顶采用拱棚圆形或△形,棚中轴高度为1.8~2 m,棚长根据实际而定,但不宜超过30 m。可用竹木或钢材作支架,棚上覆盖塑料薄膜,竹木结构的棚中要设一排或两排支柱,支柱间距2 m,钢架结构不需设中间支柱,如图2-32所示。

图2-31 小拱棚　　图2-32 塑料中棚

(3)塑料大棚。有连栋和单栋两种,以拱圆形居多。按骨架材料不同可分为竹木结构大棚、镀锌钢管大棚和混合结构大棚。大棚棚宽为8~12 m,棚中间高度为2.5~3.0 m,长度为30~60 m。塑料大棚育苗效果好,但成本高,如图2-33所示。

(a)　　(b)

图2-33 塑料大棚
(a)示意一;(b)示意二

2. 防虫网室

防虫网室可以阻止害虫进入网室,减少害虫的直接危害和减少害虫传播病毒,防止苗木感染病毒,是一种简便、科学、有效的防虫防毒措施,同时还有防止暴雨冲刷的效果，夏季可以降温 3～5 ℃。网室常采用平顶结构，高度约 2 m，长度和宽度不限，用水泥柱或竹木作立柱，棚内规格种类较多，颜色有白色、银灰色等，以银灰色的防虫网为好，一般选用目数为 24～32 目，如图 2-34 所示。

3. 温室

温室由砖木或钢架结构、覆盖物（PVC 和 PE 塑料膜或玻璃）、加热和降温设备等构成。具有调温、通风、透光设施。利用日光辐射加温的温室称为日光温室，利用其他能源增温的温室称为加热温室。塑料温室造价较低但需要经常更新薄膜，玻璃温室寿命长但造价高，如图 2-35 所示。温室的形式有改良式、三折式和连栋式等多种。

图 2-34　防虫网室　　　　　　　　　图 2-35　温室

4. 遮阳网荫棚

遮阳网荫棚又称为遮阴网、遮光网、凉爽纱，是用聚烯烃树脂作原料，是设施栽培不可缺少的辅助材料。遮阳网覆盖后有降温、遮光、避雨、防风、防鸟、保湿抗旱、保暖防霜等多种作用。生产上普遍选用遮光率为 65%～75% 的规格。遮阳网的颜色有黑色、灰黑色、白色、浅绿色、蓝色、黄色等，生产上以银灰色网、黑色网应用较多。

遮阳网在果树育苗中主要用于夏秋季遮阳降温，冬季防霜。夏秋季苗圃播种、嫁接后都需要对苗圃畦面遮阳降温保湿，可利用遮阳网塔建荫棚，棚高 1～2 m；如果要对温室或中棚和大棚等塑料棚覆盖，减光降温，可单设独立柱高于温室和塑料棚棚顶，然后架设荫棚，遮阳网与棚膜之间距离 0.5～1 m，也可紧贴棚顶直接覆盖遮阳网，如图 2-36 所示。

图 2-36　遮阳网荫棚

5. 温床

通常用砖石等制成框，坐北朝南，南框为15～30 cm，北框为25～30 cm，用薄膜、玻璃、草帘等覆盖保温。温床中常见的是酿热温床和电热温床。酿热温床及纵断面示意如图2-37、图2-38所示。

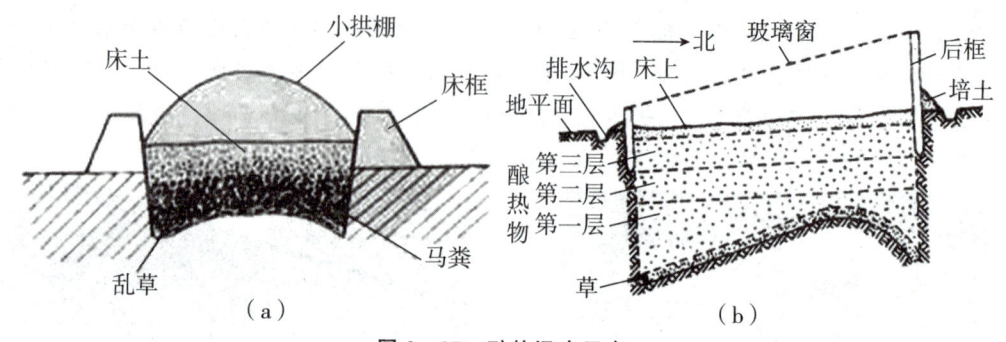

图2-37 酿热温床示意
(a)示意一；(b)示意二

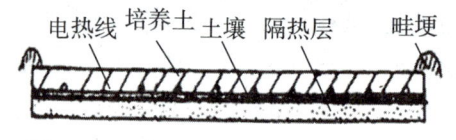

图2-38 电热温床纵断面示意

任务实施

一、实训准备

(1)材料：柑橘、梨、桃、葡萄等果树供嫁接用的砧木和接穗、塑料布条、石蜡、创可贴等。

(2)用具：芽接刀、枝接刀、剪枝剪等。

二、实训内容

1. 枝接法

(1)枝接时期。以春季萌芽前后至展叶期为宜。将接穗在冷凉处保存，只要不萌芽，可延长枝接时期。

(2)接穗封蜡：将接穗剪成8～10 cm长，着生有3～4个饱满芽的枝段，按品种分开。将石蜡打碎后放在锅中，用火炉加温熔化。当石蜡温度达到110～120 ℃，手握接穗基部使芽体向下在石蜡液中迅速浸蘸1/10 s，使接穗表面形成一层极薄的蜡膜；蘸蜡后，按品种捆成捆待用。

(3)几种主要枝接方法。

①切接法。

a. 削接穗。取蜡封好的接穗，将接穗基部两侧削成一长一短的两个削面。首先斜削一长约 3 cm 的长削面,再在其对侧斜削长 1 cm 左右的短削面,两削面均应光滑呈楔形。

b. 切砧木及嫁接。砧木从嫁接部位(距地面 3~5 cm 处)截去上端,削平截面,选皮层光滑处由截口 1/3 处向下纵切,使切口长度与接穗长削面相适应。然后插入接穗,使砧、穗的形成层在一个切面对齐,用塑料布包严捆紧。

②劈接法。当砧木较粗时常用此法。

a. 削接穗。将接穗削成两个等长的斜削面并成楔形,削面长 3 cm 左右,削面要求整齐,并带皮层一侧较厚。

b. 切砧木及嫁接将砧木距地面 3~5 cm 光滑处截去上端。削平断面,在砧木断面中心处用刀垂直劈下,深度略长于接穗削面。然后将砧木切口撬开,插入接穗。在一个切口内,可靠皮层处插入左右两个接穗,均应使砧穗形成层对准对齐。插入接穗时,较厚的一侧应在外面。接穗削面上端微露出,然后用塑料布将切口包严捆紧。

③皮下接(插皮接)。砧木较粗并易离皮时采用。

a. 削接穗。在蜡封接穗的基部与顶端芽同侧削一舌形削面,削面长 3 cm 左右,在其对面下端削去 0.2~0.3 cm 的皮层。

b. 切砧木及嫁接。砧木距地面 5 cm 左右光滑处截去上端,用与接穗削面相似的竹签自形成层处垂直插下,取出竹签后,插入削好的接穗,使接穗削面微露出,以利于愈合,最后用塑料布包严捆紧。

④搭接法(合接法)。砧木与接穗粗度相同时采用此法。将接穗基部削成长 3~4 cm 的舌状削面,砧木距地面 7~9 cm 处截去上端,选皮层光滑处削成与接穗削面同等长短宽窄的舌状削面,然后将砧木和接穗的舌状削面对准对齐,似成一根枝条,用塑料布条绑紧包严。

⑤腹接法。将蜡封接穗基部削一长约 3 cm 的削面,再在其对面削一长约 1.5 cm 的短削面,使长削面厚,短削面稍薄。砧木不必剪断,选平滑处与砧木成 45°角斜切一刀,将接穗插入,使一面形成层对准对齐。将砧木从接口上端约 1 cm 处剪断,最后用塑料布条包严绑紧。

⑥舌接法。接穗与砧木切法与搭接法大致相同,切面长度 3 cm 左右,然后在接穗与砧木的切面上距尖端 1/3 处下刀,与削面接近平行切入一刀,使之成舌形,然后将砧、穗插合,对准对齐形成层,用塑料布条绑紧包严。舌接法多用于葡萄、核桃的室内嫁接。

2. 芽接法

(1)芽接时期。生长季凡接穗和砧木皮层能够剥离时均可进行,其中以 7—9 月为主要芽接时期。核果类应适当提早(柿、枣及板栗利用二年生枝基部的休眠芽作接芽时,应在花期嫁接)。

(2)几种主要的芽接方法。

①T 形芽接。

a. 削芽片。选充实健壮的一年生发育枝上的饱满芽为接芽。先在芽上方 0.5 cm 处横切一刀,深达木质部,然后在芽的下方 1.5~2 cm 处下刀,略倾斜向下推削到横切口,用手捏住芽的两侧,左右轻摇掰下芽片。芽片长度为 2~2.5 cm,宽为 0.6~0.8 cm,不带木质部。

b. 切砧木。在砧木距地面 3~5 cm 处选光滑部位用刀切 T 形切口,深达木质部。横切口略宽于芽片,纵切口略短于芽片。苹果和梨芽接时纵切口用刀点一下,即所谓一横一点芽接法。

c. 嫁接和绑缚。用刀尖轻撬纵切口,将芽片顺 T 形接口插入,使芽片上端对齐砧木横切口,然后用塑料布条自下而上绑紧包严。为区别品种,品种间可使用不同颜色的塑料布条。

②方块芽接。

a. 削芽片。在接穗上芽的上下 0.6~1 cm 处各横切两个平行的切口,然后距芽 0.3~0.5 cm 两侧竖切平行两刀,切成长 1.2~2 cm、宽 0.6~1 cm 的方形芽片。

b. 切砧木。按照接芽上下口距离,横割砧木皮层达木质部,向左或向右偏向一方,竖割一刀,掀开皮层。

c. 嫁接及绑缚。将芽片取下放入砧木切口中,对齐竖切的一边,然后竖切另一边的砧木皮层,使砧木的接穗上下左右切口均紧密对齐后,立即用塑料布条绑紧。

③套管芽接。

a. 削取芽管。在接穗芽的上方 0.8~1 cm 处剪截,再在芽的下方 0.8~1 cm 处环割一刀深达木质部,扭下管状芽套。

b. 切砧木及嫁接。将砧木与接穗粗度近似部位以上剪断,将砧木皮层向下剥套上芽管向下推至紧密为度。再将剥下的砧木皮层向上拢住芽管。

④嵌芽接(带木质部芽接)。

a. 削芽片。先在接穗芽的上方 1 cm 左右处向下斜切一刀,长约 1.5 cm,然后在芽下方 0.5 cm 左右处斜切成 30°角到第一切口底部,取下带木质部芽片,芽片长 1.5 cm 左右。

b. 切砧木。按照芽片大小,相应地在砧木上下切,长度较芽片略长。

c. 嫁接及绑缚。将芽片嵌入砧木切口中,使芽片上端稍露出砧木皮层,以利于愈合,最后用塑料条绑紧绑严。

⑤梭形芽接(梭形带木质芽片贴接)。这种嫁接方法可延长嫁接时期,从春季到夏季均可进行,接穗可用冬季贮藏的一年生枝或夏季采集的新梢,适用性广。

a. 削芽片。左手拇指和食指捏住接穗枝条,接芽芽尖朝自己的身体,从芽下 1~1.5 cm 处削取芽片,削至接芽处应特别小心,削过接芽后抬刀,于芽上 1 cm 左右处削出,使削下的芽片成梭形。

b. 削砧木。从地面向上 5~10 cm 处选光滑部位,用刀从下向上削与芽片相似的梭形接合面,一次不行可再削一刀。

c. 嫁接及绑缚。将梭形芽片对贴在砧木的梭形削面上,用塑料条从下向上绑紧,芽子露在外面。

3. 葡萄室内嫁接

(1)嫁接时期。

一般在当地露地扦插前 20~25 d 进行。

(2)砧木与接穗的准备。

将秋季剪下的接穗和砧木枝条贮藏越冬。翌年于嫁接前取出,检查枝、芽是否新鲜;并进行选择分级,将新鲜枝条选出备用。

(3)嫁接步骤。

①砧木的剪截。将砧木枝条剪成长 20 cm 左右,下部在节下 1~2 cm 处剪成马蹄形,上部在节上 5~8 cm 处剪平,每 50~100 根为一捆,放于水中浸泡 1~2 d,然后在(50~100)×10^{-6} 的 α—萘乙酸中,浸泡下部 12~24 h,深度为 5~6 cm。取出后,放在湿锯末或塑料布包中备用。

②接穗的剪截。在嫁接当天或前一天,将接穗剪成单芽段,节间短的可剪留两个芽眼。接穗长度 6 cm 左右,上端切口在节上 1.5~2 cm,上下切口均为平荐,然后放在水中浸泡 4~6 h。

③嫁接。嫁接多用劈接、舌接、搭接法。

④愈伤处理。葡萄的伤口要求有一定的温度和湿度才能加速形成层细胞分裂,产生愈伤组织,在扦插前需进行 15~20 d 的愈伤处理。处理温度 25~30 ℃,锯末湿度需达饱和。可在火炕、温室或温床上进行,枝条应直立或略倾斜放于湿锯末中,枝条间用湿锯末填充不留空隙。在不同部位放置温度计,待结合部和砧木基部普遍生出少量愈伤组织时,可停止加温,使温度保持在 10~15 ℃,锻炼 2~5 d,即可扦插。

4. 施建议

(1)根据具体条件,选当地适用的几种嫁接方法进行重点练习。实训项目开始时,先由教师示范各种嫁接方法,说明影响嫁接成活的关键及适用的树种,学生按不同嫁接方法分组在室内进行嫁接练习。

(2)训练一段时间后,要求每一个学生能在规定的时间内完成一定数量的嫁接任务。

(3)在掌握一定的嫁接技术后,可分组进行大田嫁接。

三、实训汇报

重点训练嫁接方法的操作步骤和影响嫁接成活的关键因子,并有自己的观点和体会。

四、实训考核与评价

序号	考核重点	考核内容	分值
1	态度与任务	认真仔细,善于学习;按时保质地完成各项嫁接训练任务	40
2	操作过程	1. 对重点训练的嫁接方法掌握的熟练程度; 2. 是否知晓影响嫁接成活的关键因子; 3. 在规定时间内完成的嫁接任务	25

续表

序号	考核重点	考核内容	分值
3	实训报告	对重点训练的嫁接方法的操作步骤,有自己的观点和体会	25
4	问题思考与答疑	在实训过程中勤于思考,积极答疑	10

课后练习

1. 果树育苗的方式方法有哪些?
2. 果树主要育苗方法有哪些?
3. 果树嫁接成活的原理是什么?影响嫁接成活的主要因素有哪些?

知识拓展

我国果树育种

我国是世界果业大国,果树种植面积和产量居世界首位。果业市场规模已近2.5万亿元,与芯片行业市场规模相当。果业在保障食物安全、生态安全、人民健康、农民增收和农业可持续发展中的作用日益凸显,是促进乡村振兴的重要支柱产业之一。

我国果树育种途径主要归结为"查、引、选、育"4个字。

"查"——即资源调查发掘野生和地方良种,例如,猕猴桃的不少品种是通过此途径从野生材料中选育的。除猕猴桃外,东北的蓝靛果、山西的欧李和南方的八月瓜(木通)也是野生资源发掘和驯化的案例。

"引"——引种筛选是世界各国解决品种急用的途径,我国果树产业中,相当一部分品种来自引进筛选。特别是在1994—2006年,在国家的支持下,通过引进苹果、柑橘等果树品种,丰富了我国的品种资源。从引进的资源中,筛选出了十分优秀的品种,并在产区广泛推广。例如,从日本引进的"富士"苹果,目前仍然占我国苹果栽培面积的大部分。如今,引进的脐橙、杂柑品种在柑橘产业中发挥着重要作用。

"选"——选种包括实生选种和芽变选种,过去,农民家种植的果树多数是通过实生繁殖,因此,从农家品种选择和提纯复壮,也属于实生选种的范畴。芽变选种主要是利用体细胞变异或嫁接产生的嵌合现象,从果园中直接选出优良的变异类型,进而成为品种。我国的柑橘品种多数通过此途径选育。

"育"——主要指杂交育种,通过有性杂交实现遗传重组,获得新的基因型(品种或品系)。我国在桃、梨、葡萄等果树杂交育种中取得了较好的成绩。过去,我国杂交育种途径培育的柑橘品种几乎为零,经过40年的努力,我国通过此途径育出了"金秋砂糖橘""金煌"和"大雅柑"等品种。

改革开放以来的40年,我国果树育种取得了可喜的成绩。据不完全统计,苹果、柑橘等11种果树在过去40年间共选育了1 968个品种(系),其中,接穗品种(系)1 925个,砧木品种(系)43个。选育品种数最多的是桃、葡萄，分别达到566个和325个。引进的果树，生产中栽培外来品种的比例较高，如苹果、草莓等。相比而言，接穗品种选育较多，砧木育种滞后。砧木育种主要在几个大树种中开展，但果品质量和果业效益与发达国家相比还有很大差距，特别是果树生产中部分树种存在主栽品种以国外品种为主、自主知识产权品种占比低等问题。近年来，我国果树育种领域科技工作者持续开展果树种质资源收集与保存、精准鉴定与优异种质创制、功能基因挖掘与分子标记开发等创新工作，建立了果树高效育种技术体系，培育出一批高产优质、节本增效、高抗广适的果树新品种，为保障食物安全与果品有效供给、推动果业绿色高质量发展、推进果品优质安全与营养健康、推动乡村振兴和区域果业发展做出了应有贡献。

任务二 果园建立及果树栽植

任务引入

通过本任务的学习，掌握果园建立的知识，通过对已有果园的参观调查和建园质量的评价，培养学生果园规划设计的能力，学会果树定植及植后管理，掌握提高成活率的关键技术。

知识准备

果园的规划和设计

一、建立果园

建立果园是果树栽培的一项基础工程。果树是多年生木本植物，一旦定植以后，往往有十几年甚至几十年的经济寿命，即在同一立地条件下，生长、结果多年，因此，建立果园要考虑果树自身的特点及其对环境条件的要求，考虑当地的地理、社会、经济条件，适地适栽。还要预测未来的发展趋势和市场前景。

(一)园地的类型和评价

果树的建园地点分为平地、山地和丘陵地，对各类园地进行分析和评价，是科学选择园地的基础。

1. 平地

平地是指地势平坦或是向一方稍微倾斜或高度起伏不大的波状起伏地带。根据形成原因可分为冲积平原、泛滥平原、滨湖滨海地三种类型。同一平地范围内，气候和土壤因子基本一样，没有垂直分布的变化。

平地建立果园的优势：灌溉水源充足；水土流失少；土层深厚，土壤有机质含量较高；果园根系入土深、果树生长健壮、结果早、果实大、产量高。

平地建立果园的劣势：通风、日照、排水均不如山地果园；果实的色泽、风味、含糖量、耐贮力比山地果园差；地下水水位比山地果园高。因此，平地建立果园时应选择地势较高、地下水水位在1 m以下、排水良好的平地建园。

2. 山地

山地建立果园的优势：排水良好，果树根系发达，有利于养分的吸收；山地空气流通，日照充足，昼夜温差较大，有利于糖的积累和果实着色，品质优，耐贮藏能力强。

但山地建园成本高、管理不便、水源缺乏、水土保持困难等。另外，山地气候还具有明显的垂直分布和小气候特点，主要表现为：

(1)随着海拔高度的变化，往往出现气候和土壤的垂直分布带。一般是气温随着海拔增加而降低，而降雨增加。由于气候的垂直分布，引起山地植被和土壤垂直分布带的形成。

(2)由于坡形、坡向、坡度的变化，使山地气候垂直分布带的变化也趋于复杂化。因此，在山地建立果园时，应充分进行调查研究，熟悉并掌握山地气候垂直分布带与小气候带的变化特点，选择生态最适带及适宜小气候带建立果园。

3. 丘陵地

通常将地面起伏不大，相对高差200 m以下的地形称为丘陵。顶部与麓部相对高差小于100 m的丘陵为浅丘，相对高差100~200 m者为深丘。

丘陵地是介于平地和山地之间的过渡性地形地。深丘的特点近于山地，浅丘的特点近于平地。深丘因具有山地某些特点，建园水土保持工程费工、灌溉设备设施投资高、交通不便、产品与物质运输较为困难。而浅丘建园相对较为理想。

4. 海涂

海涂是河流或海流夹杂的泥沙在地势较平的河流入海处或海岸附近沉积而成的浅海滩。海涂地势开阔平坦，自然落差较小，土层深厚，钾、钙、镁矿物质营养丰富。但土壤有机质含量低，土壤结构差；地下水水位高，土壤含盐量大，碱性强，在台风登陆沿线易受台风侵袭。因缺铁导致黄化是海涂地区栽植果树的一大难题。

(二)果园的规划和设计

1. 园地基本情况调查

(1)社会经济情况。建园地区及其邻近地区的人口、劳动力数量和技术素质、当地经济发展水平、居民的收入及消费状况、果品贮藏和加工设备及技术水平、能源交通状况、市场的销售供求状况及发展趋势预测等。

(2)果树生产情况。当地果树栽培的历史与发展趋势、现有果园的总面积、单位面积、总产量、经营规模、产销机制、经济效益、果园管理技术水平等。

(3)气候条件。平均温度、最高与最低温度、生长期积温、休眠期的低温量、无霜期、日照数及百分率、年降水量及主要时期分布、当地灾害性天气出现频率及变化情况等。

(4)地形及土壤条件。海拔高度、垂直分布带与小气候带、坡度、坡向及土质厚度,土壤质地、结构、pH、雨量、光照、地下水水位高低等。

(5)水利条件。水源,现有灌、排水设施和利用状况。

(6)忌地(连作地)调查。在同一园地的土壤中,前作果树使后作果树生长发育受到抑制的现象,称为连作障碍或忌地现象。桃、杏、李等核果类;苹果、梨等仁果类;无花果等多数果树都存在连作障碍,前作果树对后作果树的抑制作用见表2-5。引起的原因:一是在土壤或前作作物的遗体中积累了对后作作物有害的物质,如老桃树的根皮苷在土壤中水解后,生成氰氢酸和苯甲醛,造成对后作幼年桃树的危害;二是线虫和土壤病原物增多;三是营养元素不平衡,特别是微量元素缺乏。连作障碍一般发生在前后同种果树的情况,有时不同种果树也有表现。

表2-5 前作果树对后作果树的抑制作用

前作	后作						
	无花果	桃	梨	苹果	葡萄	柑橘	核桃
无花果	1	3	2	5	6	4	8
桃	4	1	8	2	5	6	7
梨	1	7	3	2	4	8	6
苹果	7	2	4	1	6	8	5
葡萄	1	6	7	3	2	4	5
柑橘	1	5	7	4	2	8	3	6
核桃	6	4	8	3	2	7	1

注:分为8级,生长量最大的为8。

近年来,对连作障碍的专一性病害已经被特别关注。为了避免连作障碍,去除前作果树的残根、枯枝落叶、病果,进行轮作。土壤消毒、客土、增施有机肥是有效的措施。

2. 测量地形并绘制1∶1 000的地形图

地形图上应绘制等高线密度(平地0.5 m一条,丘陵、山地1 m一条)、高差和地物,以地形图作基础绘制出土地利用现况图、土壤分布图、水利土等供设计规划使用。

(1)果园的土地规划。园地规划内容包括生产小区的规划、道路系统、排灌系统、防护林建设、附属设施、绿肥和养殖基地等。土地使用和规划应保证果树生产用地的优先地位,尽量压缩其他附属用地。一般大型果园的果树栽植面积占80%～85%,防护林占5%～10%,道路占3%～4%,绿肥基地占2%～3%,排灌系统占1%,其他占2%～3%。

(2)果园小区的规划。果园小区又称作业区,为果园的基本单位。划分果园小区的要求:

①同一小区内气候、土壤条件、光照条件基本一致(山地的坡向和坡度、局部小气候),以保证同一小区内的管理技术内容和效果一致。

②划分好的小区应有利于水土保持(山地和丘陵地)。

③便于预防自然灾害(霜冻、风害、雹灾等)。

④便于运输和机械化管理,提高劳动效率。

果园小区面积 因立地条件不同而不同,一般平地或气候、土壤较为一致的园地,每个小区面积可设计为8~12 hm²;中小型果园3~5 hm²。地形复杂、气候土壤变化大的应小一些,一般为1~2 hm²;梯田、低洼盐碱地可一个台面为一小区。

小区面积应因地制宜,大小适当,过大管理不便,过小不利于机械化作业。

小区形状和位置。一般采用长方形,长边与短边之比为(2~5):1。平地果园小区长边应与当地主要有害风向垂直,果树的行向与长边平行。

山地和丘陵果园小区一般为带状长方形,长边与等高线一致,随地势波动,同一小区不要跨越分水岭和沟谷。

(3)道路系统的规划。道路系统由主路、支路和小路组成。

①主路:宽5~8 m,并行两辆卡车或大型农用车。位置适中,贯穿全园,山地果园主路可环山而上,呈"之"字形,坡度小于7°。要外连公路,内接支路。

②支路:宽4~6 m,能通过两辆农用作业运输车,支路一般以小区为界,与干路和小区相通。

③小路:即小区作业道,宽2~4 m,能通过田间作业车、小型农用机具。分布在小区内。一般为宽行。

小型果园为减少非生产用地,可不设立主路。

道路一般结合防护林、排灌系统设计。

(4)灌排系统规划。灌溉系统设计。果树灌溉技术主要有地面灌溉、喷灌和滴灌三类,地面灌溉是目前我国主要的灌溉方式。

①地面灌水系统包括:

水源:小型水库、堰塘蓄水、河流引水、钻井取水。

灌溉渠道:果园地面灌溉渠道分为干渠、支渠和毛渠。

干渠:将水引入果园并贯穿全园。

支渠:将水从干渠引入果园小区。

毛渠:将枝渠的水引到果树的行间和株间。

灌溉渠道的设计要综合考虑地形条件,水源位置,与道路、防护林、排水系统设置的关系。一般应遵循节约用地、水流通畅、覆盖全面、减少渗漏、降低成本的原则。

②排水系统的设计。

明沟排水:由集水沟、小区边缘的支沟和干沟组成。要保持0.3%~0.5%的比降。

暗沟排水:是通过埋设在地下的输水管道进行排水。优点是不占用行间的土地,不影响机械作业。但修筑投资大。

(5)附属建筑物建设规划。果园的附属建筑包括办公室、财会室、车库、工具室、肥料农药库、配药场、果品储藏库、职工宿舍、积肥场等。

(6)绿肥与饲料基地规划。为以园养园,实行果畜结合,综合经营,应建立绿肥与饲料基地。绿肥和饲料可以充分利用果园株行间进行种植。山地与丘陵地果园种植绿肥必须与水土保持工程相结合进行。有条件的地区可另在沙荒地、薄土地带等规划绿肥与饲料基地。

(三)树种、品种的选择和授粉树配置

1. 树种、品种的选择

选择树种和品种应该考虑以下条件：

(1)具有独特经济性状的优良品种。所选树种要求产量、品质、抗性等方面具有明显的优点，并具有良好的综合性状。选择优良品种。

(2)适应当地的气候和土壤条件。任何优良品种都有其特定的适应范围，只有在适宜的立地条件下，优良品种才可能表现出其固有的经济性状。在立地条件中，气候和土壤是影响生产成败的关键因素。由于人类还无法在大范围内改变自然气候条件，因此选择适宜的立地条件建园是果树生产的基本要求。

(3)适应市场的需要。果树是商品，在市场经济条件下，要接受市场和消费者的检验。因此，根据市场的需求选择树种和品种是果树生产的基本出发点。

(4)发展的规模、趋势、前景预测。

2. 授粉树的配置

果树存在着自花不实现象，如仁果类中的苹果、梨，核果类中的李、甜樱桃，坚果类中的板栗，均有自花不实现象；部分果树(如樱桃、李等)即使异花授粉也有不结实的现象；有的果树(如银杏、杨梅、猕猴桃、柿等)常常雌雄异株；有些果树(如桃、龙眼、枇杷及部分甜柿品种)虽然自花结实，但异花授粉明显提高结实率和果实品质；有些树种和品种能自花结实，但由于雌雄异熟，不能正常授粉。因此，生产中多数树种和品种建园时必须配置授粉树。

需注意的是，有些果树不需要授粉即可以结出无子果实(单性结实)，如柿子、葡萄的一些品种，不需要配置授粉树。

(1)配置的基本要求。树种和品种的配置，原则上要求主栽的果树种类和品种应具有优质、高产、多抗和耐贮运等特性。在山地，地形、土壤和小气候条件复杂，要因地制宜地配置与之相适应的树种和品种。在同一果园内，应以一种果树为主。在同一树种内，应适当考虑早熟、中熟、晚熟品种的搭配，主栽品种一般要占70%以上。

(2)授粉树应具备的条件。

①与主栽品种花期一致。

②与主栽品种生长势、寿命基本一致。

③与主栽品种同期进入结果期，无大小年现象。

④花量大，能形成大量有生活力的花粉。

⑤本身有较高的经济价值。

⑥最好与主栽品种能相互授粉。

(3)授粉树配置方式。主要有以下几种(图2-39)。

①中心式，比例为1∶8。

②行列式，比例为(1~4)∶(4~5)，分等行配置，不等行配置。

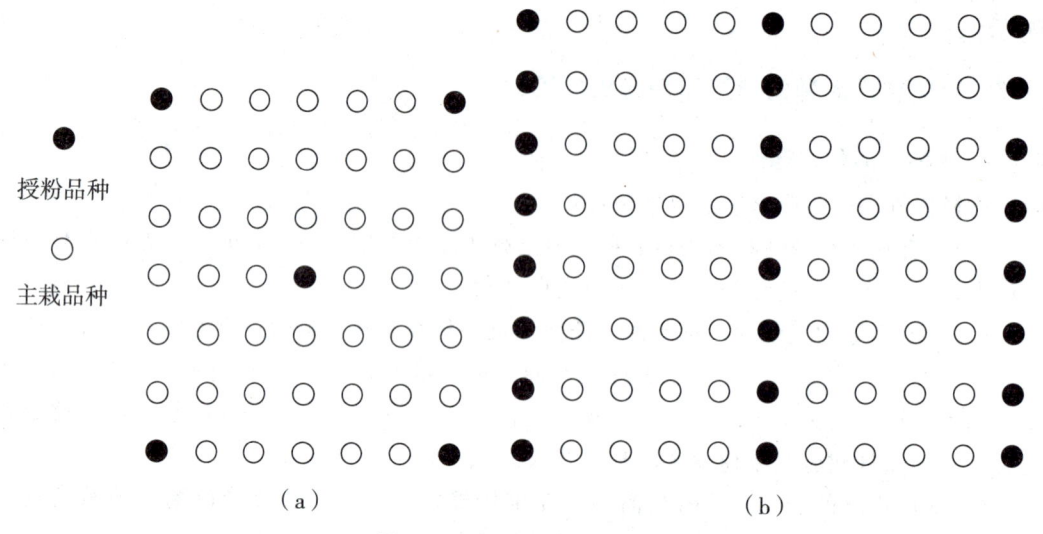

图 2-39 授粉树配置方式
(a)中心式；(b)行列式

③等高行列式(山地)。

(四)果园防护林设计

1. 防护林的作用

在果园四周或园内营造防护林，可改善果园的生态条件。主要表现在：
(1)降低风速、减轻风害。
(2)调节温度，提高果园的湿度。
(3)缓和气温骤变。
(4)保持水土，防止风蚀。
(5)有利于传粉昆虫传粉。

2. 防护林带的类型

一般分为紧密型林带(不透风林带)和疏透性林带(透风林带)两种类型。

(1)紧密型林带：由乔木、灌木混合组成，中部为4～8行乔木，两侧或乔木的一侧配栽2～4行灌木。林带长成后，枝叶茂密，形成高大而紧密的树墙，气流较难从林带内部通过，保护效果明显，但防护范围较小。

(2)疏透性林带：由乔木组成，或在乔木两侧栽植少量灌木，使乔木、灌木之间留有一定空隙，允许一部分气流从中、下部通过。大风遇到防护林后分为上升气流和水平气流，上升气流明显减弱，越过后下沉缓慢，因此防护范围较宽。

果园防护林多用疏透性林带。

3. 防护林树种的选择

用于果园防护林的树种，要求生长迅速，树体高大，枝叶繁茂，根系发达入土深，林相整齐，寿命长，抗性和适应性强，与果树无相同的病虫害的乡土树种。

南方常用的树种：乔木有小叶杨、旱柳、泡桐、白蜡、臭椿、侧柏、水杉、马尾松、华山松、桉树、银合欢、冬青、丛竹等；小乔木和灌木有刺槐、怪柳、酸枣、花椒、女贞、杨梅、枳、油茶等。

4. 防护林营造

设置依据：果园面积、有害风向、地势和地形、当地的气候特点、果树种类等。

果园防护林分为主林带和副林带。

主林带设置方向与主要有害风向垂直，主林带的间距通常为200～400 m，主林带宽幅一般为8～12 m，由4～8行组成。

副林带与主林带垂直，间距为500～1 000 m。宽幅4～8 m，由2～4行组成。

防护林应在果树定植前2～3年开始营造。最晚与果树同期建园。

防护林的株行距依据树种和立地条件而定。一般乔木树种株行距为(1～1.5)m×(2～2.5)m，也可以密植，2～3年后间伐，灌木一般1 m×1 m。

林带与果树间应挖深沟，以减少防护林根系对果树的影响。

(五)水土保持的规划设计

1. 水土保持的措施

水土保持的过程措施包括修梯田、鱼鳞坑、撩壕等。

(1)梯田。梯田是将坡地改成台阶式平地，使栽植面的坡度消失，有效地降低地表径流和流速，如图2-40所示。

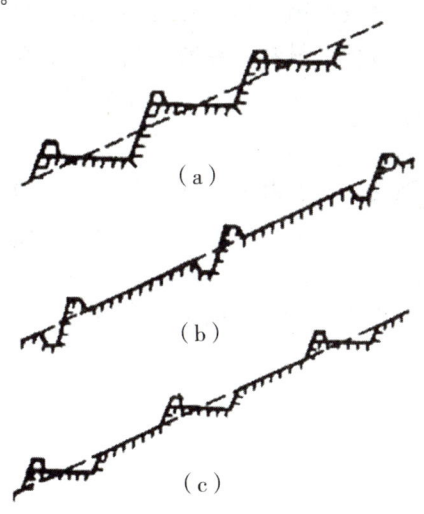

图2-40 梯田断面示意
(a)水平梯田；(b)坡式梯田；(c)隔坡梯田

(2)鱼鳞坑。坡度较陡、地形复杂、不易修梯田的山地，或一时来不及修梯田的山坡，可先挖鱼鳞坑，然后逐步修梯田。

鱼鳞坑是一圆形小台面，如图2-41所示。根据所栽植果树需要，一般坑长1.6 m、宽1.0 m、深0.7 m。为了将鱼鳞坑逐步改造成等高梯田，其应按等高线设置。

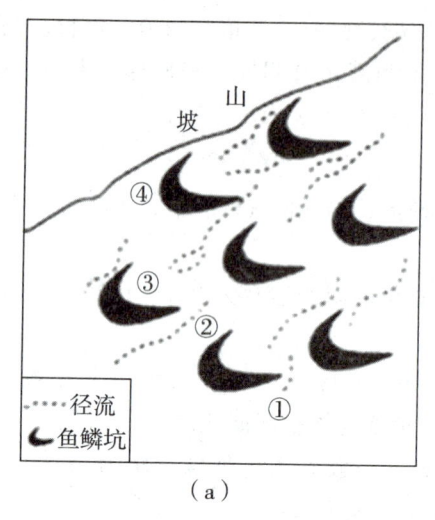

图 2-41 鱼鳞坑示意
(a)示意一；(b)示意二

(3)撩壕。撩壕又称等高撩壕，是我国北方农民创造的一种简单易行的水土保持方法。

2. 水土保持的生物措施——植被覆盖

果园的植被应全面规划，合理布局。应注意山地或深丘果园顶部配置森林防风，涵养水源，保证顶部土壤不受冲刷；梯面上果树间应种间作物或自然生草，忌集中降雨季节进行清耕休闲；间作物等宜按等高线横行播种与耕作；梯壁必须配置植被；修筑梯壁时，应用长有草根的土块作为护臂材料；垄壁和削壁上应促进生草，严禁以任何理由在梯壁上铲草。

3. 土壤改良

新建果园可通过深翻熟化、客土掺沙、种绿肥、施有机肥等措施来进行土壤改良。土壤改良可改善土壤结构，提高土壤水分渗透能力和蓄水能力，减少地表径流，增强土壤抗冲刷能力。在水土保持工程措施与生物措施的基础上，加强土壤改良，组成一个严密而高效的水土保持系统，对于防止坡地果园土壤冲刷，将起到相得益彰的综合作用。

二、果树栽植

(一)栽植前的准备

1. 土壤改良

我国一般是在山地、丘陵地、沙地等理化性状不良的土地上发展果树生产。为了实现优质、高产和高效益的目标，在果树栽植前应深耕或深翻改土并同时施用腐熟的有机肥或新鲜的绿肥。

果树栽植技术　　动画果树栽植技术

2. 定点挖穴(沟)

在修筑好水土保持工程和平整土地以后，按预定的行距、株距标和定植点，并以定植点为中心挖定植穴。定植穴直径和深度一般均为 0.8~1 m；密植果园可挖栽植沟，沟深和沟宽均为 0.8~1 m，无论挖穴或挖沟，表土和心土应分开堆放。原心土与杂草、秸秆、菇渣等粗大有机物和行间表土混合后回填于 50~70 cm 的下层；行间穴外表土与有机肥混合后回填于 20~50 cm 的中层(根系主要活动层，要求匀)；原表土与精细有机肥混合后回填在苗木根系周围，也不要将肥料深施或在整个栽植穴内混匀，重点要保证苗木根际周围的土壤环境。此外，回填沉实最好在栽植前 1 个月完成。

3. 苗木和肥料准备

(1) 苗木准备。在栽植前进一步进行品种核对和苗木分级，剔除劣质苗木。经长途运输的苗木，应立即解包并浸根一昼夜，待充分吸收后再行栽植或假植。

(2) 肥料准备。按每株 50~100 kg 的标准，将优质有机肥运至果园分别堆放。

(二) 栽植时期

果树苗木栽植时期，应根据果树生长特性及当地气候条件来决定，一般在地上部生长发育停止或相对停止、土壤温度在 5~7 ℃时定植。主要栽植时期有秋植与春植，秋植有利于伤口愈合与生长，但冬季较寒冷与秋季较干旱地区，以春植为宜。华南地区一般秋植(8—9 月)，华中地区秋植(9—10 月)或春植(1—3 月)均可。

(三) 栽植方式

1. 长方形栽植

长方形栽植是最常见的一种栽植方式，其特点是行距宽而株窄，有利于通风透光、机械化管理和提高果实品质。

2. 等高栽植

等高栽植适用于坡地和修筑有梯田或撩壕的果园，是长方形栽植在坡地果园中的应用。这种栽植方式的特点是行距不等，而株距一致，且由于行向沿坡等高，便于修筑水平梯田或撩壕，有利于果园水土保持。

3. 计划密植

计划密植是一种有计划分阶段的密植制度。定植时栽植密度较正常的高，将永久树和临时加密树按计划栽植，当果园密闭时，及时缩剪，直至间伐或移出临时加密树，以保证永久树的空间，这种栽植方式的优点是可提高单位面积产量和增加早期经济效益，但建园成本较高。计划密植在日本的柑橘生产中较普遍应用。

(四) 栽植密度

不同果树栽植密度不同，如温州蜜柑栽植株数与产量的关系见表 2-6。合理栽植密度应根据下列因素确定。

表 2-6　温州蜜柑栽植株数与产量的关系

定植后年数	每 hm^2 栽植株数	单株产量/kg	单产/(kg·hm^2)
1～10	2 460	7～20	18 480～52 800
11～20	1 320	25～50	33 000～66 000
21～30	660	50～90	33 000～59 400
≥31	290～530	108～200	31 320～106 000

(1)树种、品种和砧木特性。通常树高及冠幅大，密度小。
(2)立地条件(地势、海拔、坡度、坡向、土壤、气候)。土壤瘠薄、肥力较低的果园，果树生长势较弱，定植密度较小。低温、干旱、有大风的果园定植密度可大。
(3)栽培技术及机械化程度。树体管理方式和栽植方式不同，栽植密度也不同。
(4)整形方式。

(五)栽植技术

1. 栽植方法

(1)回填土、灌透水沉实，上部堆成丘状。
(2)放苗，舒展根系，扶正、横竖对齐。
(3)填土、踩实、提苗。
(4)栽植深度。
(5)做树盘，灌小水。

2. 栽后管理

具体管理措施有：
(1)及时灌溉。水源不足的地区为减少土壤蒸发，可进行地面覆盖。
(2)幼树防寒。除可以利用防风林、风障或防风网等设施预防低温等不良条件对幼树的伤害外，也可对刚栽植的幼苗用尼龙布、纸板或玉米、稻草等类包裹主干，保护骨干枝，也可用培土等方法防冻。
(3)其他管理。根据果树生长情况与管理计划进行施肥、整形修剪、病虫防治、土壤管理等，以提高成活率，促进幼树早结丰产。

任务实施

一、实训准备

(1)材料：选当地 1～2 种果树的一至二年生嫁接苗和多年生树。
(2)用具：定植板、标杆、直角规、皮尺、测绳、挖掘工具、卸灌水工具。

二、实训内容

1. 定植时期

一般在落叶后或春季萌芽前定植,即秋栽或春栽。如果苗木距果园较近,可采用秋季带叶栽植。

2. 定植前准备工作

(1)苗木的准备。准备充足的苗木,做好苗木修剪(主要是剪根)、消毒及外来苗木的处理。

(2)定点。平地果园在确定栽植密度和方式后,如采取挖穴种植者,可先在园地适当位置定基线,在基线上按行距定点,插上标杆或打上白粉点,再以此线为基线,定出2~3条垂线(可利用勾股定理),在线上按株距定点,插上标杆或打上白粉点,应用"三点定线原理",用标杆或绳子标定全园各点,各点均打上白色十字点。

山地果园(如梯田面上)只栽一行果树,可按梯田走向定点。

(3)植穴的准备。植穴大小、深浅可根据地下水水位高低和土壤性质而定。一般深宽60~80 cm。也可采取挖深宽1 m的条沟,分层压肥,而不挖穴。施基肥要和土壤混合,并将植穴打实才可定植。

3. 定植技术

定植前先校正原来定点的位置,并插上标杆。定植时最好2人一组进行,先把每株用的有机肥25~50 kg,过磷酸钙1~1.5 kg,氮素化肥0.25 kg左右与定植穴旁的表土充分拌匀,一半左右填入穴内,放入果苗,使其侧根舒展自然下斜,然后将其余表土填在根系周围,边填土边提苗边踏实,使苗子略低于地面,把心土填满树穴,余土在树盘周围培成蓄水畦,再行灌水,使穴内土壤充分渗透,上面盖上松土即可。若采取定植扳定植时,将中央凹口对准定植点的标杆,再在定植板两端凹口处打上木桩,然后取掉定植板中央的标杆,即可挖穴。挖穴后,又将定植板两端的凹口安放在两木棒的位置上,再把苗木放置在中央凹口处,待调整深浅后即可填土。

调整深浅应根据树种、土壤性质和植穴的沉实情况而定。未经沉实的植穴,定植时应适当提升苗木的高度,最终使苗木的根颈和地面平齐。

4. 定植后的管理

(1)为了提高栽植成活率,在定植时应做好树盘以便收集雨水。

(2)定植后应充分灌水,而后根据土壤墒情、肥力酌情灌水或根处追肥。

(3)及时定干和抹除整形带以下的萌蘖。检查成活率,及早补栽,保证树体整齐一致,便于今后管理。

(4)及时防治病虫害。

(5)越冬前注意越冬防寒。

5. 实训建议

可结合建立果园,进行果树定植,如条件限制,可示范栽植几株;大树移栽,可结合校内、外移栽大树进行。

三、实训汇报

阐述果树定植的全过程及技术要求，有自己的观点和体会。

四、实训考核与评价

序号	考核重点	考核内容	分值
1	态度与任务	认真仔细，善于合作；按时保质地完成果树定植任务	40
2	操作过程	1. 是否知晓影响果树定植成活的关键因子； 2. 是否规范操作； 3. 是否知晓果树定植步骤及要求	25
3	实训报告	果树定植的全过程及技术要求，有自己的观点和体会	25
4	问题思考与答疑	在实训过程中勤于思考，积极答疑	10

课后练习

1. 建立果园的主要内容有哪些？
2. 果园有哪些类型及特点？
3. 果树栽植的注意事项有哪些？
4. 选择树种和品种应该考虑哪些条件？
5. 授粉树应具备哪些条件？

知识拓展

观光果园

近年来，随着我国生态文明建设和现代化生活节奏加快，观光农业、休闲农业也越来越受到人们青睐。观光果园成为一种新型的农业产业模式，越来越表现出其农业与旅游业融合的效益优势。观光果园是集果品生产、休闲旅游、科普示范、娱乐健身于一体的新型果园，包括采摘观光型果园、景点观光型果园和景区依托型果园等类型，这种模式不仅提高了果农收入，也为果园的可持续发展提供了新的机遇。

在观光果园的设计中可以运用整形修剪技术，创造出各种奇特的树形艺术形态，提高树体的观赏价值，打造"果木盆景园"；运用各种嫁接手法，在同一棵树上嫁接不同品种，培养出一树多果的自然景观；运用果实套袋贴字技术和畸形果品种栽培，培育有喜庆字样的果实或奇形怪状的果实；运用人工授粉、水肥控制技术，培养出色泽艳丽的特大果，打造"巨果园"。此外，观光果园还可以实现生态循环的种养结合模式，在当前我国绿色生态农业发展的大环境下，果园建设可以一改以往的传统单一模式，实现果树＋

草植＋畜(禽)＋旅游业的综合种养殖模式，这也将是未来果园建设的发展趋势之一。

任务三　花果管理

任务引入

通过本任务的学习，了解果树花果管理的意义，掌握花果管理技术，进行果树保花保果、疏花疏果和果实套袋。

果树花果管理技术

知识准备

花果管理是指为了保证和促进花果的生长发育，针对花果和树体实施相应的技术措施及对环境条件进行调控。

花果管理技术是现代果实栽培中重要的技术措施，是果树连年丰产、稳产、优质高效的保证。在生产中花果管理既包括生长期中的花、果管理技术，又包括果实采后的商品化处理。果实采后的商品化处理在秋季项目介绍。

一、保花保果

保花保果的目的是提高坐果率，坐果率是产量构成的重要因素，它是指果树结果数占开花总数的百分率。提高坐果率，尤其是在花量较少的年份提高坐果率，在保证果树丰产稳产上更是具有重要意义。

(1)坐果。花经过授粉受精后，子房或子房及其附属部分膨大发育成为果实，在生产上称为坐果(或着果)。

(2)坐果率。果树结果数占开花总数的百分率，称为坐果率。

(3)落花落果。从花蕾出现到果实成熟采收，会出现花、果脱落的现象，称为落花落果。

(4)落花。未经授粉受精的子房脱落称为落花，也称为"子房脱落"。

(5)落果。授粉受精后，一部分幼果因授粉受精不完全、营养不良或其他原因而脱落称为落果。

(6)采前落果。果实在成熟之前，有些品种也有落果现象，称为采前落果。

(7)生理落果。果树的落花落果现象大多数是因为生理的原因引起的，称为生理落果。

提高坐果率的措施如下。

(一)加强土肥水管理

加强土肥水管理，提高果树营养水平，增强树势，是提高花芽质量，促进花器正常发育，减少落花落果的重要措施。实践证明，深翻改土、增施基肥、合理追肥、合理灌溉、适时中耕除草等措施，对提高坐果率，增加产量有显著效果。如春旱地区花前、花后进行追肥灌水，可减轻落花落果。湖南省园艺所防止温州蜜柑落花落果的经验是：秋季追施氮肥，初果树每株 1 kg 左右；萌芽开花后，第一次生理落果及 6 月上旬喷 0.4%的尿素；花蕾期及第一次落果喷 1%过磷酸钙、0.1%硼酸，防止落花落果效果明显。

(二) 合理整形修剪

合理整形修剪，可改善通风透光条件，调整果树生长和结果关系，提高树体营养水平，促进花芽分化，提高坐果率。如利用冬剪和花前复剪，调整花量，保持适当的叶芽和花芽比例，减少养分的消耗，从而提高坐果率。通过修剪手段，控制营养生长，如葡萄的夏季摘心、柑橘抹夏芽，壮旺树在花期进行环割或环剥等，均能起到保果作用。

(三) 保证授粉受精条件

1. 花期果园放蜂

除杨梅、山核桃、银杏等属风媒花外，大多数果树为虫媒花。因此，花期果园放蜂可明显地提高授粉率和坐果率。一般每亩果园放 1～2 群蜂即可，蜂箱距离以不超过 500 m 为宜。在花期切忌喷药，以防蜂群中毒。花期遇大风、低温或降雨，蜜蜂不能活动，则要进行人工辅助授粉。

蜜蜂授粉

2. 人工辅助授粉

人工辅助授粉一般可提高坐果率 70%～80%。常见的人工授粉方法有点授、喷授、喷雾和挂花授粉等。

3. 花期喷水

果树开花时，如气温高，空气干燥，可在果树盛花期喷水，增加空气相对湿度，有利于花粉发芽。

(四) 应用生长调节剂和微量元素

落花落果的直接原因是离层的形成，而离层的形成与内源激素不足有关。在生理落果前和采收前是生长素最缺乏期，此期喷施生长素及微量元素可减少落果。植物生长调节剂的种类、用量及使用时期因果树种类、品种及气候条件不同而有差异。生产上常用的保果激素有赤霉素（GA_3）、细胞分裂素等。此外，开花、幼果期喷施微量元素可提高坐果率，常用微量元素有硼酸、硫酸镁、硫酸锌、硫酸亚铁等，使用浓度为 0.1%～0.2%。

(五) 防治病虫害

病虫害直接或间接危害花芽、花或幼果，造成落花落果。因此，及时防治病虫害也是一项保花保果的重要措施。

二、疏花疏果

疏花疏果是人为地去掉过多的花或果实，使树体保持合理负载量的栽培技术措施。疏花疏果可以克服大小年，提高果实品质，保证树体生长健壮，达到优质、高产、稳产的目的。

(一)疏花疏果时期

为了节省营养，疏花疏果越早越好。冬剪时，可剪除过多的花芽，使留下的花芽营养状况得到改善，发育良好。疏花宜在盛花期进行。疏果，一般从谢花后1周开始，在生理落果停止后分批完成。疏果过晚，由于消耗体内养分过多，不利于果实发育。具体疏果时间，依树种、品种、坐果率多少而定。一般是花芽萌动期——疏花芽、花序伸长期——疏花序、开花期——疏花、幼果期——疏果。

(二)留果量(负载量)的确定

1. 确定负载量的原则

确定合理负载量是正确应用疏花疏果技术的前提，确定负载量时应根据树势、树的枝叶量、枝的强弱与果实的分布等情况而定，必须依据以下四项原则：

(1)保证足够的果实数量。
(2)保证良好的果品质量。
(3)保证能形成足够数量的花芽。
(4)保证树体有正常的长势。

2. 确定负载量的方法

可根据枝果比、叶果比，也可根据树冠体积留花留果。近年来，许多地区又依干周确定留果。方法虽多，但各有利弊，各地可以结合实际情况选用。

(1)叶果比法。果树上叶片的总数(或总叶面积)与果实总个数的比值称叶果比。如苹果乔砧一般30~40片叶留一个果，或600~800 cm^2 叶面积留1个果；矮化砧一般(20~30)∶1或500~600 cm^2 留一个果；砂梨、柿的叶果比为(10~15)∶1；桃的叶果比为(30~40)∶1；温州蜜柑的叶果比为(20~25)∶1；脐橙的叶果比为(50~60)∶1；锦橙的叶果比为(40~60)∶1。

(2)枝果比法。果树上各类一年生枝条的数量与果实总个数的比值称为枝果比，如苹果、梨的枝果比一般为(3~4)∶1，弱树为(4~5)∶1。

(三)疏花疏果的方法

1. 人工疏花疏果

人工疏花疏果具有高度的灵活性和准确性，可以实现"看数定产""按枝定量"的疏果原则。"看数定产"就是看树龄、树势、品种、特性及当年的花果量，确定单株的适当负荷量。"按枝定量"就是根据枝条的生长情况、着生部位和方向、枝组大小、副梢发生的强弱来确定留果量。一般经验是强树、强枝多留，弱树、弱枝少留；树冠中下部多留，上部及外围枝少留。

疏花，对花序较多的果枝可隔一去一，或隔几去一，疏去花序上迟开的花，留下优质早开的花。疏果，先疏去弱枝上的果、病虫果、畸形果，然后按负载量疏去过密过多的果。

2. 化学疏花疏果

化学疏花疏果节省劳动力、成本低、工效高。常用的化学药剂有石硫合剂、萘乙酸、萘乙酰胺、乙烯利等。使用化学药剂疏花疏果时要注意药剂浓度及用量、表面活性剂、气候、树龄树势、品种等。

三、果实套袋

为改善果实外观，提高商品性，减少农药污染，生产无公害果品，可在疏花疏果的同时，对果实进行套袋。套袋可明显改善果实外观，提高果实抗病、抗虫能力，防止农药污染，防止日灼和裂果，但也存在果实含糖量降低、风味变淡等缺点。

果实套袋

套袋是生产无公害果品的必要措施之一，一般在果实稳定着果后进行。套袋前要先疏果定果，喷施长效杀虫、杀菌剂，喷药后及时套袋。喷药后下大雨或时间太长（4 d 以上）而没套袋时，需要补喷。喷药务必仔细周到，防止病虫早期入袋。

套袋可选用商业生产的专门的果袋。其一般都进行过防水、防晒、防虫、防病处理，结构精巧，便于操作。也可自制报纸袋，但其防水、防晒、防病性能及耐用程度远不及商品果袋，且存在铅残留。主要用于防病时，也可使用透气袋，但只能在树冠中、下部使用，树冠上部光照强，塑料袋内果实容易日灼。

套袋时先用手撑开袋口，将袋口对准幼果口装入袋中，并让果在袋内悬空，不可让果实接触袋纸，在果柄或母枝上呈折扇状收紧袋口，反转袋边用预埋扎丝扎紧袋口，再拉伸缩袋角，确保幼果在袋内悬空。套袋时注意不可伤果，特别是果柄。迎风的地方，或果柄易脱、太短时，袋口应呈骑马状骑过母枝，在母枝上扎紧。

任务实施

一、实训准备

(1) 材料：盛果期的葡萄树、桃树各若干株，疏果药剂。
(2) 用具：疏果剪或修枝剪、套果袋、绑扎物、喷雾器、天平、量杯等。

二、实训内容

1. 葡萄疏花疏果

(1) 花序掐尖：葡萄花序多，易消耗大量养分，降低坐果率。把花序尖掐掉，可减少花数，减轻养分争夺，提高坐果率。掐尖时间在开花前一个星期为宜，到了开花期即应结束。首先掐掉副穗，接着把主轴上的支轴掐掉4～5个，留下4～15个支轴，然后再掐去穗尖。穗轴太长的要掐掉。花序较多时，一个结果枝留下1～2个花序，然后掐尖，既省工省力又不浪费养分。

(2)疏粒：疏粒的目的是通过限制果粒数，使果穗大小符合所要求的标准，果形、果粒匀整，提高商品性能。疏粒的方法是把无核果和小果粒疏去，留下大的、个头均匀一致的果粒。个别突出的大粒因着色差也应疏去。另外，为使果粒排列整齐美观，宜选留果穗外部的果粒。大果穗每隔一个支轴间掉一个，这样整好穗形后再疏粒，效率较高。一个支轴上留的粒数，按品种不同应有所区别。一般巨峰葡萄每穗留存60～70粒，藤稔葡萄每穗留40～50粒。

(3)疏穗：结果过多不仅影响糖度和着色，而且会引起树体贮藏养分不足，树势衰弱，造成翌年减产。疏果穗能有效控制产量，提高浆果质量，做到年年稳产优质。疏穗的时间要尽可能早。在开花前掐穗尖的时候，应把花序多疏去一些，疏果穗的标准是：有11～12片叶的中庸枝留1穗，超过21片叶的强枝才能留2穗。其次，当坐果状况已看清楚时，就要尽早进行疏穗，把坐果不好的穗疏去，按1个结果枝结1穗的原则，把极弱枝上的穗疏去，按高产的目标选留果穗。

2. 桃树人工疏花疏果

(1)按大枝、枝组依次进行，以防漏枝。对一个枝组来说，上部的果枝多留，下部的果枝少留；壮枝多留，弱枝少留。先疏双蕾双果、病虫果、萎缩果、畸形果，后疏过密果、小果等。

(2)各类果枝的留果标准，一般为长果枝3～4个，中果枝2～3个，短果枝1～2个，花束状果枝1个或不留。上层枝、外围枝或大、中型枝组的先端长果枝，可以多留果(5～7个)。采果后，将之疏去，用下边的长果枝代替。

也可疏蕾，各类果枝的留蕾数量，应提高1～2倍。

3. 药剂疏花疏果

应用药剂疏花疏果，国内外已有用于生产。其用法可参考生长调节剂的配制和应用的内容。

4. 套袋

(1)袋的种类和方法：一般用旧报纸制成。根据果实大小，裁成8～12开，对折，粘成长方形袋。在袋口中央剪2 cm左右的裂口。也有做成口窄底宽的梯形袋的，可以节约纸张。此外，还可就地取材，利用其他材料制袋。

(2)扎口材料：麻皮、塑料条、细铁丝等。

(3)套袋的时间和方法：一般在最后一次疏果之后，病虫开始危害果实之前套袋。具体方法以桃为例。先把袋口吹开，套入幼果，袋口中央的裂口对准果柄所附着的枝条，并将之嵌入裂口，然后用麻皮等绑扎袋口即可。一般一袋套1果。葡萄套袋一般在6月上中旬果粒呈黄豆大小时进行。套袋前喷一次杀菌剂和杀虫剂，喷药当天即套好袋。

5. 实训建议

（1）选定葡萄园或桃园，于葡萄或桃树开花结果的物候期进行。

（2）教师示范操作，边讲边练；学生反复训练，最后单独考核。

三、实训汇报

阐述不同果树疏花蔬果与套袋的操作过程及作用，有自己的观点和体会。

四、实训考核与评价

序号	考核重点	考核内容	分值
1	态度与任务	认真仔细，善于合作；按时保质地完成实训任务	40
2	操作过程	1. 操作是否规范； 2. 是否知道葡萄、桃的叶果比以及各自的疏花、果标准； 3. 是否知道套袋的优劣之处	25
3	实训报告	阐述不同果树疏花蔬果与套袋的方法及效果，有自己的观点和体会	25
4	问题思考与答疑	在实训过程中勤于思考，积极答疑	10

课后练习

1. 花果管理的意义？
2. 花果管理的主要技术有哪些？技术要点是什么？

知识拓展

果实套袋技术

果实套袋技术是一种以保护果树果实为目的的栽培技术措施，它不仅可以防止或减少裂果、减轻病虫危害、避免风和其他意外对果实的伤害，使果实外观质量明显提高，有效防止病虫害，促进果实着色，保持果面洁净，减少农药残留，增强果实耐贮性，提高商品果率，而且符合果树无公害优质高效栽培的要求，是生产优质高档无公害果品、提高果实商品价值的有效途径之一，是果农增收的有效途径。

果袋的种类根据其制作材料来分，有木浆纸、草浆纸、牛皮纸、报纸、无纺布、塑料等；从果袋透光与否来分，有透光袋和遮光袋。遮光袋又有单层遮光袋和双层遮光袋之分，透光袋也分为单层及双层透光袋；从外袋的颜色来分，有灰色、灰绿色、淡黄色等。外袋的内涂层一般为黑色或深褐色，内袋的颜色通常有红色和蓝色等。

果袋的大小选择，一般单果重 250～350 g，应选择果袋大小在 15 cm×19.5 cm 为宜；平均单果重在 250～350 g，应选择果袋大小在 15 cm×19.5 cm 为宜，平均单果重在 400～550 g，果袋大小应为 20 cm×23 cm。

不同果树种类或品种可采用不同材料的果袋，根据生产和试验的长期观察，苹果（红色品种）可用外灰内黑的双层袋，单层袋可选用外灰内黑的纸袋，香蕉可用蓝色的薄膜袋，龙眼、杧果夏季用青蓝色塑料网袋，金煌杧可用外黄内黑双层复合湿强纸袋，梨、哈密瓜可外黄内黑加红纸的双层纸袋，大青枣可用透气性、透明性好的薄膜袋，枇杷可用单层湿强黄色牛皮纸袋，荔枝、柚子、桃、番石榴、红芒、葡萄等应选白色湿强透气性好的单层纸袋等。

如何正确选购或自制大小适宜、符合质量标准的专用纸袋或塑膜袋，会对水果的品质直接产生影响。因此，应依据各地气候和产地条件，针对果树种类和品种的特性及果实或果穗大小，到正规生产厂家选购不同规格、符合质量标准的专用纸袋或塑膜袋。

任务四　土肥水管理

任务引入

近年来果园栽培管理中经常出现管理不当导致土壤板结、营养失衡、果品品质下降、果园受损等现象。请根据校园内实训基地所种植的果树品种设计合理的土肥水管理方案，以期实现科学的土壤管理、合理的施肥、适宜的灌溉。

果树土壤管理技术

知识准备

果树在生长发育过程中，根系不断从土壤中吸收养分、水分，供应果树生长和结果的需要。在生产中创造有利于根系生长的土壤环境，不断提高土壤肥力，及时供应果树需要的养分、水分，才能达到果树早结、丰产、稳产、优质、低耗的栽培管理目的。

一、土壤管理技术

土壤管理的目的就是要创造良好的土壤环境，使分布其中的根系能充分地行使吸收功能。这对果树健壮生长、连年丰产、稳产具有极其重要的意义。

（一）土壤改良

我国果园多数建立在丘陵、山地、沙荒、滩涂上，一般土层瘠薄，有机质少，团粒结构差，土壤肥力低。尽管在定植前进行过改良，但远不能满足果树生长结果和丰产稳产的要求，因此，栽植后对果园土壤进一步改良仍是果园管理的基础工作。通过改良使果园土壤达到深、松、肥的管理目标。

深，即要求果园土层深厚，一般在1m以上；松，即土壤疏松透气、结构良好；肥，即土壤有机质丰富，含量达到2%～7%，土壤中氮、磷、钾、钙、镁等元素的含量在中等以上。

果园土壤改良的途径有深翻熟化、开沟、培土（压土）、掺沙、增施有机肥料、应用土壤结构改良剂等。

1. 深翻熟化

果园通过深翻并结合深埋有机肥，可改善根系分布层土壤的通透性和保水性，且对于改善根系生长和吸收环境、促进地上部生长、提高果树的产量和品质都有明显的作用。具体的深翻时间应根据果树根系的生长规律及当地气候条件决定。一般以秋季深翻为宜，深翻深度在60~100 cm。深翻方式主要有扩穴深翻、隔行或隔株深翻和全园深翻3种。

（1）扩穴深翻。扩穴深翻多用于幼树、稀植树和庭院果树。幼树自定植穴边缘开始，每年或来年向外扩穴，穴宽50~80 cm，深60~100 cm，穴长根据果树的大小而定。如此逐年向外深翻扩穴，直至树冠下方和株间全部深翻完为止。扩穴深翻结合施农家肥、土杂肥、绿肥、磷肥及石灰等，每株施有机肥30~100 kg，石灰0.5~1 kg。

（2）隔行或隔株深翻。隔行或隔株深翻用于成行栽植、密植和等梯田式果园。每年沿树冠外围隔行成条逐年向外深翻，直至行间全部翻完为止。这种深翻方式的优点是当年只伤及果树一侧的根系，可防止伤根太多，有利于果树生长。以后逐年轮换进行，对树体生长发育的影响较小。等高梯田果园一般先浅翻外侧，再深翻内侧，并将土压在外侧，可结合梯田的修整进行。深翻深度50~60 cm。

（3）全园深翻。全园深翻是除树盘范围以外，全面深翻。这种方法一次翻完，便于机械化施工和平整土地，但容易伤根。多用于幼年果园。

2. 开沟排水

海涂、沙滩和盐碱地及平地果园，一般地下水水位高，每年雨季土壤湿度往往超过田间最大持水量，使下部根系的土层处于水浸状态，果树的根系处于缺氧状态，产生许多有毒物质，致使果树生长不良，树势衰退，严重导致死亡。开沟排水降低地下水水位是这类果园土壤改良的关键。

3. 培土

果园培土具有增厚土层、保护根系、增加养分、压碱改酸和改良土壤结构的作用。培土的方法是把土块均匀分布在全园，经晾晒打碎，通过耕作把所培的土与原来的土壤混合。土质黏重的应培含砂质较多的疏松肥土，含砂质多的可培塘泥、河泥等较黏重的肥土。培土厚度要适当，一般以2~10 cm为宜。南方多在干旱季节来临前或采果后冬季进行培土。

（二）不同类型果园的土壤改良

1. 黏性土果园

此类土壤的物理性状差，土壤孔隙度小，通透性差。施用作物秸秆、糠壳等有机肥，或培土掺沙。还应注意排水沟渠的建设。

2. 沙性土

保水保肥性能差，有机质和无机养分含量低，表层土壤温度和湿度变化剧烈。改良重点是增加土壤有机质，改善保水和保肥能力。通常采用填淤结合增施秸秆等有机肥，以及掺入塘泥、河泥、牲畜粪便等，近年来，土壤改良剂也有应用，即在土壤中施入一些人工合成的高分子化合物（保水剂）。

3. 水田转化果园

这类果园的土壤排水性能差、空气含量少，而且土壤板结，耕作层浅，通常只有30 cm左右。但水田转化果园土壤的有机质和矿物质营养含量通常较高。在进行土壤改良时，深翻、深沟排水、客土及抬高栽植通常可以取得预期的效果。

4. 盐碱地

在盐碱地上种植果树，除对果树树种和砧木加以选择，更重要的是要对土壤进行改良。采用引淡水排碱洗盐后再加强地面维护覆盖的方法，可防止土壤水分过分蒸发而引起返碱。具体做法是在果园内开排水沟，降低地下水水位，并定期灌溉，通过渗漏将盐碱排至耕作层之外。此外，配合其他措施，如中耕（以切断土壤表面的毛细管）、地表覆盖、增施有机肥、种植绿肥作物、施用酸性肥料等，以减少地面的过度蒸发、防止盐碱上升或中和土壤碱性。

5. 沙荒及荒漠地

我国黄河故地道区和西北地区有大面积的沙漠地和荒漠化土壤，其中有些地区还是我国主要的果品基地。这些地域的土壤构成主要是沙粒，有机质极为缺乏、有效矿物质营养元素奇缺、温度和湿度变化大、无保水保肥能力。黄河中下游的沙荒地域有些是碱地，应按照盐碱地的情况治理，其他沙荒和荒漠应按沙性土壤对待，采取培土填淤、增施细腻的有机肥等措施进行治理。对于大面积的沙荒与荒漠地来说，防风固沙、发掘灌溉水源、设置防风林网、地表种植绿肥作物、加强覆盖等措施则是土壤改良的基础。

（三）果园土壤管理

1. 幼年树果园土壤管理

（1）树盘精细管理。树盘是指树冠垂直投影的范围，是根系分布集中的区域。树盘管理包括：

行间生草

①中耕除草。结合施肥，每年中耕除草3～5次，使树盘保持疏松无杂草，以利于根系生长。中耕深度以不伤及根为原则，一般近树干处要浅，为5～10 cm，向外逐渐加深到20～25 cm。

②树盘覆盖。覆盖可保墒、防冻剂稳定表土温度，防止杂草生长和改良土壤结构。覆盖物多用秸秆、稻草等，厚度一般在10 cm左右，也可用地膜覆盖。

③树盘培土。在有土壤流失的园地，树盘培土，可保持水土和避免积水。培土一般在秋末冬初进行。缓坡地可隔2～3年培土一次，冲刷严重则一年一次。培土不可过厚，一般为5～10 cm。根外露时可厚些，但不要超过根颈。

（2）行间间种。幼树定植后，树体小，行间空地较多，进行合理间作，不仅可以增加收入，以短养长，还可以抑制杂草，改善果树群体环境，增强对不良环境的抵抗能力和提高土壤肥力，有利于果树生长。丘陵坡地间作作物，还可起到覆盖作用，以减轻水土流失。

果园行间间作应"以果为主，主次分明，不影响果树生长，而且尽可能有利于果树生长"为原则。间作物的要求如下：

①间作物植株要矮小，不影响果树的光照。

②避免间作物与果实争夺养分、水分，如红薯、木薯不宜种。

③间作物最好能有改良土壤结构、增加土壤养分的作用，如豆科作物。

④与果树没有共同的病虫害。适宜间种的作物种类很多，各地应根据具体情况选择。一至二年生的豆科作物，如花生、大豆、印度豇豆、绿豆、蚕豆等较为适宜；也可种植蔬菜、绿肥、牧草等作物，如葱蒜类、叶菜类、茄果类、苕子、印度豇豆、藿香蓟、百喜草、金光菊等，其中种植藿香蓟能明显减少红蜘蛛的危害。

2. 成年树果园的土壤管理

随着树龄增加，树冠不断扩大，根系吸收范围加大，对养分的需求不断增加，因此，成年果园管理的任务是以提高土壤肥力为主，满足果树生长和结果所需的水分和养分。土壤管理的方法主要有以下 5 种。

(1)清耕法。果园内周年不种作物，随时中耕除草，使土壤保持疏松和无杂草状态，这种方法称为清耕法。同时，冬夏进行适当深度的耕翻，一般深 15～20 cm。秋季深耕，春季多次中耕。清耕法的优点和缺点如下：

①清耕法的优点：短期内可显著增加土壤有机态氮素，并起到除草、保肥、保水作用。

②清耕法的缺点：长期清耕，土壤有机质迅速减少，土壤结构破坏，影响果树生长发育。

(2)生草法。果园生草就是在果园种植多年生豆科植物、禾本科植物或牧草，并定期刈割，覆盖地面，使其自然分解腐烂或结合畜牧养殖，起到改土增肥作用。生草法是实现果品绿色化的极重要的技术之一。

①生草法的优点：

a. 防止土壤冲刷和风害。

b. 增加土壤有机质，改善土壤理化性状，使土壤保持良好的团粒结构。

c. 改善果园气候状况和土壤温度，可以减轻果树近表面根系受害。

d. 省工，节约劳动力，降低成本。

②生草法的缺点：

a. 长期生草的果园表土板结，通气差。

b. 果园生草易出现草与果树争水现象，影响果树生长发育。

c. 杂草是病虫害寄生的场所，草多病虫多，某些病虫防治较困难。

果园生草的方式：果园生草有全园生草、行间生草、株间生草 3 种方式。

选择果园适宜的草种：适合果园人工种植的草种主要有禾本科的早熟禾、百喜草、野生劲、羊胡子草、燕麦草等，以及豆科的三叶草、紫花苜蓿、扁豆黄芪、绿豆、小冠花、百脉根、紫云英等。

(3)清耕覆盖作物法。在果树需水最多的前期保持清耕，后期或雨季种植覆盖作物，待覆盖作物成长后期，适时翻入土壤作绿肥，这种方法称为清耕覆盖作物法。它是一种较好的土壤管理方法，兼有清耕和生草的优点，在一定程度上克服了两者的缺点。

(4)覆盖法。覆盖法是在树冠下或稍远处覆以杂草、秸秆等的管理方法。一般果园以覆草最为普遍，厚度5～10 cm，覆后逐年腐烂减少，要不断补充新草。

覆盖可防止水土流失，抑制杂草生长，减少蒸发，防止返碱，积雪保墒，缩小地温昼夜与季节变化幅度，增加有效态养分和有机质含量，并能防止磷、钾和镁等被土壤固定，对团粒形成有显著效果，因而有利于果树的吸收和生长。但长期覆盖，会招致虫害和鼠害，使果树根系变浅。

(5)免耕法。主要利用除草剂除杂草，土壤不进行耕作，这种无覆盖无耕作的土壤管理制度称为免耕法。这种方法具有保持土壤自然结构、逐步改善土壤结构、土壤通气性好、保水力好、便于果园各项操作及果园机械化、节省劳动力、减低成本等优点。

二、施肥技术

(一)果树的营养特点

果树在一年中对肥料的吸收是不间断的，但会出现几次需肥高峰。需肥高峰一般与果树的物候期相对应，一般果树在新梢生长期需氮量最高，需磷的高峰在开花、花芽形成及根系生长第一、二次高峰期，需钾高峰则出现在果实成熟期。

果树肥水管理技术　　水肥一体化

(二)施肥时期

1. 基肥

基肥施用以早秋为好，其次是落叶至封冻前(基肥施用见秋季实施项目二任务八秋施基肥)。

2. 追肥

追肥又称为补肥，是果树急需营养的补充肥料。在土壤肥沃和基肥充足的情况下，没有追肥的必要。当土壤肥力较差或采收后未施入充足基肥时，树体常常表现出营养不良，适时追肥可以补充树体营养的短期不足。追肥一般使用速效性化肥，追肥时期、种类和数量掌握不好，会给当年果树的生长、产量及品质带来严重的影响。

成龄树追肥主要考虑以下几个时期。

(1)催芽肥(又称花前肥)。为促进春梢生长、提高坐果率和枝梢抽生的整齐度、促进幼果发育和花芽分化、果树早期萌芽、开花、抽枝展叶等，都需要消耗大量的营养，树体处于消耗阶段，主要消耗上一年的储存营养。应在早春萌芽前1～2周追施速效性氮肥。

(2)花后肥(稳果肥)。5月上中旬为幼果生长和新梢生长期,需肥多,上一年的储存营养已经消耗殆尽,而新的光合产物还未大量形成。追肥除氮肥外,还应补充速效磷、钾肥,以提高坐果率,并使新梢充实健壮,促进花芽分化。

(3)果实膨大和花芽分化期追肥(壮果肥)。一般是在生理落果后至果实开始迅速膨大期追肥。以速效氮、速效钾为主,适量配合磷肥,以提高光合效能,促进养分积累,加速幼果膨大,提高产量和品质。仁果类、核果类果树部分新梢停止生长,花芽开始分化,及时追肥,为花芽分化供应充足的营养。这次追肥既保证当年产量,又为翌年结果打下基础,对克服大小年结果现象也有一定作用。

(4)壮果肥(果实膨大后期)。通常在果实迅速膨大、新梢第二次生长停止时施用,一般于7月进行。施肥的目的在于促进果实膨大、提高果实品质、充实新梢、促进花芽的继续分化。肥料种类以磷、钾肥为主。

(5)采后肥(果实生长后期肥)。通常称为还阳肥,为果实采收后的追肥。在果实开始着色至果实采收前后施。肥料种类以氮肥为主,并配以磷、钾肥。果树在生长期消耗大量营养以满足新的枝叶、根系、果实等的生长需要,故采收后应及早弥补其营养亏缺,以恢复树势,促进秋梢抽生培养健壮的结果母枝,为第二年丰产打下基础。还阳肥常在果实采收后立即施用,但对果实在秋季成熟的果树,还阳肥一般可结合基肥共同施用。

(三)施肥量

确定果树施肥量是一个复杂的问题,应综合考虑树种、品种、树龄、树势、结果量、肥料性质和土壤肥力等情况,并参考历年的施肥量来确定。一般柑橘、苹果、香蕉、葡萄等需肥较多,而菠萝、李、枣等需肥较少。幼树、旺树、结果少的树少施,成年大树、衰弱树、结果多的树多施。山地、沙地果园土壤贫瘠,保肥力弱,需多施。

(四)施肥方法

1. 土壤施肥

土壤施肥将肥料施在根系集中分布层,以利于根系向更深、更广扩展。土壤施肥是应用最普遍的施肥方法,果树基肥和大部分追肥均采用此法。生产上常用的施肥方法有环状沟施、放射状沟施、条沟施肥、穴状施肥等(见秋季实施项目二任务八秋施基肥)。

2. 根外追肥

(1)叶面追肥(叶面施肥)。将一定浓度的液肥喷施到叶片或枝条上的一种施肥方法。叶片吸收养分具有如下优点:

①可避免某些养分在土壤中固定和流失。

②不受树体营养中心(如顶端)优势的影响,营养可就近分配利用,故可使果树的中小枝和下部也得到营养。

③营养吸收和作用快,在缺素症矫正方面有时具有立竿见影的效果。

④简单易行,并可与喷施农药相结合。但由于叶面施肥肥效短,不能代替土壤施肥,只作土壤追肥的补充。

叶面喷肥在解决急需养分需求的方面最为有效,例如:在萌芽、枝梢生长期喷施尿素、磷酸二氢钾等可促进枝梢生长;在花期和幼果期喷施硼酸、磷酸二氢钾可减少落果,提高坐果率;在果实着色期喷施过磷酸钙可促进着色;在成花期喷施磷酸钾可促进花芽分化等。叶面喷肥在防治缺素症方面也具有独特的效果,特别是硼、镁、锌、铜、锰等元素的叶面喷肥的效果最明显(表2-7)。

表2-7 果树生产常见叶面施肥的肥料浓度

肥料名称	浓度/%	肥料名称	浓度/%
尿素	0.3~0.5	硝酸钾	0.5
硝酸铵	0.1~0.3	硼砂	1.0~0.20
硫酸铵	0.1~0.3	硼酸	0.1~0.5
磷酸铵	0.3~0.5	硫酸亚铁	0.1~0.4
腐熟人粪尿	5~10	硫酸锌	0.1~0.5
过磷酸钙	1~3	柠檬酸铁	0.1~0.2
硫酸钾	0.3~0.5	钼酸铵	0.3
草木灰	1~5	硫酸铜	0.01~0.02
磷酸二氢钾	0.2~0.3	硫酸镁	0.1~0.2

为提高叶面喷肥的效果,选择合适的喷施时间和部位非常重要。此外,应避免阴雨、低温或高温曝晒。一般选择在上午9时至11时和下午3时至5时喷施。喷施部位应选择幼嫩叶片和叶片背面,可以增进叶片对养分的吸收。

(2)强力树干注射施肥。利用器械持续高压将果树所需的肥料强行注入树体。强力树干注射施肥具有肥料利用率高、用肥量少、见效快、持效长、不污染环境的优点。此法目前多用于注射铁肥,以防治失绿症,注射时间以春季和秋季果实采收后效果最好。

(五)配方施肥(平衡施肥)

1. 平衡施肥的概念

平衡施肥是指用养分平衡法配方施肥,是依据作物需肥量与土壤供肥量之差来计算实现目标产量的施肥量的施肥方法。平衡施肥由目标产量、作物需肥量、土壤供肥量、肥料利用率、肥料中有效养分含量5个参数决定。

平衡施肥是联合国在全世界推行的先进农业技术,是农业农村部重点推广的农业技术项目之一。平衡施肥,就是在叶分析确定各种元素标准值的基础上,进行土壤分析,确定营养平衡配比方案,以满足作物均衡吸收各种营养,维持土壤肥力持续供应,实现高产、优质、高效生产目标的施肥技术,又称为做测土配方施肥。

平衡施肥技术包括以下内容:

(1)测土,取土样测定土壤养分含量。

(2)配方,经过对土壤的养分诊断,结合叶分析的标准值,按照果树需要的营养"开出药方、按方配药"。

(3)使营养元素与有机质载体结合,加工成颗粒缓释肥料。

(4)依据平衡肥的特点,合理施用。

2. 平衡施肥的目的

(1)果树在生长发育中需要几十种营养元素,每种元素都有各自的功能,不能相互代替,每种元素对作物同等重要,缺一不可。因此,施肥必须实现全营养。

(2)果树是多年生作物,一旦定植即在同一地方生长几年至几十年,不同的作物种类对各种元素的吸收利用能力不同,必然引起土壤中各种营养元素的不平衡,因此必须要通过施肥来调节营养的平衡关系。

(3)果树对肥料的利用遵循"最低养分律"。在全部营养元素中当某一种元素的含量低于标准值时,这一元素即成为果树发育的限制因子,其他元素再多也难以发挥作用,甚至产生毒害,只有补充这种缺乏的元素,才能达到施肥的效果。

(4)多年生的果树对肥料的需求是连续的、不间断的,不同树龄、不同土壤、不同树种对肥料的需求是有区别的。因此,不能千篇一律采用某种固定成分的肥料。

(5)目前果树施肥多凭经验施用,施量过少,达不到应有的增产效果;肥料用多了,不仅浪费,还污染土壤,果树的重茬和缺素症的重要原因之一是土壤营养元素的不平衡。即使施用复合肥,由于复合肥专一性差,也达不到平衡施肥的目的,传统的施肥带有很大的盲目性,难以实现科学施肥的效果。

3. 平衡施肥的好处

(1)平衡施肥可以有效提高化肥利用率。目前果树化肥利用率比较低,平均利用率在30%~40%。采用平衡施肥技术,一般可以提高化肥利用率10%~20%。

(2)平衡施肥可以降低农业生产成本。目前果树施肥往往过量施用,多次施用,不仅增加了成本,也影响了土壤的营养平衡,影响果树的持续性生产。采用平衡施肥技术,肥料利用率高,用量减少,施肥次数减少,平均每亩节约生产成本10%左右。

(3)平衡施肥可显著提高产量和品质,提高商品果率。据梨、苹果、桃、葡萄等果树的试验、示范,平衡施肥明显提高百叶重;增加单果重量,提高果实甜度和品味;果面光洁,一级果率显著增加。

(4)平衡施肥肥效平缓,不会刺激枝条旺长,使树体壮而不旺,利于花芽形成和克服大小年。

(5)平衡施肥可有效防治果树生理病害,提高果树抗性,增强果实的耐贮运性。

4. 平衡施肥的方法

(1)地力差减法。用目标产量减去空白产量,其差值就是通过施肥来获得的产量,计算公式:

$$肥料需要量 = \frac{作物单位养分吸收量 \times (目标产量 - 空白产量)}{肥料中养分含量 \times 肥料当季利用率}$$

地力差减法的优点是不用测试土壤,不考虑土壤养分状况,计算方便,误差小;缺点是空白产量不能现时得到,需要通过实验确定。

(2)氮、磷、钾比例法。通过田间试验得出氮、磷、钾的最适用量,然后计算出三者的比例关系。这样只确定一种肥料用量，就可按比例关系，决定其他肥料的用量。此法的优点是减少了工作量，容易掌握，方法简捷；缺点是受地区和时间、季节的局限。所以，应灵活掌握应用。

此外，还有养分平衡法、肥料效用函数法、养分中缺指标法等。这些方法用起来都需要一定的设备，且计算方案复杂。

5. 平衡施肥需注意的问题

（1）要有利于改善肥料的理化性状。如硝酸铵有吸湿结块的特性，把硝酸铵与氯化钾混合可生成硝酸铵和绿化铵，吸湿性减小；但如把硝酸铵与过磷酸钙混合会使吸湿性增强。

（2）要有利于发挥养分之间的促进作用。氮、磷混合后可相互促进，以磷增氮。根瘤菌肥和钼肥混合后，菌肥促使豆科作物根部结瘤；钼肥能提高根瘤菌的固氮能力，增产显著。

（3）要提高各种养分的有效性。过磷酸钙和有机肥混合，有机肥分解时产生的有机酸可分解难溶性磷，提高磷的有效性，并可减少磷与土壤的接触面，防止磷被土壤固定。石灰不能与过磷酸钙混合，因钙能使有效磷加速固定，使树体容易吸收的速效磷变为不可溶性磷。

（4）肥料混合后不发生养分损失。过磷酸钙与钼酸混合，反应后生成磷酸二氢钾，不会使氮挥发和磷素固定。草木灰、石灰与铵态氮，碳铵与镁磷肥不能混合，因为混合后会使氮素挥发。

三、水分管理技术

果园水分管理包括对果树进行合理灌水和及时排水两方面。果树不同物候期需水量不同。生产上结合土壤施肥，根据果树不同物候期进行灌水与控水。

(一) 灌水

果树需要灌水的关键时期为萌芽开花期、新梢萌发生长期、果实膨大期。此外，在秋冬干旱地区进行采果后灌水，对落叶果树越冬和翌春生长甚为有利。柑橘等常绿果树，采收后结合施肥进行灌水，有利于恢复树势，积累营养物质，促进花芽分化。

果树需要控水的主要时期为：在果实成熟采收前，若土壤不十分干旱不宜灌水，以免降低品质或引起裂果；常绿果树在秋季老熟后和花芽分化前适当控水，有利于促进花芽分化。

果园灌水应注意节约用水、减少土壤冲刷，便于操作机机械化作用的原则。常用的灌水方法有地面灌水、地下灌水、喷灌和滴灌。其中以滴灌最节水。

灌溉用水不得含有盐碱和受污染。早春气温较低，土温刚开始上升，根系活动敏感，灌水宜在中午水温较高时进行，以免因灌水降低地温，影响根系活动；夏季高温时，漫灌或沟灌宜在傍晚进行，以免地面积水过久，水温增高损伤根系。

(二)排水

地下水水位高的平地果园要降低地下水水位,在雨季果园要防止积水,否则影响果树生长和结果,甚至使其烂根死亡。

一般平地果园排水应做到园内"三沟"配套,排水入河。丘陵山地果园则应在做好水土保持工程的基础上,采用迂回排水,降低流速,防止土壤冲刷。对已受涝的果树,先排水抢救,树盘适当深翻或将根颈部分的土壤扒开晾根,促使根系尽早恢复功能。

任务实施

一、实训准备

(1)材料:多媒体教学设备及课件。
(2)用具:记录本、铅笔、挂图等。

二、实训内容

(1)调查实训基地果园土肥水管理中存在的问题,并制订一套解决措施。
(2)根据实训基地果树生长情况确定施肥方法,以及果树不同物候期需水量不同而调整灌水、排水,应充分考虑果树根系的分布、肥料种类、施肥时期和土壤性质等条件,最终形成土肥水管理方案。

三、实训汇报

分组阐述田间调查结果及制订的土肥水管理方案,需表达各组的观点和体会。

四、实训考核与评价

序号	考核重点	考核内容	分值
1	态度与任务	认真仔细,善于合作;按时保质地完成实训任务	20
2	能阐述出实训基地果园土肥水管理中存在问题	能采取正确方法调研,内容真实,有参考价值	35
3	能根据当地生态环境,制订适宜的土肥水管理方案	管理方案制订科学、可行性强	35
4	问题思考与答疑	在实训过程中勤于思考,积极答疑	10

课后练习

1. 如何根据不同树龄、肥料种类、施肥时期采用不同施肥方法?
2. 不同类型果园的土壤改良方法需要注意哪些方面?

知识拓展

果园穴贮肥水技术

果园穴贮肥水技术简单易行，投资少、见效大，具有节肥、节水的特点，一般可节肥30%，节水70%～90%；在土层较薄、无水浇条件的山丘地应用效果尤为显著，是干旱果园重要的抗旱、保水技术，具体技术如下：

(1)做草把。用玉米秸、麦秸或稻草等捆成直径15～25 cm、长30～35 cm的草把，草把要扎紧捆牢，然后放在5%～10%的尿素溶液中浸泡透。

(2)挖营养穴。在树冠投影边缘向内50～70 cm处挖深40 cm、确定直径比草把稍大的贮养穴(坑穴呈圆形围绕着树根)；依树冠大小确定贮养穴数量，冠径3.5～4 m，挖4个穴；冠径6 m，挖6～8个穴。

(3)埋草把。将草把立于穴中央，周围用混加有机肥的土填埋踩实(每穴5 kg土杂肥，混加150 g过磷酸钙、50～100 g尿素或复合肥)，并适量浇水，每穴覆盖地膜1.5～2 m²，地膜边缘用土压严，中央正对草把上端穿一小孔，用石块或土堵住，以便将来追肥浇水。

一般在花后(5月中上旬)、新梢停止生长期(6月中旬)和采果后3个时期，每穴追肥50～100 g尿素或复合肥，将肥料放于草把顶端，随即浇水3.5 kg左右；进入雨季，即可将地膜撤除，使穴内贮存雨水；一般贮养穴可维持2～3年，草把应每年换一次，发现地膜损坏后应及时更换，再次设置贮养穴时改换位置，逐渐实现全园改良。

任务五 病虫害防治

任务引入

病虫害在果树种植中是一个极为常见的问题，同时也是一个很严重的问题，对果树的健康发育有着不同程度的损害，严重时甚至会扼杀果树的生命。对夏季校园内果园病虫害发生种类进行调查，选择病虫发生严重的果树制订防治方案。

果树病虫害综合防控技术　　果树常见病害防治技术　　果树常见虫害防治技术

知识准备

一、果树病虫害防治的原则

果树病虫害防治的原则是"预防为主、综合防治"。

预防为主：就是根据果树病虫害发生的预测预报，在未造成灾害性损失之前，采取预防措施，对果树实施保护，"治早、治小、治了"。这一点对于果树病害的防治尤为重要，也就是治病不如防病。果农缺少的正是这种理念，他们往往在病害大发生之后才四处求医问药，殊不知病害发展到一定程度，就是神医也往往不能"妙手回春"。

综合防治的基本概念：从生物与环境的整体出发，本着预防为主的指导思想和安全、有效、经济、简易的原则，因地因时制宜，合理应用农业的、物理的、生物的、化学的方法及其他生态学手段，把果树病虫害控制在不足以产生危害的水平，达到保护人畜健康和增加生产的目的。综合防治立足于生态的环境友好的技术措施，强调各种防治措施之间的相互协调。

二、果树病虫害的主要防治方法

果树病虫害防治的主要方法有农业的、物理的、生物的、化学的方法及其他生态学的方法。

（一）果树病虫害的农业防治

果树病虫害的农业防治就是指运用常规的农业栽培管理技术措施，抑制或消灭病虫害的发生和危害。这是一条切实可行、经济有效的防治措施。主要措施如下：

（1）选择抗病虫的品种进行栽植。如大梨、寒红梨比苹果梨、南果梨抗梨黑星病。

（2）深翻和改良土壤。可以将越冬的蛹、茧和成虫埋入深土中或翻到土壤表面，使其受到气象因子的剧烈变化而死亡。深翻也可以把病菌埋入土中，从而改变氧气的供应，使好氧细菌、真菌难以存活，对苹果花腐病等病害起到防治作用。

（3）合理施肥、灌水，保持果树的健壮树势，可以提高其抗病能力。如苹果腐烂病属于衰弱病，在树势健壮时很少发生。

（4）做好清园工作。在秋末收集枯枝落叶，集中烧毁，可以减少越冬病原菌基数，减轻来年发生病害的程度。人工摘除梨大食心虫、梨象甲危害的虫果和梨卷叶象甲危害的叶卷，集中销毁，也可以有效降低害虫的基数，减少用药次数。

（5）果实套袋。在果实生长初期进行套袋，可以避免食心虫的危害，减少喷洒农药的次数，降低果实内的农药残留，是生产绿色果品的主要措施之一。

（二）果树病虫害的物理防治

物理防治就是利用光、热等因素和一些简单的器械防治果树病虫

挂黄板

害的发生。主要措施如下：

（1）诱杀。利用害虫的某些趋性，用黑光灯或糖醋液诱杀蛾类、金龟子等，用黄板诱杀蚜虫。有些害虫，如梨小食心虫、梨星毛虫等，它们有在果树主干粗皮裂缝中越冬的习性，因此，在冬季来临前，在主干上捆草把或包扎布片，诱集害虫，然后集中消灭，可以有效地降低越冬虫口基数。

（2）阻隔。人为设置障碍，防止成虫或幼虫的扩散、迁移，常常能获得较好的防治效果，如早春在树干基部或主枝叉角处涂上带药的粘虫带，可以杀死往树上爬的草履蚧、山楂红蜘蛛等。

（三）果树病虫害的生物防治

生物防治就是利用有益生物或生物制剂防治果树病虫害的方法。生物防治具有持久性、安全性，而且害虫等不会产生抗性。主要措施如下：

（1）以虫治虫。用赤眼蜂防治苹小食心虫，用线虫防治桃小食心虫，用西方盲走螨、虚伪钝绥螨防治山楂红蜘蛛和苹果红蜘蛛等。

（2）以菌治虫。用苏云金杆菌、白僵菌等防治桃小食心虫、苹果卷叶蛾等。

（3）以菌治病。用内疗素等防治苹果腐烂病。

（4）以鸟治虫。保护害虫的天敌，包括益鸟。啄木鸟对控制蛀干类害虫非常有效。

（5）昆虫性外激素的应用。利用性诱芯做成诱捕器，可以杀死梨小食心虫、桃小食心虫、苹果小卷叶蛾等害虫。利用性迷向法，向果园释放大量的性外激素，破坏雌雄虫之间正常的信息联系，雄虫找不到雌虫，不能进行交配，降低了下一代的虫口数量。

（四）果树病虫害化学防治

化学防治也就是药剂防治，它的特点是方法简便、效果明显，适宜大面积防治，也是目前果树病虫害防治的主要手段。在病虫害大发生之前，或是已经大量发生危害的时候，化学药剂一般都可以及时取得显著的效果。同时，化学药剂可以进行工业化生产，能做到及时供应，它与生物防治相比较，受到地域性和季节性的制约要小得多。但是当前果树病虫害化学防治存在的问题如下：

（1）一是不了解病虫害发生的时期而盲目用药，如防治桃小食心虫在开花前后打药，根本起不到防治的效果。

（2）随意加大浓度，配药时不用带有刻度的容器量取，而是随意加几瓶盖，每年都发生因为用药浓度过大而造成果树产生药害的现象。

（3）多种农药盲目混配，现在很多农药本身已经是复配制剂，而且添加了增效剂，没有必要再采用多种农药混合。

（4）不注意喷药质量。喷洒农药应该注意着重的部位，如防治梨黑星病要在叶片背面用药，防治食心虫则要尽量喷到果面上。

三、果树病虫害防治的注意事项

(一)植物检疫及其意义

植物检疫是国家为了防止农作物病虫草害随同农产品扩散而传播的一整套措施,它是限制人为传播病虫草害的根本措施。危害局部地区的病虫害,可以通过国内、外贸易往来,随着种子、接穗、苗木、农产品和包装物等而传播开来,如苹果锈果病、花叶病、苹果小吉丁虫、梨圆介壳虫等都是靠这种途径传播的。

已知对外检疫的对象有桃小食心虫、苹小食心虫、苹果食蝇、地中海实蝇、葡萄根瘤蚜、美国白蛾等;对内的检疫对象有:苹果小几丁虫、苹果绵蚜、苹果蠹蛾、葡萄根瘤蚜等。我们在进行果树栽培时应注意培育无病虫的接穗和苗木,消灭或封锁局部地区危险的病虫,防止它们的传播和蔓延。对调运的接穗和苗木实行检疫,可以确保果树产业稳步健康地发展。

(二)做好果树病虫害发生的预测预报

为了有效地开展果树病虫害的防治工作,首要的工作就是了解"敌情",只有掌握了果树病虫害的症状和发病规律,才有可能做到有的放矢,对症下药。果树病虫害的预测预报就是根据病虫害的生活习性和发生规律,分析其发生趋势,预先推测出防治的有利时机,及时采取有效的防治措施,达到控制病虫危害和保护果树的目的。只有搞好病虫害的预测预报,才能掌握防治工作的主动权,减少打药次数,降低成本,提高防治效果。

(三)果树病虫害防治的抗药性

从昆虫、细菌、真菌的遗传变异角度来看,长期使用一种农药,必然会使它们产生耐药的个体,而这些个体繁殖的后代就表现为较强的抗药性。抗药性产生的早晚和害虫、病菌的种类以及连续用药次数有关。

要避免果树病虫害产生抗药性,须做到以下几点:(1)必须大力开展综合防治,克服过分单纯依靠农药的思想,减少喷药次数。(2)把作用机制不同的农药交替轮换使用,如有机磷农药和除虫菊酯类杀虫剂交替使用。(3)提倡农药和增效剂混合,在农药中加入抑制、分解昆虫体内某些酶活性的增效剂,也是防止害虫产生抗药性的重要途径。

(四)制订果树病虫害综合防治方案的依据

(1)找出关键性病虫害。所谓关键性病虫害,是指造成经济损失的病虫害,而不是指种群数量的多少,如在一个苹果园中,以叶液为食的蚜虫远比蛀果的蛾类幼虫数量多,但由于蛾类幼虫直接危害果品,因而成为关键的病虫害。

(2)分析找出对果树病虫害有冲击作用的关键性环境因素。提出保护和利用天敌的关键性措施。

(3)找出关键性病虫害生活中的薄弱环节,有针对性地制订防治措施。

(五)如何做好果树病虫害的防治工作

(1)协同作战,联防联治。通过协会等合作组织把分散的一家一户的果农联合起来,在果树病虫害的防治上采取统一行动,统一用药,统一技术标准,防止害虫的迁徙。

(2)做好病虫测报,掌握防治的有利时机。

(3)贯彻预防为主,加强综合防治。在防治策略上,狠抓前期防治,压低虫口基数,夺取全年防治主动权。

(4)及时准确用药,保证质量。药液要喷得周到细致,内膛外围、叶背叶面、上部下部、枝叶均不漏。药液浓度和药量要合适,不可随意增加。

任务实施

一、实训准备

(1)材料:桃缩叶病、梨锈病、葡萄霜霉病等果树常见病害新鲜标本、浸制标本、干制标本;鳞翅目、鞘翅目、半翅目等果树常见虫害新鲜标本、浸制标本、干制标本。

(2)用具:记录本、铅笔、皮卷尺或米尺、体视显微镜、放大镜、镊子、培养皿、试管、广口瓶、三角袋、挂图等。

二、实训内容

1. 识别果树主要病害

果树常见病害病原分类见表2-8,果树常见虫害、害螨分类见表2-9。

表2-8 果树常见病害病原分类

序号	果树病害类型	病原	常见病害
1	侵染性病害	真菌性病害	柑橘炭疽病、葡萄霜霉病、梨锈病等
		细菌性病害	桃细菌性穿孔病、柑橘溃疡病等
		病毒类病害	梨环纹花叶病毒病、苹果锈果病等
		病原线虫病	苹果根结线虫病等
2	非侵染性病害	营养失调性病害	番茄裂果、缩果病等
		水分失调性病害	沤根、萎蔫等
		极端温度型病害	日烧病、霜冻害等
		植物中毒性病害	酸雨、氨气等

表2-9 果树常见虫害、害螨分类

序号	纲	目	常见虫害种类
1	蛛形纲	蜱螨目	全爪螨、锈螨等
2	昆虫纲	鞘翅目	叶甲、天牛、金龟甲、吉丁甲等

续表

序号	纲	目	常见虫害种类
2	昆虫纲	双翅目	柑橘大、小食蝇，柑橘花蕾蛆等
		同翅目	黑刺粉虱、柑橘木虱、二叉蚜、桃蚜、白蛾蜡蝉、吹绵蚧、矢尖蚧等
		半翅目	角肩蝽等
		鳞翅目	玉带凤蝶、柑橘凤蝶、潜叶蛾、卷叶蛾、吸果夜蛾、尺蛾、蛀果蛾等
		直翅目	螽斯、蟋蟀等

2. 制订果园调查方案，并实施果园病虫害调查，进行数据统计

果园病害及虫害种类调查记载表见表 2-10、表 2-11。

表 2-10 果园病害种类调查记载表

序号	调查日期	地点	果树品种	病害名称	调查总叶数	病叶数	备注
1							
2							

表 2-11 果园虫害种类调查记载表

序号	调查日期	地点	果树品种	虫害种类名称	调查株数/叶数	每 667m² 虫量	被害株/叶数	被害株/叶率	备注
1									
2									

3. 实训建议与方法

(1)根据田间调查结果，查对防治指标，进行防治决策，制订综合防治方案。
(2)采取相应措施实施综合防治，调查防治效果，写出调查报告。

三、实训汇报

分组阐述田间调查结果，对防治效果进行分析，有自己的观点和体会。

四、实训考核与评价

序号	考核重点	考核内容	分值
1	态度与任务	认真仔细，善于合作；按时保质地完成实训任务	20
2	果园病虫害识别	能正确识别出当地各类果树病虫害	15
3	能正确调查果园病虫田间发生情况	能采取正确方法实地调查，数据记录正确、完整	15
4	能根据当地果园病虫发生规律制订综合防治方案	防治方案制订科学、可行性强	20

续表

序号	考核重点	考核内容	分值
5	能正确组织实施防治果树病虫的各项操作，并进行防治效果调查，撰写防治总结	防治操作规范、熟练；防治总结完成认真，内容真实，有参考价值	20
6	问题思考与答疑	在实训过程中勤于思考，积极答疑	10

课后练习

1. 果树综合防治方法包括哪些？
2. 简述当地果园主要病虫害发生概况。

知识拓展

果树生产中禁止和限制使用的农药见表 2-12。

表 2-12 果树生产中禁止和限制使用的农药

序号	范围	农药名称
1	国家明令禁止在农业上使用的农药	六六六（HCH）、滴滴涕（DDT）、毒杀芬、二溴氯丙烷、杀虫脒、二溴乙烷、除草醚、艾氏剂、狄氏剂、汞制剂、砷、铅类、敌枯双、氟乙酰胺、甘氟、毒鼠强、氟乙酸钠、毒鼠硅、苯线磷、地虫硫磷、甲基硫环磷、磷化钙、磷化镁、磷化锌、硫线磷、蝇毒磷、治螟磷、特丁硫磷、福美胂、福美甲胂、甲胺磷、甲基对硫磷、对硫磷、久效磷、磷胺、氯磺隆、胺苯磺隆、胺苯磺隆复配制剂、甲磺隆、甲磺隆复配制剂、百草枯、硫丹
2	在果树上不得使用和限制使用的农药	甲拌磷、甲基异柳磷、治螟磷、内吸磷、克百威、涕灭威、灭线磷、硫环磷、蝇毒磷、地虫硫磷、氯唑磷、苯线磷、杀扑磷、氧乐果、水胺硫磷、灭多威、硫线磷、乙酰甲胺磷、丁硫克百威、乐果

任务六　夏季修剪

任务引入

夏季修剪是在果树生长季节进行，通过疏梢、摘心等方法调节枝势，控制枝条生长量与数量，改善光照条件，促进枝条成熟与花芽分化。请设计实训基地果树整形修剪方案，并根据方案完成夏季修剪任务。

果树整形修剪技术

果树夏季修剪技术

知识准备

果树的整形修剪是在果园土肥水管理、病虫防治及花果管理的基础上进行的一项重要栽培技术措施，对果树的结果早晚、产量高低、品质好坏及经济寿命、管理难度等有多方面的影响。

果树的整形修剪是包括整形（枝）和修剪（枝）两个部分。整形是通过修剪，把果树树体建成某种树形，如自然开心形、自然圆头形、主干分层形、篱架形等。修剪是通过一些外科手术或者化学药剂（如生长调节剂等），对树体上的枝与梢进行调节，以维持树体形状、调节果树生长与结果平衡的重要技术措施与方法。幼树以整形为主，也称为成形修剪；结果树以促进或维持结果修剪为主，也称为促进修剪或维持修剪。通过整形修剪，可控制树冠大小，调节树体结构与枝梢密度，能较好地改善通风透光条件，调控生长和结果的矛盾，提高果品产量与品质。

修剪上应用的技术除整枝、剪枝两种主要操作外，还有摘心、除芽、除萌、剪梢、刻伤、环状剥皮等许多技术操作。

一、整形修剪的原则

整形的基本原则："因树修剪，随枝作形，有形不死，无形不乱。"整形中应做到"长远规划，全面安排，平衡树势，主从分明"。既要重视树形基本骨架的建造，又要根据具体情况随枝就势诱导成形；既要重视早结果，早丰产，又要重视树体骨架的牢固性和后期丰产，做到整形结果两不误。

修剪的原则：以轻为主，轻重结合；平衡树势，从属分明。尽可能减少修剪量，减轻修剪对果树整体的抑制作用，尤其是幼树，适当轻剪，有利于扩大树冠，增加枝量，缓和树势，达到早结果、早丰产的目的。但是修剪量过轻，会减少分枝和长枝比例，不利于整形，骨干枝不牢固。同时注意，保持各级骨干枝及同级间生长势的均衡，做到树势均衡，从属分明，才能建成稳定的结构，为丰产、优质打下基础。

二、整形技术

当前我国在生产上常用的树形如下：仁果类常用疏散分层形，核果类常用自然开心形，柑橘、荔枝、龙眼、杧果等常用自然圆头形，藤蔓性果树常用棚架形和篱架形。各地应根据当地自然条件，果树的种类和品种，总结各类高产、稳产、优质树形的经验，结合栽培制度，灵活掌握果树的树形（图 2-42）。

三、整形方法

1. 定干（干高一般为 50~90 cm）

主干：地面至第一层主枝之间的树干部分。干高对树体影响很大。

高干：根、冠间距大，便于地下管理，下部通透性好。但是树冠成形晚、体积小、干的无效消耗增多，易上墙，过高增加树上管理难度。

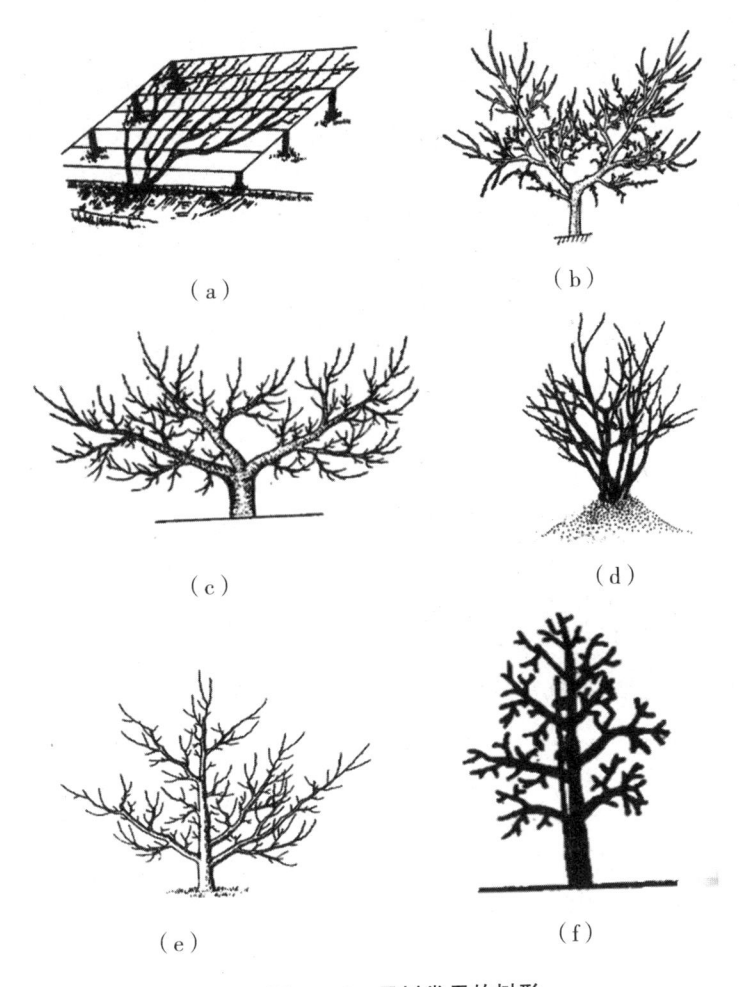

图 2-42 果树常用的树形
(a)棚架形；(b)Y 字形；(c)自然开心形；(d)丛状形；(e)疏散分层形；(f)纺锤形

矮干：成形快，冠体积大，生长势强，早期丰产，便于树冠管理。但是易下墙，不利于地下管理，结果易下垂托地，通风不良，下部难以生产优质果。

干高的确定应具体分析：

(1)树种品种。干性强，树性直立，枝条硬，干可以矮些；树形开张，枝条软垂的，干宜高些。

(2)栽植密度及整形方式。稀植大冠宜矮，矮化密植宜高，疏散分层形宜矮，自然开心形、纺锤形宜高，三挺身形宜矮。

(3)主枝角度。角度大，干宜高。角度小，干宜矮。

(4)气候。大陆性气候，高纬度，宜矮；海洋性气候，低纬度，可高。

(5)立地条件。山地、丘陵地、贫瘠土壤、高海拔干宜矮；平地、低洼地、肥沃土壤、低海拔干宜高。

2. 培养主枝

骨干枝构成树冠的骨架，担负着树冠扩大，水分、养分运输和负载果实的任务。

骨干枝为非生产性枝条，因此在能占满空间的条件下，骨干枝越少越好，级次越低越好。主干抽梢后，从萌发的侧枝中选留方向分布尽可能均匀且长势相当的3~5个枝条作主枝，其余抹除。各主枝间距10~15 cm，主枝与树干的夹角为45°~70°。

3. 培养副主枝

当主枝伸长至60~70 cm，在40~50 cm处短截，促进主枝抽生分枝，在各主枝选留2~3条长势相当的分枝，其中两条作副主枝（二级枝），一条作为延续枝，待延续枝伸长50~60 cm时再留第二层副主枝。如此法留第三层、第四层分枝。副主枝与主枝的夹角应大于45°。

4. 辅养枝及其处理

保留辅养枝能够促进全树生长，起到平衡树势、增加树冠有效容积、早形成早丰产的作用。

枝组：着生在骨干枝上的基本结果单位。由副主枝抽生的枝条发展而来，由两个以上的结果枝和营养枝组成。

一般经过3~4年的整形修剪，可培养成主枝3~4条、副主枝12~15条、枝条从属关系明显、枝叶繁多的树冠。

四、修剪时期

果树修剪依时期不同可分为冬期修剪与夏期修剪，即休眠期修剪和生长期修剪。

（1）冬期修剪。冬期修剪如梨、桃、葡萄等落叶果树，自秋冬到早春落叶萌芽前休眠期进行，又称为休眠期修剪。休眠期树体养分回流到根系，因此修剪损失养分很少，所以大量修剪（剪、锯）都是在冬季进行，需要注意的是，核桃树的修剪是在春秋两季进行的，即春季萌芽以后和秋季落叶前进行，一般不进行冬剪（因冬剪引起伤流导致死树）。冬剪的主要目的是疏除病虫枝、密生枝，培养骨干枝，平衡树势，调整从属关系，培养结果枝组，控制辅养枝，调整花枝比例改善光照。

（2）夏期修剪。夏期修剪是在生长期进行，又称生长期修剪。主要目的是开角度，调整生长与结果的关系是控制旺长，改善光照，提高品质，关键修剪常用摘心、剪梢、拿枝、扭梢、环剥、环割等伤变技术。

夏期修剪会剪去有叶的枝，对果树生长影响较大，因此尽量从轻，以免妨碍树体的生长过甚，延缓生长期，多发副梢，引起各种不利，如梨易引起黑心病，桃易发生穿孔病或流胶等。

🧰 任务实施

一、实训准备

（1）材料：柑橘、桃和葡萄等植株。

(2)用具：修枝剪、手锯、高枝剪、高凳、高梯、环割刀、弯曲器等。

二、实训内容

1. 柑橘的夏季修剪方法

(1)开张角度。利用拉、撑、坠、压等方法，加大主枝、侧枝角度。可缓和树势，扩大树冠，有利于树冠内部通风透光及枝组形成，提高坐果率，增进果实色泽和品质，促进花芽形成。多在萌芽后进行。

(2)疏芽。在5月底夏梢开始萌发至2～3 cm时，按"三除一，五除二"进行疏芽。

(3)摘心。6—7月，夏梢生长至30 cm时，进行打顶摘心，促发二次梢。

(4)疏枝。柑橘第二次生理落果一般在6月中下旬结束，树势强的要延续到7月上旬结束，应在7月中下旬疏删树膛密枝和病虫枝，短截交叉枝，回缩衰弱枝组，每树剪口30～50个，以促发大量秋梢，供明年结果。

(5)疏果。7月上旬，根据树体营养，按合理叶果比，即甜橙(40～50)：1，脐橙(50～60)：1，温柑(25～35)：1，椪柑(60～70)：1，南丰蜜橘(20～30)：1进行疏果，控制合理挂果量。

2. 桃的夏季修剪方法

(1)抹芽。萌芽后到新梢生长初期抹除剪锯口丛生梢及枝干上无用嫩梢。对整形期幼树在骨干枝上选留方向和开张角度适当的新梢作延长枝。

(2)摘心。在新梢迅速生长期进行。主侧枝延长梢在40～50 cm时摘心，可促发副梢，选其方向、角度适宜的作延长枝以加速整形。对未发副梢的竞争枝也应进行摘心，已发副梢的竞争枝可留1～2个副梢剪截。内膛无用直立旺枝在有空间时可摘心或留1～2弱副梢剪截。

(3)剪截。在副梢大量发生时进行。为加大骨干枝的角度，可利用延长枝背下的副梢换头。在新梢缓慢生长期(7月下旬至8月中旬)对徒长性果枝和强旺枝进行剪截，可控制其生长。一般剪去未木质化部分。

(4)疏枝。在生长期间对内膛无用的直立旺梢、过密和纤弱枝，可结合夏季疏除，以利于通风透光。

3. 葡萄的夏季修剪方法

(1)抹芽疏枝。葡萄嫩梢长到5～10 cm时，可将多年生枝干及根干上发出的隐芽枝和多余生长枝抹去，同一芽眼中发出2个以上嫩梢，则选留最健壮的主梢。

新梢长到15～20 cm时，可进行疏枝、定枝工作。一般立架每隔10～15 cm留1个新梢，棚架每平方米留15～20个新梢。原则上是留结果枝、去生长枝，留壮枝去弱枝。短梢或枝组上，则留下位枝去上位枝。

(2)摘心。结果枝于花前5～6 d至始花期之间，花序以上留7～8片叶摘心较为适宜，发育枝留10～12片叶摘心。

(3)副梢处理。结果枝在花序以下各节萌发的副梢，全部疏去。花序以上各节萌发的副梢，每次留1叶反复摘心后，在4次副梢处全部摘除，只留3次副梢的1个叶片。另一种处理方法是结果枝顶端留1副梢,在7月一次摘除;也可留6~7片叶摘心,连对发生的二、三、四次副梢同样摘心,7月最后摘去4次副梢。对生长较弱冬芽不易萌发的品种,除保留顶端1~2个副梢、在2~3节处摘心外,全部疏除副梢,以节省人工。

发育枝在5节以下萌发的副梢,全部疏去,5节以上的副梢,也留1叶摘心,处理同结果枝。

(4)疏花序及掐花序尖。根据树势及结果枝的强弱适当疏去部分过多花序,可使生长与结果得到平衡。在开花前一周左右将花序顶端掐去其全长的1/4或1/5左右,可以促进果粒的发育,保证果穗紧凑。

(5)除卷须与新梢引缚。除卷须可节约养分,避免卷须木质化后给管理工作造成不便。新梢长到40 cm左右即需在架面上进行引缚。棚架上可引缚30%左右的新梢,其余使直立生长。

(6)留萌蘖。老树需要更新时,应有计划地在多年生枝干或根干上选留一定数量的萌蘖,以作更新时的预备枝。

4. 实训建议

(1)教师先示范演练,学生反复练习,教师巡回指导,最后单独考核。

(2)本实训可根据具体情况分次选用适合于当地的夏季修剪项目。

三、实训汇报

分组阐述目标果树整形修剪的方法及使用该方法的原因,汇报实训组织和开展情况。

四、实训考核与评价

序号	考核重点	考核内容	分值
1	态度与任务	认真仔细,善于合作;按时保质地完成实训任务	20
2	能根据果树种类选择适宜的整形修剪方法	方法选择正确、科学、可行性强	30
3	能正确使用工具进行整形修剪	操作规范、熟练	40
4	问题思考与答疑	在实训过程中勤于思考,积极答疑	10

课后练习

1. 阐述果树整形修剪的方法。
2. 阐述目标果树的夏季修剪操作规程,总结其要点及效应,有自己的观点和体会。

知识拓展

枣树的环剥技术

枣树树干环剥也称"开甲"或"枷树",即在盛花初期或花后落果高峰前环剥树干,切断韧皮部，阻止光合产物向根部输送，调节树体营养向花和果实分配及运转，提高坐果率。山东枣庄的长红枣区和河北的金丝小枣区，都把环剥作为枣树花期管理的一项重要工作。山东沾化和河北黄骅等地的冬枣密植园，也采用花期环剥技术，定植第3年即大量结果，形成一定产量。

环剥时期因不同品种的枣的坐果习性不同而不同。对坐果难的品种，环剥时期掌握在盛花初期，即全树大部分结果枝已开花4～6朵、头蓬花（每个花序的第一朵花）盛开期。此期环剥可促使头蓬花坐果。其环剥时间过早，则花朵开放少，降低产量；若环剥时间过晚，则花的质量差，且果实发育和成熟时间相应推迟，中、晚熟品种会因果实生长期不足导致成熟不充分。盛花初期环剥，可提高果实品质，但如果此期的气温较低，达不到所栽品种花朵坐果的温度要求，则只能推迟环剥时间，放弃高质量的头蓬果，以稳定产量。对坐果易但幼果脱落严重、坐果不稳的品种，环剥期宜选在盛花末期、幼果落果高峰前3～4 d，目的是减轻落果，如山东聊城和济阳等地的圆铃枣，在6月下旬落果高峰前环剥，坐果率提高0.5～2倍，产量提高0.3～1倍；幼龄枣树开始环剥的时间不宜过早，当树高达到3 m以上、冠径达到2 m以上、干径达到5 cm以上、全树二年生以上的结果母枝数量达到300个以上时，才可开始环剥。如果幼树环剥过早，影响树体生长发育，产量低，果实品质也差。

枣树环剥一般在树干上进行。幼树第1次环剥从距地面25 cm左右处开始，以后每年上移3～5 cm，直到接近第1主枝时，再从下而上重复进行。对营养生长过旺而不易坐果的品种，如普通金丝小枣、无核小枣、冬枣、灰枣等，必须连年进行环剥。密植栽培时，为使幼树提早结果，除环剥树干外，还可对部分主枝进行环剥。但环剥口不宜过宽。环剥时，先用专用的钩子或刮刀刮去环剥部位坚硬的一圈老树皮，露出暗白色的韧皮组织，再用锋利的环剥刀尖，按照环剥宽度细心切割2周，仔细取下切断的韧皮组织，不要伤到木质部。切口上缘要平直，下缘向外稍倾斜，以防积水。环剥口必须连接成闭合的环形（金丝小枣产区的枣农常说，隔丝不挂枣），否则影响环剥效果。环剥宽度应根据树龄和树势灵活掌握。树势中等的成龄树剥口宽度5～7 mm；偏旺的树剥口宽度7～8 mm；幼龄树剥口宽度3～4 mm；树势弱者不剥。若环剥口过窄，愈合过早，幼果尚未进入硬核期，仍会产生落果，达不到环剥目的；相反，若环剥口过宽，愈合迟或不能完全愈合，会造成树体衰弱，果小质劣，甚至会引起叶片早落进而死树。一般以环剥后25～40 d剥口能完全愈合为宜。如因环剥口过窄愈合过早，可在愈合之前，用麻线或细铁丝等物在愈合组织上轻轻拉搓，形成一道细细的环状伤口，以延缓完全愈合。有时候环剥口迟迟不愈合，其原因除环剥口过宽、伤及木质部外，环剥口遭受食皮螟（灰暗斑螟）蛀食也是一个原因。防治食皮螟可在环剥后1周，向环剥口连续喷涂两次25%的灭幼脲3号100倍液，两次间隔10 d左右。如出现伤口愈合过慢，可用湿泥将伤口抹平，并用地膜包裹保湿，以促进愈合。

任务七 果实采收及采后处理

📋 任务引入

某农户种植有10亩柑橘树,今年已到结果期。果农缺乏采收经验,请学生对果农进行采收及采后处理知识培训。

果实采收及采后处理技术

⌨ 知识准备

果实采收是果园管理的最后一个环节,如果采收不当,不仅降低产量,而且影响果实的耐藏性和产品质量,甚至影响来年的产量。因此,必须对采收工作给予足够重视,提前拟订好采收计划和做好相应的准备工作。

一、确定适宜的采收期

若果实采收过早,则产量低,品质差,耐贮性降低;若采收过晚,则消耗树体贮藏养分,影响来年开花结果,同时,果肉硬度下降,不耐贮运。因此,确定果实成熟度,适时采收,才能获得质量好、产量高和耐贮运的果品。

(一)成熟度

果实的成熟度,根据果实用途不同可分为可采成熟度、食用成熟度和生理成熟度。

1. 可采成熟度

指果实已充分长大,但尚未充分表现出应有的风味,肉质较硬,耐贮运。其适用于罐藏、蜜饯或需经后熟的鲜食种类的采收。

2. 食用成熟度

指果实已经表现出该品种应有的色、香、味,采下即可食用。其适宜于当地销售,不适宜长途运输或长期贮藏;制果汁、果酒、果酱的果实也要在达到食用成熟度时采收。

3. 生理成熟度

指果实在生理上充分成熟,不同类果实在生理成熟期果实表现不同。大部分果实果肉化学成分的水解作用增强,风味变淡,营养价值下降,而种子充分成熟。一般供采种或以种子供食用的果实(如仁用杏、核桃等)在这时采收。

(二)判断果实成熟度的方法

判断成熟度常以果皮色泽、果肉硬度、含糖量、果实脱落难易、糖酸比、果实生长天数等为标准。对成熟期不一致的种类(如桃、枇杷、草莓、杨梅等)要分期采收。有些柑橘品种可以延迟采收以延长供应期,称为树贮。

二、采收方法

果实采收主要方法有人工采收和机械采收两种。

(一)人工采收

为避免果实受伤后腐烂变质,鲜食水果及果柄与果枝容易分离的仁果类和核果类果实采收,多用手工采摘。

采收过程中应避免指甲伤、碰擦伤和压伤等机械伤害。果实采收时应保留果柄,无果柄果实不仅降低果品等级,而且不耐贮藏。果柄与果实结合较牢的柑橘、葡萄等宜用采果剪将果实或果穗剪下;香蕉、菠萝可用刀切;板栗、核桃等干果可用竹竿从树冠内向外顺枝打落捡拾。采果时防止折断果枝、大枝,碰掉花芽和叶芽,以免影响第二年的产量。

(二)机械采收

国外对某些果树采取机械(图2-43)采收,主要有振动法、台式机械和地面拾果机3种方法。

图2-43 采果机械
(a)示意一;(b)示意二

机械采果能显著降低劳动强度和提高工作效率。干果或加工用鲜果多用机械采收,如柑橘、苹果、樱桃、李、杏等可用振动法。采前先喷布松果剂(如乙烯利等),促使果柄离层处松动;采收时用采收器械夹住树干或一级主枝,通过振动作用将果实振落。树下有接果架接收落下的果实,并通过输送装置送至果箱。干果类果实振落或自然脱落后用机器从地面拾取。树莓、越橘及加工用葡萄使用跨行门式联合采收机,草莓使用草莓联合采收机。

三、采后处理

果实采后处理流程:采果→预冷→选果、分级→洗果→晾干→包装→烘干→上蜡→贮藏→销售。

(一)果实预冷

果实采后及时预冷可以显著降低果实的呼吸强度，减少水分蒸发和贮藏运输过程中病害的发生，有效地延长果实的贮藏保鲜期。最原始的预冷方法是采后将果实在背阴处放置一段时间进行自然降温，这种预冷方式降温速度很慢。进行大量人工或机械预冷的主要方法有低温预冷、冰水预冷和真空快速预冷等。

(二)分级

果实的分级标准因种类、品种不同而异。我国目前一般是在果形、新鲜度、颜色、品质、病虫害和机械伤等方面已符合要求的基础上，再按大小进行分级，即根据果实的最大横径，区分为若干等级。目前商品果的分级常常是根据果品经销商要求的标准进行。果实的分级方法主要有人工分级和机械分级两种。

(三)包装

包装容器主要有纸箱、钙塑箱、果筐、木箱等。目前常用的纸箱有两种，一种是用稻、麦草为原料；另一种是用木材纤维为原料加工而成。其类型和规格应根据使用和销售对象、市场要求设计定做。冷藏、远途运输及出口可用后者，但应注意，出口果箱应注意黏合剂要符合出口要求。外销包装的纸箱由纸盒、纸格、纸板等组成。根据不同品种果实大小、等级选择不同规格的纸箱，如莱阳慈梨、苹果梨、鸭梨等用箱规格是长、宽、高为 46 cm×30 cm×30 cm，可装 15 kg。包装应在冷凉的环境条件下进行，避免风吹日晒和雨淋。装箱时，先放好底层纸板和纸格。每果用专用包果纸包好，内盒中央向四周循序装入，一格一果，装满一层，盖一纸板，依次装满，装满后过磅；简易包装时，将梨果用专用保鲜袋(请注意使用说明)铺展于箱内，将梨果用专用包装纸逐个包紧，由纸箱底外围向内一层一层整个装满。纸箱最底和最上各用一块纸板填充，最后封箱，注明品种、等级、净重、产地和单位标签。现在市场上多用塑料泡沫网套包果，还有在包装箱中用凹穴的泡沫塑料垫板装果，不加套，也不包纸，包装手续简便，便于机械化操作。进行包装和装卸时，应轻拿轻放，避免机械损伤。在包装外面注明产品商标、品名、等级、规格、重量、粒数、产地、特定标志、包装日期等内容。

任务实施

一、实训准备

(1)材料：采收期的柑橘树若干株。
(2)用具：采果剪、手套、果箱等。

二、实训内容

1. 采收前准备

(1)采摘人员事先应剪平指甲,并戴手套采果,以免刺伤果实。
(2)采收前15 d之内,应停止灌水、喷水。

2. 采收技术

(1)采果时应按先下后上、由外向内的顺序;树冠较高时,要站在采果梯或高凳上采摘。尽可能将树冠顶部、中部、下部的果实分开放置。
(2)技术熟练及易采部位的果实,可用一次剪果法,用圆头型采果剪齐果蒂,将果梗剪平;大部分果实采用二次剪果法,第一次先将果实留较长果梗剪下,第二次齐果蒂将果梗剪平。
(3)果实要轻采轻放,不可攀枝拉果采摘,不得抛掷,防止碰伤、压伤和日晒。
(4)应采用果箱装运,并避免相互挤压。

3. 采收注意事项

(1)果面露水未干前及雨天不得采收;下大雨后至少隔两天再采收。
(2)选黄留青,分批采收。
(3)橘枝等杂物不要混在果中。

三、实训汇报

分组阐述柑橘采收的操作过程及作用,有自己的观点和体会。

四、实训考核与评价

序号	考核重点	考核内容	分值
1	态度与任务	认真仔细,善于合作;按时保质地完成实训任务	40
2	操作过程	1. 采收技术是否规范; 2. 是否知道柑橘达到采收标准	25
3	实训汇报	阐述柑橘采收技术及采收注意事项,有自己的观点和体会	25
4	问题思考与答疑	在实训过程中勤于思考,积极答疑	10

课后练习

1. 果实的成熟度,根据果实用途不同可分为(   )。
   A. 可采成熟度   B. 食用成熟度   C. 生理成熟度   D. 以上都是
2. 下列果实需要分期采收的是(   )。
   A. 桃   B. 枇杷   C. 草莓   D. 以上都是

3. 果实分级的时候，一般根据果实的最大（　　），区分为若干等级。
   A. 纵径　　　　　B. 横径　　　　　C. 颜色　　　　　D. 品质

知识拓展

番石榴果实贮藏保鲜技术

一、冷藏技术

番石榴采后冷藏能有效控制果实腐烂，延长贮藏期。但番石榴属冷敏型果实，温度低于 5 ℃ 容易发生冷害。一般情况下，温度 8～10 ℃、湿度 85%～90% 下贮藏 2 周，好果率可达 95% 以上，且能保持较好的外观颜色、硬度和风味，而常温处理只有 48% 的好果率。夏杏洲等对"珍珠"番石榴进行常温和低温（10±1 ℃）贮藏，研究结果表明：贮藏过程中果肉的细胞膜渗透率呈上升趋势，但低温贮藏明显低于常温贮藏；过氧化氢酶活性呈下降趋势，但低温贮藏的下降速度明显低于常温贮藏，且活性高于常温贮藏。

二、气调贮藏

对果实贮藏环境的气体成分进行调节，维持适宜的氧气和二氧化碳浓度，以降低果实的呼吸强度和乙烯释放量，抑制酶的活性和微生物的活动，延缓果实的新陈代谢，较好地保持果实的风味和品质，这种方法称为气调贮藏。张玉敏等对采后"珍珠"番石榴果实用 4% 氧气、5% 二氧化碳和 91% 氮气进行气调包装后于 12 ℃ 下贮藏，研究结果表明：气调包装可延缓果实软化，有效抑制果实维生素 C、可滴定酸含量的下降和丙二醛含量的上升，推迟果实过氧化物酶（POD）活性和还原糖含量高峰的出现时间，延长果实货架期 1 倍（气调贮藏的果实货架期为 35～40 d，而没有气调贮藏的果实货架期为 15～20 d）。

任务八　秋施基肥

任务引入

秋季到了，需要对果树施基肥。思考一下，秋施基肥的作用是什么？如何进行基肥的施用呢？

知识准备

基肥是较长时期供给果树多种营养的基础肥料，施用量占当年施肥总量的 70% 以上。果树在一年中经过发芽、抽枝、开花、结果，消耗了大量的营养物质，采果前后，及时进行秋施基肥，对树体的恢复、越冬防寒和第二年的优质高产有着重要的作用。俗语说："四季施肥料，秋季最重要""秋天早一天，顶来年十天"。

一、秋施基肥的作用

1. 促进树体恢复生机

由于果实在生长发育及成熟过程中消耗了大量营养，致使树体处于低养分状态，而施基肥正值秋季果实采收前后，这时施入肥料，能及时供应果树营养，促进树体尽快恢复生理机能。

2. 提高光合效能

自中晚熟果实采收之后至落叶前还有1~2个月，此时温度适宜、光照充足，及时施肥供给果树养料，对于促进光合作用、提高光合效能、促进树体制造养分显然是十分有利的。

3. 促发新根增强吸收能力

在果实成熟之前由于叶片制造的光合产物大多被果实消耗，运往根系的光合产物很少，当果实采摘后，果实不再消耗，这时叶片制造的营养大量输送到根部，加之施肥后提高了光合效能。使根系得到了更多的光合产物，这就为施肥中所伤根系和发新根创造了良好的物质基础，从而促进了伤口愈合和新根发生。

4. 提高储存营养水平

秋季果实采收后，营养就会自然向积累转化，如果不施肥，营养积累就非常少，特别是在结果量大的年份，树势很难恢复，营养积累就更少，因此施肥后，由于树势尽快得以恢复，光合效能和根系吸收功能的提高，对增加树体养分积累非常有利，可以显著提高储存营养水平，有利于果树来年的生命活动。

5. 促进花芽进一步发育

施基肥时，花芽的形态分化在继续，这时施肥提高了树体营养水平，这对花芽进一步分化和充实，提高花芽质量，进而提高坐果率和产量很重要。

6. 增强树体抗寒性

施基肥后，由于树体贮藏物质的增多，有利于枝、芽充实度的提高，从而提高了树体抗寒性。

二、肥料种类

基肥的组成以迟效的有机肥料为主，再配合完全的氮、磷、钾和微量元素，如腐殖酸类肥料、堆肥、圈肥、复合肥、绿肥、秸秆、杂草等。适量增施氮肥、果树专用肥效果会更好。另外，若果树有黄化现象，可在施基肥时增施适量的硫酸亚铁，有小叶病时可增施适量的硫酸锌，落花落果严重的可增施适量的硼砂。

三、施肥时期

基肥施用以早秋为好，其次是落叶至封冻前，原因如下：
(1)温度高湿度大，微生物活动，均有利于基肥的腐熟分解。从有机肥开始施用到成为可吸收状态需要一定的时间。以饼肥为例，其无机化率达到100%时，需8周时间，而且对温度条件还有要求。因此，基肥应在温度尚高的9—10月进行，这样才能保证其完全分解并为来年春季所用。

(2)秋施基肥时正值根系生长的第三次(后期)高峰，有利于伤根愈合和发新根。

(3)果树的上部新生器官趋于停长，有利于提高储存营养。

四、施肥量

果树一生中需肥情况因树龄的增长、结果量的增加及环境条件变化等而不同，且施肥量与树种、品种，以及土壤、肥料种类等有关，因此，很难确定统一的施肥量。要确定施肥量，应首先了解果树需肥特点、土壤供肥情况以及肥料种类等。一般情况下，氮、磷、钾三元素的比例以1∶0.5∶1为宜，特殊情况下，可根据果树种类、树龄、土壤条件等进行适当调整。基肥施用量要占全年总施肥量的70%，最低标准也应保证"斤果斤肥"，即生产0.5 kg果实，施用0.5 kg基肥，每年每亩应施不少于3 000 kg的有机肥。

五、施肥部位

施基肥时必须根据果树根系分布特点，将有机肥施在根系分布层内，便于根系吸收，发挥肥料的最大效用。果树的根系多集中分布于树冠外围稍远处，深度通常在地表下30~40 cm，根系有趋肥特性，其生长方向一般向着施肥部位，这就决定了要将基肥施在距根系分布层稍深、稍远处，诱导根系向深远生长，扩大吸收面积，增强果树的抗逆性。

六、施肥方法

在正确掌握施肥部位的基础上，还要注意施肥方法，因为施肥效果与施肥方法关系密切。一般情况下，果园施用基肥的方法有以下几种。

1. 环状沟施肥法

在树冠外缘稍远处，挖宽30~40 cm、深30~50 cm的环状沟，把肥料施入沟内，然后覆土。此法操作方便，用肥经济，但挖沟易挖断果树水平根，且施肥范围较小，一般多用于幼树。

2. 放射状沟施肥法

以树干为中心，从距树干1 m以外的地方沿水平方向挖4~6条宽40 cm左右、深30~50 cm的沟，从里向外逐渐加深，其长度的一半在树冠内、一半在树冠外。把肥料施入沟内，然后覆土。此法适于成年果树施肥，伤根较少，且可来年更换施肥位置，利于肥料吸收和改土。

3. 条状沟施肥法

在树冠外缘下相对两侧各挖一条深50 cm、宽40 cm的沟，长度比树冠直径稍小，把肥料施入沟内，然后覆土，来年换到另外两侧。此法便于机械化操作。

4. 双施法

在树冠外30 cm以内的树盘里，围绕树干挖6~12个深约50 cm、直径30 cm的穴，把肥料施入后覆土，此法多用于密植果园深施磷钾肥和液体肥料，以减少肥料与土壤固定和微生物分解。

5. 全园撒施法

先把肥料撒施于果园中，然后翻入土中，深度约 20 cm。当成年果树根系已布满全园时用此法较好。但需注意在靠近树干处施肥量要少、翻土要浅，以免伤根过重。

七、注意事项

施肥开沟不要太浅，否则易引起根系上浮，不利于果树抗旱抗寒。施用的有机肥一定要腐熟，不要把生大粪或生鸡粪等直接施入，否则会烧坏根部，致果树衰弱、死亡或诱发腐烂病。有水源条件的施肥后要浇水，以利于根系吸收。浇水后待地表半干时松土，减少水分蒸发，有利于保墒。补施微量元素肥料要根据果园微量元素丰缺情况有针对性地进行，不要施用过量，以免造成毒害。忌施含氯肥料，以免影响产量和品质，甚至造成根尖死亡，严重时整株枯死。

秋施基肥宜早不宜迟，以秋天果实采收后至落叶前为好，若过迟，不但施入的肥料难吸收，造成浪费，还会因伤根愈合慢造成树势衰弱，影响来年果树的开花坐果。具体时间因果树种类不同而有差别，如梨树一般 9 月下旬施，葡萄可于 10 月施。

任务实施

一、实训准备

(1) 材料：柑橘幼年果园或成年果园，尿素，过磷酸钙，钾肥或硼肥，人畜粪，绿肥，杂草，磷肥等。

(2) 用具：镐、锹、水桶、喷雾器、土钻等。

二、实训内容

柑橘树的施基肥方法，应根据果树根系的分布、肥料种类、施肥时期和土壤性质等条件而定。

1. 施肥时期

基肥要早施，以提高花芽的质量，增加柑橘树体的营养，提高柑橘抗冻能力。结果树在采摘之后的 1 周就要施基肥，幼树必须在 11 月底施完。施肥最好分 2 次进行，采果前 7~10 d 施 1 次，采果后再施 1 次（最迟不超过采后 10 d）。

2. 施肥方法

采用环状沟来进行施肥。于树冠下比树冠大小略往外的地方，挖一沟深 40 cm 左右、宽 20 cm 左右的环状沟。将肥料撒入沟内或肥料与土混合撒入沟内，然后覆土。此法适用于根系分布较小的幼树。基肥、追肥均可采用。

对秋季没有施有机肥的新果园，冬季结合冬翻补施，以深沟施肥为宜。在植株外围挖长 70~100 cm、宽 40~50 cm、深 50~60 cm 的土坑，每株挖 1~2 个，每株施人畜粪、绿肥、杂草、磷肥，分 2～3 层埋入。绿肥、杂草等粗肥放在最底层，然后将表土放底层，底土放表层，精肥放在靠根际处即靠上层，各层的肥料与土壤要充分混合。覆土要高出地面 10～15 cm，以免坑面积水。

3. 施肥量

根据果园的立地环境、果树的需肥规律、栽培方式、树龄、树势等因素，参照丰产园标准综合确定。秋肥用量可占全年施肥量的 30%～40%。

一般株产 40～50 kg 的柑橘树，株施肥量为 400～500 g 尿素、500～750 g 过磷酸钙，有条件的施 50 kg 稀粪（加适量钾肥或硼肥更好）。对秋季没有施有机肥的新果园，冬季结合冬翻补施，以深沟施肥为宜。每株施入畜粪 10～20 kg，绿肥、杂草 20～30 kg，磷肥 0.5～1 kg，分 2～3 层埋入。

三、实训汇报

分组阐述秋施基肥的重要性、方法及注意事项，结合自己的观点和体会。

四、实训考核与评价

序号	考核重点	考核内容	分值
1	态度与任务	认真仔细，善于合作；按时保质地完成实训任务	40
2	操作过程	1. 是否能用不同的施肥方法规范操作； 2. 是否知道不同时期的施肥效果； 3. 是否会确定施肥量	25
3	实训报告	阐述不同施肥方法的操作过程及作用，有自己的观点和体会	25
4	问题思考与答疑	在实训过程中勤于思考，积极答疑	10

课后练习

1. 果树有黄化现象，可在施基肥时增施适量的_____。
2. 基肥施用以_____为好，其次是_____至_____前。
3. 基肥施用量要占全年总施肥量的_____。
4. 施基肥时必须根据果树根系分布特点，将有机肥施在根系_____，便于根系吸收，发挥肥料的最大效用。

知识拓展

果树秋施基肥"五改"

针对果树秋施基肥中存在的突出问题，贾志磊等提出要通过"五改"来解决：

1. 改晚为早

一般来说，果树秋梢停长后进入根系生长高峰期，此后施肥越早越好，生产上有早秋是金、中秋是银、晚秋是铜和冬春是铁之说。施基肥要改晚熟品种采收后的晚秋施和冬初施为中熟品种采后施和晚熟品种采前施，以促进根系发生，以肥促根，以根吸肥，为肥料吸收创造条件。

2. 改偏为全

通过合理利用有机资源，用有机肥替代部分化肥，实现有机无机相结合，如施用大量元素氮磷钾促进高产，施用中微量元素提升品质和减轻生理病害，施用农家肥培肥土壤和提高果品品质，施用微生物肥料改善和净化根际环境以提高根系活力等，充分发挥各种肥料的优势，扬长避短，从而实现果树优质丰产，土壤肥沃健康，结果盛期延长。

3. 改近为远

一般果树的水平根分布范围是树冠直径的 2~4 倍，80%的吸收根分布在树冠外围枝的垂直投影边缘区域，此区域距离树干较远，为施肥的最佳位置。

4. 改浅为深

初果期树 5~30 cm 土层为吸收根密集区，盛果期树 10~50 cm 土层为吸收根密集区，须根据不同树龄，把 80%的肥料施在吸收根密集区的深层土壤。

5. 改堆为散

基肥正确的施用方法：先在沟底施入有机粪肥，再回填表土，然后将肥料均匀撒入施肥穴，并用耙将肥料与粪肥和表土充分混合均匀，最后在最表层覆盖底土即可。此方法可降低肥料堆施烧根而诱发根腐病的现象发生。

任务九　冬季修剪

任务引入

通过本任务的学习，知晓果树冬季修剪的方法，能根据不同生物学基础和不同树龄果树进行冬季修剪，通过修剪协调果树的生长，达到水果的优质高产。在实践中能正确操作葡萄、柑橘、苹果等果树的冬季修剪。

果树冬季修剪技术

知识准备

冬季修剪是自秋冬至早春落叶休眠期进行的修剪，又称为休眠期修剪，多数果树的修剪是以冬季修剪为主。

一、果树冬季修剪的作用与目的

(1)起到调控树体营养分配和果树长势、平衡果树枝叶生长与开花结果平衡的效果。

(2)起到塑造与完善树形，使果树内膛透风、枝条见光，改善下一年果树通风采光环境的效果。

(3)起到集中树体养分、促进果树安全越冬和促进花芽分化、提高开花结果质量的效果。

二、冬季修剪的方法及反应

修剪方法多种多样，概括起来可分为六类方法，即截、缩、疏、放、伤、变。果树冬季修剪的主要方法有短截、回缩及疏剪等。

1. 截(又称短截)

截是剪去一年生枝条一部分的方法，所以又称短截(图2-44)。它能促进侧芽的萌发，增加分枝数目，保持健壮树势，其具体反应随短截程度不同而异。依据剪去的程度分为：

(1)轻短截。只剪去一小部分，一般剪去枝条的1/4～1/3。在枝条上部弱芽外剪。剪后形成中、短枝较多，单枝生长势较弱，可缓和树势，促进花芽形成，但枝条萌芽率高。

(2)中短截。在春、秋梢中上部饱满芽外剪截，剪去枝长的1/3～1/2。中截后萌芽率提高，形成长枝、中枝较多，成枝力高，单枝生长势强，有利于扩大树冠和枝条生长，增加尖削度。一般多用于延长枝、培养骨干枝或枝组复壮。

图2-44 短截

(3)重短截。在春梢中下部弱芽处剪截，一般剪去枝条的2/3～3/4，剪口下只抽生1～2个旺枝或中枝，生长量较小，树势较缓和，一般多用于培养结果枝组。

(4)极重短截。在春梢基部1～2个瘪芽处截，截后一般萌发1～2个中庸枝，可以强烈地削弱生长势和总生长量，既不利于生长，也不利于花芽形成。但可以降低枝位，缓和树势，多用于对竞争枝和背上枝的处理，形成小型枝组。

(5)轻度短截。可以明显地增强顶端优势和单枝的生长强度，有利于枝组的更新和复壮，重短截的效果则正好相反。

短截可增加新梢枝叶量，减弱光照，有利于细胞的分裂和伸长，从而促进营养生长；但营养生长不能过旺，否则，影响营养积累，不利于枝条成熟，也不利于成花结果。短截可以改变不同类型新梢的顶端优势，调节各枝间的长势平衡，增强生长势，降低单枝生长量，有利于营养积累和成花结果。

枝梢短截后，由于单枝上的芽眼数量减少，树体的贮备营养相对增多，因而芽的萌发力和生长力也明显增强。短截1根枝条，产生局部反应，全树短截，整个树体都产生反应。

短截的部位不同，对枝梢长势的影响也不一样。在春梢的饱满芽处进行短截，可促发长梢，加强营养生长；在基部的秋芽处进行短截，由于这些芽发育不充实，积累的营养物质少，所以，短截后虽能促进其萌发，但长势较弱，且只能抽生1～2个中、短枝，如肥水充足，这种短枝也能形成花芽；如果不对新梢进行短截，或剪在秋梢上，或剪在春、秋梢交界处，由于这些部位的芽较多，养分相对分散，所以所萌发的新梢，长势较为缓和，也有利于花芽形成。因此，为充分利用光能，提高果品产量、质量，并形成适量的叶面积和适宜的枝果比，除疏剪外，还需进行短截。

在幼树整形过程中，如主枝长短不一，形成树冠偏斜而不均衡时，可在旺枝中、下部的次饱满芽或秕芽处进行短截，或选留弱枝、中庸长势的枝条带头，同时注意开张角度，以减缓旺枝长势；对长度不足或长势过弱的主枝，短截时选用壮枝、壮芽带头，并抬高其角度，可维持树冠均衡。

为了恢复老树的正常生长，也可采用壮枝、壮芽带头的短截修剪法，同时注意控制结果数量。

生长季节进行的摘心和剪梢，也属短截的一种。摘心或剪梢可抑制营养生长，增加光合产物积累，也可促进花芽形成。

无论是休眠期还是生长季节进行重短截，虽有增强局部枝条长势的作用，但对整体生长都有抑制作用，因而最后的结果往往是影响产量和经济效益。幼树适龄不结果，或不能早期丰产，或成龄树不能连年稳产，也往往与短截过重有关。因此，短截修剪，一定要掌握适时、适度、适量的原则，而且要与栽培管理和其修剪措施相配合。

2. 缩（也称缩剪或回缩修剪）

缩是针对多年生枝条的修剪。修剪的特点是对剪口后部枝梢生长和潜伏芽的萌发有促进作用，而对母枝起较强的削弱作用。这种修剪不宜在幼树上应用，常用于大树、老树的更新复壮修剪。大树的过密枝位置不当的辅养枝，可以用缩剪处理，结果树有缩剪可以疏除一些结果枝组，调节结果量。缩剪的应用也应当遵循循序渐进的原则，要缩剪的枝若体积较大，应分几年缩剪到位。

缩剪后的反应强弱，取决于缩剪程度的轻重、留枝强弱以及伤口的大小和多少等。缩剪伤口较小，留枝较强而且直立时，可促进生长；缩剪后所留伤口较大，所留为弱枝、弱芽，或所留枝条角度较大，则抑制营养生长而利于成花结果。

缩剪和短截的效应有其相似之处：或促进生长或促进成花。但也有不同之处：一年生枝短截后的反应强弱，决定于剪口芽的饱满程度；而缩剪后的反应强弱，则决定于剪口枝的强弱。剪口下留强旺枝，则生长势强，有利于恢复树势和更新复壮；剪口下留小枝或弱枝，则营养生长较弱，但利于成花；剪口下留长势中庸的枝条，既利于生长，也利于成花结果。所以，缩剪的轻重程度，要根据树龄、树势、花量、产量及全树枝条的稀密等实际情况确定，而且要逐年回缩，轮流更新，不要一次回缩过重，以免出现长势过强或过弱的现象，从而影响产量、效益。每年缩剪的轻重程度适宜，结果也不过多，是可以连年保持优质、丰产的。

缩剪后长势强弱的确定，可根据新梢长度，一般以 30～50 cm 为宜。30 cm 以下一般为过弱，50 cm 以上则认为是过旺。长势过弱时，叶面积不足，光合产物不多，营养积累少，既不利于丰产，质量也无保证；而长势过旺时，养分多用于新梢旺长，营养积累不足，也不利于成花结果和丰产、稳产。

为减少或避免大小年现象，在花量过多的年份，可进行破顶修剪，使大年不至于结果过多，造成第二年产量骤减。办法是将多余的花芽剪去顶部，使其只能抽枝长叶，而不能开花结果，实际上这也是早期疏花的一种方式，第二年还有可能形成花芽。这也就是群众所说的"成花换花"的修剪方法。但破顶的数量要适宜，不能过多也不能过少。过重时影响抽枝长叶，过轻时仍能开花结果，收不到破顶修剪的效果。

3. 疏（疏剪）

疏剪是将一年生或多年生枝或幼芽从基部疏除（图 2-45）。疏剪包括冬剪疏枝和春夏季抹芽。疏剪对剪口上部枝梢成枝力和生长势有削弱作用，而对剪口下部芽和枝梢有促进萌芽、成枝和生长的作用。

疏除枝梢，减少枝叶量，改善光照条件，利于空气流通，提高光合效能。疏剪有利于花芽形成和提高果实品质。重度疏剪营养枝，可削弱整体和母枝的生长量，疏剪果枝可增强整体和母枝的生长量。疏剪对伤口上部的枝梢有削弱作用，而对伤口下部的枝梢，有促进生长的作用。疏枝越多，对伤口上部的削弱和对伤口下部的促进作用就越明显。因此，可以用疏剪的办法控制上强。疏除密生枝、细弱枝、病虫枝和竞争枝，可减少营养消耗，恢复树势和保持良好树形。但疏剪并非越重越好。疏枝过多，枝条过于稀疏，总枝叶量不足，叶面积太少，虽有较强的光照，但光合效能不强，营养积累不足，也会延迟开花结果年限；疏剪的轻重程度适中，枝叶量充足，才能适时成花结果；疏剪过轻，总枝叶量虽然很大，但因通风透光不良，也会影响光合效能，营养积累不足，影响成花结果。所以，疏剪的应用要适量，尤其是幼树时一定不能疏剪过重，否则会打乱整树树形，给以后的修剪带来很多麻烦。枝梢过密的树，纠正过来要分几年时间，应逐步进行，不能急于求成。

图 2-45 疏剪

对定植当年的幼树，可不抹芽，尽量多留辅养枝，增加枝叶量，以促进树干增粗，加速营养积累，有利于提早成花结果；为促进幼树迅速扩大树冠，提高早期产量，可轻度疏剪，适当多留枝，尤其应多留短枝和叶丛枝；对进入结果期的大树，应适量多留枝组。

除萌和疏梢也属疏剪，除萌就是抹去过多、过密的刚刚萌发的嫩芽，疏梢就是疏除过密的新梢，如剪锯口的萌芽等过多的梢处理。

4. 放（也称长放或甩放）

放是利用单枝生长势逐年减弱的特性，任其连年生长而不进行修剪，避免修剪刺激旺长的一种方法。幼树长放可增加短枝数量和加快成形，提高早期产量，具有缓和枝条长势、促生中短枝和叶丛枝、易于成花结果的作用。但连年长放的树，容易出现后期光秃和大小年结果现象，树体也容易未老先衰。如果既要获得早期丰产，又要保持健壮树势，除掌握好长放的数量和长放时间外，还应及时进行回缩。

甩放因保留的枝叶多，因此增粗显著，特别是背上旺枝极显著，容易越放越旺，出现树上长树的现象，因此长放一般针对中庸的枝条，旺枝特别是背上旺枝不长放，若长放必须配合改变方向、刻伤、环剥等措施，才有利于削弱枝势，促进花芽形成。

长放对于有些品种需要几年才能成花，如元帅需3年才能成花，而祝光等当年即可成花。

5. 伤

伤是破伤枝条以削弱或缓和枝条生长促进成花的措施，主要方法有刻伤、环剥或环割、环刻、绞缢和倒贴皮等。

(1)刻伤。包括目伤(图2-46)，在果树芽眼上方约0.5 cm处，用刀或细锯刻伤一下，深达木质部，可以促进芽眼萌发，增加枝量和营养积累，提早结果和早期丰产。常用于苹果树。

图2-46 目伤

(2)环剥或环割、环刻。使枝干韧皮部或木质部暂时遭受轻微损伤，在伤口愈合之前，阻碍或减缓养分和水分的上下流通，以调节树体长势，促进形成花芽。这些措施如果运用得当，效果非常显著(图2-47)。

环剥或环刻可使光合产物积累于伤口上部枝条内，增加碳水化合物的含量，促进花芽形成。环剥还有提高光合强度的作用，但不稳定。

环剥和环刻是我国果树栽培史上一种古老的促花措施，最初应用于枣树，后来扩大到多种果树，但如掌握不当，如环剥过宽、过深、过早，也会产生一些副作用，

图2-47 环剥

如坐果过多、果实变小、树体长势减弱等，甚至死枝、死树。这些反应，环剥重于环刻。

环剥和环刻对果树体内的水分含量、碳水化合物含量及碳氮比等都有影响。据试验，对五至六年生苹果树，于花后10 d进行主干环剥，可明显地抑制营养生长，提高坐果率。但如运用不当，如剥口过宽、过深或剥后遇雨等，效果都不好，如元帅系品种环剥不当时，还可能造成树体死亡，因此，应用环剥时需慎重。

环剥时剥口的宽度，以不超枝条粗度的1/10为宜，而且要能在当年愈合。周长在10 cm以下的幼树，因积累的营养物质较少，剥后成花效果不显著，即使成花也不易坐果。对乔砧大树，环剥多用于辅养枝或加密的临时株上，在永久株的主干上要慎用。环剥还应与增施肥水相结合，如肥水供应不足、树体长势弱、积累的营养物质少时，环剥后虽能提高当年的坐果率，但会严重削弱以后数年的长势，或出现大小年，严重时还可能造成树体死亡。

(3)绞缢。和环剥的效果差不多，只要运用得当，也可促进成花，但如绞缢过重或锯伤过深，也易造成死枝和死树(图2-48)。

(4)倒贴皮。在枝干的适当位置，整齐地剥下一段树皮，倒转过来再贴到原来的部位，可抑制幼龄旺树的营养生长，利于成花(图2-49)。运用此项技术时速度要快，而且不要将韧皮部切断，也不要在阴雨和大风天气进行，以免影响成活。技术不熟练者慎用。

(5)大扒皮。其是抑制旺长、促进成花的一项技术借施。扒皮的时间一般在6—7月间的晴天进行。扒皮时损伤了形成层或剥后遇风、雨，都有可能导致树体死亡，需慎用。

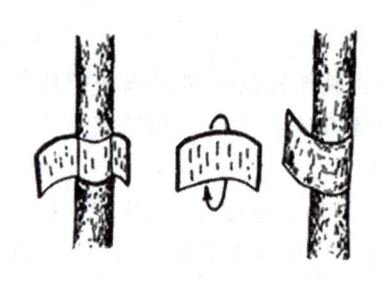

图 2-48　绞缢　　　　　　　　　　　　　　图 2-49　倒贴皮

扒皮和环剥的区别是：扒皮后如不破坏形成层，可重新形成新树皮，剥口愈合良好；环剥后形成的愈伤组织显著膨大。大扒皮除有抑制旺长、促进成花的效果外，还可同时清除潜藏于翘皮和裂缝中的病菌或害虫，减少病虫危害，增强抗腐烂病的能力。

(6)拧枝。握住枝条像拧绳一样拧几圈，做到伤筋动骨，在一至三年生枝上进行，可缓和树势，促进花芽形成。

(7)扭梢。对生长旺盛的新梢在木质化时用手捏住新梢基部将其扭转180°，可抑制旺长，促生花芽，是背上旺长新梢有效控制的良好方法，图2-50分别示列了生长季扭梢和落叶后形成短枝。

(8)拿枝软化。拿枝软化也称捋枝、拿枝或枝条软化，就是对旺枝或旺枝自基部到顶部一节一节的弯曲折伤，做到响而不折，伤骨不伤皮，其可缓和生长，提高萌芽率，促进花芽形成，如图2-51所示。

图 2-50　扭梢
1—生长季扭梢；2—落叶后形成短枝

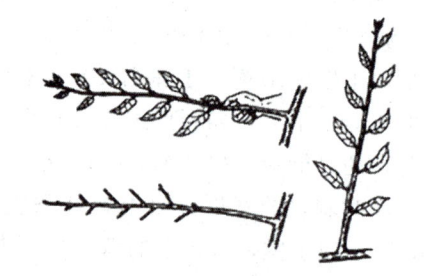

图 2-51　拿枝软化

6. 变

变是改变枝条生长方向，缓和生长势。合理利用空间的修剪方法，包括曲枝、圈枝、拉枝、别枝等，如图2-52和图2-53所示。

变枝修剪能够控制枝条旺长，增加萌芽率，改变顶端优势，防止后扣光秃，还可以合理利用空间，是幼树时多结果的重要修剪方法。

以上介绍的截、缩、疏、放、伤、变六类修剪方法，各有特点，但它们能起的作用并不是孤立的，而是相互影响的，在整形修剪中要根据果树品种、树龄和不同的枝类，依据修剪目的，灵活运用各种修剪方法。

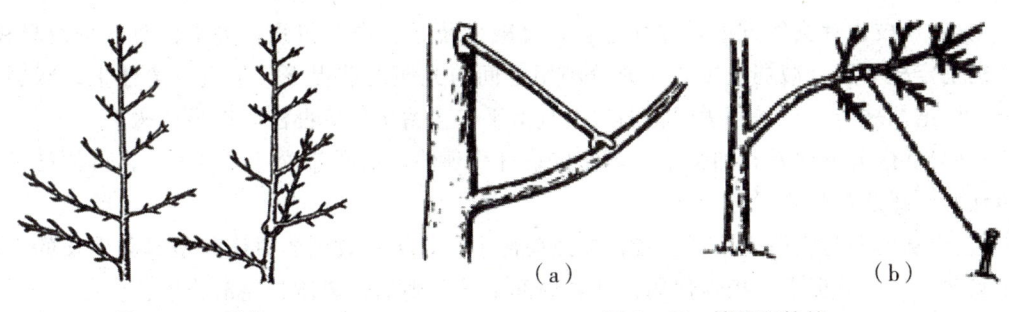

图 2-52 别枝　　　　图 2-53 撑枝和拉枝
(a)撑枝；(b)拉枝

如苹果幼旺树常因修剪较重而徒长，不易成花，结果晚，则应常采用轻剪、缓放为主，尽量少短截、少疏枝，对长旺枝条采用曲枝、拉枝、圈枝、刻伤、环剥等措施，促进树势缓和，以达到早果、早丰目的。而对老弱树则应以短截和回缩为主，抬高枝头，以复壮树势。

应注意的是，果树修剪只起到调节作用，只有在良好的土肥水管理的基础上才能发挥作用，否则各种修剪方法都不会有明显反应，也就是说修剪并不能代替土肥水管理。

三、不同年龄时期果树的修剪任务

一般果树的冬季修剪对树冠的构成、枝梢的生长、结果枝的形成等有重要影响。冬季修剪的目的和任务，在果树不同的生命时期是不相同的。

1. 幼树期

果树尚未结果，修剪的主要目的是整形，其主要任务是培养树体的主干、主枝、副主枝等骨干枝。

2. 初果期

果树开始结果后，一方面希望树形早日扩大完成，同时也希望果树结果，因此，修剪时除在某些枝上促进其开花结果外，对某些枝则不使其结果，力求其生长健壮，以早日形成理想的树形，尽早进入盛果期。

3. 盛果期

进入盛果期后至衰老期，花芽与结果枝的着生增多，而生长枝的发生减少，树势逐渐衰退，为确保年年稳产丰产，力求结果枝与生长枝均衡发生，除要加强肥水管理外，修剪宜侧重于结果枝的疏删或短截，以减少开花结果，促进新梢的发生，维持树势。

四、修剪技术的综合运用

1. 调节生长势强弱的修剪

(1)从修剪时间上来看，加强生长，要冬重夏轻，提早冬剪时间；减弱生长，要减轻夏重，延迟冬剪时间。

(2)从枝梢、树势强弱来看，大枝或旺枝，加强生长要长放多留；减弱生长，要短剪少留。对弱枝或弱树，加强生长，要短剪少留；减弱生长，要长放多留。

(3)从枝、芽去留方面,加强生长,要减少枝干、去弱留强,去平留直,少留果枝,特别是定枝不留。减弱枝干要在充分利用空间与光照的前提下,尽量少留枝干。减弱生长,要增加枝干。可采用去强留弱、去直留平、多留果枝等办法,以果压树。

(4)从修剪方法看,加强生长可使枝条直线延伸,抬高芽位;减弱生长,可使枝条弯曲延伸,降低芽位。

(5)从局部与整体的关系上看,加强局部生长,可通过削弱树体其他部分生长的方法而实现,如控上促下,控强促弱;减弱局部生长,则加强树体其他部分生长。

(6)可利用生长调节剂调节生长强弱,加强生长可用生长促进剂,如 GA;减弱生长可用生长抑制剂,如比久、CCC、乙烯利、整形素等。

2. 调节枝条的角度

(1)加大角度的方法。

①留选斜生枝或枝梢下部芽等作剪口芽。

②利用拉、撑、垂、扭等方法加大角度。

③利用枝、叶、果本身质量自行拉垂。

④利用枝叶遮阴,使枝条开张。

(2)缩小角度的方法。

①选留向上的枝芽作剪口芽。

②利用拉、撑、垂、扭等方法加大角度。

③短截后,枝顶不留果枝或少留果枝。

④换头、抬枝,缩小角度。

3. 调节枝梢疏密

(1)增加枝梢密度的技术措施。

①尽量保留已抽生的枝梢。对徒长枝和竞争枝,也可进行短截、弯曲、撑拉加以利用。

②控上促下增加分枝。措施有冬剪延迟。使剪口芽与下部芽的差异减少,分枝增多;夏季摘心促使二次枝萌发,骨干枝弯曲上升,减少顶梢生长势。促使下部分枝增多;芽上环剥、刻伤、扭梢,促使损伤部以下萌发枝梢。

③通过短截增加枝梢密度。短截骨干枝或枝组延长枝,可增加枝梢密度。

④应用整形素、细胞分裂素促进分枝。

(2)减少枝梢密度的技术措施。减少枝梢密度的技术措施包括疏枝、长放,加大分枝角度,减少枝梢密度等。

4. 调节花芽量

(1)增加花芽量的措施。

①减少无效枝梢,改善光照条件。

②缓和树势,促进中短枝大量形成,其技术措施如下:小树旺树轻剪长放、缩剪;冬轻夏重,休眠期晚剪;拉枝、扭枝、破顶芽、弱芽弱枝领头;应用生长抑制剂等。

③多留芽位为花芽形成准备条件。如大年树在多留叶芽改善有机营养的同时又为花

芽分化准备了物质条件。

④采用环割、扭梢、摘心等措施时处理的枝梢局部，在花芽分化期增加营养积累，有利于花芽形成。

⑤花芽形成后尽量多留花芽，为防止错剪花芽可延迟至现蕾期再剪。

(2)减少花芽量的措施。

①加强树势、减少中短枝形成；采用重剪短截、冬重夏轻，休眠期早剪，促进枝梢生长，减少花芽形成。

②应用生长调节剂，减少中短枝形成，使花芽分化减少。

③花芽形成后疏剪花芽。

5. 整体控制

(1)旺树修剪，应注意缓和树势，修剪要采用冬轻夏重、延迟冬剪，枝梢长放期轻剪多留，开张枝角，运用环割或生长抑制剂等措施。

(2)调控弱树生长，可先加强土肥水管理，先缓养，使树体枝叶贮藏一定养分后再行更新。主要方法有冬重夏轻、提早冬剪、短截重剪、少留果枝(特别是顶端不留果枝)、不去大枝、减少伤口。

(3)上强下弱树的修剪，应控上促下。主要方法是中心干弯曲，换头压低，削弱极性；树冠上部多疏少截；减少枝量，去强留弱，去直留斜，多留果枝(特别是顶端多留果枝)；或对上部大枝环割，利用伤口抑制生长；在树冠下部少疏多留，去弱留强，去斜留直，少留果枝。

(4)外强内弱树的修剪，要缓外养内。主要方法是开张角度，提高内部相对芽位和改善光照。外围多疏少截，减少枝量，去强留弱，去直留斜，多留果枝。加强夏季弯枝，控制生长势。内部疏弱留强，少留果枝，养粗后再更新复壮。

(5)外弱内旺树的修剪，宜缓内促外。主要修剪方法是外围去弱留强，直线延伸，少留果枝，多戒少疏，促进生长。内膛以缓养为主，多留果枝，开张小枝角度，抑制生长。

任务实施

一、实训准备

(1)材料：从管理较好的果园内选择生长健壮的按正常修剪方法修剪的梨幼树或初结果树。

(2)用具：钢卷尺、卡尺、台秤、计数器、调查表等。

二、实训内容

1. 修剪反应的观察

(1)甩放和不同程度短截的反应：选树冠外围生长部位相同的，上年采用重短截、中短截、轻短截、甩(缓)放修剪的枝条各5~10个，观察调查母枝(即上年剪的枝)长度、粗度,再调查每一母枝所发新枝(延长枝或竞争枝)的长度、长枝数、中枝和短枝数。经过对调查结果的分析,得出如下结论:母枝随修剪量的加重(从甩放至重短截),母枝粗度(生长量)减少;母枝随修剪量加重,所发新枝长度(生长势)增加,长枝数增加,总枝数减少。即修剪具有双重作用。将观察结果填于表 2-13 中。

(2)疏枝对剪口下枝条的促进作用:选部位相同的疏枝和不疏枝对比,观察疏枝对剪口以下枝条的促进作用。对剪口以上枝条的削弱作用,情况多变,可在室内以图示讲解,若无典型例子可不观察。

(3)甩放、环剥、短截对花芽形成的作用:选上年甩放枝、环剥枝和短截枝,观察比较对花芽形成的作用。应选花芽易识别的品种进行观察。

2. 修剪反应调查

(1)甩放和不同短截程度的反应调查:在一株树上(如枝条数量不够,可增加 3~4 株树),选长度、粗度、生长方位和角度相近似的一年生长枝若干条,供作不同程度的短截修剪处理。做法是:处理前每一枝条用油漆编号,并调查其长度、粗度。处理分甩放(对照)、轻短截、中短截、重短截。每条处理 20~30 枝。处理后,调查每一枝的剪留长度和留芽数,至秋季落叶后,再调查各处理二年生枝的粗度、所发新枝数、延长枝长度等,将调查数据填入表 2-14 内。

调查后,经过对数据的统计,分析不同处理方式对如下几方面的影响:对母枝加粗生长的影响;对发枝总数的影响;对发长枝的影响;对发枝长度(生长势)的影响;对花芽形成的影响等。

注:长度单位 cm;母枝指上年修剪的枝;母枝粗度,测量最基部 2 cm 的直径,单位为 mm。

(2)骨干枝之间生长量的平衡:选中干与主枝间或同层主枝间需要平衡生长量(骨干枝粗度)的树 5 株,对需要平衡生长量两个对应的骨干枝进行编号,量其基部粗度,按平衡的修剪方法修剪,每剪完一个骨干枝,调查剪下的枝条的长度和重量。下年秋季落叶后,调查所平衡的两个骨干枝的粗度,再与上年的粗度差异相比,看是否达到生长量平衡的效果,将调查结果填入表 2-15 中。

表 2-13 发育枝修剪处理基本情况调查　　　　日期:

枝号	1	2	3	4	5……n
长度/cm					
粗度/cm					
总芽数					
剪留芽数					
方位、角度					

表 2-14　发育枝修剪后剪口发枝情况调查　　　　　　　　　　日期：

剪口下枝条	1	2	3	4	5……n
长度/cm					
粗度/cm					
顶、腋花芽数					

表 2-15　果树树体修剪反应调查　　　　　　　　　　　　　日期：

树号	发枝量				坐果情况		长势		定位叶面积	单位叶面积	叶片含水量
	枝数	长枝数/%	短枝数/%	果枝数/%	成花数	坐果数	长枝数	长枝平均生长量			

3. 实训建议与方法

(1)本实训项目修剪反应观察部分，可于冬剪前观察上年修剪的树，主要是为了配合课堂总论修剪部分的讲授，加深理解，为修剪实训项目奠定基础。修剪反应调查是在学生已进行了冬季修剪之后，利用学生自己修剪的树，于下一年冬季调查修剪反应，检查是否已达到了预期效果。实训项目时根据具体情况可选做一个，也可全做。

(2)实训项目时选四至五年生刚进入结果期的树为宜，分组进行观察，若一个树上找不到典型修剪反应时，可在相似的树上找出供学生观察。

三、实训报告

对所处理各类枝条的修剪反应规律加以小结，提出各处理方法在冬剪时应注意的事项。

四、实训考核与评价

序号	考核重点	考核内容	分值
1	态度与任务	认真仔细，勤于动手动脑；按时保质地完成观察与记录任务	40
2	操作过程	1. 对所观察记录的项目是否清楚明白； 2. 观察记录是否及时； 3. 观察记录表的填写是否准确	25
3	实训报告	观察记载表填写清晰明确，对所处理各类枝条的修剪反应规律加以小结，有自己的观点和体会	25
4	问题思考与答疑	在实训过程中勤于思考，积极答疑	10

课后练习

一、填空题

1. 根据树龄树势不同生命期，修剪果树可分为_____、_____、_____修剪。
2. 修剪方法多种多样，概括起来可分为六类，即_____、_____、_____、_____、_____、_____。
3. 什么是短剪、缩剪、疏剪？

二、选择题

1. 在果树的冬季修剪中，只剪去枝条的1/4～1/3属于( )。
   A. 轻短剪　　　　　　　　B. 中短剪
   C. 重短剪　　　　　　　　D. 极重短剪
2. 为了破伤枝条以削弱或缓和枝条生长、促进成花的措施是( )。
   A. 刻伤、环剥、环割、甩放、绞缢　　B. 刻伤、环剥、环割、环刻、倒贴皮
   C. 刻伤、环剥、环割、缩剪、绞缢　　D. 刻伤、环剥、环割、疏剪、倒贴皮

三、简答题

1. 怎样对衰老树进行更新修剪？
2. 果树修剪中增加花芽量的措施有哪些？

知识拓展

苹果树冬季修剪口诀

这样修剪很简单，低产能变高产田。
谈起修剪很古老，掌握规律有技巧。
首先应用高科技，修剪时间要牢记。
春季摸芽夏摘心，秋季戴帽冬疏除。
四季来把果树剪，年年有望大丰产。
果树修剪要五看，心中初步定方案。
一看树势和距离，树势选择要适宜。
二看它是啥品种，修剪方法各不同。
三看树龄与大小，修剪要分幼壮老。
四看树势强中弱，弱树重剪强缓和。
旺枝要用弱枝带，枝势缓和不例外。
弱枝要用旺枝引，弱枝变得更中庸。

五看大年和小年，花枝剪留心盘算。
病虫枝要先剪完，决定主枝理当先。
大枝取留要谨慎，千万不要胡乱动。
秋取大枝很保险，伤口愈合更安全。
先留主枝有条件，要从方向部位看。
方向部位长得好，先看侧枝留多少。
各级主枝留多少，先从方向部位找。
内膛直立要去掉，并生重叠无光照。
调整这些还不算，诱导枝条转空间。
生长方位咱说算，剪子跟着脑子转。
中心枝干略打弯，始终生长在中间。
各级主枝向外展，侧枝着生在两边。
想要获得大丰产，识别花芽是关键。
花芽头圆磷片大，尖头瘦小是叶芽。
中间花芽不肥胖，花芽腋芽都不像。
结果枝条有两种，长中短枝记心中。
过密地方要疏除，千万不要短截枝。
剪完之后要细看，三稀三密作证见。
这样修剪才完善，低产能把高产变。

任务十　越冬防寒

任务引入

进入冬季，果树特别是幼龄果树，常遭低温冻害。对一些抗冻性能差的果树或者果园，就需要实行措施预防冻害的发生。什么是果树冻害？危害的部位有哪些？怎么才能提高果树在冬季的越冬防寒能力？果树防冻的核心思想是让果树"吃饱、喝足、穿衣、戴帽"。

知识准备

落叶果树在开花、发芽时如遇到低温天气，就会影响果树的正常生长与结果，因此要注意冬季果园的防冻工作，特别是幼龄果树，常遇低温冻害，轻者花芽冻伤，重者枝干或整株冻死。

一、冻害的含义和表现

冻害是指果树在越冬期间遇到 0 ℃以下低温或剧烈变温或较长时间处在 0 ℃以下低温中，造成的果树冰冻受害的现象。

果树容易受冻的部位是根颈、枝干、皮层、一年生枝、花芽。果树冻害以栽培分布带北界较重，温带落叶果树和热带、亚热带常绿果树都可以发生。贵州最近的一次果树冻害是2018年，非常严重，果树冻害常呈周期性发生，大约10年一次较大冻害。

二、果树发生冻害的部位

1. 嫩枝冻害

由于果树停止生长较晚，发育不成熟的嫩枝组织不充实，保护性组织不发达，容易受冻害而干枯死亡。

2. 花芽冻害

花芽较叶芽和枝条抗寒力差，冻花芽现象发生范围较广，受冻年份也比较频繁。调查表明：花芽分化程度越深越完全，则抗寒力越低，苹果的腋花芽较顶花芽抗冻性强。

3. 枝条冻害

发育正常的枝条，在温度太低时也会发生冻害。有些枝条外观看起来无明显变化，但剖开木质部色泽变褐，之后形成黑心。受冻害枝条发芽迟，叶片瘦小或畸形，生长不正常。

4. 枝干冻害

由于温度剧变，韧皮部和木质部韧性不同，常使受冻后树干纵裂，树皮与木质部分离，严重时树皮外卷，甚至全株死亡。

5. 根颈冻害

根颈指果树干基，果树根颈部相对来说抗寒力差，受冻后根茎皮层变黑死亡，轻则发生于局部，重则形成黑环，包围干周，全株死亡。

6. 根系冻害

在地下生长的根系，冻害不易被发现，但严重影响地上部的生长。表现在春季萌芽晚或不整齐，或在放叶后又出现干缩等现象。受冻根系外部皮层变褐色，皮层与木质部分离，甚至脱落。

三、影响冻害的因素

1. 树种和品种

不同树种和品种的抗寒力是由遗传因子和长期系统发育所形成的生物学特性所决定。同一品种受冻程度与低温程度、持续时间、低温冻害发生时期、果树健壮程度和不同器官受冻临界低温有关。

2. 树势及枝条成熟程度

凡秋季降温以前不能及时停止生长的植株，越冬冻害较重。如：春旱秋涝，水分、氮肥过多或施用过晚，生长旺盛的幼树冻害严重。

3. 低温条件

低温是果树受冻的主要原因。如秋季气温骤降过早、温度变化幅度过大、低温持续时间长、日变化剧烈等。

4. 立地条件

如山地小气候、不同坡向等。

5. 栽培管理

利用抗旱砧木、选用抗寒品种，合理施肥，树体健壮。

四、果树防寒措施

1. 利用小气候

在山区、丘陵地区建园时利用暖温带小气候，切忌在低洼处栽植，以免霜打平地。实践证明在暖温带栽植的果树受霜冻危害最轻。

2. 建造防护林

在橘园四周 30 m 以外的地方建造防风林，是一项长期有效的抗寒防冻措施。

3. 绑扎防风篱笆设置风障

在橘园西北面用树枝、干草等在橘园外围编扎一道高约 1 m 的防风篱笆或挡风土埂，保护根颈不受冻。对小面积幼龄果园，可用玉米等秸秆每隔 2～3 行树苗设置一道防风障。

4. 树干包扎

入冬前，用稻草等缠绕主干、主枝或做成草把捆绑树干，可以防止寒风侵袭，减少冻害。捆草时，应将草顶部用绳捆紧在树干上，下面撒开，不要整草扎紧，以免树干积水而结冰，反遭冻害。

5. 树盘覆盖

在果树行间用稻草、玉米秆或杂草覆盖树盘。既可保墒，又能提高地温；有条件的，在果树周围 1 m 的范围内铺设地膜、树叶、谷壳、木屑等，对保持和提高地温、防止果树受冻害效果显著。对于幼树最好采用覆膜防冻，每隔 100 m 左右插一个弧形支架，上盖塑料薄膜，四周用土压实压严，待翌春气温回升后，先揭开薄膜两端进行"放风"，等幼树逐渐适应外界环境后再揭开全部薄膜。

6. 培土防寒

入冬前结合中耕除草，在树根处、树干基部培土高 15～20 cm，保护根系，减轻冻害。春天应及时撒土以提高土温，促进根系活动。

7. 冬灌防冻

在采果 1 个半月，封冻前土壤"夜冬昼化"时，于果树行间挖沟，然后顺沟灌透水，以地面无水渍为限，时间以"日消夜冬"为宜；水量以入夜前渗完为好。既可做到冻水春用、防止春旱、促进果树生长发育，又可以水蓄温，使寒潮期间地温保持相对稳定，从而减轻冻害。冬灌后，最好覆草，也可对地表浅锄，减浅冻层，防止水分蒸发。

8. 熏烟防寒

在冬季最寒冷的夜间采用。熏烟防寒是根据气象预报，于霜冻来临前在园内每亩同时点燃4~6堆草堆,使之产生浓密烟幕笼罩园区,以减缓地面散热降温,并增加空气中的热量,对防止霜冻有一定作用。

9. 喷药或保护剂

用石硫合剂喷雾,或用机油乳剂与敌敌畏、乐果乳油混合稀释喷雾,使农药均匀地附着在叶片上,既防冻,又兼治病虫。在低温冻害发生之前人工喷洒具有一定功效的化学制剂,如喷5倍石蜡乳化液,或150倍羧甲基纤维素等保护防冻剂2~3次,可封闭枝条气孔,减少水分散失,预防抽条,延迟果树花期、提高树体汁液浓度,从而增强抗寒性。

10. 增施肥料

采果前后,在树体外缘挖环形沟施入农家肥,搭配适量氮磷钾肥,施肥后浇上较淡的人粪尿,覆土严实后,将树根部堆成高约40 cm的土包。

11. 涂白树干

果园冬季清园时,对果树主干主枝涂白。涂白剂的配方为生石灰2.5 kg、硫黄粉0.75 kg、食盐1.25 kg、植物油0.1 kg、豆面粉0.05 kg、水18 kg。配制时先将生石灰、食盐分别用热水溶化,充分搅拌成糊状,然后加入硫黄粉末和植物油、豆面粉,最后用水兑开,搅拌均匀。

12. 撒施草木灰

在冬前清园松土的同时,每亩撒施约350 kg草木灰或适量粪肥等有机肥,使之与表土混合,以稳定和提高地温。

13. 高接换种

常用当地树种高接,或在抗寒中间砧上高接,都可提高植株的抗寒力。

14. 修剪

根据受冻轻重不同,应区别对待。对枝梢完好、部分叶片受冻枯焦而未脱落的轻伤植株,应尽早摘除枯焦叶片,以免继续消耗水分,扩大受冻部位。对受冻出现枯梢的植株,在萌芽抽梢后截去枯死部分。冻后的修剪工作一般在生死界线分明以后,尽早进行。对受冻严重的树,树冠与树势均不易恢复者,宜重新种植。

五、冻害补救措施

对已经发生冻害的果树,采用积极而恰当的补救措施,可减轻冻害引起的损伤。

(1)发生冻害后,枝干症状表现较迟,当年不要对枝干进行修剪,第二年春季发芽后,根据受冻情况,采用轻剪、长放,尽量多留枝叶,哪怕是一片好叶,都要尽量保留,少留花芽,减少负载量,使之长出新枝,尽快恢复和扩大树冠。

(2)受冻后叶片症状表现较快,对已枯死叶片要及时摘除,尽量保护好未受冻害的叶片,增强树体的光合作用,增加营养积累,尽快恢复树势。

(3)及时中耕培土,保持树干湿度,提高地温,引根深扎,入春后注意排水。

(4)施肥:受冻的树,因蒸腾作用减弱,水分和养分输送困难,故春肥应在早春解冻后尽早进行，可分为两次施用。肥料要以速效氮肥为主，采用薄肥勤施。对轻微受冻，发生卷叶、黄叶、生长衰弱者，应立即向树冠喷施0.5%尿素水，每隔5 d一次，喷3次左右。对因受冻较重枝干大量截除者，因枝叶很少，肥水难以吸收，施肥容易伤根，春肥应少施或不施，但须注意松土除草工作。

（5）防治病虫：受冻植株极易感染病虫害（如柑橘树脂病、裙腐病及为害新梢嫩叶的炭疽病和螨类、蚧类、蚜虫、凤蝶、潜叶蛾等），应尽早防治。

（6）因受冻而花芽减少的树，要加强保花、保果措施。加强肥水管理、人工授粉等，尽量提高坐果率。对冻后的树体生长失去平衡造成大量花果及枝梢徒长的，应疏花疏果，控梢抹芽。疏除部分结果母枝，减少花量，稳果后应及时疏果。对过多梢芽，要及时抹除，增加营养物质的积累，促进枝芽成熟，增强树势。

（7）对冻害造成的病残树，虽然经过一个生长季的恢复，但树势仍不强健，对抗逆性还比较弱的果树要采取越冬保护措施，如涂白、培土、施防冻药剂等措施，以防止和减轻冻害。

任务实施

一、实训准备

（1）材料：一般果树、杏树或桃树、稻草、涂白剂。

（2）用具：显微镜、放大镜、刷子、锹、手锯、修枝剪、卡尺、钢卷尺，并应准备当地有关气象资料。

二、实训内容

1. 直立果树的防寒具体操作方法

防寒时期，在土壤封冻之前。时间为10月下旬至11月上旬，即霜降前后。不同地区可以根据当地、当年的气候条件而定。

（1）适时灌水。果树在土壤结冻之前灌一次封冻水，有助于土壤的保温。并可防止土壤的干旱和裂缝。灌水的时期以在土壤开始结冻期效果最好。

（2）枝干涂白。枝干涂白，可以减缓树体内因日光直射而引起的温度激变。预防日烧常采用此方法。秋天在落叶后即可进行涂白。

（3）树体包草。杏树在越冬前，将树干和主枝的基部用草包住，目的在于防止日光的直射，避免树体温度的激变。包草时，最好将主干以及主枝分叉处都包起来，避免枝叉处受冻。包草之后，根颈处用土培起来。

（4）幼树根颈培土防寒。在越冬前对幼树根颈处培土，土堆高30 cm左右，或者在树北面做1 m长、40 cm高的半圆形土围子防寒。

2. 萌芽前及萼片露出后进行冻害调查

（1）普遍观察各树种品种的越冬情况。

(2)在确定的树种品种中选择有代表性的典型植株,在树冠的上、下、内、外和四周选择有代表性的主枝或侧枝进行详细调查。

(3)根据冻害发生特点,确定重点调查项目,填写调查表格及统计并做文字记载。

3. 实训建议

(1)取样标准和调查数量要注意典型性,数量也不可太少。

(2)除春季调查外,可在夏秋季再进行一次植株生长状况调查,以了解植株的恢复能力。

三、实训报告

(1)苹果、梨、葡萄、杏防寒工作的要点是什么?有哪些体会?

(2)根据调查要求填写原始表格,自行设计整理表格,算出能代表冻害程度的数据和百分数。

(3)根据观察和调查资料,分析冻害与树种品种、嫁接方式、生长势、树龄、花芽着生部位、小气候及管理条件等方面的关系(可从中选择2~3项)。

四、实训考核与评价

考核项目	考核要点	等级分值				考核说明
		A	B	C	D	
态度	严格按照实训要求操作,团结协作,有责任心,注意安全	20	16	12	8	1. 考核方法:采取现场单独考核和提问方式;2. 实训态度:根据学生现场实际表现确定等级
操作技能	1. 初霜害预防措施; 2. 休眠期冻害的预防措施; 3. 晚霜冻害的发生规律及应采取的预防措施; 4. 高温伤害的发生规律及应采取的预防措施; 5. 其他灾害,如风害、雹害、雪害发生后应注意的事项; 6. 冻害调查资料	60	48	36	24	
结果	教师根据学生管理阶段性成果给予相应的分数	20	16	12	8	

课后练习

一、填空题

1. 果树防冻的核心思想是让果树"_____、_____、_____、_____"。

2. 果树发生冻害的部位有_____、_____、_____、_____、_____。

3. 请列举果树防寒抗冻的三个措施:_____、_____、_____。

4. _____是果树受冻的主要原因。

二、选择题

果树冬季防寒常用的方法有（　　）。
A. 树干涂白　　　B. 根颈培土　　　C. 树体缚草　　　D. 灌封冻水

三、简答题

1. 果树冻害的概念是什么？
2. 影响果树发生冻害的因素有哪些？
3. 果树的防寒抗冻措施有哪些？

知识拓展

一、果树被冻伤的处理方法

(1) 包扎树干。大冻害来临之前，用麦秸、稻草绳缠绕主干、主枝或做成草把捆绑树干，以防寒风侵袭，减轻冻害。捆草时，应将草顶部用绳捆紧在树干上，下面散开，不要整草扎紧，以防树干结冰，反遭冻害。

(2) 设置风障、绑扎防风篱笆。地势平缓地带，在果园外围西北侧用树枝、干草等编筑一道高约 1 m 的防风篱笆或挡风土埝，保护根颈不受冻。对小面积幼龄果园，可以用高粱、玉米秸秆每隔 2～3 行树苗设置防风障。

(3) 喷保护剂。用石硫合剂喷雾，或用机油乳剂与敌敌畏、乐果乳油混合稀释喷雾，使药剂均匀地附着在叶片上，既防冻又兼治虫。在低温冻害发生之前喷施石蜡 5 倍乳化液，或 150 倍羧甲基纤维素液等保护防冻剂 2～3 次，可密封枝条气孔，减少水分散失，预防抽条，延迟果树花期，提高树体汁液浓度，从而增强抗寒性。

(4) 撒施草木灰。在冬前清园松土时，每亩撒施约 350 kg 草木灰或适量粪肥与表土混合，以稳定和提高地温。

(5) 树盘覆盖。用稻草、麦秆、玉米秆或杂草覆盖树盘，既可保墒，又能提高地温。在树干周围 1 m 范围内铺设地膜、树叶、谷壳或木屑等，对保持和提高地温、防止果树冻害效果也很显著。对于幼树，最好采用覆膜防冻：每隔 100 m 左右插一个弧形支架，上盖塑料薄膜，四周用土压实压严。待翌春气温回升后，先揭开薄膜两端"放风"，等幼树逐渐适应外界环境后，再揭开全部薄膜。

(6) 营造防护林。在果园四周 30 m 以外的地方营造防风林，是一项长期有效的防寒抗冻措施。

(7) 培土防寒。入冬前结合中耕除草，在树根处、树干基部培土高 15～20 cm 保护根系，减轻冻害。春季及时撒土，提高地温，促进根系活动。

(8) 采取"暖带"栽植。建园时选择"暖带"区域。丘陵、山地避免在低洼处种植，以免霜打平地。在暖带栽种的果树一般霜冻较轻。

(9) 选择抗寒树种或品种。不同的树种或品种，其抗寒能力不同，在建园时应有所选择，做到适地适树栽种。

(10)增施肥料。采果前后，在树体外缘挖环形沟施入农家肥，搭配适量氮磷钾肥，施肥后浇上较淡的人粪尿，覆土。

(11)修剪。在晚秋或初冬季节，对落叶果树，特别是一至二年生落叶果树，可适当修剪或人工落叶，以减少树体消耗、增加积累，提高御寒防冻能力。

(12)高接换种。采用当地树苗高接，或在抗寒砧木上高接名、优、新、特、稀品种，均可提高植株的抗寒能力。

(13)涂白树干。在秋末冬初，结合清园对树干进行涂白。先将生石灰 5 kg 和盐 1 kg 分别用热水 20 kg 融化开，然后两液混合搅拌，再加上石硫合剂原液 0.5 kg、植物油 0.1 kg 搅拌均匀即制成涂白剂。可杀死树干的越冬病菌和虫卵；可增强阳光反射能力，减小昼夜温差的大幅变化，避免日灼夜冻。涂干时要将树干全部涂满，直到主侧枝的分杈处。

(14)清除积雪。下大雪时，最好及时摇动树体，抖落树干上的积雪，避免压伤枝条，减少冻害。

(15)冬灌防冻。在采果 1 个半月后、土壤"夜冻昼化"时，于果树行间挖沟，然后顺沟灌透水。水量以入夜前渗完为好。既可做到冬水春用、防止春旱、促进果树生长发育，又可以水蓄温，使寒潮期间地温保持相对稳定，从而减轻冻害。冬灌后，最好覆草，也可对地表浅锄，防止水分蒸发。

二、贵州果树保温防冻技术措施

根据实际做好火龙果、百香果、香蕉、杧果、荔枝、龙眼、澳洲坚果等热带果树的保温防冻工作；做好幼龄果树及枇杷、杂柑晚熟品种、红阳猕猴桃的保温防冻工作。对已成熟尚未采摘的水果要抓紧采收入库。主要技术措施如下：

(1)穿衣戴帽：采用稻草、农膜等遮盖树冠，特别是幼树和常绿果树；包裹主干、主枝，草的顶部要扎紧，而下部要散开，防止出现结冰现象。

(2)熏烟防寒：一般在晚上 11 点左右，在果园的上风头燃烧柴草、稻壳等，但是要捂暗火，使其多产生浓烟，尽量使烟雾能够笼罩果园上空。

(3)设置风障：用树枝、干草等编筑 1 m 左右的篱笆，以此保护树体根颈部不受冻。

(4)树盘覆盖、培土：采用稻草、杂草或者是薄膜覆盖在树盘内，这样一方面可以保墒，另一方面也能够提高地温，幼树更应如此。另外，在树盘周围培土也是一个不错的选择，取果树行间土壤进行培土，培土高度在 30 cm 左右。

(5)施用热性肥料或喷施保护剂：在寒流前 1~2 d，有条件的果园可用羊粪等热性肥料覆盖树盘，注意不要紧贴树干。低温出现之前喷施 5 倍的石蜡乳化液，通过密封枝条的气孔，减少树体水分散失，以此提高树体的抗寒性。

(6)灌水防寒：寒潮来临前，果园灌水蓄温，使寒潮期间地温保持相对稳定，从而减轻冻害。

(7)降雪期间要及时摇落树上积雪，不要让积雪在树上凝冻，避免压塌树枝造成机械伤、诱发冻害。

项目三　果树生产案例

学习目标

知识目标

1. 了解柑橘、梨、桃等南方果树的主要品种及生长特性；
2. 了解柑橘、梨、桃等南方果树对环境条件的要求；
3. 掌握柑橘、梨、桃等南方果树的栽培管理技术。

能力目标

1. 能够对柑橘、梨、桃等南方果树进行品种识别与分类；
2. 能够掌握柑橘、梨、桃等南方果树对环境条件的要求；
3. 能够运用果树春、夏、秋、冬四个季节的生长发育特点准确制定柑橘、梨、桃等南方果树的周年管理历。

素养目标

1. 融入"大国三农"理念，树立建设农业强国的历史使命；
2. 在南方果树品种识别与分类的过程中，培养科学、严谨的工作态度；
3. 从果树生长发育与环境之间的相互关系入手，培养绿色发展理念；
4. 从果树周年历的制定过程中提升专业素养，培养精益求精的工匠精神。

案例一　柑橘生产技术

一、生产概况

柑橘是热带、亚热带常绿果树，是世界第一大水果，也是我国南方的重要果树之一。

柑橘营养丰富，其果实酸甜多汁、清香爽口，色、香、味俱佳，深受消费者欢迎。柑橘除鲜食外，还可以加工成果汁、果酱、罐头、蜜饯等多种食品，其中橙汁是世界上最受欢迎的果汁。果皮、花、叶可提取香精油；果实、橘皮、橘络等是优良的中药材；果渣、果皮可提制果胶、酒精和柠檬等。柑橘品种繁多，鲜果供应期长，从 9 月至翌年 5 月均有鲜果成熟，结合贮藏保鲜，可做到周年供应。

柑橘周年管理技术

柑橘是一种早结、丰产、稳产、优质、高效的果树，种后 3 年可开始结果投产，5 年便能丰产，每 667 m² 的产量可达 2 000～3 000 kg，高者可达 5 000 kg 以上。柑橘适应性较强，在我国南方各省因地制宜发展柑橘生产，对调整农业生产结构、发展多种经营、搞活农村经济、促进对外贸易、绿化荒山荒地、治理水土流失、保持生态平衡具有十分重要的意义。

我国是世界柑橘的主要原产地，柑橘在我国已有4 000多年的栽培历史。全世界现有100多个国家和地区栽培柑橘，除我国外，还有美国、巴西、西班牙、日本、以色列、摩洛哥等国盛产柑橘。我国柑橘的经济栽培主要集中在北纬20°～30°，遍及华东、中南、西南、西北等地。江西、四川、浙江、湖南、广西、福建、广东、湖北、云南、贵州、台湾等地是我国柑橘的主产区。

20世纪80年代以来，我国柑橘生产进入了快速发展的新时代。1980年，我国柑橘栽培面积为26.9万hm^2，总产量111万t；到2004年，我国柑橘栽培面积已达162.73万hm^2，居世界首位，总产量1 496万t，占全国水果总产量的17.8%，居世界第三位，仅次于巴西和美国。

1. 当前我国柑橘生产存在的问题

（1）品种结构不合理：中熟品种偏多，早、晚熟品种偏少；鲜食品种多，加工品种少；宽皮柑橘多，橙类、柚类及杂柑类少。

（2）管理粗放，产量低。

（3）果实品质尤其是外观品质差。

（4）适时采收及分级、包装、防腐保鲜等采后商品化处理环节还有待于改进和加强。

（5）无公害标准化生产技术尚未普及到位。

（6）柑橘检疫性病害的防治亟待加强。

2. 全球柑橘业的发展趋向

（1）加工品种所占比例将进一步增加，鲜食柑橘将以杂柑为发展热点。

（2）随着人们对食品安全性要求的不断提高，在栽培手段上更加重视无公害和绿色化栽培。

（3）随着世界经济全球一体化进程的推进，市场竞争日益激烈，加上现代化育种手段、工厂化育苗技术的进步，柑橘品种的更新换代速度将进一步加快。

二、主要种类与品种

（一）主要种类

柑橘是属于芸香科（Rutaceae）、柑橘亚科（Aurantinoi deae）、柑橘族（Citreae）、柑橘亚族（Citrinae）的一群植物。柑橘类植物种类繁多，其中生产上最重要的是枳属、金柑属和柑橘属（表3-1）。

表3-1 枳属、金柑属、柑橘属的主要区别

属名	主要性状
枳属	落叶，三出复叶，子房多茸毛，果汁有苦辣油脂
金柑属	常绿，单身复叶，叶脉不明显，子房无茸毛，果小，果汁无脂
柑橘属	常绿，单身复叶，叶脉明显，果大，果汁无脂

(二)主要品种

1. 甜橙类

(1)锦橙。锦橙原产于四川、江浙地区,树势强健。果实长椭圆形,果皮橙红色,较光滑,果肉橙色,细嫩化渣,酸甜适口,种子少,单果重150~250 g。11月下旬至12月上旬成熟。丰产性好、品质优、耐贮运,是优良的鲜食和加工兼用品种(图3-1)。

(a) (b)

图3-1 锦橙果实

(a)示意一;(b)示意二

(2)红江橙。红江橙又名改良橙,可能是柳橙和福橙偶然发生的嵌合体,既有橙的特点,又有橘的特点。果实圆球形,单果重约120g,果定有印圈,果皮橙黄色,有光泽;果肉有红、黄或红黄相间三种类型,以红肉品系品质优良,汁多,清甜,浓香,可溶性固形物含量为12%~13.5%。11月下旬至12月上旬成熟。红江橙适应性广,抗逆性强,丰产稳产(图3-2)。

(a) (b)

图3-2 红江橙果实

(a)示意一;(b)示意二

(3)伏令夏橙。伏令夏橙原产于西班牙,从美国引入。我国四川较多,湖北、广西、福建等地也有栽培,是世界柑橘加工的重要优良品种。果实呈椭圆形或圆形,单果平均重120~150g,果面为橙色或橙红色,可溶性固形物含量为10%~14%,果汁色、香、味良好,出汁率43%。成熟期为翌年4月底至5月初(图3-3)。

（a）　　　　　　　　　　　　　　　（a）

图 3-3　伏令夏橙果实

(a)示意一；(b)示意二

(4)奥灵达夏橙。奥灵达夏橙原产于美国加州，从伏令夏橙实生苗中选出。果实长圆形，单果重145g，果皮橙色，较光滑，可溶性固形物含量约为11%，肉质较细、脆、化渣，汁多味浓，有香气，品质优良。果实5月上旬成熟。幼树树势旺，丰产稳产(图3-4)。

（a）　　　　　　　　　　　　　　　（b）

图 3-4　奥灵达夏橙果实

(a)示意一；(b)示意二

(5)纽荷尔脐橙。纽荷尔脐橙原产于美国，果实呈长椭圆形或倒阔卵圆形，较大，单果重170～265g。果面光滑，一般为橙红色或深橙色。肉质脆，风味浓甜，可溶性固形物含量为12%～14.1%。果实成熟期为11月上中旬。该品种在同类脐橙中果型较好，商品性较佳，但对不良环境的适应能力稍差，果型不整齐，产量不稳定(图3-5)。

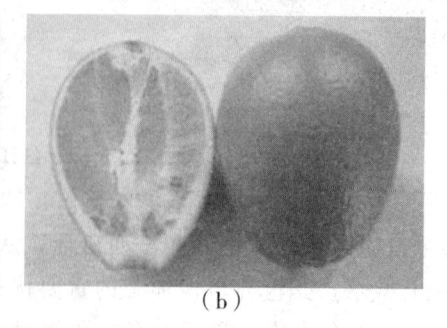

（a）　　　　　　　　　　　　　　　（b）

图 3-5　纽荷尔脐橙果实

(a)示意一；(b)示意二

(6)朋娜脐橙。朋娜脐橙原产于美国，果实圆球形，单果重约260g，果皮呈深橙黄至橙红，果肉脆嫩，较化渣，汁多，糖酸含量高，甜酸可口，风味浓；适应性强，结果早，丰产稳产。朋娜脐橙存在的问题：结果多时会出现果实大小不均的情况，裂果、落果较为严重(图3-6)。

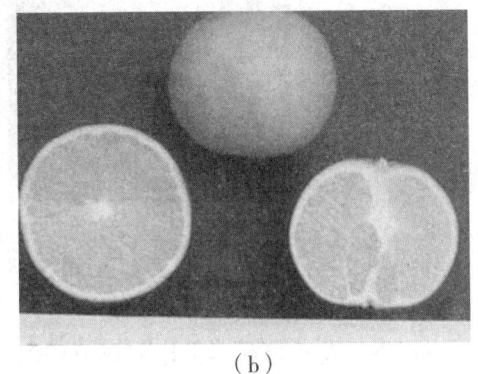

(a)

(b)

图3-6 朋娜脐橙果实
(a)示意一；(b)示意二

(7)脐橙4号。脐橙4号是中国农业科学院柑橘研究所选育。果实呈扁球形，平均单果重250g；果皮橙黄，较光滑，多闭脐，不易裂果、落果。成熟时可溶性固形物含量为12%以上，风味浓甜，汁多，品质上等，耐贮藏。脐橙4号11月中旬成熟，树势中强，丰产性特强(图3-7)。

(a)

(b)

图3-7 脐橙4号果实
(a)示意一；(b)示意二

(8)福本脐橙。原产于日本，单果重200~250g，果型短，呈椭圆形或球形，多闭脐，果梗周围有明显的短放射沟纹，果面光滑，橙红，果皮中厚，较易剥离。果肉脆嫩、多汁、风味甜酸适口，富有香气，品质优。在重庆地区，其果实11月下旬成熟(图3-8)。

图 3-8 福本脐橙果实
(a)示意一；(b)示意二

(9)塔罗科血橙新系。塔罗科血橙新系是中国农业科学院柑橘研究所从原产意大利的塔罗科血橙中选育的珠心系优良品种。其生长势强，是甜橙中生长势最旺的品种。果呈梨形至短椭圆形，单果重200g以上。果面光滑，紫红色，果肉细嫩化渣，汁多味浓，有玫瑰香味，可溶性固形物含量为12.8%，无核。在1月中下旬成熟(图3-9)。

图 3-9 塔罗科血橙新系果实
(a)示意一；(b)示意二

(10)脐血橙。脐血橙原产于西班牙，树势中等。果实椭圆形，单果重150～200g，大小不均。果面光滑，橙色，充分成熟时为紫色，果肉带紫红色斑块，脆嫩化渣，酸甜适中，富香气，无核。品质上等。翌年1—2月成熟，耐贮运，早结、丰产(图3-10)。

图 3-10 脐血橙果实
(a)示意一；(b)示意二

(11)冰糖橙。冰糖橙又名冰糖柑,原产于湖南洪江市,系当地普通甜橙的变异,湖南栽培较多,四川、重庆、贵州、两广有少量栽培。其主要特点:树势健壮,树姿开张,枝梢较粗壮。叶片呈椭圆形,较宽大;果实近圆形,橙红色,果皮光滑;单果重150~170 g,可溶性固形物含量为14.5%,糖含量为12 g/100 μg以上,酸含量为0.6 g/100 μg,味浓甜带清香,少核,一般为3~4粒。11月上中旬成熟,果实较耐贮藏。冰糖橙品质好,味浓甜,也较耐寒。近年又选出仁4号、仁5号优良株系,果实较大,果汁较多,产量较高(图3-11)。

图3-11 冰糖橙果实
(a)示意一;(b)示意二

此外,在生产上适宜栽培的甜橙品种还有新会橙、哈姆林甜橙、暗柳橙、雪柑、纳维林娜脐橙、华盛顿脐橙、罗伯逊脐橙等。

2. 宽皮柑橘类

(1)椪柑。椪柑又名芦柑,主产于福建、广东、广西、浙江、湖南等地。树势强健,直立性强。果高扁圆形或扁圆形,果大,单果重110~150g。果皮较厚,橙黄色,有光泽,果皮易剥离。囊瓣肥大,汁多味甜,脆嫩爽口,品质极佳。11月下旬至12月上旬成熟,较耐贮运。椪柑是我国橘类中极优良的品种,主要有硬芦、椪芦、潮州芦等品系,以硬芦产量高,品质好。目前发展的椪柑优良品系有太田椪柑、黔阳无核椪柑等(图3-12)。

图3-12 椪柑果实
(a)示意一;(b)示意二

(2)温州蜜柑(图3-13)。温州蜜柑原产于浙江,主产于浙江、湖南、湖北、广西等地。果实中等大,为扁圆形、圆锥状扁圆形或球形,果面橙色,果皮较厚,汁胞短粗柔软,味甜少酸,无核。柑橘成熟期可分为特早熟、早熟、中熟和晚熟温州蜜柑。目前生产上主要发展特早熟和早熟温州蜜柑。特早熟的温州蜜柑有宫本、桥本、胁山、日南一号等;早熟的温州蜜柑有兴津、宫川(图3-14)、龟井、山下红等。

图3-13 温州蜜柑果实　　　　图3-14 宫川果实

(3)南丰蜜橘。南丰蜜橘原产于江西,树势强健,树冠开张。果扁圆形,果小,单果重25～50 g,果顶多有脐。果皮薄、橙黄色,油胞小而密。果肉柔软多汁,风味浓甜,有香气。可溶性固形物含量为14%,种子1～2粒或无核。11月上旬成熟。不耐贮藏(图3-15)。

(a)　　　　(b)

图3-15 南丰蜜橘果实
(a)示意一;(b)示意二

(4)砂糖橘。砂糖橘原产于广东,果实扁圆形,色泽橙黄,易剥离,单果重50～100g,可食率为71%,果肉爽口,多汁化渣,味清甜。11月上旬成熟。丰产稳产(图3-16)。

(a)　　　　(b)

图3-16 砂糖橘果实
(a)示意一;(b)示意二

3. 柚类

(1) 沙田柚。沙田柚原产于广西容县，果实中等大，单果重 1 000～1 500 g；果实葫芦形或梨形，果面橙黄色，果皮光滑，果肉脆嫩、清甜汁少、有香气，可溶性固形物含量为 15.7%，种子多，品质优良。11 月中下旬成熟，耐贮藏。树势强健，丰产稳产（图 3-17）。

图 3-17 沙田柚果实
(a)示意一；(b)示意二

(2) 琯溪蜜柚。琯溪蜜柚原产于福建，果实倒卵形或圆锥形，单果重 1 500～2 000 g，最大可达 4 700 g。果色淡黄，皮薄。果肉柔嫩多汁，甜酸可口，香气浓郁，无核，可溶性固形物含量为 10.5%～12%，品质优。果实于 10 月下旬成熟，较耐贮藏。树势强健，适应性强，丰产稳产（图 3-18）。

图 3-18 琯溪蜜柚果实
(a)示意一；(b)示意二

(3) 梁平柚。梁平柚原产于四川，果色金黄，具色泽，果皮中厚。单果重 1 000～1 300 g，果肉细嫩多汁，可溶性固形物含量为 11%～13%，可食率为 60.5%～66.7%，少核，味甜，略带苦麻余味，品质好。果实 10—11 月成熟。树势中等，丰产稳产（图 3-19）。

图 3-19 梁平柚果实
(a)示意一；(b)示意二

4. 杂柑类

(1)清见。清见原产于日本，是特罗维塔甜橙与宫川温州蜜柑的杂种。树势中等，枝条似温州蜜柑，长而披垂。果实扁圆形，单果重200～250 g。果皮橙黄色，较光滑，稍厚，较温州蜜柑剥皮稍难。无核，果肉细嫩多汁，酸甜爽口，品质好。成熟期3月上旬，晚熟。内膛结果能力强，丰产(图3-20)。

图 3-20 清见果实

(a)示意一；(b)示意二

(2)天草。天草原产于日本，是清见和兴津的杂交后代再与佩奇橘杂交而成。果实呈扁球形，果形指数1.20左右。果皮橙红色，果面光滑，果形美观。单果重约200g，大小整齐。果皮较薄，剥皮稍难，但比清见容易。果肉细嫩化渣，酸甜可口，无核，品质优良。成熟期12月下旬至翌1月下旬。树势中等，丰产稳产(图3-21)。

图 3-21 天草果实

(a)示意一；(b)示意二

(3)不知火。不知火原产于日本，是清见和椪柑杂交育成。果实梨形，一般果蒂有明显的突起。果皮易剥，果面较粗糙，呈橙色。果实大，单果重200～280g，肉质脆嫩，无核，风味极佳。成熟期12月下旬至翌年3月，晚熟。树势中等，适应性强，丰产，最适在冬季无严寒的中、南亚热带气候区栽培(图3-22)。

(a) (b)

图 3-22 不知火果实

(a)示意一；(b)示意二

三、生物学特征

(一)生长特征

1. 根系

柑橘嫁接树根系分布较深，须根特别发达，少有根毛，主要靠菌根吸收水分和养分。根系开始生长的温度为 12 ℃，生长适宜温度为 23~30 ℃，超过 37 ℃根系生长弱，甚至停止。结果树一年中有 3 次生长高峰，与新梢呈交替生长，春梢、夏梢和秋梢生长停止后是根系生长高峰期。土层深厚、肥沃、疏松透气、地下水水位低而湿润的土壤有利于根系生长和高产稳产。

2. 芽与枝梢

(1)芽。柑橘的芽为复芽，每个叶腋一般有 2~6 个芽，故在一节上往往能萌发数条新梢，具有丛生生长的现象；柑橘的芽具有早熟性，因此可一年多次抽梢；柑橘的花芽为混合芽，萌发后先抽枝叶，在所抽的枝上开花结果；柑橘的隐芽寿命长，如受刺激，则能随时萌芽，有利于衰老树的树体更新。

(2)枝梢特征。柑橘新梢延长生长停止后，在顶端 2~4 节产生离层，而自行脱落的现象称为顶芽自剪，又称为顶芽自枯，柑橘的枝梢还具有下垂性、丛生性等。

(3)枝梢生长。柑橘一年可多次抽梢，在华南地区，幼年树每年可抽梢 3~5 次，成年结果树抽梢 2~3 次。根据抽生时期可分为春梢、夏梢、秋梢和冬梢。

1)春梢。一般在立春至立夏前(2—4 月)抽生。春梢萌发较整齐，数量多，枝条充实，节间较短，叶小而较狭长，先端尖，翼叶小。春梢期 30~40 d。通常幼树、旺树春梢多为营养枝，春梢营养枝能继续抽发夏梢和秋梢；壮年、老年树则春梢多为结果枝，春梢营养枝亦可成为第二年优良的结果母枝。

2)夏梢。一般在立夏至立秋前(5—7 月)陆续抽发。夏梢抽梢不整齐，但生长旺，呈三棱形，节间较长，叶大、两端圆钝，翼叶大。幼树发生夏梢较多，可用来栽培骨干枝，加速树冠形成，提早结果。但初结果树抽枝夏梢会加剧落果，因此抹除夏梢是减少落果的主要措施。充分发育的夏梢也是良好的结果母枝。

3）秋梢。一般在立秋至立冬前（8—10月）抽生。枝长度、节间及叶的大小介于春梢和夏梢之间。秋梢是最重要的结果母枝，以8月秋梢最好，9月以后抽生的晚秋梢因温度低，枝叶不充实，影响花芽分化。

4）冬梢。在立冬前后抽生，长江流域一带极少发生；华南在暖冬肥水较好的或幼旺树上多抽生。但冬梢抽生，会影响夏、秋梢养分积累，不利于花芽分化，应防止冬梢的抽生。

3. 叶片

除枳壳为落叶性的三出复叶外，其余均为常绿单身复叶。叶片寿命一般为17～24个月，甚至更长。延长叶的寿命、减少落叶是丰产优质的重要条件。柑橘叶片除具有一般果树的功能外，在低温季节还有约40%的树体全氮贮藏在叶内。

(二) 结果习性

1. 花芽分化

(1) 花芽分化时期。大多数柑橘品种一般在果实采收前后到翌年春季萌芽前进行花芽分化，属于冬春分化型；金柑属和枸橼类能四季成花，在春梢、夏梢、秋梢各次梢停止生长后都能花芽分化，属于多次分化多次结果的果树。根据各地观察，柑橘花芽分化时期见表3-2。

表3-2　柑橘花芽分化时期

种类、品种	地点	分化期	种类、品种	地点	分化期
甜橙	重庆	11月20日至翌年1月上旬	温州蜜柑	浙江黄岩	2月下旬至3月初
雪柑	福建	12月30日至翌年1月5日	温州蜜柑	湖南长沙	12月下旬起
雪柑	台湾林土	1月6日至2月3日	温州蜜柑	湖北宜昌	11—12月开始
暗柳橙	广州	11月上旬开始	红橘（福橘）	福州	11月5日—25日
椪柑	福建	1月13日至2月6日	蕉柑	台湾林土	11月5日至翌年1月20日
椪柑	台湾林土	1月26日以后	蕉柑	广东杨村	11月开始

（引自《果树栽培学各论》，黄德灵）

(2) 花芽分化条件。柑橘的花芽分化需要在适宜的条件下才能完成。首先是物质基础，植株健壮，秋梢及时停止生长和充实，是促进花芽分化的基础保证。其次是适宜的环境条件，适当低温和干旱是促进花芽分化的重要条件。在亚热带温暖湿润的气候条件下，低温是柑橘花芽分化的主要因素，柑橘花芽分化要求的适宜温度为5～13℃，在适温范围内，花芽数量的多少与冬季低温的长短成正相关。在热带高温湿润地区，干旱成为花芽分化的主要因素。另外，光照良好，有利于柑橘的花芽分化，能增加花芽数量。

2. 结果特性

(1) 结果母枝。柑橘只要枝梢生长健壮，无论春梢、夏梢、秋梢都可成为结果母枝，但主要以春秋梢为主要结果母枝。多年生枝也可形成结果母枝，但数量很少。

(2)结果枝。柑橘结果枝依其开花习性和叶的着生状况，通常分为4种，即有叶花序枝、有叶单花枝、无叶花序枝、无叶单花枝。甜橙、宽皮柑橘类以有叶花枝结果为主，有叶单花枝结果能力较强，坐果率高。柠檬、柚、金柑等以无叶花枝结果最好。

3. 花与开花

(1)花。柑橘的花为完全花，能自花结实。但因品种的遗传特性、营养和外界条件的影响，柑橘畸形花很多，畸形花坐果率很低。

(2)开花。从现蕾到开花需20～30 d。柑橘开花的早晚与种类、品种及所在地区的气候等有关。在长江流域，以枳壳开花最早，一般在3月开花；柚类在4月中旬；甜橙比柚类迟1周；温州蜜柑在4月底至5月初；金柑开花最迟，但能在6—8月多次开花；柠檬则全年都能开花。一般甜橙花期为10～15 d。

4. 果实与果实发育

(1)果实。柑橘的果实为柑果，由子房发育而成。柑果由外、中、内果皮组成，果实的食用部分是内果皮(瓤囊)表皮的毛状细胞发育而成的汁胞(沙瓤)，成熟后的汁胞充满果汁。柑橘大部分品种都能自花结实，有的品种不经受精也能形成无籽果实，如脐橙、温州蜜柑等。

(2)生理落果。柑橘坐果率低，一般为1%～5%。大多数品种有两次明显的落果高峰期，第一次生理落果在谢花后的1～2周，幼果带果梗脱落；第二次生理落果主要在谢花后的一个月左右开始，落果期主要在6月。生理落果的原因：第一次主要是由于花器官发育不良或授粉受精不良所引起；第二次主要是由于树体养分不足造成。此外，花期低温多雨、土壤积水、病虫害等也会加剧生理落果。

(3)果实发育。柑橘果实发育期的长短因种类、品种而不同。通常早熟品种需150～160 d，中熟品种需180～200 d，晚熟品种需240～390 d。

柑橘果实发育一般可分为3个明显时期：

①细胞分裂期：从开花至6月底基本停止落果止。特点：细胞数量不断增加，而细胞体积和质量增加缓慢，果实增大主要是果皮的厚度增加。此时期最需氮肥和磷肥，缺氮会引起严重落果，缺锌、硼也引起落果。

②细胞增大期：从7月生理落果停止后至果实成熟前。8月中旬、10月上旬各出现一次增长高峰。第一次高峰期主要是细胞质的增加，需充足的养分；第二次主要是砂囊体积的增大、汁液增加，又称上水期，此时需要充足的水分和钾肥。

③果实成熟期：从10月果实着色到果实完全成熟为止。此期果实增长缓慢，主要是汁胞内充实果汁，积累养分，增加果重和使果皮着色。

(三)对生态环境条件的要求

柑橘原产热带雨林地带，在长期的系统发育过程中，形成了喜温怕冷、喜光怕晒、喜湿怕浸的特征。

1. 温度

柑橘喜欢冬暖夏凉的气候，对温度要求严格。柑橘生产要求经济栽培地区年平均温度为 15～23 ℃，年有效积温在 4 500 ℃以上，耐寒性较弱，临界低温为 -5 ℃，但在此温度时大多数品种受不同程度的冻害；柑橘的开始生长温度为 12.8 ℃，生产最适宜温度为 23～29 ℃，达 37～38 ℃时生长受抑制。

2. 光照

柑橘较耐阴，散射光有利于增强光合作用，直射光过强，往往不利于柑橘生长，易引起果实和枝叶日灼。但柑橘要获得高产和优质，也需要较好的光照，日照充足，枝叶生产健壮，叶小而厚，含氮、磷较高，花芽分化良好，结果多而产量高，着色好，香气浓，能提高糖和维生素 C 含量。

3. 水分

柑橘性喜湿润，周年需水量大，年降水量以 1 200～2 000 mm 为宜。在柑橘生长季节若降雨少或干旱，则必须灌水，保持土壤田间最大持水量的 60%～80%，空气湿度维持在 75%，否则果小质差。甜橙对水分最敏感，不耐旱；柑橘次之；枳、酸橘耐旱。

4. 土壤和地势

柑橘好气好水，对土壤的适应性较广，要求土壤深厚，土质疏松，结构良好，富含有机质。一般要求土壤有机质含量在 3%以上。土壤酸碱度以 pH5.5～6.5 的微酸性土壤为宜，pH>8.5 或 pH<5.0 的土壤种柑橘易出现缺素症。山地、丘陵、平地和江河冲积地都能种植。

四、主要生产技术

(一) 育苗

柑橘常用嫁接育苗。砧木以枳壳为主，其次为酸橘、柠檬、红橘、枳橙、酸柚等（表 3-3）。根据生产需要可采集充分成熟的砧木果实取得种子，洗净阴干，可春播、秋播或随采随播。

表 3-3 柑橘常见砧木及特征

砧木品种	砧木品种特征	适宜嫁接品种
枳	矮化砧。耐寒，可耐 -20 ℃的低温；耐旱、耐湿；嫁接后能使树冠矮化、结果早、丰产、品质优。抗病，抗根腐病、流胶病等病害，但不抗裂皮病，在盐碱土上表现为黄化	温州蜜柑、椪柑、甜橙、金柑、沙田柚
酸橘	乔化砧。主根深，根系发达，适应性强。嫁接后，树冠高大、健壮，寿命长，丰产、稳定，品质优良	椪柑、蕉柑、甜橙

续表

砧木品种	砧木品种特征	适宜嫁接品种
柠檬	嫁接后树冠较矮化,生长快,早结,丰产。但根系浅,不耐旱,不适宜在山地栽培	蕉柑、椪柑、甜橙
红橘	主根深,根系发达,抗旱、耐湿,较耐盐碱,对土壤适应性强。嫁接后树冠高大,结果较迟,产量高,果型大,皮较薄,充分成熟后着色较红,但有些品种嫁接后含酸量较高	温州蜜柑、蕉柑、甜橙、红橘
枳橙	根系发达,耐寒抗旱,耐瘠薄,生长势较旺,较耐粗放管理。嫁接后树体稍矮化,结果早,丰产,成熟期较早,果实固形物的含量高,风味浓	脐橙、夏橙、哈姆林、血橙、温州蜜柑、柚类
酸柚	根系发达,树势旺,适应性强,产量高	沙田柚等良种柚

柑橘嫁接从2—11月都可进行,春季以切接法为主,秋季以腹接法为主,芽接最好在6—9月进行。接穗应从树势健壮、丰产优质、无病虫害的树冠外围中、上部选取一年生已木质化的春梢或秋梢。加强嫁接后的管理,提早出圃。

当前,随着生产发展和技术水平的提高,传统的露地育苗逐渐为先进的工厂化脱毒容器育苗所取代。

(二)建园

1. 园地选择

优质柑橘应选择在柑橘生产最适宜的区域。丘陵山地还应考虑海拔高度、坡度、坡向、土壤状况、水源和交通等问题。建园的海拔高度,以甜橙600 m以下,宽皮柑橘700 m以下为宜。在坡度25°以内为好。在中、深丘陵和低山地带建园,除限制高度外,最好选择南坡、东南坡和西南坡,地势开阔的东坡和西坡也可以建园。在坡度5°以下的缓坡平地、江河两岸以及水田建园时,必须注意排水。大水体周围,因温湿度变化不剧烈,不易受冻,最宜选择建园。

2. 栽植

柑橘一般可在春季2月下旬至3月中旬春梢萌动前栽植。冬季无冻害地区可在秋冬季10—11月中旬种植,春夏4—5月春梢停长至夏梢抽生前的雨季栽植成活率也高,容器育苗可四季栽植。

柑橘比较耐阴,适合矮化密植和计划密植。柑橘的密度依砧木、品种、栽培环境和管理水平的不同而异。通常柑橘栽植密度为:平地——柚的株行距为5m×6m;甜橙为3m×4m或4m×5m;宽皮柑橘为3m×4m或3m×5m;金柑为2m×3m。山地可适当密些,也可实行"二倍式计划密植",在永久株的株间加密1株,在果树封行后及时进行回缩修剪或间伐、间移。

(三)土肥水管理

1. 土壤管理

(1)土壤改良。柑橘建园时,实行穴或条沟深翻改土的,在幼树定植后的2~3年,应继续在定植沟或定植穴外缘扩穴(或条沟)深翻,增施有机肥,以加深和改良土壤,以利于根系生长和扩展。成年果园若多年未进行深翻改土,导致土壤板结,根系衰老,也应改土和更新根系。

深翻改土一般在9—10月或翌年3月进行为宜。深翻的深度以60~80 cm深为宜。

(2)间作。幼龄柑橘园利用行间空地间作经济作物或绿肥,达到以园养园或改良土壤的目的。绿肥在盛花期或嫩荚期翻埋入土。间作时注意留出树盘,不种高秆作物、藤本作物等,避免与柑橘争肥、争水、争光。

(3)覆盖。利用绿肥、稻草、作物秸秆等覆盖果园,覆盖厚度10~30 cm。覆盖的方式有全园覆盖、树盘覆盖、全年覆盖和季节性覆盖,生产上常用的是季节性覆盖和树盘覆盖,覆盖结束后将腐烂的覆盖物翻埋入土,也可采用地膜覆盖。

2. 施肥

(1)柑橘的需肥特点。柑橘一年多次抽梢,周年都在生长,挂果时间长,结果量大,需从土壤中吸收大量的养分。如果营养不足,则柑橘生长结果不良。缺肥缺水是造成小老树或低产园的主要原因之一。

施肥也对柑橘品质影响很大,在土壤瘠薄地栽培柑橘,果小、色差、味淡,在有效氮含量多的肥土上种柑橘,粗皮大果、着色不良、延迟成熟、皮厚味酸、不耐贮藏。实践证明,定植时施足基肥,以后每年深施一次有机肥,夏秋施用磷肥,可促进花芽分化,增加果实含糖量,降低含酸量,提早成熟,着色良好;增施钾肥,可以增大果实,增加单果重,提高耐贮性。

(2)土壤施肥。

①幼树施肥。以氮肥为主,配合磷、钾肥,勤施薄施。每年施肥6~8次。在各次根系生长高峰和新梢抽生前7 d施入。一般一至三年生的柑橘树每株可施尿素0.5~1.2 kg与适量腐熟人粪尿、磷肥等。

②成年结果树施肥。全年施肥3~5次,主要围绕4个时期施肥。

a. 采果肥(基肥):在采果前后施,以有机肥和过磷酸钙为主,配合适量速效肥。采前施速效氮肥和钾肥,提高果实品质;采后结合果园深耕重施有机肥。此次肥料量大,可占全年施肥量的40%~50%。

b. 萌芽肥:在柑橘萌芽前10~15 d施用,多数产区一般在2月中旬至3月上旬施入速效氮、磷肥或复合肥。在施肥的同时,灌水2~3次。这次施肥的主要作用如下:维持老叶机能,减少春季花期前后的落叶;促进花器发育完全,提高花芽质量,提高坐果率;促进萌芽抽梢整齐,春梢生长健壮。温州蜜柑常因春梢抽生过旺导致落花落果严重,萌芽肥可不施或少施。萌芽肥占全年施肥量的20%左右。

c. 稳果肥:在花谢到3/4或在第一次生理落果后期(5月中下旬)施下。在落花后施速效氮肥,对减少第一次生理落果、提高坐果率有明显效果,特别是对于多花树、小老树或老弱树更为有效。但是,对于初结果树和少果的壮旺树,可以少施或不施,以避免氮肥过量,导致抽发大量的夏梢,加重梢果矛盾,引起大量落果。稳果肥占全年施肥量的5%左右。

d. 壮果肥:一般在7月中旬至8月上旬放梢前10～15 d施用。主要作用是促进果实膨大,秋梢生长健壮,培养优良结果母枝。此次施肥量较大,氮、磷、钾肥配合施用。壮果肥占全年施肥量的30%左右。

(3)施肥量。施肥量根据品种、树龄、产量和土壤条件等综合因素来确定。全年施肥量一般可按每1 000 kg果实施纯氮5～7 kg计算,根据树龄大小确定氮、磷、钾的比例,氮:磷:钾的比例通常为1:(0.4～0.6):(0.5～0.8)。也可根据经验施肥:每hm^2施饼肥6 000 kg、尿肥450 kg、过磷酸钙450 kg、硫酸钙600 kg;或每hm^2施腐熟人兽粪尿30 000～37 500 kg、尿素675 kg、过磷酸钙675 kg、硫酸钾750 kg。柑橘不同树龄年施肥量见表3-4。

表3-4 柑橘参考施肥量

树龄	施肥时期	肥料种类及数量/(kg·株$^{-1}$)
一至五年幼树	秋末基肥	腐熟猪牛粪15,饼肥0.3～0.5(或磷肥、火土灰适量)
	萌芽肥	腐熟人粪尿1～2,或尿素0.1
	壮梢肥	尿素0.1,绿肥10～15
	夏梢肥	尿素0.1,腐熟猪牛粪10
	秋梢肥	尿素0.1～0.2,或腐熟人粪尿5～10,绿素10～15
六至十年生结果树	秋末基肥	腐熟猪牛粪50,尿素0.1,过磷酸钙0.3～0.5
	萌芽肥	腐熟人粪尿7～8,尿素0.1～0.2
	稳果肥	腐熟猪牛粪10,尿素0.1,过磷酸钙0.3～0.5
	壮果肥(7月)	腐熟猪牛粪7～8,尿素0.1～0.2
	壮果肥(9月)	腐熟饼肥2或腐熟猪牛粪20,尿素0.1
十年生以上成年结果树	秋末基肥	腐熟猪牛粪70～100,尿素0.2,过磷酸钙1
	萌芽肥	腐熟人粪尿10～15,尿素0.2～0.3
	稳果肥	腐熟猪牛粪10～20,尿素0.2,过磷酸钙1
	壮果肥(7月)	腐熟猪牛粪10～15,尿素0.2～0.3
	壮果肥(9月)	
	壮果肥(9月)	腐熟饼肥3～4或腐熟猪牛粪30～40,尿素0.2

(4)叶面施肥。新梢生长期间叶面喷施0.3%～0.5%的尿素和0.2%的磷酸二氢钾,促进枝梢生长充实;在花期喷施0.2%的硼砂和0.3%的尿素等,可以促进花粉发芽和花粉管的伸长,有利于授粉受精;在谢花后喷施0.3%～0.5%的尿素和0.2%的磷酸二氢钾等,可以减少落果,提高坐果率;在7—9月,果实迅速膨大期喷施0.3%磷酸二氢钾

等,有壮果、促梢、壮叶的作用;在9—11月喷施叶面肥,可促进花芽分化,减少冬季落叶等。

3. 合理排灌

柑橘属于需水较多的果树,一年中的水分管理要做到:春湿、夏排、秋灌、冬控。萌芽前的灌水最关键,特别是遇到干旱季节一定要及时灌水。但在花芽分化期、采果前15～20 d要控制水分。南方柑橘园着重在下列几个时期进行排水及灌水。

开花坐果期(4—6月):此时期正逢雨季,必须加强柑橘园的开沟排水,夏季若遇高温干旱应及时灌水。

果实迅速膨大期(7—9月):正值干旱季节,如连续干旱10～15 d必须开始灌水,以后每隔5～7 d灌水一次。

果实成熟期(10月至采收):此时雨水较少,一般不须灌水,特别是采果前15～20 d要控制水分,提高果实品质。若过分干旱应适量灌水。

停止生长期(采摘前后至翌年3月):此期需水较少,一般不需灌水,若过分干旱或有冻害发生时,还应根据情况适当灌水。

(四)树体管理

1. 整形修剪

(1)柑橘常用树形。柑橘常用树形有自然圆头形、自然开心形、矮干多主枝形和变则主干行。甜橙、金柑、橘类等常用自然圆头形,温州蜜柑常用自然开心形,椪柑多用矮干多主枝形,甜橙、柚类常用变则主干形。

①自然圆头形。树形接近于自然生长状态,植株较矮,无明显的中心干,主枝3～4个,枝条分布均衡,树冠紧凑。

②自然开心形。是由自然圆头形改进而来的。剪除自然圆头形树冠上部的几个主枝,保留3～4个主枝,使树冠开心即成。树冠外形与自然圆头相似,其结构不同,如开心形的树冠成开心状排列,树冠中部有枝组分布而不空,树冠外部凹凸起伏,内部通风透光好,能立体结果,产量较高,因此,自然开心形被认为是目前柑橘生产上的优良树形。

(2)幼树修剪。幼树修剪的原则是先促后控,促控结合,加速树冠成形。主要采用的修剪方法是抹芽放梢。在各次放梢之前萌发的零星嫩芽长到2～3 cm时进行抹除,每5～7 d抹除一次,待植株大部分末级梢都有2～4条新梢萌发,即停止抹芽,让其整齐抽发,称为放梢。植后第一至二年每年放梢3～4次,即春秋梢各一次,夏梢1～2次。春梢一般抽生比较整齐,夏秋梢需通过抹芽放梢。投产前一年,末次梢要适时。一般因华南地区气温高、雨水充沛可多放一次梢。当春梢有40%～50%萌发夏梢时,可放夏梢;当秋季有70%～80%的枝条萌发新梢时可放秋梢。对夏秋梢摘心,促进分枝和枝梢粗壮,但结果前一年秋梢不能摘心。

(3)结果树修枝。

①初果树修枝。初结果树树冠继续扩大,树冠下部、内部枝条开始局部结果,但仍以营养生长占优势,成花量少,落后落果严重。因此,这时期的主要任务是保证树冠发

育正常，迅速增加结果母枝和减少落果。抹芽放梢是减少落果和增加结果母枝的有效措施。

投产树抹芽放梢的原则是"春促、夏控、秋逼"。"春促"是促发春梢，因春梢是柑橘的结果枝，春梢营养枝可既是翌年的结果母枝，又是当年抽生秋梢的基枝。但春梢发生过多，特别是晚春梢会加剧落果，则需要抹除一部分春梢。"夏控"是抹除全部夏梢，在夏梢1~3 cm时抹除，3~5 d一次，直到放秋梢时停止。"秋逼"是逼发整齐健壮的秋梢作翌年结果母枝。总之，初投产树要获得稳产增产，"春梢是基础，秋梢是保证"。

②盛果树的修剪。柑橘树进入盛果后，一般要求覆盖率为75%~90%。立体结果、增大结果体积是柑橘持续高产的树体结构基础。

盛果期树冠扩大减慢，营养生长减弱，结果多，而枝梢生长量减少，春梢数量多，夏梢、秋梢少。因此，应用抹芽放梢等技术的情况逐渐减少，而短截、疏剪、缩剪等技术应用较多。

主枝、副主枝的延长枝，应保持斜生状态；维持健壮生长势。如这些骨干枝先端部分下垂，可以在附近选向上生长的侧枝换头，剪除下垂部分；相邻骨干枝上的侧枝交叉时，回缩修剪，树冠间保留30~40 cm的间隔；当树冠上部大枝生长过旺，枝叶繁茂，应回缩或自基部剪除，改善树冠内部光照条件，"开天窗"透光。

小枝应尽量多留少剪，只剪干枯枝、病虫枝、交叉枝、失去结果能力的下垂枝，疏去一部分树冠内外的密生枝、衰弱的结果枝和落后落果枝。对当年生过长的夏、秋梢，短截1/3~1/2。

结果枝和结果母枝，对在采果后仍然充实健壮的，只剪除果把；对纤细衰弱的结果枝、结果母枝则自基部剪除；若混合结果母枝上有健壮的营养枝，则从健壮营养枝处剪除尖端衰弱部分。

③衰老树的修剪。此期树体营养生长减弱，枝梢短而小，叶片小，干枯和秃叶衰退枝逐渐增加，夏梢和秋梢抽发量大大减少，果实小，产量低，因此，必须进行更新修剪，使树冠尽快形成，如果还有一部分枝条能结果，品质优良的，可在2~3年内轮流回缩更新；对部分过密、弱侧枝进行疏剪，保留健壮枝叶，能维持并逐年提高产量。

回缩更新修剪注意以下几点：夏季修剪比冬季修剪效果好；不宜一次性全部下桩，应逐年回缩；更新修剪应与改土施肥相结合。

④不同品种的修剪。柑橘不同种类、品种的生长结果特性不同，应根据其特性采用不同的修剪技术。

2. 花果管理

(1)保花保果。柑橘花量大，坐果率较低，尤其是一些无核的品种，如脐橙、温州蜜柑等坐果率更低。为了提高柑橘的坐果率，可采取以下措施：

①在初花期至盛花期，喷施0.05%~0.1%硼酸或硼砂，加入0.2%~0.3%尿素。

②在谢花后至6月落果前，喷2~3次20~50mg/L的赤霉素，加入0.3%~0.5%尿素和0.1%~0.2%磷酸二氢钾，或0.5%~1.0%过磷酸钙和3%草木灰浸出液。

③树势较旺的树，可于花期环割(1~3圈)或环剥(宽度为0.2~0.5 cm)。

④花后施肥要控制氮肥的用量，甚至不施。

⑤花后出现干旱现象，要及时灌水。

⑥控春梢，抹夏梢，减少营养消耗。

⑦有些品种(如沙田柚)要进行人工授粉。

⑧加强病虫害防治及防旱、防寒等措施，防止不正常落叶。

(2)疏花疏果。疏果一般在生理落果后进行。依据叶果比确定单株挂果量，疏去多余的果实。柑橘适宜的叶果比为：温州蜜柑(20～30)∶1，脐橙(60～80)∶1，锦橙、椪柑(50～60)∶1，沙田柚(150～200)∶1。

疏果方法：

①春季花后结合修剪剪去一部分幼果。

②6月落果后，疏去畸形果、病虫果、小果和密生果。

③定果后，若仍结果过多，不易抽发秋梢，可于7月选择一部分结果母枝，摘去全部果实进行短剪，结合土壤施肥，对促发秋梢有明显效果。

(3)果实套袋。鲜销的果实进行套袋，既能减轻病虫为害、防日灼、防污染，又能使果面着色一致、光亮美观，提高商品性。套袋在定果后的7—8月进行，套袋前喷防病虫药剂，如甲基硫菌灵、敌百虫等，待果面干后即可套袋。一般柚、脐橙等大果型品种宜提倡套袋处理。

3. 树体保护

为保护树体，冬春季常给树干涂刷保护剂，如涂白、刷浓碱水等以防日灼和病虫害。常按水10份、生石灰3份、石硫合剂0.5份的比例，外加油脂少许，在冬春季涂于主干、主枝，或用喷雾器刷白。还可根据灾害发生的具体情况分别采取营造防护林、冻前灌水、树蔸培土、树盘覆盖、树干包扎、夜间熏烟、树冠摇雪等措施。结果多时，为防止树枝折断、果实摇落，并避免大枝下压重叠和妨碍树冠内部透光及增强树势，常采用吊树和撑枝等树体保护方法。

4. 果实采收

(1)果实采收标准。柑橘采收期应根据品种及果实的用途确定。

①鲜销果的采收指标。应达到该品种成熟时固有的色泽、风味和香气，甜橙和椪柑3/4以上果面转黄，早熟温州蜜柑1/4以上果面转黄，中熟温州蜜柑1/2以上果面转黄。

②贮藏果的采收指标。甜橙2/3果面转黄，椪柑1/3果面转黄，果实尚未软化。

(2)果实采收。采果前要准备好果梯、果剪、箩筐等必要工具。柑橘果实采收时应做到一果两剪：第一剪按修剪要求连结果枝一起剪下；第二剪剪平果蒂，但要保留果蒂完好。柑橘在采收、搬运、分级过程中应轻拿轻放，避免碰伤、擦伤。采果人员在采果前必须剪平指甲，不得抽烟、喝酒，避免果实腐烂。采果宜在温度较低的晴天上午露水干后进行采摘。大风、大雨或烈日、雾天不宜采收，早晨有霜或露水未干时不宜采收，大风大雨后应隔2～3 d采收。采果前一个月停止喷农药，采果前10～15 d停止灌水。

果实采收后要进行初选，拣出病虫果、畸形果、特小和机械伤的果实。把初选出来的果实先进行预贮，然后进行分级包装，搬入贮藏库或远运。

五、病虫害防治

(一)主要虫害及其防治

1. 柑橘红蜘蛛

我国各个柑橘产区均普遍发生,为害叶片和果实,尤以嫩梢和幼果受害严重,危害严重时引起落叶、枯叶和落果(图3-23)。

【为害症状及生活习性】成螨、若螨均吸食柑橘叶片、嫩枝和果实的汁液。叶片受害处初呈淡绿色,后呈灰白色斑点,为害严重时叶片呈灰白色脱落;果实受害后呈淡黄色斑点,并因果蒂受害而引起脱落,影响产量和品质。该螨随各地气候不同每年发生12~20代,成螨和卵在枝、叶上越冬,但多数地区无明显越冬。以3—5月春梢抽发期发生多、为害重,有时9—11月也严重为害。一般幼树和苗木受害重,嫩枝、叶受害重。

【防治方法】①根据虫情测报,适时喷药。在多数春芽长1~2 cm时立即喷药,在开花期达每100张600头叶时开始喷药。药剂选用:冬季至开花前,气温在20 ℃以下时,使用有机磷农药效果差,可选用95%机油乳剂100~200倍液,石硫合剂0.5~0.8°Bé,20%三唑锡可湿性粉剂1 500倍液,5%尼索朗乳油2 000~4 000倍液,50%溴螨酯1 500~2 000倍液等;开花后气温开始上升,除用上述药剂外,还可用73%克螨特乳油2 000~3 000倍液,25%灭幼脲3号悬浮剂1 500~2 000倍液,10%浏阳霉素乳油1 000倍液,1.8%齐螨素(阿维菌素、虫螨克)乳油5 000倍液,50%硫黄悬浮剂300~500倍液等。②保护天敌。柑橘红蜘蛛的主要天敌有食螨瓢虫、草蛉、塔六点蓟马等,应注意加以保护利用。

2. 柑橘锈壁虱

柑橘锈壁虱又名柑橘锈螨。我国柑橘产区普遍发生(图3-24)。

图3-23 柑橘红蜘蛛   图3-24 柑橘锈壁虱为害症状

【为害症状及生活习性】成螨、若螨均吸食果实、叶片和嫩梢汁液。该螨集中于叶背为害,破坏表皮细胞,使叶背呈铁锈色,严重时引起夏、秋梢落叶。果实受害后,果皮变成黑褐色,表面粗糙呈龟裂状细纹,故受害后的果实又称为"黑果皮""罗汉果"。锈壁虱以成螨在腋芽或卷叶内越冬,3月中下旬当气温达15 ℃时开始活动产卵,6月初开始为害果实,7—8月达高峰,9月转而为害当年秋梢叶片。如7—9月高温少雨,锈壁虱发生多，为害重。使用波尔多液等杀菌剂，因杀死多毛菌，可诱致该螨大发生。

【防治方法】①根据虫情测报，适时喷药。5—6月。10%叶片发现有若虫；7—9月，10%果实发现有若虫2头/果时立即喷药。主要药剂有石硫合剂0.2～0.5°Bé、25%灭幼脲3号悬浮剂1 500～2 000倍液，10%浏阳霉素乳油1 000倍液，1.8%齐螨素(阿维菌素、虫螨克)乳油5 000倍液，50%硫黄悬浮剂300～500倍液等。②保护天敌。绣壁虱的天敌有捕食螨和多毛菌等，干旱时注意灌水。

3. 柑橘介壳虫

柑橘介壳虫主要有吹绵蚧、红蜡蚧、粉蚧、矢尖蚧、糠片蚧、褐圆蚧等。以矢尖蚧、红蜡蚧发生较多。

【为害症状及生活习性】除粉蚧科的若虫、成虫终生均可移动外，其余蚧类仅初孵出幼虫能作短距离爬行，而若、成虫固定一处终生不动。蚧类在为害柑橘树时，分泌大量"蜜露"，诱发煤烟病(图3-25)。

【防治方法】①保护与引进天敌，介壳虫的天敌种类很多，可采用人工饲养、人工采集、转移释放等方法加以利用和保护。②药物防治，根据虫情观察和预测，掌握在孵化盛期和低龄若虫期喷药。一般每隔10～15 d喷一次，连喷2～4次。喷药时需将机油乳剂，或噻嗪酮，或螨蚧灵与低浓度的有机磷农药混用，20%机油乳剂一般用300～400倍液，25%噻嗪酮可湿性粉剂一般用1 000～1 500倍液，95%螨蚧灵一般用300倍液，有机磷农药可用20%杀扑磷乳油，也可用松脂合剂20～30倍液喷雾。

把握时机用药防治，注意在卵大量孵化的时候进行化学防治，否则虫体覆盖了蜡质后防治就困难多了。重点抓住第一代孵化高峰时4月中旬至5月上旬防治，第二代在7月中旬左右，第三代在8月底至9月上旬，视前阶段防治效果补充防治。药剂铲蚧1 000～1 500倍液或傲成1 000倍液。以上药剂可任选一种或两种交替轮换使用。

4. 食叶(吸汁)害虫

(1)柑橘潜叶蛾。柑橘潜叶蛾又称为绘图虫、鬼画符，是为害柑橘嫩梢、叶片最严重的虫子。

【为害症状及生活习性】幼虫潜入嫩叶、嫩梢和果实表皮下取食为害，形成白色弯曲的虫道。为害严重时，叶片弯曲、硬化，易脱落，枝梢生长软弱，影响翌年抽梢和开花结果。为害严重时常导致溃疡病大发生。潜叶蛾每年发生8～15代，以蛹或老熟幼虫越冬。7—9月夏、秋梢抽发期为害严重(图3-26)。

图3-25 柑橘蚧壳虫为害症状　　图3-26 柑橘潜叶蛾为害症状

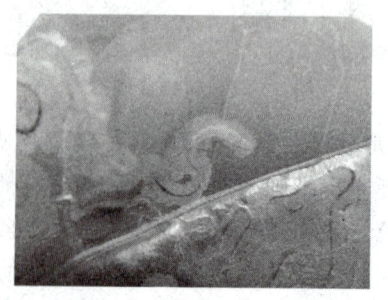

【防治方法】①抹芽控梢。7—9月夏、秋梢盛发时，是潜叶蛾发生的高峰期，应抹芽控梢，抹除过早或过迟抽发零星不整齐的新梢，限制或中断潜叶蛾食料的来源，在潜叶蛾发生低峰期放梢。②药物防治。在放梢期，当新梢刚抽出米粒长时或嫩叶受害率达5%时应及时喷药，每7～10 d一次，连续2～3次。常用药剂：20%速灭杀丁乳油6 000～10 000倍液，25%杀虫双水剂800～1 000倍液，25%敌杀死乳油5 000～8 000倍液，10%氯氰菊酯乳油2 000～4 000倍液等。

(2)柑橘粉虱(木虱)。柑橘粉虱一年发生3～4代，第一代成虫在4月初出现，第二代出现在6月，第三代出现在8月。主要以若虫密集于叶背吸食为害，并排泄毒露，诱发烟煤病，影响树体光合作用，削弱树势。郁蔽果园发生严重。

(3)蚜虫类。蚜虫类主要有柑蚜和橘二叉蚜。

【为害症状及生活习性】其若、成虫群集在嫩芽、嫩叶、嫩梢、花蕾和花上吸食汁液，使叶片卷缩、新梢枯萎、花和幼果大量脱落，树势衰弱，产量降低。一年发生10～20代，以春芽、春梢和花蕾受害最重，秋梢受害次之。

【防治方法】①剪除受害和有虫枝，刷除枝干上越冬虫、卵，以减少虫源；人工剪除不整齐的嫩梢对其天敌七星瓢虫、异色瓢虫、草蛉、食蚜蝇、寄生蜂等要注意保护利用。②当新梢有蚜率达25%时喷药防治，药剂可选用50%抗蚜威可湿性粉剂2 000～3 000倍液，10%盐碱乳油500～800倍液，10%吡虫啉可湿性粉剂1 000～2 000倍液，2.5%鱼藤酮乳油300～500倍液。

5. 天牛类

我国为害柑橘的天牛有20余种，以褐天牛和星天牛分布广、为害重，枝天牛在局部地区为害重。

【为害症状及生活习性】褐天牛两年一代，以幼虫或成虫越冬。成虫5—6月盛发，其白天潜于洞内，多在闷热的夜晚出洞活动产卵，卵多产于距地30 cm以上的树皮缝穴处，幼虫孵化后即蛀入木质部为害。一般主干直径6 cm以上的大树受害重，幼树受害较轻。星天牛一年发生一代，以幼虫越冬，5—6月成虫盛发，成虫中午多在根颈处停息产卵，幼虫孵化后即在树皮内蛀食，两个月后蛀入木质部。星天牛幼虫蛀食柑橘树的根颈和大根的皮层，破坏养分输送；褐天牛幼虫蛀食柑橘树干和主枝的木质部，破坏水分的输送；枝天牛从小枝开始向下蛀食枝、干的木质部。天牛危害后常造成植株黄化、枯死或被风吹折。

【防治方法】①成虫羽化期中午捕捉星天牛成虫，夜间捕捉褐天牛成虫。②夏至前后削除虫卵和初孵幼虫。③清明和立秋前后用药物堵住虫孔或沟杀幼虫。④堵塞树上孔洞和根颈培土以防天牛产卵。⑤夏至前后剪除受天牛产卵的枝梢。

6. 大实蝇

大实蝇又名柑橘大果实蝇、柑蛆(指幼虫)。

【为害症状及生活习性】柑橘大实蝇每年发生一代，以蛹在土壤中越冬。成虫于4月底至5月上旬盛发，6月中旬至7月中旬产卵；幼虫7月中旬开始出现，9月上旬达盛期；9月下旬至10月下旬果实开始腐烂脱落，幼虫脱果入土化蛹。产卵部位和症状因品种而异，甜橙多在果腰呈乳突状，柚类多在蒂部呈下凹，橘类则在脐部。一般日照短、阴凉的柑橘园，枝叶茂盛的树受害重。

【防治方法】①严格实行植物检疫，严格禁止害虫随果实、种子或带土苗木传播，人工摘除受害果实深埋。②在成虫产卵期用90%敌百虫晶体，或2.5%溴氰菊酯乳油，或20%杀灭菊酯乳油5 000倍液加3%红糖，喷布全国1/3植株的1/3树冠，每5～7 d喷一次，连喷3～4次，毒杀成虫效果很好。

(二)主要病害及其防治

1. 黄龙病

黄龙病又名黄梢病，是国内外植物检疫对象。

【为害症状及发生规律】病原为类立克次体，属病毒类病害，通过带病苗木、接穗和木虱传播。其典型症状为黄梢和斑驳。发病初期，病树部分新梢叶片不转绿而呈均匀黄化，称黄梢型；叶片转绿后从主、侧脉附近或叶片基部边缘出现黄绿相间的斑驳，称斑驳型。后期叶片均匀黄化、失去光泽，叶脉肿突木栓化，脆硬而易脱落。重病树花多果小且畸形，叶片呈缺锌状花叶。根部从细根开始腐烂变黑，最后整株黄化枯死。蕉柑、椪柑最易感病，甜橙、柚类和柠檬次之，温州蜜柑较耐病。

【防治方法】①加强植物检疫，严禁带病苗木和接穗转播。②建立无病毒苗圃，培育无病毒苗木。③加强柑橘木虱的检测和防治，切断传播途径。防治柑橘木虱的主要药剂有20%除虫脲悬浮剂2 000倍液，松脂合剂15～20倍液，40%乐果乳油1 000～2 000倍液。④及时挖出病树。⑤对轻病树用1 000单位的四环素注射树干，有一定效果。

2. 柑橘炭疽病

柑橘炭疽病是柑橘的常见病害，为害叶片、枝梢和果实。

【为害症状及发生规律】病原为真菌。叶上病斑多从叶尖、叶缘或沿主脉开始，黄褐色，病斑上常出现微凸起，有黑色小点呈同心轮纹状排列；枝梢发病常从叶芽处开始，当病部扩展环绕一圈时，病枝自上而下枯死，枯枝叶片全部脱落；干燥时果上病斑褐色、稍凹陷，果肉不受害。大果受害有干疤、泪痕和软腐三种。病原借风雨或昆虫转播，高温多雨利于发病。一般夏梢、秋梢发病多(图3-27)。

【防治方法】①加强栽培管理，增施有机肥，增强树势和树体的抗性。②冬季清园。清除果园枯枝落叶，减少病原。③药物防治。在新梢和幼果期，隔15 d喷药一次进行保护。药剂可选用4%抗霉菌素120(即农抗120)水剂1 500倍液；14%络铵铜乳油300～500倍液；50%多菌灵可湿性粉剂500～800倍液；50%代森锌可湿性粉剂500～800倍液。

3. 柑橘溃疡病

柑橘溃疡病是国内外植物检疫对象，主要为害新梢、叶片和幼果。

【为害症状及发生规律】病原为杆状细菌，病菌在病组织上越冬。借风、雨、昆虫、人和工具以及枝叶交换而近距离传播，远距离传播主要通过带病苗木、接穗和果实；种子在土壤中如受污染也可传病。感病叶片最初为针尖大、黄色油渍状小斑，大多发生在叶背，后逐渐扩大，呈黄色圆形病斑，病斑木栓化隆起，中央呈火山口状开裂凹陷。枝梢、果实症状与叶片相似(图 3-28)。

图 3-27 柑橘炭疽病为害症状　　图 3-28 柑橘溃疡病为害症状

【防治方法】①严格执行植物检疫，严禁带病苗木、接穗和果实传入无病区，发现病树彻底销毁。②药物防治。喷药的重点是夏、秋梢抽发期和幼果期。幼树在各次梢萌发后 20 d、30 d 各喷一次药；成年果树在夏梢、秋梢展叶期喷第一次药，叶片转绿时喷第二次药，连续喷 2~3 次药，保护幼果在盛花后 10 d、30 d、50 d 各喷一次药。每次台风暴雨后要及时喷药。药剂可选用 50% 代森铵 600~800 倍液；0.5% 石灰倍量式波尔多液，77% 氢氧化铜(即可杀得)可湿性粉剂 800 倍液；50% 春雷氧氯铜(加瑞农)可湿性粉剂 800~1 000 倍液；12% 绿乳铜乳油 500~800 倍液等。

4. 柑橘树脂病

【为害症状及发生规律】树脂病在柑橘的枝条上、树干上、叶片上、果实上都会发生。在枝干上发生的叫树脂病，症状有两种类型：

①流胶型。主要特征是发病部位皮层变软，呈褐色，有臭味，会流胶。

②干枯型。发病部位皮层变红褐色，稍凹陷下去，不流胶，皮层有细小裂缝。

两种类型的共同特点是发病部位木质部变为浅灰色，发病部位与没有发病部位的交界处有一条黄褐色或黑褐色的带纹。在温度不高而湿度较大时，干枯型也会变为流胶型。

树脂病出现在叶面上时，叶片表面上有许多凸起来的黄褐色或黑褐色的小粒子，摸起来像沙子一样粗糙，因此，又称为砂皮病。在果实上发病和叶片上差不多，也称为砂皮病或黑点病(图 3-29)。

树脂病菌是一种寄生性比较弱的病菌，树脂病的发生一定要具备以下几个条件：

①有伤口。比如日灼、冻伤、病虫为害、修剪伤以及其他机械损伤等，都可引起病菌侵入继而发病。

②适宜的温、湿度。树脂病一般都在 4—6 月和 8—9 月最为流行，而夏天却很少发生，就是因为温、湿度不合适缘故。

【防治方法】加强栽培管理是预防树脂病的首要措施，发病以后可用药剂防治。①冬天要做好防冻工作，避免柑橘树冻伤；修剪时的大伤口要涂接蜡保护，力求避免机械损伤等。②枝干上如已发病，可在发病部位用利刀纵划几刀，到深入木质部为止，每隔 0.5 cm 划一条，划口上下要超出病部 1 cm 左右。然后在纵划的地方涂抹农歌 500 倍液等杀菌剂，全年涂两次（上半年4—5月，下半年8—9月）。③结合防治其他病虫害。春梢萌发前喷施显粹5 000倍液；落花2/3时喷施倾城5 000倍液、幼果期喷施倾城5 000倍液＋络和纯500倍液保护幼果不受侵染，果实膨大期如遇暴雨后及时喷施倾城5 000倍液＋络和纯800倍液预防病菌重复侵染。

5. 黄斑病（又称腻斑病。主要为害柑橘叶片和果实）

【为害症状及发生规律】该病主要发生在湖北、湖南、广东、福建等柑橘区。发病初期叶片背面出现针头大小的褪色小点，对光透视呈半透明状，其后扩展成大小不一的黄色斑块。随着病斑的扩展和老化，病斑变成暗褐色至黑褐色的大块脂斑（图3-30）。

图3-29　柑橘树脂病为害症状　　　图3-30　柑橘黄斑病为害症状

每年5—7月是病菌侵染的主要季节。在自然条件下，病菌侵入寄主后的潜育期为2～4个月，发病的高峰期是在7—8月。此病的发生与橘园管理的好坏有密切关系，栽培管理好的发病轻，管理粗放的发病重。老树较幼、壮年树发病重；同株柑橘树春梢发病要比夏、秋梢为重。

【防治方法】①铲除病源：结合春剪，剪除病虫枯枝，并集中烧毁。3月，在树冠喷布2～3°Bé石硫合剂或倾城5 000倍液，彻底铲除病原菌，减少病原侵染。②适时喷药防护：春梢生长和5—6月是黄斑病的侵染盛期，尽早喷药保护，可起到良好的防治效果。前期预防可选用纯品佳托800～1 000倍液进行防治。在5月上旬防治关键阶段，可选用倾城水分散粒剂5 000倍液或络和纯800倍液交替轮换使用。

6. 疮痂病

【为害症状及发生规律】病原为真菌，在病组织中越冬，仅为害幼嫩枝叶和幼果。叶片受害后呈水渍状小点，后扩大成黄褐色木栓化病斑，病斑多在叶背面呈圆锥形疮痂，向一边凸起，病斑多时叶片呈畸形早落；新梢病斑与叶上的病斑相似，但不凸起；果实受害后，果皮上散生或群生瘤状突起，果小，畸形易脱落。春、秋梢抽发期如遇连绵阴雨或大雾、重雾极易发病。果实多在5月下旬至6月下旬发病。橘类最易感病，柑柚和柠檬次之，甜橙较抗病（图3-31）。

【防治方法】①冬季剪除受害枝叶消灭越冬病原，加强肥水管理，促使新梢抽生整齐、健壮，增强抗病力，缩短受害期。②在春芽长到不超过0.4 cm和花落到2/3时，各喷药一次，药剂防治参考炭疽病防治。

190

图 3-31 柑橘疮痂病为害症状

案例二 梨树生产技术

一、生产概况

梨树是我国主要栽培果树之一,全国各地均有栽培,产量仅次于苹果,居第二位。梨果实营养丰富,富含碳水化合物、蛋白质、维生素及各种矿物质。梨具有极高的医用价值,生食可清六腑之热,熟食可滋养五脏六腑,具有止渴生津、化痰润肺等功能,"冰糖炖梨医治咳嗽"自古流传至今。梨果是药用膳食的滋补佳品。果实除鲜食外,还能进一步深加工,延长产业链,其可加工成罐头、梨酒、梨脯、梨膏、梨汁、梨醋等,尤其是梨汁在国际市场比较畅销。

梨原产于我国,栽培历史悠久。我国是世界产梨大国,梨树在我国分布很广,从南到北、从东到西均有栽培。目前,我国梨的主要栽培区域为温带梨区,以河北、山东、河南及苏北、皖北、陕西南部最多;其次为寒梨区,以新疆、甘肃、宁夏、青海栽培较多;此外,在温带和亚热带以及热带地区也有栽培。早熟梨在我国南方地区一般于7月成熟,比北方提早一个月上市,极具市场潜力。

二、主要种类与品种

梨为蔷薇科(Rosaceae)梨属(*Pyrus*)植物。目前全世界梨属植物有35种,原产于我国的有13种。我国栽培的梨品大多属于秋子梨、白梨、沙梨和西洋梨。南方主要发展沙梨和少数白梨品种。适合南方栽培的品种主要有以下几种。

1. 翠冠梨

翠冠梨由浙江省农业科学院育成。果实圆形,黄绿色,果个大,平均单果重250g。果实整齐均匀,不套袋果实有锈斑,套袋后果面光洁、细嫩,呈淡黄色。果肉白色,细嫩而松脆,汁多味甜,可溶性固形物含量为11.12%,果心小,品质上等。7月下旬至8月初成熟。树势强健,萌芽率和发枝力强,以长果枝、短果枝结果为主(图3-32)。

(a) （b）

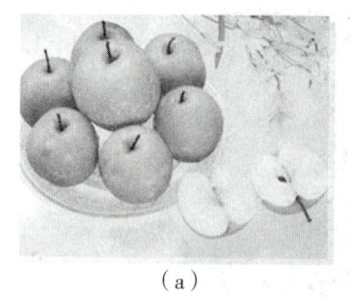

图 3-32　翠冠梨果实

(a)示意一；(b)示意二

2. 台农 2 号蜜雪

台农 2 号蜜雪由中国台湾育成。果圆形或近圆形，单果重 29 g，果皮黄蓝色，果点较大，果肉白色，肉质细嫩松脆，石细胞较少，果汁多，风味酸甜适口，可溶性固形物含量为 11.4%，品质佳。树势强，萌芽率高，成枝力强，自花结实性能好（图 3-33）。

(a) （b）

图 3-33　台农 2 号蜜雪果实

(a)示意一；(b)示意二

3. 苍溪梨

苍溪梨原产于四川苍溪。果实特大，平均单果重 400 g，瓢形。果皮黄褐色，果点较大。果肉白色，果心小，果质较细、松脆、多汁、味甜。苍溪梨一般于 9 月上中旬成熟（图 3-34）。

(a) （b）

图 3-34　苍溪梨果实

(a)示意一；(b)示意二

4. 西子绿

西子绿由浙江农业大学选育。果实扁圆形，平均单果重190 g。果皮浅蓝色，成熟后变黄色。果皮洁净无锈，果点小而少，表面有蜡质，外表美观。果肉白色，细嫩多汁，味甜有香气，品质优，可溶性固形物含量为12%。7月下旬成熟。可用黄花、杭青作授粉树。树势开张，生长势中庸，以中短果枝结果为主(图3-35)。

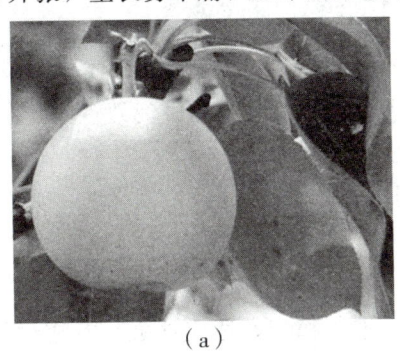

(a)

(b)

图 3-35　西子绿果实
(a)示意一；(b)示意二

5. 丰水梨

丰水梨是日本的品种。果大，平均单果重250 g。果近圆形，果皮褐色，套袋后呈鲜黄色，极美观。果肉白色，细嫩味甜，且有香味，品质极佳。在广西桂林一般于8月上旬成熟，属中熟品种。果实不耐藏。抗黑星病、轮纹病，但该品种常因早结丰产而导致树势早衰(图3-36)。

(a)

(b)

图 3-36　丰水梨果实
(a)示意一；(b)示意二

6. 二十世纪梨

二十世纪梨是日本的品种。果实中等大，平均单果重136 g。果实近圆形，整齐。果皮绿色，经贮藏后变绿黄色。果肉白色，肉质致密细软，石细胞少，味甜。在上海一般于7月下旬至8月上旬成熟。早结，丰产，抗寒，但不抗黑斑病、黑星病、轮纹病，不耐贮藏(图3-37)。

（a）　　　　　　　　　　　　　　　（b）

图 3-37　二十世纪梨果实

(a)示意一；(b)示意二

7. 黄花梨

黄花梨由浙江农业大学育成。树势强健，丰产稳产，适应性强，抗逆性较强。果实圆锥形，平均单果重 130～200 g。果皮黄褐色，套袋后黄色。果肉白色，肉质细脆，汁多味甜，可溶性固形物含量为 12%，品质上等。为长江中下游主栽品种。8 月上旬成熟，属中熟品种。可作新世纪、翠冠等的授粉品种(图 3-38)。

（a）　　　　　　　　　　　　　　　（b）

图 3-38　黄花梨果实

(a)示意一；(b)示意二

8. 早蜜梨

早蜜梨原为"桂选 97-18"，由广西果蔬研究所选育。果实圆形，平均单果重 250 g，最大果重 460 g。果皮呈黄褐色，套袋后呈乳黄色，果皮细嫩。果肉白色，细嫩酥脆，汁多清甜，化渣，可溶性固形物含量为 11%～13.5%，品质优。耐贮运程度中等。在广西桂林一般于 6 月下旬成熟，属特早熟品种(图 3-39)。

另外，适合南方栽培的品种还有六月脆梨、胎里红、早酥梨、六月雪、六月爽、新九梨、桂 2 号、黄金梨、中梨 1 号、长寿梨、脆绿梨、鄂梨 2 号、金水 2 号、喜水、园黄、爱甘水、鲜黄梨、清香等。

（a）　　　　　　　　　　（b）

图3-39　早蜜梨果实

(a)示意一；(b)示意二

三、生物学特征

(一)生长特性

1. 根系

(1)根系分布。梨树是高大乔木，根系分布深而广，根系的垂直分布为树高的0.2~0.4倍，成层分布，根系主要分布在20~50 cm的土层中。水平分布为树冠幅的2倍左右。若土壤疏松肥沃、土层深厚，则根系分布深而广。因此，从幼树起，应有计划地合理进行深耕并施入有机肥，促进根系深扎入土。

(2)根系生长。在适宜的条件下可周年生长。当土温达0.5 ℃时根系开始活动，15~25 ℃时生长较好，高于30 ℃或低于0 ℃则停止生长。

在周年活动中一般有两次生长高峰。第一次生长高峰在新梢停止生长、叶面积大部分形成后至高温来临之前，即5月下旬至6月上中旬；第二次生长高峰在果实采收至土温不低于20 ℃之前，即9—10月。梨树根系再生能力强，断根后易于愈合和发新根。因此，适时深耕，切断部分根系，有利于促进新根生长。

2. 芽与枝梢

(1)芽与枝梢。梨芽为单芽。叶芽瘦小，有顶生、腋生两种。花芽肥大，为混合芽，一般着生于枝条顶部，少数品种有腋花芽。

梨芽具有晚熟性。在形成的当年不易萌发，一般每年只从上一年的芽抽生一次新梢。但幼年树，在南方的湿热条件下当年形成的芽当年可以用于萌发抽梢，当年可抽2~3次。

梨芽的萌发率高，成枝率低。除基部盲节外，几乎所有明显的芽都能萌发生长，萌发率一般在80%以上，但抽生成长枝的数量不多。因此，梨的绝大多数枝梢停止生长较早，枝与果争夺养分的矛盾较少，花芽比较容易形成，坐果比较容易，坐果率较高，如管理得当，容易丰产、稳产，不易出现大小年现象。

(2)枝的类型与生长。根据枝条的性质分为营养枝和结果枝。营养枝根据其长度和发育特点分为徒长枝(枝长1m以上)、普通生长枝(枝长30~60 cm)、纤细枝(枝长在

30 cm 以下)和中间枝(丛叶枝)4 种类型。

梨树具有极强的顶端优势,即着生在营养枝顶端的 1～4 芽常抽生长枝,其下部分叶芽多抽生中、短枝或叶丛枝,故形成干性强、层性明显、枝条较稀疏等特征。

新梢的生长集中在生长季节前期,展叶后,新梢即进入旺盛生长时期。一般在 3 月下旬萌芽,3 月底至 4 月初展叶,4 月中旬至 5 月上旬为旺长期。叶丛枝生长最短,延长枝较长,到 6 月上旬基本停止生长。

(二)结果习性

1. 花芽分化

梨是易形成花芽的树种。在新梢迅速生长之后或停止生长后不久,芽的生长点即处于活跃状态,开始进入花芽分化。梨的大部分品种,花芽分化属于夏秋分化型,分化开始期在 6 月中旬至 7 月,以短果枝分化最早,中、长果枝分化较迟。休眠前,花器基本形成,翌年春节档气温回升再继续分化直至开花。树体贮藏养分是影响花芽质量的重要因素,因此加强秋季管理、保证正常落叶、增加贮藏养分的积累是提高花芽的关键。

2. 结果枝

结果枝根据其长度可分为长果枝、中果枝和短果枝(图 3 - 40)。

(1)长果枝。长果枝的长度在 15 cm 以上,组织充实,顶芽及附近腋芽为花芽。在初果期以此类果枝为多。

(2)中果枝。中果枝的长度为 5～15 cm,除顶花芽外,有时也具有腋花芽。盛果初期的梨树以此为主要结果枝。

(3)短果枝。短果枝的长度在 5 cm 以下,发育充实,仅顶芽为花芽。盛果中后期的梨树短果枝逐渐增多,且结果能力强。有些品种短果枝结果后,由于果台副梢的分生,形成短果枝群。

梨树因具有成枝力低而萌发率高的特性,故主要以短果枝及短果枝群为主要结果枝。

3. 开花与坐果

(1)开花。梨开花的时间及其长短,因品种及气候情况而异。长江流域正造成花的开花期一般在 3 月中下旬至 4 月上旬,花期 5～10 d。

多数品种是先开花后展叶,也有少数品种是花叶同时开放或先叶后花。就花序而言,基部花先开,渐及中心;就同一树而言,外围先开,渐及内膛。一般先开花的坐果率高,因此在疏花时宜疏中心花。

在秋季如因病虫害或严重干旱造成早期落叶,树体将被迫休眠。一遇降雨,10—11 月可能会出现二次开花和二次生长的现象,严重影响翌年的生长和结果。生产

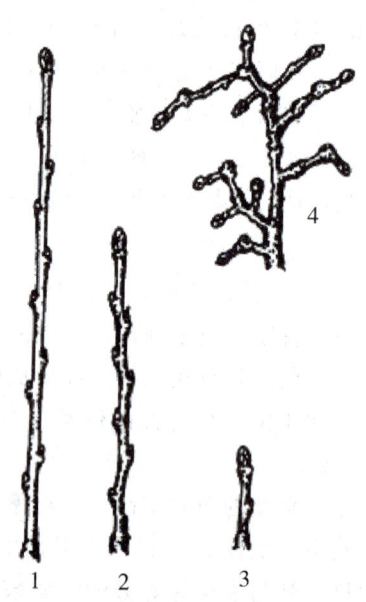

图 3 - 40 梨不同结果枝类型
1—长果枝 2—中果枝 3—短果枝
4—短果枝群

上要注意梨树秋季的肥水管理和病虫防治，防止早期落叶引起二次开花。

(2)授粉。梨为异花授粉果树，大多数品种自花(同品种间)授粉不能结实或结实率很低，为此，要使梨树能正常授粉受精必须配置授粉树。

(3)坐果。梨是坐果率较高的树种，凡能正常授粉受精又管理得当的梨树，一般都能达到丰产的要求。生产实践表明：坐果率高的品种往往由于坐果过多，负载过重，大量结果后抑制了新梢的正常生长，影响了花芽分化，而造成大小年结果现象；坐果率低的品种，往往由于坐果量少而达不到丰产的要求。因此，要根据品种特征和具体情况，适当进行疏花疏果。

梨的落花果是一种正常的自疏现象。在年周期中，有一次落花、二次落果。第一次在开花前后，子房未见膨大便凋落，即落花；第二次在谢花后1周，子房稍见膨大脱落；第三次在谢花后4周左右。第一、二次花落果的主要原因是未授粉受精或授粉受精不良引起；第三次落果的主要原因是树体营养不良。

4. 果实发育

梨花授粉受精后果实开始发育，其发育过程可分为三个时期：第一个时期是果实迅速膨大期，从子房受精开始膨大起至幼嫩种子出现胚为止；第二个时期为果实缓慢增大期，从胚出现至胚发育基本充实为止；第三个时期为果实迅速增大期，从胚占据种皮的全部空间起至果实成熟为止。

(三)对生态环境条件的要求

1. 温度

梨树比较耐寒，但不同种类对温度的要求差异大。白梨、西洋梨、秋子梨适于雨水较少、气候干燥的冷凉气候，多在北方栽培，部分白梨可在南方栽培；砂梨适于多雨、温暖的气候，多在南方栽培。

梨树冬季一般需要两个月以上低于7.2 ℃的休眠期，这是我国南方栽培梨树需要考虑的重要因素。白梨和西洋梨可耐−23～−25 ℃的低温，砂梨可耐−23 ℃以上的低温。我国南方各梨区一般冬季无冻害威胁。

2. 水分

梨树需水较多，耐湿性较强。以砂梨耐湿性最强，在多雨、高湿、年降水量1 000 mm以上的南方生长结果良好，如采用套袋技术克服南方因高温高湿而导致果点变大、果面粗糙、锈斑增加等弊端。秋子梨耐旱不耐湿，白梨、西洋梨耐湿性较砂梨差。耐湿性较差的种类若在南方多雨、多湿地区种植，则生长不良、病害严重，枝叶徒长不易结果，品质差。

成熟期的雨量及湿度对果实品质影响较大。多雨、高湿条件下果实较大，但是果面粗糙多锈斑，果点变大，故在生产上多采用套袋技术克服这一弊端；干旱条件下则果实石细胞增多，故应在秋旱时灌溉。

3. 光照

梨树喜光，年需日照1 600～1 700 h，若光照不足，生长过旺，表现徒长，影响花芽分化和果实发育，则导致落花落果，果实糖量降低，色泽变差。因此，在园地选择、确定栽植密度和整形修剪时均应考虑光照条件。

4. 土壤

梨树对土壤的适应性很强，无论沙土、壤土和黏土均可栽培。但以土层深厚、土质疏松肥沃、透水性能好的沙壤土或壤土最为适宜。梨树生长在瘠薄土壤上果实汁少，石细胞多，品质差。梨适应的土壤pH在5～8.5，但以5.8～7.0为最适宜。

四、主要生产技术

(一)育苗

梨树在生产上常用嫁接方法育苗。

1. 砧木

梨的砧木种类较多，适合南方的主要砧木有野生棠梨、豆梨、杜梨、沙梨等。砧木种子播种时期有春播和秋播。春播（2月下旬）的种子宜进行层积处理；秋播的可不经层积处理。每公顷需种子7.5～15 kg。播种分为床播和直播，播种深度为2～3 cm。当砧木生长到茎粗达0.6～0.8 cm以上时即可嫁接。

2. 嫁接

梨树嫁接比较容易成活，一年四季均可进行，一般春节采用枝接，秋季采用芽接。华南地区在春节萌发前的1—2月和秋季的8—9月嫁接最适宜。枝接常用切接、劈接、腹接等方法，芽接用T形芽接和嵌芽接等方法。

(二)建园

1. 园地选择与开垦

梨树高产栽培应选择在地势开阔、阳光充足、土层深厚、土质疏松肥沃、有机质含量丰富，且有水源的丘陵或坡地种植较为理想。

2. 合理密植

梨树栽植提倡计划密植，以充分利用土地和光能，达到早果、丰产、优质的目的。一般行距为4～5 m，株距为2～3 m，每 hm^2 栽855～1 245株。在生产条件好、技术水平较高的地区，行距和株距分别为2～4 m和1.5～2 m，每 hm^2 栽1 665～2 220株。

3. 配置授粉树

梨为异花授粉果树，自花授粉结果率低。因此，定植时需配置授粉品种或混种2～3个品种作异花授粉。授粉树与主栽品种的比例为1：(1～3)。如翠冠可用黄花、清香、翠绿等作授粉树。

4. 栽植

梨树栽植可于春季和秋季进行。春植通常在落叶后至春季萌芽前进行；秋植一般在11—12月。栽植后要注意覆盖保墒。

(三)土肥水管理

1. 土壤管理

深翻改土是梨园土壤管理的重要措施之一。每年 9—10 月对梨园进行深翻，结合施用有机肥，可改善土壤的理化性质，有利于养分分解，促进根系生长。树盘周围进行适当中耕翻土，夏秋高温干旱季节进行翻盖。幼年梨园可利用行距种植绿肥或豆科作物，既保水保肥又控制杂草生长。

2. 施肥

(1)重施基肥。通常在采果后到越冬前施下，此时土温较高，树体又在活动时期，有利于根系愈合和生长。此期施肥以迟效性的堆肥和厩肥为主，红壤丘陵地施适量的石灰效果更好。基肥的用量应占全年施肥量的 60% 以上。

(2)追肥。梨树在不同生长时期对营养元素的吸收量是不同的，因此，只有根据梨树需肥特点合理追肥，才能达到丰产的目的。

①花前肥。花前肥于开花抽梢前 1~2 周进行，以速效性氮肥为主。目的是促进萌芽抽枝，减少落花落果。对于幼树、弱树这次肥很重要，施用量约占全年的 15%。初果树及成年树一般不宜施花前肥，应改为花后肥。

②保果肥。保果肥在谢花后到果实开始膨大时施下，以速效性的氮肥和钾肥为主，施肥量一般占全年的 5%~15%。

③壮果肥。壮果肥在新梢生长盛期，果实第二次膨大前进行。以速效性氮肥为主，配合磷、钾肥。施肥量占全年的 10%~15%。

④采前肥。采前肥在采果前进行，以速效性的氮、钾肥为主。对恢复树势、防止早期落叶有良好效果。施肥量占全年的 5%~10%。

此外，在生长季节还可进行根外追肥。

3. 水分管理

梨是生理耐旱性弱的树种，叶面蒸腾强度大，需水量多。南方 7—8 月为高温干旱季节，此时正是梨树叶面积达到最大时，而中、晚熟品种又正值果实迅速膨大期，是梨树全年耗水量最大的时期，如此时缺水，则严重影响果实膨大、品质及树体生长发育，甚至引起落叶、落果。因此，要重视旱季灌水工作，而在春节之际，南方雨水较多，应做好排水工作。

(四)树体管理

1. 整形修剪

(1)整形。南方梨在实行密植的条件下，主要的树形有开心形、Y 形、小冠层行、棚架形、纺锤形等，其中开心形、Y 形是目前生产上应用较多的树形。

①开心形。无中心干，主枝 3 个，各主枝上着生 2~3 个侧枝。树高 3.5~4 m。

整形过程：定植后在 50~60 cm 处定干。萌芽抽梢后在整形带内，选择 3~4 个方位匀称、生长健壮的新梢作主枝培养，在冬季修剪时留 50 cm 左右进行短截。第二年，对选定的主枝按上年的方法修剪，剪口芽向外侧，使主枝延长枝向外延伸扩大树冠，在主枝的背斜侧，可选留第一副主枝、主枝每年留 30～50 cm 剪截。并经常调整主侧枝生长势的平衡，在各主枝上选留第二副、第三副主枝错落着生，不重叠，间距保持在 80～100 cm，在每个副主枝上配备一定数量的枝组，并向两侧发展，其他枝条宜多留轻剪，使之提早结果，并注意主枝平衡。

②Y形。无中心干，主干高 40～50 cm，主枝 2 个，主枝与行向呈 45°角伸向行间，主枝开张角度为 60°左右，每主枝有侧枝 2～3 个。树高约 2 m。

Y形整形过程：苗木植后在 50～60 cm 处定干。定干后如剪口下第一枝生长较旺，可于秋季将剪口下第一枝剪除，用第二枝和第三枝作主枝，于 8—9 月按树形要求拉向行间。冬季对两个主枝轻剪，剪口芽留外芽。第二年冬剪时，对延长枝继续进行短截，将竞争枝疏除，剪口下第三枝作第一侧枝。第三年冬剪时，按第二年方法培养第二侧枝。

（2）修剪。密植园前期以夏季修剪为主，冬季修剪为铺；盛果期后冬剪与夏剪相结合。

密植梨树要注意控冠，要采取多留长放的轻剪原则，前期对壮长枝短截一部分，促进多发枝和发长枝扩大树冠；另一部分细弱枝不截，先养后放，拉平结果。后期当扩冠的枝轴超过应占范围时，分年回缩，回缩之前要先培养好预备枝，对于缓放多年、结果变得长、弱、密、挤、重叠的枝要及时回缩到应占范围。另外，应加强夏剪，如拉枝、环割等。

2. 保花保果

（1）花期果园放蜂。一般每 hm² 放一群蜜蜂，蜜蜂在 1 km 内，可起到授粉作用。从开花到谢花，不能喷农药，以免伤害蜜蜂。

（2）人工辅助授粉。可人工扬花枝、人工点花授粉，也可将花粉放在蜂箱的出入口，下面垫以绒布，上面放置花粉。

（3）花期喷叶面肥和激素。花期喷 0.3% 尿素，加 0.2% 硼酸，加 30 mg/L 的 GA；花后喷 0.3% 磷酸二氢钾，加 0.2% 尿素液，加 30 mg/L 的 GA。

（4）控制新梢生长。花后、四周喷一次 15% 的多效唑 500 倍液，以控制新梢旺长。

3. 疏花疏果

（1）疏花疏果。对多花植株应进行疏花，可提高花的质量，从而提高坐果率。疏花时间以花序伸出到初花为宜（但有晚霜危害的地区以谢花后疏果较为稳妥）。疏花原则是疏弱留强，疏长（长、中果枝的顶花芽）留短（短果枝的顶花芽），疏腋留顶，疏密留稀，疏内留外。疏花后的留花间距，大果型的为 15～20 cm，小果型的可适当小些。留花量要大于留果量 1 倍以上，以防意外。

（2）疏果。在疏花的基础上，对坐果率高的品种还要进行疏果。疏果在第一次落果后至 5 月中旬完成。一般按 20～30 张叶留一个花序，每个花序只留一个果，多余果应坚决疏除。留大果疏小果，留好果疏病虫、畸形果，留边果疏中心果，留距骨干枝近的果，疏离骨干枝远的果。一般三至五年生的梨树，每株留果 40～120 个；六至八年生的每株留果130～180个。每公顷产量控制在45 t左右方可生产出优质大果。

4. 果实套袋

(1)果袋选择。梨果果袋繁多，在购买套袋时必须选择质量佳、韧性良好，并具有透气性、遮光、防水的支撑性纸质材料。

青皮梨(如翠冠、西子绿)易发生果锈，对纸袋要求高，应选用双层袋；褐色或黄褐色品种套袋时，用半透明白色纸袋，这样套出来的果实呈淡黄色；绿黄色或黄绿色品种，用内白外黄或内黄外白的单层双层袋，这样套出来的果实呈淡绿色或浅黄色；黄皮梨(如黄花、清香等)对纸袋要求不严，单层和双层袋均可使用，最好套双层袋，外层为深褐色或棕褐色或灰白色，内层为黑色。

(2)套袋时间。一般应在谢花后15～45 d定果后进行，最好在5月中旬果点形成之前进行。套袋时间不宜过晚，尤其是青皮梨，否则果点变大，果皮颜色加深。

(3)套袋方法。为防治梨黑星病、轮纹病、黑斑病及蛀牙等，套袋前对果面喷甲基硫菌灵和敌百虫混合液，然后及时套袋。如喷后10 d之内未完成套袋作业，对未套袋果应补喷1次药液后再套袋。套袋时先撑开袋口，托起袋底，使两底的角通气放水口张开，袋体胀起，套上果实后，从中间向两侧依次按折扇方式折叠袋口，将捆扎丝沿袋口旋转一周扎紧袋口，果实在袋内悬空，防止袋体摩擦果面。套袋时每个花序只套1～2个果，一果一袋。双层纸袋在果实采收前一个月拆开外层纸袋，以利于果实感光。单层纸袋在采果时取袋。

5. 果实采收

由于南方早熟梨多不耐贮藏，且成熟期又不整齐，多是上部和外围的果先熟，内膛和下部的后熟，因此应分期采收。

沙梨的果实不需后熟即可食用，当果实由硬变脆、果面转色呈该品种固有的色泽时采收，采果实要避免一切机械损伤，可用手轻握果实，轻轻地向上托，带果柄摘下。

五、病虫害防治

(一)主要病害

1. 梨锈病

【为害症状及发生规律】 主要为害叶片，其次为嫩梢、果柄和果实。叶片受害后，正面出现橙黄色病斑，梢凹陷；叶片背面稍隆起，并长毛状物，似胡须状；以后病斑变黑严重，即病菌在柏树上过冬，第二年春天梨叶长出后，产生冬孢子传播到梨树上。病原的传播媒体主要是风。

【防治方法】 ①清除或减少柏树是防治梨锈病的关键措施。梨园周围10 km范围内，忌桧柏、龙柏等中间寄主。②若周围必须栽植上述中间寄主时，可在冬季冬孢子散发前(3月中旬降水前)，喷射1～2°Bé石硫合剂。梨树展叶后5月下旬喷波尔多液200倍液(等量式)。③药物防治：在花前、花后各喷药1次，发生严重时隔两周再喷第3次药剂进行防治，雨水多时要增加次数，天气干旱时可少喷药1次，喷药后若遇大雨要补喷。

药剂可选用：0.5％倍量式波尔多液，25％三唑酮可湿性粉剂2 500倍液，65％代森锌可湿性粉剂500～700倍液，0.3～0.5°Bé石硫合剂等。

2. 黑星病

【为害症状及发生规律】为害果实、叶片、芽、新梢等。果实受害多在指头大时，病斑黄色，随后长出黑霉层，脱落后成干疤，上有裂纹，受害严重时果实畸形、早落。叶片受害多在叶脉附近，病斑淡黄色，呈圆形或不规则形，受害严重时似烧焦状易脱落。叶柄受害则枯叶，果柄受害则果小。春季梨芽萌动后，首先在当年生嫩梢上发病，然后逐渐扩展到叶、果上。雨水较多时发病严重，4—5月最重。病菌主要在病芽和落叶中越冬，主要借风雨传播。

【防治方法】①搞好冬季清园工作，减少病源。加强栽培管理，提高抗病能力。②药物防治：在萌芽前喷5～8°Bé石硫合剂；萌芽后至花序伸出前喷2～3°Bé石硫合剂；谢花3/4时喷0.5％倍量式波尔多液，或25％多菌灵可湿性菌灵可湿性粉剂250倍液；5月中旬、6月中旬各喷一次0.5％等量式波尔多液，或65％代森锌可湿性粉剂600倍液，或50％退菌特可湿性菌剂600～800倍液。发病严重的梨园7月中旬加喷一次。

3. 黑斑病

【为害症状及发生规律】为害果实、嫩叶、叶柄和新梢等。果实发病后，病斑近圆形，并凹陷，有时呈现同心轮纹，表面长有黑霉，如果幼果受害则常硬化龟裂。嫩叶最易感病，出现暗褐色或不规则形斑，上生一层黑霉，病斑内部有时出现轮纹。在肥水不足、偏施氮肥、虫害严重、树势衰弱等情况下，发病严重。病菌在病梢、病芽和枯枝落叶上越冬，第二年为害幼叶、幼果，在多雨高温季节发病严重。5月下旬至6月中旬发病最盛。病菌借风雨传播。

【防治方法】①冬季做好清园工作，减少越冬病源。②加强栽培管理，多施有机肥，增强树势，提高树体抗病力。③萌芽后、谢花后各喷一次0.5％等量式波尔多液，发病严重的梨园在7月上中旬再喷两次。④果实套袋。

4. 轮纹病

【为害症状及发生规律】主要为害枝干、果实，有时也为害叶片。枝干受害后，出现以皮孔为中心的圆形斑病，淡褐色，后期病斑凹陷，四周开裂，为吉丁虫产卵、梨星毛虫越冬提供了良好的场所。果实一般在近熟期发病，开始出现以皮孔为中心的褐色小斑点，以后扩大形成黄褐色水渍状病斑，并生有深褐色同心轮纹，1周后，果实完全腐烂。7—9月发病最重。果实则在成熟时或贮藏时发病严重。

【防治方法】①彻底清除越冬病源，刮除枝干上成片的病斑；刮后用0.1％升汞水溶液消毒，再涂5°Bé石硫合剂保护伤口。②加强栽培管理，提高树体抗病力。③药物防治：萌芽前喷2～3°Bé石硫合剂；生长期喷0.5％等量式波尔多液，或12.5％速保利可湿性粉剂3 000～4 000倍液；果实膨大期，连续喷药2～3次，间隔7～10 d，可选用0.5％等量式波尔多液或其他杀菌剂等喷布。

(二)主要虫害

1. 梨金缘吉丁虫

【为害症状及生活习性】多以幼虫钻入树干的皮层与木质部之间纵横窜食为害,排泄的粪便堵塞虫道。成虫有假死性,常咬食叶片,4月中下旬开始在粗糙树皮处产卵,被咬食的叶片常被啃成不规则缺刻。以幼虫在蛀孔内越冬。

【防治方法】①冬季修剪时,锯掉虫害病枝烧毁。②成虫发生期,于清晨露水未干时,人工振树,捕杀成虫。③成虫羽化出洞时,在枝干上有虫伤处刷敌敌畏煤油剂(1:20)。④成虫羽化期,喷施药物防治,每隔1~2周一次,连喷2~3次。药剂选用50%辛硫磷乳油1 000倍液,或80%敌敌畏乳油1 500~2 000倍液,或90%敌百虫晶体1 000倍液等。

2. 梨虎

【为害症状及生活习性】以成虫、幼虫为害梨芽、嫩梢、花蕾及果实。成虫产卵时,先将果柄基部啃伤,然后在幼果果面造成一个个深孔,卵产其中,产卵处有一黑点。梨果拇指大小时为害严重,造成落果。幼虫在果实内部咬食为害。6月下旬以后,老熟幼虫陆续出果入土,造土室化蛹,秋末羽化,以成虫在土内越冬。

【防治方法】① 成虫出土盛期,于清晨振动树干,捕杀成虫。② 及时摘除虫果,捡拾落果,集中烧毁,杀灭幼虫。③ 成虫出土时,在地面撒敌百虫粉末,重点撒在树冠下,撒药后浅锄,以杀死出土成虫。④ 成虫发生期可用90%敌百虫晶体1 000倍液等喷射树冠。

3. 梨大食心虫

【为害症状及生活习性】主要以幼虫食害梨芽、花丝和果实,造成严重减产。幼果受害时,幼虫直达果心,逐渐枯萎变黑,老熟幼虫化蛹前,自果中爬出吐丝,将果柄缠在果台枝上经久不落。梨芽被害时,基部虫孔外边堆有虫粪。春节花芽膨大期(3月上旬)为害花芽,果实拇指大时(5月上中旬)为害幼果,秋季又钻入芽内为害。一年发生两代,以小幼虫在芽中结茧越冬。

【防治方法】①摘除虫芽、虫果集中烧毁。②在成虫羽化盛期,采用糖醋液诱蛾。③春夏季喷药防治幼虫,重点时期在花芽膨大期(约3月上旬)、幼果期(4月下旬至5月上旬)。药剂选择90%敌百虫晶体800倍液,50%辛硫酸乳油1 000倍液,或20%速灭杀丁乳油2 000倍液等。

4. 梨蚜(梨二叉蚜)

【为害症状及生活习性】以若虫或成虫群集嫩芽和嫩叶刺吸为害,先为害膨大的梨芽,梨芽开放后钻入芽内和花蕾中为害,展叶后在叶背为害并产卵繁殖。以枝梢顶端的嫩叶受害最重,被害叶向正面纵卷,造成落叶,影响树势和果实发育,诱发煤烟病。以卵在芽腋间和小枝裂皮里越冬。

【防治方法】①及时摘除卷叶,集中烧毁。②释放瓢虫和草蛉,保护食蚜蝇、食蚜虻和其他天敌，以控制蚜虫发生。③春节萌芽时，最好在卵接近全部孵化时及时喷药，消灭在展叶之前；展叶谢花后，如果蚜虫仍多可再喷一次。药剂可选用50%抗蚜威水分散粒剂1 000倍液，40%乐果乳油2 000倍液，20%杀灭菊酯乳油2 000倍液，10%吡虫啉可湿性粉剂1 000~2 000倍液，25%扑虱灵可湿性粉剂2 000倍液等。

案例三　桃生产技术

桃周年管理技术

一、生产概况

桃的果实外观艳丽，汁多味美，芳香诱人，是人们普遍喜爱的一种水果。其营养丰富，除鲜食外，还可制糖水罐头、桃干、桃脯、果汁、果酱等。桃树可以观赏，桃仁可供入药。桃胶经过提炼，可代替阿拉伯胶用于颜料、塑料、医药等工业。桃对土壤、气候适应性强，栽培容易。

桃原产于我国的西北和西南部，我国桃树的栽培面积和产量均居世界第一位。桃在我国分布范围广，除黑龙江外，其他各地都有桃的栽培。我国栽培桃比较集中的产区有浙江奉化，上海南汇，江苏无锡、徐州、扬州，北京海淀，天津蓟州，河北抚宁、遵化、深州，山东肥城，河南商水、开封，陕西宝鸡、西安，四川成都，重庆万州、潼南，辽宁大连等地。

二、主要种类与品种

桃为蔷薇科(Rosaceae)桃属(*Amygdalus* Linn.)果树。桃属主要有普通桃、光核桃、山桃、甘肃桃、新疆桃5个种类。我国桃栽培品种繁多，约800个。根据地理分布、果实形状和用途，可划分为北方品种群、南方品种群、黄肉桃品种群、蟠桃品种群、油桃品种群。南方品种群又可分为水蜜桃和硬肉桃两类。适合南方栽培的主要品种如下。

1. 极早2001

极早2001单果重130~180 g，味甜，肉白，果面全红，5月下旬成熟，特别适宜保护地栽培，是目前成熟期最早的毛桃品种(图3-41)。

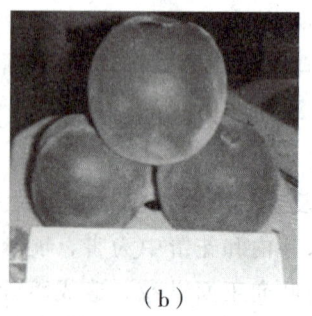

(a) (b)

图3-41　极早2001果实
(a)示意一；(b)示意二

2. 富岛桃王

富岛桃王是日本的品种。果实圆形，果特大，平均单果重 425 g，最大单果重 600 g。果实鲜红色，味香甜，果肉硬度特大，果实全红后可在树上留果 20 d 不脱落，收获期长，是供应中秋、国庆节的桃中极品。成熟期为 9 月上中旬(图 3-42)。

图 3-42 富岛桃王果实
(a)示意一；(b)示意二

3. 白凤

白凤是日本的品种。果近圆形，果面黄白色，阳面有红霞，色彩艳丽。单果重 245 g，果皮薄，易剥离，果肉浅黄白色，肉质细，柔软多汁，味甜，香气浓，品质上佳，粘核或半粘核。在山东 7 月上旬成熟(图 3-43)。

图 3-43 白凤果实
(a)示意一；(b)示意二

4. 大久保

大久保是日本的品种，果大，平均单果重 150~250 g，果实圆形或长圆形，果面黄绿色，阳面有红晕，果肉乳白色、微绿，肉质细致，完熟后柔软多汁，味香甜，离核，近核处有红色，品质上佳。树势中等偏弱，丰产；花粉多，是优良的授粉品种。在长沙 7 月上旬成熟(图 3-44)。

(a) (b)

图 3-44 大久保果实
(a)示意一；(b)示意二

5. 重阳红

重阳红的果实呈扁圆形，个头大，平均单果重 300～400 g，果面呈黄白色，果肉为白色，肉质硬脆，味甜，粘核，品质上佳。树势强健，花粉少，需配置授粉树(图 3-45)。

(a) (b)

图 3-45 重阳红果实
(a)示意一；(b)示意二

6. 千年红

千年红为郑州果树研究所选育。单果重 100～150 g，果实椭圆形，全面着玫瑰红色，艳丽美观；果肉橙黄色，硬溶质，风味浓甜，有香味，可溶性固性物含量为 12%～13%，不裂果，品质优良，较耐贮运。自花结实，丰产。6 月上中旬成熟。

7. 中油桃 4 号

中油桃 4 号为郑州果树研究所选育。其属于早熟、黄肉甜油桃，6 月中旬成熟，平均单果重 148 g，果面艳丽美观，风味浓甜，品质优，极丰产(图 3-46)。

图 3-46 中油桃 4 号果实
(a)示意一；(b)示意二

8. 中油桃 8 号

中油桃 8 号为郑州果树研究所选育。其属于早熟、白肉甜油桃，6 月上旬成熟，平均单果重 169 g，外观美，极丰产(图 3-47)。

图 3-47 中油桃 8 号果实

此外，适宜或可试栽的品种还有瑞光 18 号、19 号、22 号、28 号，丽春、春蕾、春花、砂子早生、冈山早生、中华沙红、霞脆、重阳红、中华寿桃、朝晖、早美、曙光、晚蜜、超红珠、早丰甜油桃、红秀峰油桃等。

三、生长发育特点

(一)生长结果特性

1. 树种特性

桃为落叶性小乔木，萌发力、成枝力均强，一年可抽发 2~3 次枝。桃干性弱，层性不明显，树形低矮。桃进入结果期早，一般 2~3 年初果，5~6 年进入盛果期，20~25 年树势衰弱，严重下降。由于潜伏芽的寿命短，导致桃树寿命也短，尤其是在管理不善的情况下，桃树的寿命就更短。

2. 根系

桃属浅根性果树，吸收根系深度一般在 40 cm 以内，水平分布可大于树冠的 0.5~1 倍。桃根系没有明显的休眠期，一般地温在 4~5 ℃时开始活动，15~20 ℃为生长最适温,30 ℃以上时生长不良。桃根系在年周期中,一般有两次生长高峰期,分别在 2—7 月和 10—11 月。

3. 枝

桃的枝按其功能可分为生长枝与结果枝。根据生长势不同,生长枝可分为发育枝、徒长枝、叶丛枝。发育枝生长中庸、组织充实、芽饱满,枝条长 40~60 cm,有大量的 2~3 次枝;徒长枝节间生长不充实,长达 1 cm 以上,其上多发二次枝;叶丛枝极短,长约 1 cm,只有一个顶叶芽,萌芽时形成叶丛,不结果。桃的枝一年有 2~3 个生长高峰。

结果枝可分为徒长性结果枝、长果枝、中果枝、短果枝、花束状短果枝(图 3-48)。徒长性结果枝生长势强,长度常在 50 cm 以上,枝的下部多为叶芽,上部为复芽,并发生二次枝,结果力差,可以采用拉枝或轻扭伤、冬剪时环割、多留果等措施稳果。长果枝生长适宜,长度为 30~35 cm,无二次梢,基部为叶芽,中部复花芽多,结果可靠,是桃最主要的结果枝。中果枝条较细,长度在 10~25 cm,以着生单花芽者多,结果后能从顶芽抽发短果枝,寿命短,衰弱树这类枝多,短果枝多着生于中下部,生长势弱,长度在 10 cm 以下,多为单花芽,结的果较大;花束状短果枝生长极短,长度不到 5 cm,侧芽为紧密排列着的花芽,顶芽为哑芽,结果后易枯死。

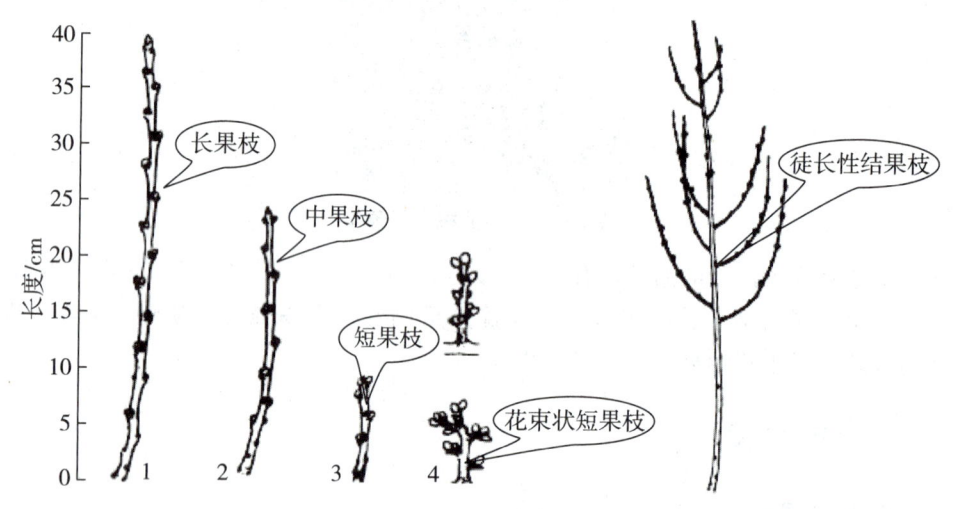

图 3-48 桃不同结果枝类型

桃树结果枝类型因品种、树龄、树势及栽培条件不同而有异。成枝力强的品种(如大久保、白凤、玉露等)易形成长果枝;发枝力弱的品种(如肥城桃、深圳蜜桃)以短果枝结果为主;幼年树和初结果树以长果枝和徒长性结果枝占多数,而衰弱树及老龄树则以短果枝及花束状短果枝为主。

4. 花芽分化

桃的花芽分化属于夏秋分化型,一般在 6—8 月开始进行花芽分化。桃花芽分化分为生理分化期、形态分化期和性细胞形成期。生理分化期在形态分化期之前 5~10 d。花芽形态分化又可分成花芽分化期、萼片分化期、花瓣分化期、雄蕊分化期、雌蕊分化期等。当秋末花芽形成柱头和子房后，进入相对休眠；在冬季如果温度过高，一部分花芽可能不能正常成花而败育。早春温度上升至 0 ℃ 以上至开花前性细胞形成。在性细胞形成期，对环境条件变化极为敏感，栽培管理上应注意防冻，以免造成性器官退化或遭受冻害。

5. 开花

桃开花早，容易受到春季低温、阴雨的影响，使授粉受精不良，造成严重的落花落果，在栽培上应特别注意。桃大多数品种为完全花，能自花结实。但有些品种雄蕊退化，花粉败育，不能产生花粉或花粉过少，须配置授粉树进行异花授粉，才能正常结实，如深州蜜桃、上海水蜜桃等，即使是能自花结实的品种，异花授粉能显著地提高产量。

6. 果实发育

桃果实发育的长短，因品种而异，特早熟品种约 75 d，特晚熟品种则长达 250 d 左右。桃果实的发育分为 3 个阶段：第一阶段为第一迅速生长期，自落花至硬核层开始硬化，约 45 d，细胞数快速增加，果实迅速增长；第二阶段为缓慢生长期（即硬核期），即自核层开始硬化至核完全硬化，这一时期早熟种需 1~2 周，中熟种需 3~4 周，晚熟种需 5~7 周；第三阶段为第二次迅速生长期，即从核硬化至果实成熟为止，此期果实体积迅速增大，一般成熟前 10~20 d 增长最快，随后着色成熟，生长停止。

(二)对环境条件的要求

1. 温度

桃对温度的适应范围较广，南方品种群适宜于年平均温度 12~17 ℃ 的地区种植。桃的生长适温为 18~23 ℃，如温度过高，则品质下降，我国南方炎热多雨地区出现枝条终年生长，几乎无休眠期，开花多，结果少。

桃在冬季需要一定量的低温才能正常通过休眠阶段，桃花芽发育需要 3 个月低温。以低于 7.2 ℃ 的低温计算，多数品种的需冷量为 750 h 才能完成休眠。若不能满足其冬季需冷量，就不能正常解除休眠，翌年花芽则不能膨大，中途会出现枯蕾、落蕾、开花不整齐、授粉受精不正常等情况。

2. 水分

桃耐旱。雨量过多，枝叶徒长，花芽少，果实着色不良，风味淡，品质下降，不耐贮运。桃虽喜干燥，但在春季生长期，特别是胚仁形成初期、果核形成初期、枝条迅速生长期缺水，则严重影响枝梢和果实的生长发育，导致大量落果。冬季干旱，早春二月灌水可促进萌芽整齐。

3. 光照

桃喜光性强，如光照不足，内膛枝易枯死，结果部位上升外移，造成内膛空虚。桃虽喜光，但直射光过强，常引起枝干日灼，影响树势。

4. 土壤

桃对土壤适应性强，但以排水良好、透气性强的沙壤土最为适宜。在黏质土中栽培，生长茂盛，结果迟，且易落果，早期产量低，果形小，味淡，易发生炭疽病、流胶病，贮藏性差。桃适宜的土壤 pH 值为 5~6。

四、主要生产技术

(一)育苗

桃树苗的方法有嫁接、扦插、组培等，生产上主要以嫁接育苗为主。

1. 砧木

桃常用毛桃、山桃作砧木，也可以用杏、李、梅等，其中毛桃是南方的主要砧木。毛桃种子要进行层积处理(沙藏 100~120 d)；常采用点播方法，播种行距为 20 cm，株距为 8~10 cm。

2. 嫁接

春季多采用切接法，芽接在 6—9 月均可进行，腹接法多在 7—8 月进行。西南地区在 9—10 月进行腹接，成活率最高。如需一年圃苗木，可提前至 5 月上旬至中旬进行嫁接。

(二)栽植

选择光照好、地势较高、地下水水位低、土壤排水良好、不易积水，且前作物不是桃、李、杏的园地建园。无花粉品种必须配置授粉树，同一园地配置 2~3 个以上品种，有利于提高坐果率。生产上常用的栽植密度是 3 m×4 m 或 4 m×5 m。长江流域以南冬季较温暖，以秋植为好。

(三)土肥水管理

1. 土壤管理

桃园在每年秋冬季进行扩穴深翻改土；在春、秋季进行耕除草 1~2 次；幼龄桃园可以间种豆类、绿肥、蔬菜等矮秆作物。

2. 施肥

桃对氮、磷、钾三要素需要量的比例为 1.0:0.4:1.6，可作为施肥的参考。成年结果树可参考如下时期施肥：

(1)基肥。施基肥对桃很重要，尤其是对早熟品种，施肥量占全年施肥量的 60%~70%，晚熟品种占 50%~60%。基肥的施用时期以秋施为好，一般不宜迟于 10 月下旬。基肥以迟效性的有机肥料为主，氮、磷、钾全面配合。

(2)萌芽肥。萌芽肥在 2 月中下旬施用，主要作用是促进萌芽开花整齐，减少落花落果，促进新梢生长健壮。以速效氮肥为主，对水淋施，如花芽饱满，可以只灌水。施肥量占全年的 10%。

(3)壮果肥。壮果肥在 5 月下旬至 6 月初施用，早熟种果实开始第二次迅速生长期，中、晚熟品种在硬核期。主要作用是促进果实肥大、增加单果重、促进枝梢健壮充实、促进花芽分化。以钾肥为主，占全年钾施肥量的30%，磷肥的10%左右。如树势壮旺可以不施用。

(4)采果肥。采果肥在6—8月施用。早、中熟品种可以在采果后立即施用，晚熟品种在采果前施，主要作用是恢复树势，增加树体的营养积累，提高花芽质量。施肥量一般占全年的15%~20%。以速效性氮肥为主。

3. 水分管理

桃怕涝害，南方春夏雨水多，要注意开沟排水。夏秋易发生干旱，对中、晚期品种产量影响很大，应特别注意保水与灌水。

(四)整形修剪

1. 幼树的整形修剪

桃的树形生产上多采用自然开心形和两大主枝开心形。充分利用二次梢，加速树冠成形，提早结果。

桃树的夏季修剪

(1)自然开心形。主干高40~50 cm，主枝3~4个，主枝分枝角度30°~50°(图3-49)。

(2)两大主枝开心形。两大主枝开心形是桃树宽行密植栽培(行距为5~6 m，株距为1.5~2.5 m)的最适宜的树形，而宽行密植是桃树速生丰产的栽培方式。主要特点是骨干枝少，通风透光，无大型结果枝组，适于密植，易整形。

整形要点：干高20~30 cm，在主干上选留两个错落着生、长势相近的新梢作主枝，两主枝分左右伸展向行间，角度为45°~55°，侧枝配备在主枝两侧，一般一个主枝配备两个副主枝。第一副主枝距主干35 cm左右，第二副主枝距第一副主枝40 cm左右，第三副主枝距第二副主枝约50 cm。在主枝上配备各种结果枝组，树高一般为2 m(图3-50)。

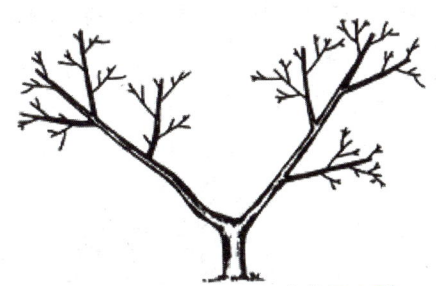

图3-49 三主枝自然开心形　　图3-50 两大主枝自然开心形

(3)杯状形。这种树形干高60~70 cm，有主枝3个，要求是邻接的长势均衡的3个枝条，主枝的基角为70°~80°，在3个主枝上再各分生2个大枝，在6个大枝上，再各自分生2个分枝。这样便形成了3个主枝、6个大枝、12个分枝的杯状形。留枝时，只留外生枝，不留内向枝(图3-51)。

这种树形的树冠开张，光照充足，枝条发育充实，花芽分化良好，有利于生长结果。果实色泽艳丽，品质优良。树干低，树冠小，便于管理。但结果面积小，产量较低。3个主枝邻接，生长势力相等，开张角度大，主枝易劈裂，分枝少，易遭受日灼伤害。

(4)改良杯状形。这种树形是在杯状形的基础上改进而成。这种树形也有主干，三大主枝邻接，主枝开张角度为45°~50°。3个主枝及其侧枝均为二叉式分枝。全树共3个主枝、6个侧枝、12个分枝（副侧枝），在这些枝条上培养大、中或小型结果枝组，如图3-52所示。这种树形的主枝数目少于杯状形，侧枝多于杯状形，减弱了顶端优势，树体长势均衡。树冠形成以后，各级骨干枝间保持80 cm左右的间距。这种树形，修剪量较轻，结果面积较大，产量较高，结果年限也较长。其适用于大树冠和长势旺的品种。

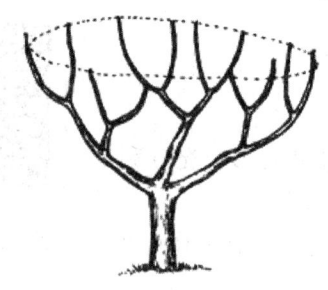

图3-51 杯状形　　　图3-52 改良杯状形

(5)变则主干形。这种树形在一定时期内保留中干，全树有主枝5~7个，分为2~3层。第一层有主枝3个，按10~15 cm的间距错落排列，每个主枝上有侧枝2~3个；第二层有主枝2~3个；第三层只有1个主枝；层间距离分别为100~120 cm和40~60 cm，如图3-53所示。这种树形结果面积大，易于早期丰产。但因树冠较高，管理不方便，内膛光照较差，保持树形较困难。这种树形适用于长势强旺的品种，要求具有较好的土质条件。为保持冠内的充足光照，在整形过程中，应注意开张主枝角度，并保持适宜的层间距离。随着树龄的增大，枝量增多，当光照条件恶化时，则改造为自然开心形。

(6)延迟开心形。这种树形的结构特点是主干上保留一段中干，全树分为2层，共有主枝5个，呈双层开心形，如图3-54所示。其树冠体积较大，结果部位较多，产量较高，易于丰产。这种树形要求土层厚、土质肥沃，适于长势健壮的品种。

图3-53 变则主干形　　　图3-54 延迟开心形

(7) Y形。这种树形适于密植桃园,在每 hm² 栽 660~1 665 株的密植条件下,是较为理想的树形。

这种树形的干高为 30~50 cm,全身只有 2 个主枝,主枝间的夹角为 45°~60°。每个主枝上配置 5~7 个大、中型结果枝组。树高为 2.5~3 m,叶面积系数 5~6,叶幕厚度为 40~50 cm。行间留有 0.8~1 m 的空间,株间可视度较差,但交接率不宜超过 5%,如图 3-55 所示。这种树形的树冠透光均匀,果实分布合理,利于优质丰产。

图 3-55 Y 形

2. 结果树的修剪

分夏季修剪和冬季修剪。夏季修剪在 4—6 月进行,冬季修剪在 11 月下旬至 12 月进行。

(1) 夏季修剪。主要包括抹芽、除萌、摘心、扭梢、拉枝等工作。抹芽树冠内膛的徒长芽,剪口下的竞争芽、双生芽,当新梢长到 5 cm 时双枝"去一留一",在新梢长约 50 cm 时进行摘心,有利于枝梢增粗和促进花芽分化;对直立的徒长枝和其他旺长枝进行扭枝和拉枝,主要的目的是削弱生长势,促进徒长枝转为结果枝,同时也取得改善光照的效果。

(2) 冬季修剪。幼龄结果树的修剪,以长放为主,留作结果用的长枝一般不短截,多留果枝以缓和树势,提高坐果率,骨干枝的延长留 50~70 cm 短截。

盛果期桃树主枝逐渐开张,树势逐渐缓和,树冠相对稳定,枝条生长量降低,徒长枝减少,结果枝增加,内膛及下部枝易枯死。对骨干枝要回缩更新,采用疏缩结合,去弱留强。如果内膛已经空虚,应注意从第三侧枝上培养回生枝填补空间以增加结果部位,桃树一旦进入盛果期就要注意从基部培养更新枝。

(五) 保花保果

1. 合理施肥与灌水

加强采后施肥和秋季基肥施用,促进树体营养积累,提高花芽质量;花前花后应根据树龄树势合理施肥,避免单施氮肥,应注意氮、磷、钾肥配合施用;旱期及时灌水,雨季及时排水,避免土壤积水。

2. 合理修剪

幼旺树、初果树不宜修剪过重,要及时控制徒长枝,调节树体营养分配。

3. 创造授粉受精的条件

对花粉败育的品种，配置授粉树；即使是自花结实的品种，混栽 2~4 个品种可提高坐果率；桃园放蜂有助于提高坐果率；对于缺乏花粉的品种，除配置授粉树外，在花期天气不良的年份还需进行人工授粉。

4. 使用生长调节剂

谢花后喷 20 mg/L 萘乙酸或 20 mg/L 赤霉素加 0.5% 磷酸二氢钾，花期喷 0.2% 硼砂溶液防止落果。

(六) 疏果与套袋

1. 疏果

疏果一般在 4 月中下旬至 5 月上旬进行。疏果多少可按叶果比和结果枝类型来决定。一般早熟品种的叶果比为 20:1，中熟品种为 25:1，晚熟品种为 30:1；短果枝留 1~2 个果，中果枝留 2~3 个果，长果枝留 3~4 个果，徒长枝结果枝留 4~6 个果。

2. 套装

套装在生理落果基本停止定果后、桃蛀螟等产卵高峰之前进行，6 月上旬完成。拆袋时间根据品种和地区不同而异。鲜食品种采收前 3~5 d 拆袋，以利于果实上色；不易着色的品种拆袋应早一些；用于罐藏加工的桃果实可连袋一起摘下。套装果的含糖量和可溶性固形物的含量比不套袋果有所下降，应注意改进管理措施，如增施有机肥、光合微肥等。

(七) 采收

桃果的风味要在树上充分成熟才能表现出来，故不能早采，采收期应根据用途来决定，一般采收成熟期可分为应熟期和晚熟期。

1. 应熟期

果实的绿色减退，转为淡绿色，果面饱满、无皱皮，此时果皮不易剥离。制罐用的黄桃肉及需远运的水蜜桃可在此时采收。

2. 晚熟期

果实由淡绿色转为淡白色、乳白或淡黄色，向阳面呈现红霞或红斑，果皮易剥离，表现出品种固有色泽、香味，果实开始发软、不能远运。

五、病虫害防治

(一) 桃炭疽病

桃炭疽病是江南地区桃树的主要病害，主要为害桃果和枝梢，严重时果枝大量枯死，果实大量腐烂。

1. 为害症状

小幼果染病后很快干枯成僵果悬挂在枝上；较大的果实发病后病斑凹陷、褐色，潮湿时产生粉红色黏质物(病菌孢子),病果很快脱落,或全果腐烂并失水成为僵果悬挂在枝上。枝条发病主要发生在早春的结果枝上,病斑褐色,长圆形,稍凹陷,伴有流胶,天气潮湿时病斑上也密布粉红色孢子,当病斑围绕枝条1周后,枝条上部即枯死,病枝未枯死部分,叶片萎缩下垂,并向正面卷成管状。

2. 发病规律

真菌性病害。菌丝体在病枯枝和病僵果上越冬,翌年早春产生孢子,侵染结果枝,以后陆续向花、果传播,加重为害。

阴雨连绵、天气闷热时容易发病,在连续阴雨或暴雨后常有一次暴发;园地低温、排水不良、修剪粗糙、留枝过密及树势衰弱和偏施氮肥时,容易发病。

本病在上海地区一年有3个发病过程:3月中旬至4月上旬发生在结果枝上、5月上中旬发生在幼果上及6、7月发生在果实成熟阶段。全年以幼果阶段受害最重。

品种间发病情况差异较大,一般以早熟品种发病最重,中熟品种次之,晚熟品种抗病较强。

3. 防治方法

(1)冬季修剪时仔细除去树上的枯枝、僵果和残桩,消灭越冬病源。多年生的衰老枝组和细弱枝容易积累和潜藏病原,也宜剪除。同时对过高、过大的主侧枝应予回缩,以利于树冠和枝组的更新复壮和清园、喷药工作的进行。

(2)在芽萌动至开花前后及时剪除初次发病的病枝,防止引起再次侵染;对发现卷叶症状的果枝也要剪除,并集中深埋。

(3)选栽抗病品种。

(4)加强排水,增施磷、钾肥,增强树势,并避免留枝过密及过长。

(5)萌芽期喷洒1~2次1:1:100倍波尔多液(展叶后禁用)。幼果期从花后开始,用锌铜石灰液(硫酸锌350 g、硫酸铜150 g、生石灰1 kg、水100 kg),7~10 d施用一次,连续防治3~4次。

(二)桃缩叶病

桃缩叶病为真菌性病害。本病能为害桃嫩梢、新叶及幼果,严重时梢、叶畸形扭曲,幼果脱落。

1. 为害症状

病叶卷曲畸形,病部肥厚,质脆,红褐色,上有一层白色粉状物(病菌子囊层),最后变褐色,干枯脱落;新梢发病后病部肥肿,呈黄绿色,病梢扭曲,生长停滞,节间缩短,最后枯死;小幼果发病后变畸形,果面开裂,很快脱落。

2. 发病规律

真菌性病害。病菌主要以孢子附在枝上或芽鳞上越冬,翌年桃树萌芽时侵染为害。病菌喜欢冷凉潮湿的气候,春季桃树发芽展叶期如多低温阴雨天气,往往发病严重。5月下旬后气温升至20 ℃以上时,发病即自然停止。一般在沿海及地势低洼、早春气温回升缓慢的桃园，发病较重。

3. 防治方法

（1）萌芽期及时仔细喷洒 5°Bé 石硫合剂，或 1∶1∶100 倍波尔多液，都有良好的效果。

（2）发病期间及时剪除病梢病叶，集中烧毁，清除病源。

（3）发病严重的桃园，注意增施肥料，促进树势恢复，增强抗病能力。

（三）桃细菌性穿孔病

桃细菌性穿孔病为细菌性病害。本病主要为害桃树叶片和果实，造成叶片穿孔脱落及果实龟裂。

1. 为害症状

叶上病斑近圆形，直径 2～5 mm，红褐色，或数个病斑相连成大的病斑。病斑边缘有黄绿色晕环。以后病斑枯死，脱落，并造成严重落叶。果实受害，初为淡褐色水渍状小圆斑，后扩大成褐色，稍凹陷。病斑易呈星状开裂，裂口深而广，病果易腐烂。

2. 发病规律

病原细菌主要在病梢上越冬，翌年春季在病部溢出菌脓，经风雨和昆虫传播。由气孔、皮孔等处侵入。一般 4 月中旬展叶后即见发生，5—6 月梅雨季节和 8—9 月台风季节是全年发病高峰。果园郁闭、排水不良、树势衰弱时发生严重。果实上一般早熟品种较易发病，特别是成熟期多雨时发病更重。

3. 防治方法

（1）冬季修剪时注意清除病枯枝，消灭病原。

（2）早春桃芽萌动期喷洒脱 1∶1∶100 倍波尔多液（展叶后禁用），或喷洒 5°Bé 石硫合剂；发病期间适时喷洒硫酸锌石灰液（硫酸锌 500 g、生石灰 1 000 g、水 100 kg），或 65％代森锌可湿性粉剂 500 倍液，桃树各物候期主要病虫害防治见表 3－5。

（3）加强开沟排水，降低田间湿度；合理修剪（包括夏季修剪），改善通风透光，避免树冠郁闭；增施磷、钾肥，增强树势。

表 3－5　桃树各物候期主要病虫害防治历

物候期	防治对象	防治措施	注意事项
休眠期：12月上旬至3月上旬	腐烂病、褐腐病、穿孔病、炭疽病。疮痂病、缩叶病、红蜘蛛、梨小食心虫、桑白蚧、苹小卷叶蛾、康氏粉蚧	1. 剪除树上溃疡枝、病枝、僵果，清除地面枯枝、落叶、杂草、病果、病枝，刮除腐烂病疤及枝干老翘皮 2. 喷 40％杜邦福星 8 000 倍液加 90％万灵 3 000 倍液。或 40％福星 8 000 倍液，加 40％大杀蚧 1 500 倍液	剪除、刮除、清除的病残组织一定要运出园外集中烧毁深埋。主要针对腐烂病、褐腐病，以及介壳虫

续表

物候期	防治对象	防治措施	注意事项
萌芽至开花期：3月中旬至4月上旬	穿孔病、缩叶病、蚜虫	1. 杜邦泉程750倍液加90%万灵3 000倍液 2. 喷1次好普生康福宝1 200倍液	
新梢生长期：4月中旬至5月上旬	褐腐病、穿孔病、炭疽病、蚜虫、梨小食心虫、卷叶虫、潜叶蛾、红蜘蛛	1. 75%猛杀生800倍液加20%啶虫脒 2. 3 000倍液加4%～5%绿百事1 500倍液	及时摘除被害新梢，集中烧毁，消灭梨小幼虫
幼果生长发育期：5月中旬至6月上旬	褐腐病、穿孔病、疮痂病、炭疽病、茶翅蝽、桃蛀螟、梨小食心虫、红蜘蛛、潜叶蛾、球坚蚧	1. 68.75%易保1 500倍液加90%万灵粉3 000倍液加硼钙宝1 200倍液 2. 40%福星8 000倍液加20%虫螨特1 200倍液加硼钙宝1 200倍液	这一时期是梨小食心虫第一代成虫期，是苹小卷叶蛾越冬代成虫期，喷药防治是关键
早熟品种成熟期：6月中旬至7月上旬	褐腐病、穿孔病、疮痂病、梨小食心虫、红蜘蛛、桃蛀螟、潜叶蛾、蚜虫、介壳虫	1. 75%猛杀生800倍液加25%灭幼脲3号1 500倍液加硼钙宝1 200倍液 2. 70%甲基硫菌灵1 200倍液加20%阿维菌素8 000倍液	这一时期是梨小食心虫第二代成虫期，孵化的幼虫开始危害果实，是喷药防治的重点
中熟品种成熟期：7月中旬至8月上旬	褐腐病、穿孔病、炭疽病、梨小食心虫、棉铃虫、桃蛀螟、红蜘蛛	1. 70%代森猛锌600倍液加5%氟铃脲2 000倍液 2. 3%阿维菌素700倍液加90%万灵粉3 000倍液	这一时期是梨小食心虫第三代成虫期，是苹小卷叶蛾第一代成虫期，喷药防治是关键
晚熟品种成熟期：8月中旬至10月上旬	褐腐病、炭疽病、潜叶蛾、梨小食心虫、桃蛀螟、叶蝉、蚱蝉	1. 50%果然好1 200倍液加48%毒死蜱1 500倍液加康福宝1 200倍液 2. 70%甲基硫菌灵1 200倍液加22%立杀1 200倍液加康福宝1 200倍液	
采收后至休眠期：10月中旬至12月	穿孔病、流胶病	杜邦泉程750倍液加0.5%尿素	

续表

物候期	防治对象	防治措施	注意事项
休眠期：12月上旬至3月下旬	各种越冬病虫	1. 清除枯枝落叶杂草、病果病枝、集中烧毁 2. 挖出枣疯病树，清除枣疯病枝，集中烧毁 3. 喷5°Bé石硫合剂	
萌芽展叶期：4月上旬至5月上旬	枣步曲、食芽象甲、枣龟蜡蚧、腐烂病、轮纹病、炭疽病、斑点病	1. 3月中旬在树干中下部绑塑料布，开口向下为喇叭状 2. 3月中旬在树干基部1 m范围内的地面喷40%毒死蜱1 000倍液 3. 3月下旬全树喷洒40%杜邦福星6 000倍液加90%万灵3 000倍液	在距地面30 cm处，塑料布宽20 cm
	叶锈病、绿盲蝽、枣步曲、食芽象甲、枣瘿蚊、枣黏虫	1. 4月上中旬喷75%猛杀生8 000倍液加25%灭幼脲3号1 500倍液 2. 4月下旬至5月上旬喷70%好普生甲基硫菌灵1 200倍液加90%万灵3 000倍液	在枣树芽子将要萌发时喷最好，喷时要细致均匀
开花坐果期：5月中旬至6月下旬	叶锈病、炭疽病、桃小食心虫、红蜘蛛、绿盲蝽、枣步曲、食芽象甲、枣瘿蚊、枣黏虫	1. 5月中旬喷0.5%好普生阿维菌素3 000倍液 2. 6月上旬喷68.75%杜邦易保1 500倍液加90%万灵3 000倍液 3. 6月下旬喷40%福星8 000倍液加25%灭幼脲3号1 500倍液	
果实生长期：7月上旬至8月中旬	缩果病、炭疽病、烂果病、叶锈病、食心虫、红蜘蛛、枣黏虫	1. 40%福星8 000倍液加硼钙宝1 200倍液 2. 68.75%易保1 200倍液加90%万灵粉3 000倍液加好普生硼钙宝1 200倍液 3. 30%篮金1 000倍液加40%福星8 000倍液加好普生硼钙宝1 200倍液 4. 75%猛杀生800倍液加10%多抗霉素1 500倍液加4.5%绿百事2 000倍液	
果实成收期：9月上旬至10月上旬	缩果病、烂果病、炭疽病、叶锈病	1. 20.67%万兴2 500倍液加25%灭幼脲3号1 500倍液加硼钙宝1 200倍液 2. 40%福星8 000倍液加75%猛杀生800倍液加康福宝1 200倍液 3. 30%篮金1 000倍液加硼钙宝1 200倍液	

案例四 李生产技术

一、生产概况

李的许多品种果实鲜艳，营养丰富，酸甜可口，具有特殊的香气。果实主要以鲜食为主，也可制干、罐头、蜜饯等。李成熟期早，早熟品种可以在端午节前上市，增加水果市场种类和满足人们对水果多样化的需要。

李是世界上分布和栽培最广泛的落叶果树。其中以俄罗斯、美国、罗马尼亚、保加利亚、法国、意大利等国家的栽培面积大，产量最多。

李是适应能力很强的一种果树，在瘠薄的山地、沙滩、庭院前后等地都可以栽培。一般定植后的2~3年可以结果，5年左右进入盛果期，产量较高，株产50~100 kg很容易达到。寿命一般可达30~40年。

中国李原产于我国东南部、长江流域及华南一带。我国李树主产于浙江、广东、福建、台湾、贵州、湖南、广西、江西、四川、安徽等地。

二、主要种类与品种

李属于蔷薇科李属果树。李属有30多个种，作为果树经济栽培的约14种。我国栽培的有4个种，即中国李、欧洲李、美洲李、杏李，其中以中国李栽培最普遍。主要的品种有以下几种。

1. 芙蓉李

芙蓉李又名夫人李，为福建省栽培最广的鲜食、加工品种。树冠开张，枝条披垂。果实扁圆形，果大，单果重30~44 g，最大果重153 g；果皮暗红色，肉质柔软多汁，甜而味酸，有香气，品质上等。7月中旬成熟，丰产(图3-56)。

图3-56 芙蓉李果实
(a)示意一；(b)示意二

2. 柰李(桃形李)

柰李原产于福建。其分为青柰和花柰两个品系，以青柰栽培最广。树势强健，树冠半开张。果形似桃，呈心脏形，果顶突出稍歪一侧；果大，单果重 50～70 g；果皮绿黄色，密被灰白色果粉；肉厚核小而半离核，近果心处核与果皮之间有"空室"。果肉呈淡黄色或黄色，肉质硬脆，清甜而具有香味，品质极优，较耐贮藏。奈李一般于 7 月底至 8 月上旬成熟，属晚熟优良品种(图 3-57)。

图 3-57　奈李(桃形李)果实
(a)示意一；(b)示意二

3. 槜李

槜李又名醉李，主产于浙江。树势中等，树势开张。果大，扁圆形，平均单果重 45～55 g，最大果重 125 g，果皮呈黄绿色，果肉为橙黄色，粘核，硬熟时香味可口，软熟后柔软多汁。自花不孕，需配置授粉树。7 月中旬成熟(图 3-58)。

图 3-58　槜李果实
(a)示意一；(b)示意二

4. 金塘李

金塘李是浙江著名品种。树势强健，树冠半开张。果实扁圆形，平均单果重 40 g，最大 63 g，果皮、果肉均为紫红色，肉质细密，味甜有香气，品质上等，粘核。丰产性好，7 月中旬成熟(图 3-59)。

(a)   (b)

图 3-59 金塘李果实

(a)示意一；(b)示意二

5. 黑琥珀

黑琥珀原产于美国。果实扁圆形，平均单果重 180 g。果皮紫黑色，果肉淡黄色，肉质硬韧，香甜，可溶性固形物含量为 13%，离核，品质上等（图 3-60）。

(a)   (b)

图 3-60 黑琥珀果实

(a)示意一；(b)示意二

6. 三华李

三华李原产于广东省翁源县三华乡。树势强健，树势开张。果大，近圆形，单果重 40~50 g，缝合线浅而明显，果皮薄，呈紫红色，有黄色小星点分布其上，果皮厚，质脆、清甜、核小，鲜食加工均宜。果实 6 月中下旬成熟（图 3-61）。

(a)   (b)

图 3-61 三华李果实

(a)示意一；(b)示意二

此外，还有红心李、青翠李、江安李、拉罗达李、九龙李、玉皇李、帅李、蜜思李、黑宝李、玫瑰皇后李、秋李、大石早生、金黄李等。

三、生长发育特点

(一)生长结果特性

1. 根系

李的根系较浅，吸收根主要分布于20～40 cm的土层内，但水平分布较广，比冠幅大1～2倍。李的根系为菌根，较耐旱、耐涝。根的分生能力强，特别是衰老树或地上部受到刺激时更易发生根蘖，根蘖应随时除去。

早春当土温达5～7 ℃时，可萌发新根，15～22 ℃时根系活动最活跃。成年李树根系一年只有两次生长高峰，4月和6月是主要的发根高峰时期。

2. 芽与枝梢

李树的芽可分为叶芽和花芽两种。叶芽小而尖，呈三角形。各种枝条顶部的芽都是叶芽，大多数李品种的当年生枝形成叶芽。李的花芽是纯花芽，大而饱满，侧身于枝条的叶腋处。在一个叶腋内，有单芽和复芽之分，复芽的排列方式通常是中央一个为叶芽，两侧为花芽，有时在短果枝或花束状果枝上部分叶芽退化或潜伏，但顶芽仍然是叶芽。大多数品种当年生枝的下部形成单叶芽，中部是复芽，上部又是单叶芽。

李的结果枝有长果枝（长度在30 cm以上）、中果枝（长度在10～30 cm）、短果枝及花束状果枝（长度在3 cm以上）。长、中果枝多着生在枝条的上部，短果枝、花束状果枝多着生在枝条的中下部。中国李以短果枝和花束果枝最多，欧洲李和美国李以中果枝和短果枝较多。初结果树主要以长果枝、中果枝结果为主，成年结果树主要以短果枝和花束状果枝结果为主。短果枝和花束状果枝在当年结果的同时，先端叶芽又能抽生短枝，继续形成花束状果枝，可连续结果4～5年，结果部位比较稳定，也不容易形成大小年结果现象，丰产稳产。

3. 花芽分化

李树极易形成花芽。开始分化时期因品种、立地条件和年份不同而不同，温度较高，日照较长，降水较少，则提前分化。一般李花芽于夏秋间（6月中下旬至8月底）开始分化，高峰期在7月中旬，落叶前结束。

4. 花与开花

李的花属完全花，白色。中国李每个花芽有2～3朵花，花量很大，且大多数品种能自花结果，有些品种自花结实能力低，栽培时需配置授粉树。而欧洲李、美洲李，大多数不能自花结实，均需要配置授粉树。

在南亚热带地区，李树一般在1月下旬至2月上旬开花，正常年份李树是先开花后展枝，如花叶齐或先展叶后开花的，会影响花芽的萌发，产量低。如冬暖，有时会在11—12月开花，不利于翌年的开花结果，要及时摘除冬花。

5. 果实发育特性

李树的果实发育和其他核果类果树一样，有3个时期：谢花至硬核期、硬核期、果实成熟期。李主要有3次落花落果：第一次是在开花后落花，主要原因是营养不足或花器发育不完全；第二次是在花后2～4周落果，主要是由于授粉不良引起；第三次是在第二次落果后约2周开始，主要是由于营养不良，胚发育中途停止所致。

(二) 对环境条件的要求

1. 温度

李树对温度的要求因种类和品种不同而不同。中国李对气温的适应性强，能耐寒和耐热，在我国北方冬季寒冷地带和南方炎热地区均可栽培。生长在江南的李、芙蓉李对低温的适应性差，美洲李比较耐寒，欧洲李适宜在温暖地区栽培。李开花期最适温度为12～16 ℃。不同发育阶段的有害低温：花蕾期为−1.1 ℃，开花期为−0.5～2.2 ℃。李花期较早，容易遭受晚霜危害，故应选择无霜害的地区进行栽培。

2. 光照

李属喜光果树，如果光照不足，则影响果实着色和品质及花芽分化。因此，培养良好树冠，应把李园建在阳坡，并保持果园内的通风透光以满足李树对光照的需求。

3. 水分

中国李耐旱耐湿，欧洲李忌多雨多湿润的环境。中国李适应性强，无论在干旱或潮湿的地区都能栽培。中国李在生长期中能忍耐稍多的水分，但花期多雨或多雾影响授粉；成熟期多雨会引起黑斑病等病害的发生，影响果实外观品质。

4. 土壤

李树对土壤适应性强，但以土层深厚、保水保肥力强的壤土或黏性土为宜，pH值为6.0～6.5。中国李及中美杂交李在瘠薄的土壤上也能获得较高的产量，欧洲李宜在肥沃的黏性土上种植，美洲李适宜在黏性至轻沙质土上种植。

四、主要生产技术

(一) 育苗

李的育苗方法有嫁接、分株和扦插等。生产上嫁接法应用最多。

1. 砧木

李树可选取毛桃(苦桃)、中国李、梅等作砧木。其中，毛桃是中国李最常用的砧木。毛桃发芽率高，砧苗期生长快，根群发达，与中国李嫁接亲和力强。

2. 嫁接

李树的嫁接一般于春季2—3月采用切接法，7—8月采用芽接法，9—10月采用腹接法。

(二)栽植

李树可以适当密植。在土壤肥沃、管理水平高的果园,可采用 4 m×4 m 或 3 m× 5 m 的株行距;瘠薄山坡地或沙滩地,以(3~3.5) m×4 m 的株行距为宜。

李树有的品种自花结实能力弱,李花期早,由于气温较低,传粉昆虫较少。因此,建园时应注意配置授粉树,授粉品种一般占 10%~20%。李一般在落叶后至萌芽前栽植。通常在 11 月下旬至翌年 2 月栽植为好。

(三)土肥水管理

李园的土肥水管理,基本上可参照桃园进行。成年树每年施肥 3~4 次。以花前肥和采果肥尤其重要。基肥宜秋季早施,最好在采果后的 7~8 d 施入,以有机肥为主。李园容易缺镁,每隔 3 年应酌情补充镁肥。李园的施肥量一般按产量计算,每产 100 kg 施纯氮 0.7~1 kg,氮:磷:钾的适宜比例为 1:(0.6~0.7):(0.9~1)。

(四)整形修剪

1. 幼树整形

李树的树形主要是自然开心形和变则主干形。自然开心形的整形可参照桃的整形。

变则主干形:一般树高 3~5 m,主干高 40~50 cm,保留中心干,主干 5~6 个,不呈层状分布。单株产量较自然开心形高些。该树形适用于树势强旺、枝条直立型强的种类和品种及肥水条件好的果园。

2. 结果树修剪

(1)夏季修剪。在采果后进行,短截未截过的长枝,及时疏剪过密枝、交叉枝、重叠枝、下垂枝及病虫害枝。

(2)冬季修剪。幼树和旺树冬剪宜轻,以疏剪为主,疏去过密枝、交叉枝、重叠枝、下垂枝及病虫害枝;对旺枝可长放、轻短截。老树和弱树冬剪宜重剪,缩剪衰退枝组,复状更新。

中国李主要以短果枝和花束状果枝结果为主。因此,栽培中应注意培养和保护短果枝和花束状果枝。对骨干枝上约 50 cm 长的当年枝或长果枝,可轻剪或不剪,抽生中短枝,培养结果枝组。斜生枝近水平枝可不剪。如树势强、较直立,则可剪去 1/3~1/4,促使基部萌发成中短果枝。对直立向上枝、荫蔽枝、内膛徒长枝、竞争枝应从基部疏除。

除采后修剪、冬季修剪外,其他时间的修剪主要是摘心。对长度超过 25 cm 的新梢进行打顶,控制其生长。

(五)花果管理

1. 保花保果

李树花果量很大,但生理落果现象严重。保花保果的主要措施如下:

(1)混栽授粉树。

(2)加强肥水管理。

(3)人工辅助授粉。

(4)果园放蜂。

(5)喷施叶面肥和激素，花蕾期喷0.1%~0.2%硼酸一次，促进花器发育；花期喷20 mL的赤霉素，幼苗期喷50 mL的赤霉素，有利于提高坐果率。

(6)抹除或短截部分春梢。如果花前和花后气温较高，春梢生长过旺，要及时抹除部分春梢，减少养分的消耗；对较长的春梢进行短截，控制其生长，促进其老熟。

2. 疏花疏果

疏花一般在蕾期和花期进行，主要针对坐果率高的品种，疏去结果枝基部的花，留中上部的花。疏果宜早不宜迟，最迟在硬核开始时完成。一次性疏果多在花后25~30 d进行。若采用两次疏果，第一次在花后20~25 d进行，先疏掉各类不良果；第二次定果在落花后40~45 d进行（硬核前），保留具有品种特性、发育正常的果实。通常长果枝留3~5个果，中果枝留2~3个果，短果枝或花束状果枝留1~2个果。叶果比大约保持在16:1为宜。

(六)树体保护

1. 撑枝和吊枝

李树结果较多时，枝条下垂，易折断，可用撑枝、吊枝来保护，以防折断。

2. 伤口处理

主干或骨干枝因病虫、风折、枝裂及不合理修剪产生伤口时，应加以保护，防伤口腐烂。先用利刀将伤口削平，然后用高浓度石硫合剂2%~5%硫酸铜溶液消毒，再涂石蜡加以保护。也可以用牛粪泥（鲜牛粪一份，黏泥2~3份，少量水混合）加少量石硫合剂来涂抹伤口。

(七)采收

李的采收期因品种和用途不同而有差异。脆李应在硬熟期采收；蜜李需在完成前3~4 d采收；供作鲜食的果实，宜在半软熟期之后采收；贮藏和干制用果，可在硬熟期采收；做果酱或酿造用果，可在果实充分成熟时采收。果实成熟的标准，因品种不同而不同，红色果实着色1/3~1/2时为硬熟期，着色4/5以上为半软熟期。黄色种果皮绿色变为绿白色，为硬熟期；由绿白色转为淡绿黄色，为半软熟期；转为淡黄色时，为完熟期。

采果宜在晴朗的上午露水已干至中午前进行。阴雨、露水未干或浓雾时不宜采收。采果时宜轻采轻放，避免机械损伤，并尽可能保全果粉，保持果品美观。

案例五　葡萄生产技术

一、生产概况

葡萄风味鲜美，营养丰富。葡萄既可以鲜食，也可以酿造不同类型的葡萄酒，还可以加工葡萄汁、葡萄干等。目前，世界葡萄产量的约80%用于酿酒。葡萄具有较好的医疗保健功效，多吃葡萄及其产品有益于防治贫血、肝炎，降低血脂和软化血管，对预防糖尿病有一定的作用。

葡萄是世界性水果，原产于地中海、黑海、里海。主要分布在冷凉的欧洲、美洲国家及地区，以法国、意大利、西班牙、土耳其、美国栽培最多。

葡萄是我国的主要水果，主要产区在新疆、湖北、山东、辽宁、河南、河北、甘肃、浙江、安徽等地，近年来我国南方一些地区大面积种植鲜食葡萄。

葡萄适应性很强，耐旱、耐瘠、耐盐碱，平地、山地、沙滩、河滩均可栽培。葡萄还适宜房前屋后和盆栽，是发展庭院经济和美化环境的重要果树。

二、主要种类与品种

葡萄属于葡萄科（Vitaceae）葡萄属（*Vitis* Linn.），是多年生藤本果树。葡萄属有70多个种，分布在我国的约有35个种，其中只有少数几种在栽培上被直接利用。按地理分布和生态特点，一般将其分为欧亚种群、北美种群、东亚种群。以欧亚种群品质为好，但其不耐湿，不适宜南方栽培；北美种群较耐高温高湿，适于南方栽培。目前，南方栽培的葡萄多以欧美杂种为主。

1. 巨峰

巨峰为欧美杂种，原产于日本。果穗圆锥形，平均穗重350 g；果粒椭圆形或近圆形，平均粒重10.5 g，紫黑色。果肉柔软多汁，味甜。皮肉、种子均易分离，可溶性固形物含量为15%～16%，品质上等。树势强健，枝粗芽大，适宜性、抗病力均强，但不耐旱，落花落果较重。7月中旬着色，8月上中旬成熟（图3-62）。

图3-62　巨峰果实
（a）示意一；（b）示意二

2. 藤稔

藤稔为欧美杂种。原产于日本。果穗大，圆锥形，平均穗重500 g。果粒着生较紧密，果粒特大，一般粒重15～22 g；果皮厚，紫黑色，肉质肥厚，含糖16%～18%，品质上等。树势较强，易形成花芽，丰产性强，落花落果轻，坐果率高，成熟期比巨峰早10 d左右，江南地区7月初着色，7月中下旬成熟(图3-63)。

图3-63 藤稔果实
(a)示意一；(b)示意二

3. 希姆劳特

希姆劳特为欧美杂种，日本品种。平均穗重750 g，平均粒重3～4 g，成熟后黄白色，无核。果肉柔嫩多汁，风味浓甜，具特殊香味，品质极佳。树势强壮，抗黑痘病、霜毒病、白腐病和炭疽病，易栽培。早熟，6月下旬成熟，比巨峰早熟20 d以上(图3-64)。

图3-64 希姆劳特果实
(a)示意一；(b)示意二

4. 维多利亚

维多利亚为罗马尼亚品种。果穗大，呈圆锥形或圆柱形，平均穗重630 g。果粒大，平均粒重9.5 g。果粒紧密，长椭圆形，金黄色，粒形美观诱人。果皮中等厚，果肉脆而硬，味甘甜爽口，品质极佳。7月下旬至8月初成熟。丰产(图3-65)。

图 3-65 维多利亚果实
(a)示意一；(b)示意二

5. 红提(晚红、红地球)

红提为欧亚种，美国品种。果穗长圆锥形，平均穗重 800 g，松紧适度。果粒圆形或卵圆形，平均粒重 12～14 g，最大达 20 g。果粒中厚，果皮为红色或深红色，色泽艳丽。果肉硬脆，味甜爽口，品质优。9月中下旬成熟。不落粒，耐压力，极耐运输和贮藏。在南方需设施栽培(图 3-66)。

图 3-66 红提果实
(a)示意一；(b)示意二

6. 美人指

美人指为欧亚种，日本品种。果穗较大，平均穗重 400 g。果粒大，平均粒重 11～12 g。果粒细长形，先端紫红色，光亮，基部稍淡；果肉脆，无香味，味甜甘爽，品质优。9月中下旬成熟。生长势强，产量中等，较耐贮运(图 3-67)。

图 3-67 美人指果实
(a)示意一；(b)示意二

此外，适宜南方栽培的优良品种还有京亚（图3-68）、夕阳红（图3-69）、高妻（图3-70）、夏黑无核（图3-71）、香悦（图3-72）、金星无核（图3-73）等。

图3-68　京亚果实　　　　图3-69　夕阳红果实　　　　图3-70　高妻果实

图3-71　夏黑无核果实　　图3-72　香悦果实　　　　　图3-73　金星无核果实

三、生物学特性

(一) 生长特性

1. 根系

葡萄为肉质根，根系发达。用扦插、压条繁殖的植株，没有主根，只有根干和着生的强大的侧根和须根。葡萄是深根性果树，根系分布深度一般为1～2 m，呼吸根多分布于不定根，生产上常利用这一特性对根系或老蔓进行更新复壮。一般情况下，每年春夏季和秋季各有一次发根高峰，以春夏季发根最多。葡萄根系忌积水，雨季要注意及时排水。

2. 枝蔓

葡萄的枝梢又称蔓，分为主干、主蔓、侧蔓、结果母蔓、结果蔓及营养蔓。主干、主蔓、侧蔓、结果母蔓构成葡萄树冠骨架，成为骨干蔓。葡萄枝蔓生长迅速，新梢的年生长量可达1～10 m不等，一年能多次抽梢。新梢一般有两次生长高峰，第一次以主梢为代表，从萌芽展叶开始，至开花前进入生长高峰；第二次生长高峰以副梢为代表，当浆果中种子胚珠发育结束和果实采收后表现出来，生长量一般小于第一次。

新梢的每一节叶腋都形成两种芽。一种在形成的当年即可萌芽抽生副梢，称夏芽，无鳞片包被，具早熟性；另一种为冬芽，具鳞片，形成的当年一般不萌芽，越冬后次年春萌发抽生主梢。冬芽包含一个主芽和若干个副芽，一般主芽萌发，但当主芽遭受损伤或修剪刺激时，副芽也能萌发。有时主副芽同时萌发而形成双生枝后三生枝。翌春不萌发的冬芽即成为潜伏芽。

副梢同主梢一样，每节能形成夏芽和冬芽。夏芽当年能萌芽形成二次副梢，二次副梢上又能抽生三次副梢等。在营养条件好的情况下，副梢上还能分化花序，这就是葡萄能一年多次结果的基础。

3. 叶

葡萄叶为掌状单叶，互生，有三裂、五裂和全缘三种类型。叶片厚薄、颜色深浅及茸毛多少与抗病能力相关，叶厚、色深、茸毛多者抗病力较强。

4. 花序和卷须

葡萄的花序和卷须是同源器官，均是茎的变态。在芽的形成过程中，当营养充足时，卷须可转化为花序；反之，当营养不良时，花序也会停止分化，成为卷须或中间类型（图 3-74、图 3-75）。

图 3-74 葡萄花序　　图 3-75 葡萄卷须

葡萄的花序为复总状花序，呈圆锥形。发育完全的花序，一般有花蕾 200~500 个。花序中部的花蕾质量最好。葡萄的花有两性花、雌能花和雄花 3 种类型。栽培品种多为两性花。花很小，花粉极小，通过昆虫和风传播。

5. 果实

葡萄果实为浆果，食用部分是中果皮、内果皮形成的果肉。每一果粒有种子 1~4 粒。果穗、果粒的形状、大小及果粒的色泽因品种而异（图 3-76）。

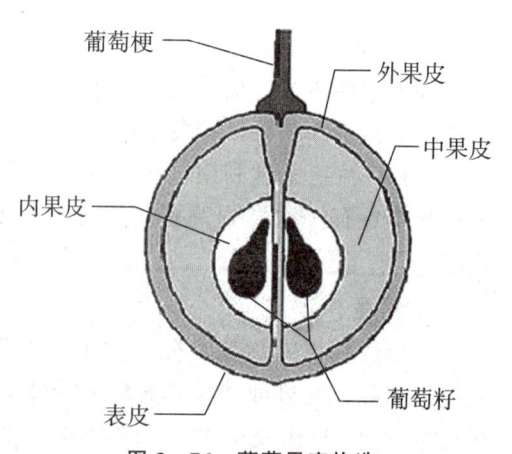

图 3-76 葡萄果实构造

(二)结果习性

葡萄的花芽为混合芽,一般着生在结果母蔓的第 2~16 节。生长势强的品种着生节位低,常在 2~6 节,且以 2~3 节居多;其节高,以第 6 节以上居多。美洲种及其杂种生长势特别强,花芽着生部位常在 8~16 节,甚至更高节位。此外,花芽着生节位与肥水管理关系密切,肥水管理条件好的,枝蔓生长粗壮,花芽着生的节位较高,反之则低。花芽萌发后抽生结果蔓,结果蔓多在第 4~7 节叶的对侧着生花序结果,一般每结果蔓着生 1~3 个花序。

葡萄的花芽分化一般从 5 月开始,主要分化期在 6—7 月。6 月上旬为花芽分化的第一临界期,此时如管理得当、营养充足,即可形成花序原始体,否则形成卷须,8 月以后花芽分化渐缓,几乎处于停滞状态;翌年春季芽体膨大后,花序原始体继续分化,于开花前形成完整的花序,此时为花芽分化的第二临界期。如果此时营养不良,则花序小而差,甚至干枯脱落,果农有"花序有无看头年,穗大穗小当年春"的说法。因此,葡萄园的早春管理对当年产量影响很大。葡萄花期一般为 5~14 d,花后 2 周,有一次生理落果高峰期。葡萄能闭花受精,也能通过昆虫或风传粉受精结实。有些品种能单性结实,形成无核结实。

(三)对生态环境条件的要求

1. 温度

葡萄起源于温带和亚热带,性喜温暖。葡萄在年均温 15~23 ℃ 的地区可作为经济果树栽培,以年均温 18 ℃ 最适宜。生长最适宜温度为 28~30 ℃,低于 15 ℃ 则不能正常开花和受精;浆果成熟期适宜温为 28~32 ℃,低于 20 ℃ 不能成熟。成熟期适当高温(30~35 ℃)有利于提高果实品质;成熟期昼夜温差在 10 ℃ 以上时,浆果含糖量高,品质好。南方栽培葡萄因成熟期昼夜温差小,果实品质不如北方。

2. 水分

葡萄耐旱忌湿,性喜干燥。美洲种和欧美杂种较欧亚杂种耐湿,在年降水量 1 000 mm 以上的长江以南地区栽培表现较好,欧亚种以年降水量 600~800 mm 的地区最适宜。

开花期宜适当干燥;幼果膨大期,新梢与新根加快生长,需足够水分;花期多阴雨,不利于授粉受精,枝叶易徒长,影响坐果;成熟期对水分要求较低,多雨则风味差,着色不良,易裂果,病害严重;整个生长期高温多湿,易染病,这是南方栽培葡萄的不利条件。

3. 光照

葡萄喜光,特别是果实成熟期要求有较充足的光照,光照不足则着色不良,品质差;但高温强光直射,果实易日灼。新梢生长期光照不足,枝蔓易徒长,成熟度差,花芽分化不良,并影响越冬。

4. 土壤

葡萄对土壤要求不高，但以土层深厚肥沃、有机质含量高、排水良好的沙质壤土最适宜。适宜的土壤 pH 值为 5~8。

5. 风

葡萄不抗风，大风能吹断葡萄的嫩梢、果穗，甚至破坏支架。沿海地区种植的葡萄成熟时正值台风季节，易遭受风害，应营造防风林并注意适时采收。

四、主要生产技术

(一) 育苗

1. 扦插育苗

葡萄硬枝扦插一般在冬季落叶后一个月至翌春萌芽前 20 d 左右进行，结合冬季修剪剪取生长健壮、芽眼饱满、节间短、髓部小、色泽正常、无病虫害的一年生成熟枝蔓作扦插材料，随剪随插。如不能及时扦插，应尽快埋在湿沙中保存，待春季发芽前再行扦插。南方扦插，冬插比春插成活率高。

扦插前将枝蔓剪成长度 15~20 cm（带 2~3 芽），上端离芽 1.5~2 cm 平剪，下端在节下 1 cm 处斜剪。扦插株行距为 (10~15) cm×(20~25) cm，扦插深度以顶芽露出畦面为宜。

为了提高扦插成活率，生产中常采用温床扦插、铺设地膜等措施增加土温催根，此外，也可采用植物生长调节剂处理插条基部促进生根，如用 500~1 000 mg/L 吲哚丁酸或萘乙酸溶液速浸 3~5 s，或用 20~150 mg/L 吲哚丁酸或萘乙酸溶液浸泡 12~24 h。

2. 嫁接育苗

为了提高栽培品种抗性，近年来多采用嫁接育苗。葡萄嫁接可选择贝达、5BB、SO_4、华佳 8 号等作砧木。嫁接育苗主要采用绿枝劈接，嫁接适期为 5—6 月，当砧木和接穗新梢均一半木质化时进行。此外，还有硬枝劈接法、舌接法等。

(二) 建园

1. 园地选择

应选择土层深厚、肥沃、土质疏松、地下水位在 0.8 m 以下，土壤 pH 为 6.5~7.5，向阳或地形开阔，交通方便，附近有水源且没有污染源的地段建园。低洼田、排水不畅的或不能灌溉的旱地不宜建园。

2. 栽植

葡萄栽植自秋季落叶后至第二年春季萌芽前均可进行。栽植密度因品种、架式和土壤条件等而异。生长势强的品种在土壤肥沃的地方应适当稀植；反之应适当密植。目前，葡萄园的栽植密度，篱架株行距为 (1.0~1.5) m×(2.0~3.0) m，棚架株行距为 (1.5~2.0) m×(3.0~4.0) m。

篱架栽培葡萄的行向在平地多采用南北成行。但在坡地就要沿等高线栽植。在有经常性大风危害的地区，行向应尽量和大风的方向平行。

(三)土肥水管理

1. 土壤管理

(1)合理间作。新植葡萄园，为充分利用土地，可在畦边套种蔬菜、豆类、绿肥、草莓等作物。套种作物必须离开葡萄植株 1 m 以上。

(2)中耕除草。早春结合施萌芽肥，视情况对全园进行中耕。生长季节葡萄园应及时除草，可用除草剂(草甘膦)灭草。

(3)铺草。在葡萄生长期可用稻草、杂草、油菜籽壳等覆盖畦面，厚度 5～10 cm，在梅雨结束刚进入伏夏即铺为好。

2. 施肥

(1)葡萄需肥特点。葡萄对氮、磷、钾三要素的吸收有其规律。需氮量最大是从萌芽展叶至花期前后直到幼果第一膨大期；需磷、钾量最大是由果实膨大期至浆果着色成熟期。幼龄葡萄园可适量多施氮肥，结果葡萄园果实发育和成熟期，特别是果实成熟期后，控制氮肥，增施钾肥和磷肥。

(2)施肥时期。定植后的幼年树，应掌握薄肥勤施的原则。当苗木长到 3～5 片叶时，开始第一次追肥，浓度要低，一般为腐熟的稀薄人粪尿或尿素；以后每隔 10～15 d 追肥一次，共追 5 次，施肥量逐渐增大。最后一次要求氮、磷、钾齐全，促使枝蔓成熟。10 月下旬，重施一次有机肥，每株可施饼肥 500g 加过磷酸钙 250g。

葡萄结果树全年施好 6 次肥：

①萌芽肥。春季萌芽前 5～15 d 施入，追施速效性氮肥，满足萌芽及枝蔓生长的需要。每 667 m² 施尿素 5～10 kg。

②壮梢肥。枝蔓生长高峰前追施。如新梢前期生长缓慢，在枝蔓第一次生长高峰期适当补充肥料，有利于枝蔓的健壮生长。如新梢前期生长较旺，则不必施壮梢肥。每 667 m² 施氮磷钾复合肥 10～15 kg 或尿素 5～10 kg。

③谢花肥。葡萄谢花后至幼果膨大初期施用。此时是葡萄需肥最多的时期。追肥既可保证当年产量，又为翌年结果打下良好的基础。速效氮、磷、钾肥料配合施用。每 667 m² 施复合肥 30 kg 加尿素 15～20 kg、硫酸钾 10～15 kg。有条件配施菜饼肥 20～30 kg。

④着色肥。果实开始着色时施入，以磷、钾肥为主。每 667 m² 施过磷酸钙 20～30 kg、硫酸钙 20～30 kg。

⑤采果肥。采果后及时施入。对恢复树势、保护叶片、增加光合作用有很好的效果。以氮素营养为主。每 667 m² 施尿素 7～10 kg 或含氮复合肥 20 kg。

⑥基肥。秋末冬初(10—11 月)施入。以有机肥料为主。每 667 m² 施有机肥(以猪粪含氮量计)3 000～5 000 kg，过磷酸钙(或钙镁磷钾肥)50～100 kg。约占全年施肥量的 60%，开深沟施入。

3. 水分管理

(1)萌芽到开花期。适宜的土壤湿度为田间持水量的65%~75%。此时南方多雨，注意开深沟排水。

(2)新梢生长和幼果膨大期。此期为葡萄的需水临界期。适宜的土壤湿度为田间持水量的75%~85%。江南地区此期正值梅雨季节，必须注意开沟排水，降低土壤湿度和地下水水位，尤其是地势低洼的葡萄园。

(3)果实迅速膨大期。此期既是果实迅速膨大期，又是花芽大量分化期。适宜的土壤湿度为田间持水量的70%~80%。南方此时进入高温干旱期，如长期无雨应及时灌溉。

(4)新梢成熟期。适宜的土壤湿度为田间持水量的60%左右。采果后至9、10月，有一次枝蔓增粗生长高峰和发根高峰，需要较充足的水分，如长期无雨应适量灌水。

(四)树体管理

1. 架式选用

葡萄是蔓性果树，必须设立支架。南方葡萄园使用的主要架式有篱架、双十字V形架、棚架等。

(1)篱架。架面与地面垂直，沿行向每隔一定距离设立支柱，支柱上拉铁丝，形状似篱笆故称篱架。篱架分为单壁篱架和双壁篱架两种，南方大面积生产栽培多用单壁篱架。

单壁篱架：立柱长2~2.5 m，埋入土中50 m，地面高1.5~2 m，立柱间距约4m，柱间横向拉3~4道铁丝，铁丝间距40~50 cm。葡萄枝蔓引缚于铁丝上，形成篱壁。此架式成本低，管理方便，通风透光良好，适于密植。

(2)双十字V形架。双十字V形架是20世纪90年代浙江省盐海县杨治元创造的一种新型架式。立柱长2.5 m，埋入土中0.6 m，高1.9 m。在立柱离地面80 cm处，柱两边拉两道底层铁丝，在底层铁丝以上25 cm处架下横梁(长60 cm)，在下横梁以上35 cm处架上横梁(长80~100 cm)，在上下横梁两端各拉一道铁丝(共4道铁丝)，形成双十字6道铁丝的架式，立柱间距4 m。此架式通风透光好，管理方便，产量高，品质好。

(3)棚架。南方及庭院栽种多采用棚架式栽培。棚架分为水平棚架、倾斜棚架、拱形棚架等。一般架高2~2.5 m，宽3~5 m，立柱间距约4 m，棚顶每隔50 cm左右纵横拉设铁丝或竹竿等，倾斜棚架北面高、南面低，形成10°~20°的倾斜，适用于山地葡萄园。拱形棚架棚面弯曲成拱形，其余同水平棚架。棚架栽植，通风透光好，产量较高，并能充分利用各种地形。但架材成本较高，管理不方便。

2. 常用树形及整形

葡萄树形较多，分为有主干形和无主干形两类。南方降雨多，湿度大，一般以有主干形为宜，常采用双臂单层水平形、双臂双层水平形、双臂水平龙干形、Y形等。

(1)双臂单层水平形。主干高40 cm左右，两主蔓左右引缚于铁丝上水平分布，如图3-77所示。此树形适于篱架式栽培。

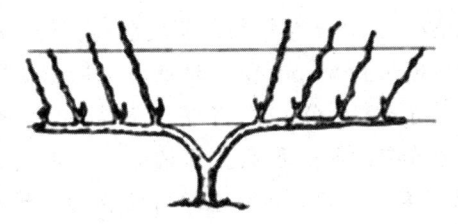

图 3-77 葡萄双臂单层水平形

整形过程：第一年，苗木定植时留2～3芽短截，萌发后选留一个强主梢，待长到50～60 cm时留40 cm摘心，抽梢后留上方两个副梢培养为双臂，待两副梢生长到10～12节时摘心，其余副梢留1～2片叶反复摘心，以促进主蔓加粗生长。冬季对两个主蔓各留8～10个芽（约50 cm长）短截作为两壁，呈弓形缚于第一道铁丝上。如果第一年未能培养出两个主蔓或者另一个主蔓较弱，则待第二年完成。

第二年，春季抹芽定梢，每隔15 cm留一个结果新梢，两壁共留8～10个新梢。冬季将顶端一个新梢适当放长，采用中梢修剪，其余剪留2～3个芽。

(2) 双臂双层水平形。双臂双层水平形整形与双臂单层基本相同，只是培养第一层双臂的同时，再从主干中下部或根部选留萌发的新梢培养为第二层双臂，如图3-78所示。双臂双层整形一般3～4年完成。

(3) 双臂水平龙干形。主干高1.2～1.3 m，植株的双臂左右水平绑缚在第一道铁丝上，如图3-79所示。新梢自由悬垂。此树形适用于T形架栽培。

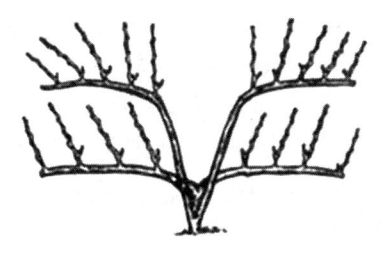

图 3-78 双臂双层水平形　　图 3-79 双臂水平龙干形

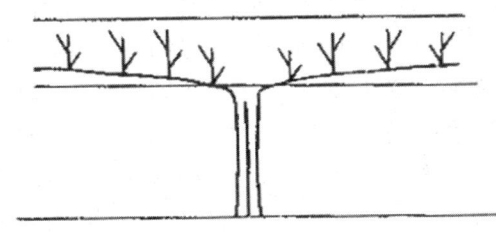

(4) Y形。主干高70～80 cm，冬剪每株留4个结果母枝，行中梢修剪，分两组水平引缚在第一层两道铁丝上，如图3-80所示，此树形适用于双十字V形葡萄架。

(a)　　(b)

图 3-80　V形葡萄架
(a)示意一；(b)示意二

整形过程：第一年定植后留 2~4 芽短截，萌发后嫩梢长 15~20 cm 时选留 2 枝作为主蔓培养，其余抹除。待新梢长到 80 cm 左右时摘心，摘心后留顶端一副梢，其余副梢留一叶摘心。主蔓约长到 1.5m 高时第二次摘心，发生的二次副梢留顶端两个，其余副梢留一叶摘心。9 月中旬对所有的蔓进行第三次摘心。冬剪时，按粗度修剪，直径不到 0.8 cm 均剪除，高度服从粗度。冬剪后将蔓水平缠绕在底层铁丝上。此树形分 3 层，下部 80 cm 以下为通风带，中部 80~105 cm 为结果带，上部为光合带。

3. 修剪

葡萄枝蔓生长量大，如放任生长则架面很快郁闭，影响透光。因而修剪对葡萄正常生长结果非常重要，修剪量也比较大。

(1)夏季修剪。

①抹芽定梢。春季在芽已萌动但尚未展叶时，将多余的、部位不好的芽抹去称为抹芽。双生芽或三生芽留一个壮主芽。当新梢长到 15~20 cm，根据新梢在架面上的密度来确定留梢量。对于单篱架，枝条平行引缚时，枝距为 6~10 cm，每平方米架面留 10~15 个壮梢。对于结果母枝，则每 10~15 cm 留一个新梢，凡细弱、过密及部位不当的新梢均除去。

②主梢摘心。在开花前后对主梢摘心，能暂时抑制主梢延长生长，使叶片制造的养分集中于花序，有利于提高坐果率。结果蔓于开花前 5~6 d，在最上一个花序上留 3~4 叶摘心。营养蔓在 5—6 月留 10—15 叶摘心。

③副梢处理。结果蔓花序以下的副梢全部抹去，花序以上的副梢待长到 5 cm 时分次抹除，顶端 1~2 个副梢留 4~5 叶摘心。副梢上长出的二次副梢，顶端一个留 3~4 叶摘心，其余抹除。营养蔓顶端 1~2 个副梢留 3~4 叶摘心，下部副梢分次抹除。

④绑蔓和去卷须。当新梢长到 20~30 cm 时，可将其均匀引缚于架面，以后随新梢加长需反复进行。一般斜绑，以缓和长势。绑扣呈∞形。卷须应在幼嫩阶段随时除去。

⑤摘老叶。在果实近成熟时，摘除果穗附近部分老叶。

(2)冬季修剪。葡萄冬季修剪在落叶后至第二年伤流期前进行。南方以 1 月底完成修剪为安全。

①葡萄冬季修剪的意义。冬季修剪主要是根据树势，合理安排负载量，调整葡萄植株的长势，保持葡萄植株的地上部与地下部的均衡生长，并通过更新，促进葡萄植株复壮，充分利用架面，改善植株通风透光条件，达到连年丰产的目的。

②葡萄冬季修剪的时间。葡萄冬季修剪的时间以葡萄落叶半个月后至立春前为最适宜，但是要注意不能在伤流期进行修剪。伤流是葡萄植物随气温的升高，树液开始活动，遇外伤树液外流。修剪过早会影响养分的回流，过晚则易出现伤流现象。

③葡萄冬季修剪的方法。

a. 葡萄植株的结构(图 3-81)。

b. 结果母枝的修剪(图 3-82)。葡萄结果母枝修剪可分为短梢修剪、中梢修剪、长梢修剪、极长梢修剪。

图 3-81 葡萄枝干类型

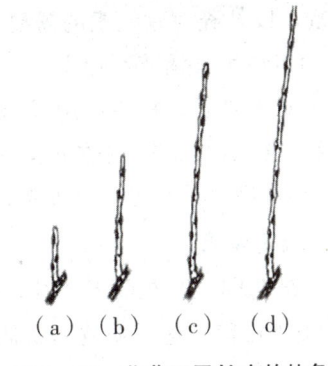

图 3-82 葡萄不同长度的枝条
(a)短梢；(b)中梢；；(c)长梢；(d)极长梢

短梢修剪：结果母枝留 1~4 节（留 1~2 节为极短梢修剪）修剪，适用于生长势弱、花芽分化部位低的品种。极短梢修剪用于更新。

中梢修剪：留 5~7 节修剪，适用于生长势中等、花芽分化部位居中的品种。

长梢修剪：留 8~12 节修剪，适用于生长势强、肥水条件好、架面大的情况。

极长梢修剪：留 12 节以上修剪，适用于旺树、幼树及延长枝。

c. 结果母枝更新。为了防止结果部位上移而造成基部光秃，每年应利用靠近枝梢基部发出的成熟新枝来代替结果枝组，这种交替更新结果枝组的方法称为结果母蔓更新。常用的方法有单枝更新和双枝更新。

冬季修剪不留预备蔓，结果母蔓中上部抽生结果蔓结果，下部新梢培养预备蔓，如有花序也要摘除。还须修剪枯枝，病虫枝，细弱枝，过密枝，无利用价值的萌蘖枝，徒长枝和二、三次枝等（图 3-83）。

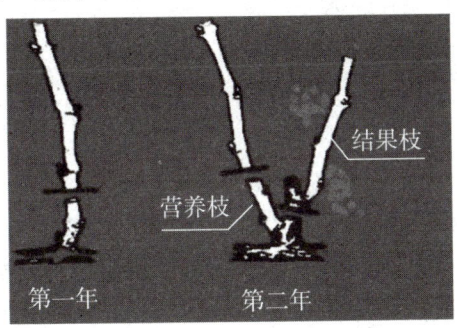

图 3-83 葡萄冬季修剪

4. 保花保果

（1）合理施肥。在晚秋要施足基肥，使葡萄在越冬前能积累充足的养分，保证花芽分化良好。在生长期间，对旺树要适当控制氮肥，增施磷、钾、镁肥。

（2）解决梢果矛盾。对强树强枝花前 2~3 d 摘心，抑制新梢生长。弱树弱枝疏小穗、去副穗、掐穗尖。

（3）预防花序灰霉病。花前及时喷布速克灵 2 000 倍液预防灰霉病。

（4）花期喷硼。开花前 7~15 d，树冠喷 0.1%~0.2% 硼砂和 0.2%~0.3% 硫酸锌

1~2次，以补充对硼元素的需要。

(5)植物生长调节剂保果。采用赤霉素、矮壮素等植物生长调节剂进行保果。

(6)见光坐果。在生产中发现，荫蔽下的果穗是见光的果穗落花落果量的3~4倍。根据这一情况，在绑缚果穗时，要尽量使之能见到阳光。这样可以加快露水的蒸发，减少花粉遇水破裂的机会，从而提高坐果率。

5. 疏花疏果

(1)疏花穗。开花前半个月，根据计划产量疏除过密的、病弱的、小的花穗。强枝留2穗，中庸枝留1穗，弱枝不留穗。

(2)除副穗。开花前5~7 d，除去副穗和基部若干支穗。

(3)掐穗尖。视花序大小而定。如花序发育不全、太小，可不掐穗尖；如花序较大，可轻掐穗尖。见花或开花前1~2 d掐去全穗1/5~1/6的穗尖。

(4)疏果粒。坐果后，幼果大小分别进行。先疏去大果、畸形果、病果，再将严重影响穗形的、过密的果粒剪去。

6. 果实套袋

葡萄果穗套袋可以防止或减少日灼病、黑痘病、炭疽病、吸果夜蛾和蜂、蝇、鸟等为害，并能有效地避免或减轻果实受农药污染，能显著提高果实的商品质量。套袋一般在5月果粒呈绿豆大小时，坐果稳定、整穗疏果结束后进行。套袋前以果穗为重点，全园喷一次杀菌剂或直接用杀菌剂(如甲基硫菌灵600~800倍液)浸蘸果穗，根据品种颜色选用适合葡萄各品种的专用果袋进行套袋，袋口扎紧在果枝上。巨峰系列品种可带袋采收，红色品种(粉红亚都蜜等)可在采收前10 d左右摘袋，以增加果实受光，使着色良好。

五、设施栽培技术

(一)促成栽培

促成栽培是指早春封闭式覆膜保湿，促进葡萄萌芽、生长，然后随气温转暖再逐渐揭去裙膜，转成避雨栽培后，既可提早成熟，又可避雨防病，适用于早、中熟的葡萄品种及巨峰系葡萄的优质栽培，这是目前应用最广的一种栽培类型。促成栽培葡萄主要技术如下。

1. 品种选择

选择早熟、耐弱光照、耐高温、大穗、大粒、色艳、成熟整齐、优质丰产的品种。如欧亚种中的无核红宝石、黑玫瑰、京玉、黑元帅、绯红等，欧美杂种中的京亚、藤稔、巨峰、高妻、希姆劳特、金星无核等。

2. 大棚构造与搭建

一般大棚长26 m、宽6 m，棚顶高2.8 m，肩高1.7 m。可采用钢管、水泥柱结构，也可采用竹木结构。在棚两边离地面1.5 m处安装一条卡槽，以固定天膜。南北向搭建。

3. 覆膜及棚内环境的调控

覆膜时间一般在1月下旬至2月上旬。过早，萌芽不整齐，花期延长，成熟期相差无几；过迟，达不到提早成熟、提早上市的目的。薄膜采用长寿无滴膜为好，乙烯醋酸乙烯膜(EVA)更好。

(1)温度调控。葡萄生长发育的最适温度在23～28 ℃。覆膜初期(1月下旬至3月上旬)着重在提高棚内温度。主要措施有：覆盖地膜，增加土温；采用双层膜覆盖棚面。覆膜中期(3月中旬至4月中旬)主要以保温为主，适当通风。夜间要严格保温，控制在12～15 ℃。晴天棚内温度如超过25 ℃时，需及时通风，以防止灼伤幼叶。覆膜后期(4月上旬至5月上旬)主要以通风降温为主。这时露地的平均气温已达15～18 ℃，棚内温度有时在30 ℃以上，因此，要及时通风，并逐步除去裙膜保留顶膜，转为避雨栽培。

(2)湿度调控。覆膜时，大棚内要充分灌水，使棚内空气相对湿度保持在90%，以利于萌芽整齐。如棚内空气湿度过低，可采用对枝、芽喷水的方法，以提高芽的湿度。萌芽后至花前新梢生长期空气湿度应控制在60%，如遇连续阴雨，棚内湿度过高，会引发灰霉病，可以放顶风，以排除水蒸气。花期空气湿度应控制在50%左右。幼果期要适当灌水，田间持水量应保持在80%左右，以促进果实迅速膨大。在硬核期前后，对水分有更高的要求，应充分灌水。当葡萄开始着色，应控制灌水。

葡萄喜光，光照不足易徒长。为保证植株所需光照，应选用EVA无滴膜，并保持棚面清洁，遇连续阴雨天，应在棚内地面铺设银灰色反光膜增强光照。此外，还要注意棚内气体调控，在不影响温度的情况下，要时常打开裙膜通风换气。棚内不宜使用未腐熟的有机肥，少施或不施碳铵和尿素，防止氨气产生。

(二)避雨栽培

避雨栽培是以避雨为目的将薄膜覆盖在树冠顶部的一种方法。在南方多湿生态条件下，露地葡萄病害严重，产量低，品质差，特别是欧亚种葡萄常被限制在年降水量600 mm以北的地区栽培。避雨栽培是克服上述问题和限制的有效途径。

1. 避雨覆盖的时间

定植当年采用露地栽培，第二年开始搭架建棚。一般在开花前覆盖，采果后揭膜，全年覆盖约4个月。

2. 避雨棚结构

避雨棚架在原葡萄支柱上设置。棚高2.2～2.5 m，宽1.4～1.7 m(依架式而定，在充分避雨的前提下，覆盖面积越小越好)，顶上覆盖薄膜。避雨棚采取南北走向。为了避免薄膜在架面上形成高温损伤叶片，一般要求避雨棚的底部离葡萄架面40 cm，顶部离葡萄架面90 cm。

3. 避雨栽培管理要点

(1)萌芽后至覆膜前为露地栽培期，注意防止黑痘病对葡萄幼嫩组织的危害。

(2)腹膜后枝蔓略有徒长现象，要注意增施磷、钾肥，少施商品氮肥。雨后及时排水,保持园内不积水。

(3)种植欧亚种最好采用宽顶篱架,采用双臂龙干形整枝。

(4)由于南方雨水较多,搭建了避雨棚仍需加强病虫害的综合防治。

其他管理基本与露地葡萄相同。

六、其他生产技术

(一)化学调控技术

1. 诱导无核果实

于盛花前 10~14 d 和盛花后 10 d 左右,采用 50~100 mg/L 赤霉素溶液蘸花序和果穗各一次。第一次处理是诱导无核,第二次是使果实增大。

2. 促进果实膨大

(1)葡萄膨大剂。有核葡萄在谢花后 15~20 d,无核葡萄于谢花后 5 d 和 20 d,用 10 mg/L 溶液浸(或小喷雾器喷)果穗,可使颗粒增大。

(2)赤霉素(GA_3)。无核葡萄于谢花后 12~15 d,用 50 mg/L 溶液浸或喷果穗,有核葡萄于谢花后 10~15 d,用 25 mg/L 溶液浸或喷果穗,果粒增大近一倍。

3. 控制新梢生长和提高坐果率

(1)矮壮素(CCC)。于开花前 10 d 用 400~500 mg/L 溶液喷树冠,可以有效控制新梢生长。

(2)比久(B9)。开花前、新梢展开 6~7 片叶时,用 0.3%~0.5%溶液喷树冠,可抑制新梢生长,提高坐果率。

使用矮壮素和比久的前提条件是植株生长势过旺。

(3)赤霉素(GA_3)。对于无核葡萄,于盛花期至谢花后 5 d,用 25~100 mg/L GA_3 溶液喷或浸果穗,可提高坐果率,同时使果粒显著增大。

4. 促进上色和成熟

在葡萄果实开始成熟(有色品种开始上色,无色品种果实颜色开始转黄)时,用 300~700 mg/L 乙烯利和 10~20 mg/L NAA 溶液喷或浸蘸果穗,可提前成熟 4~11 d。

(二)一年多次结果技术

1. 利用副梢一年多次结果

在结果蔓开花前 15~20 d,于花序以上留 4~6 叶摘心,摘心口下应有 1~2 个夏梢尚未萌动,同时将下部已萌发的副梢全部抹除,使营养集中于顶部尚未萌芽的夏芽中,一般可抽出带花序的副梢。如顶部 1~2 个副梢上没有花序,待其长到 4~5 叶时,再留 2~3 叶摘心,利用二次副梢结果。

2. 激发冬芽当年萌发二次结果

如上述二次副梢上还未出现花序,而时间尚早(6月上中旬),可将二次副梢剪除,激发一次副梢上的冬芽萌发结果。也可以在开花前 7～10 d 在主梢花序上留 8～10 片叶摘心，顶端留 2 个副梢，其余副梢全部抹除。谢花后 10～15 d 剪除所留副梢，逼主梢冬芽萌发结果。再经 7～10 d，顶端冬芽被激发，一般都能抽出带花序的冬芽副梢。

3. 药剂催芽诱发二次结果

在广西南宁，巨峰葡萄第一造果采收后（6 月中下旬）及时修剪，然后用专用的药剂点涂结果母枝口下第二、三个芽，7～10 d 后冬芽有花穗的结果枝，在当年 11—12 月第二造果成熟。

七、采收

葡萄采收应在浆果成熟的时期进行。一般果实由绿色转为该品种固有色泽（白色品种变黄绿或黄白色，略呈透明状；紫色品种变浅紫或紫红、紫黑色，具有白色果粉；红色品种变浅红或深红色），果实变软，手触有弹性，果蔓基部变褐色或红褐色，果穗梗木质化，穗尖果粒已具有本品种固有风味，种子暗棕色为成熟标志，即可鲜食采收。

葡萄成熟期不一致，应分期分批采收。采收宜在多云或阴天进行。晴天宜在早晨露水干后采收，切忌雨天和雨后采收。采摘时手托果穗或手持果穗梗，从穗梗与新梢相连处剪下。采收要轻拿轻放，避免碰伤，并保护好果粉。

八、病虫害防治

（一）主要病害

1. 黑痘病（鸟眼病）

【为害症状及发生规律】 主要为害幼嫩组织（幼叶、嫩梢、花穗、幼果等）。幼叶感病开始出现针头状红褐色至黑褐色斑点，周围有黄色晕圈；后病斑扩大成不规则形，中央稍凹陷。嫩梢染病初现圆形或不规则褐色小斑点，中部凹陷，严重时多个病斑连成大斑，致使病梢停止生长、萎缩，甚至枯死。幼果染病初期出现深褐色小斑点，以后逐渐扩大，直径可达 2～5 mm，中部凹陷，呈灰白色，周缘为紫褐色，似鸟眼状。后期病斑硬化或龟裂（图 3-84）。

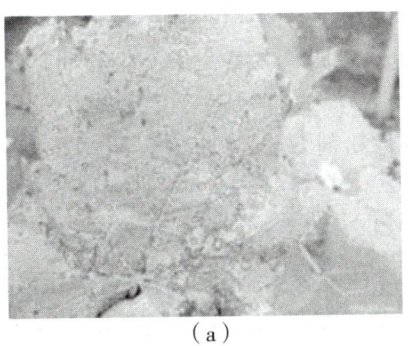

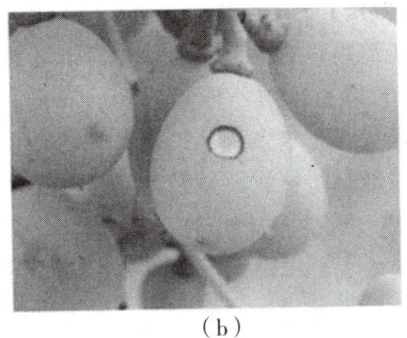

图 3-84 葡萄黑痘病为害症状
(a)示意一；(b)示意二

在生长前期和幼果期易受害。属低温、高湿型病害。病害发生适宜温度24～26 ℃，喜较高湿度。该病以菌丝体潜伏于病蔓、病果、病叶等部位越冬。病菌通过风雨、露水和昆虫传播，对幼嫩的绿色组织进行侵染。

【防治方法】①加强农业综合防治。②秋冬季彻底清园。③绒球期喷铲除剂。在春季萌发时的绒球期(冬芽膨大，尚未见叶)用3°Bé石硫合剂对葡萄园喷涂。④尽早、及时进行药剂防治。新梢5～10 cm即进行药剂保护，选用安全的农药，如50%多菌灵800～1 000倍液。花前40 d内是控制叶、蔓黑痘病的关键期。正常天气5～7 d用药一次，如连续阴雨，要在停雨间隙抢喷农药。花后至生理落果后20 d内，继续及时用药，保护幼果。宜选用防病效果好并能兼治其他病害的药物交替使用，如10%施宝灵悬浮剂1 500～2 000倍液、2%春雷霉素水剂500～800倍液等。

2. 炭疽病（又名晚腐病）

【为害症状及发生规律】主要为害葡萄果实和果梗。染病初期，果面上发生水渍状淡褐色斑点，以后逐渐扩大呈圆形、深褐色，病部稍凹陷，上面长出许多黑色小斑点，并排列成同心轮纹状，在潮湿条件下，小粒点分泌出粉红色黏胶状物。发病严重时引起果实腐烂。主要以菌丝体潜伏在一年生枝蔓表层组织及病果上越冬，病菌通过风雨、昆虫传播到果穗上。炭疽病属高温、高湿型病害。着色成熟期高温多雨，常导致病害严重发生（图3-85）。

(a) (b)

图3-85 葡萄炭疽病为害症状

(a)示意一；(b)示意二

【防治方法】①药剂防治。坐果后套袋以前，选用兼治黑痘病、炭疽病的农药或防治两病的农药混用，对果穗喷药保护。未套袋的葡萄园，在整个果实生长期，凡遇日降水量达15 mm以上，雨停即喷农药。农药可用10%施宝灵悬浮剂1 500～2 000倍液，1%～2%等量式波尔多液，80%炭疽福美可湿性粉剂500～600倍液等。②农业防治。冬季清园，绒球期喷铲除剂参照黑痘病防治方法。

3. 葡萄灰霉病

葡萄灰霉病是一种严重影响葡萄生长和贮藏的重要病害。该病害目前在河北、山东、辽宁、四川、上海等地发生严重。春季是引起花穗腐烂的主要时期，流行时感病品种花穗被害率达70%以上。成熟的果实也常因此病在贮藏、运输和销售期间引起腐烂。

【为害症状】主要为害花序、幼果和已成熟的果实，有时也为害新梢、叶片和果梗。

花序受害，似热水烫状，后变暗褐色，病部组织软腐，表面密生灰霉，被害花序萎蔫，幼果极易脱落。新梢及叶片上产生淡褐色、不规则形的病斑，也长出鼠灰色霉层。花穗和刚落花后的小果穗易受侵染，发病初期被害部呈淡褐色水渍状，很快变暗褐色，整个果穗软腐、潮湿时病穗上长出一层鼠灰色的霉层。成熟果实及果梗被害，果面出现褐色凹陷病斑，很快整个果实软腐，长出鼠灰色霉层，果梗变黑色，不久在病部长出黑色块状菌核（图3-86）。

图3-86 葡萄灰霉病为害症状
(a)示意一；(b)示意二

【病原】Botrytis cinerea 称灰葡萄孢，属半知菌亚门真菌。分生孢子梗细长，灰黑色，呈不规则的树状分支。分生孢子单胞、无色，椭圆形或卵圆形。菌核褐色，形状不规则。在5～30℃条件下该菌均可生长，适温范围为15～25℃，20℃对其生长最为有利；在5～10℃时，菌丝生长缓慢；30℃时，菌丝生长完全受到抑制。

【发生规律】以菌核、分生孢子和菌丝体随病残组织在土壤中越冬。翌春在条件适宜时，分生孢子通过气流传播到花穗上。初侵染发病后又长出大量新的分生孢子，靠气流传播进行多次再侵染。该病有两个明显的发病期，第一次发病在5月中旬至6月上旬（开花前及幼果期），主要为害花及幼果，造成大量落花落果。第二次发病在果实着色至成熟期。多雨潮湿和较凉的天气条件适宜灰霉病的发生。春季葡萄花期，不太高的气温又遇上连阴雨天，空气潮湿，最容易诱发灰霉病的流行，常造成大量花穗腐烂脱落；排水不良、土壤黏重、枝叶过密、通风透光不良均能促进发病。管理粗放，施肥不足，机械伤、虫伤多的果园发病也较重。

【防治方法】彻底清园，消灭病残体上越冬的菌核，春季发病后，摘除病花穗减少再侵染菌源。适当增施磷、钾肥，控制速效氮肥的使用，防止枝梢徒长，适当修剪，增加通风透光，降低田间湿度等，有较好的控病效果。开花前，喷洒1∶1∶200倍波尔多液或50%多菌灵可湿性粉剂500倍液或70%甲基硫菌灵可湿性粉剂600倍液等，喷1～2次药剂预防，有一定的预防效果。

4月上旬葡萄开花前，可喷施下列药剂：80%代森锰锌可湿性粉剂600～800倍液；50%多菌灵可湿性粉剂800～1 000倍液；70%甲基硫菌灵可湿性粉剂800～1 000倍液；1.5%多抗霉素可湿性粉剂200～500倍液；65%代森锌可湿性粉剂500～600倍液等进行预防。

在病害发生初期，可用下列药剂：40%嘧霉胺悬浮剂 1 000～1 200 倍液；30%爱苗（苯醚甲环唑·丙环唑）乳油 3 000～5 000 倍液；50%腐霉利可溶性粉剂 800～1 500 倍液；50%嘧菌环胺水分散粒剂 600～1 000 倍液；40%双三辛烷基苯磺酸盐可湿性粉剂 1 000～1 500 倍液；40%双胍辛胺可湿性粉剂 1 000～2 000 倍液；25%咪鲜胺乳油 1 000～1 500 倍液；60%噻菌灵可湿性粉剂 1 500～2 000 倍液；50%异菌脲可湿性粉剂 1 000～1 500 倍液；50%苯菌灵可湿性粉剂 1 000～1 500 倍液等药剂喷施，间隔 10～15 d，连喷 2～3 次。

此外，葡萄还有白腐病、霜毒病、褐斑病、叶斑病、锈病、白粉病等病害。

(二)主要虫害

1. 葡萄透翅蛾

葡萄透翅蛾属鳞翅目、透翅蛾科，葡萄产区均有发生，南方发生较重。

【为害症状及生活习性】 主要为害葡萄枝蔓。刚孵化的幼虫由新梢叶柄基部蛀入内，为害髓部。幼虫蛀入后，被害处节间膨大，有灰褐色湿润虫粪及黏状物排泄出蛀孔外，被害部上方枝条枯死。一年发生一代，以老熟幼虫在葡萄枝蔓内越冬。在湖南，3月化蛹，4月中旬蛹羽化为成虫。成虫飞出交尾，数日后开始产卵。成虫寿命 6～7 d，卵期 7～10 d，5月上旬开花期为幼虫孵化高峰期(图 3-87)。

图 3-87 葡萄透翅蛾为害症状
(a)示意一；(b)示意二

【防治方法】 ①冬季彻底剪除被害枝蔓，以杀灭越冬幼虫。②做好幼虫羽化期预测预报，在产卵孵化期，及时喷药防治，间隔 7 d 左右喷一次，连喷 2～3 次。药剂可选用 25%杀虫双水剂 400 倍液，Bt 乳剂 2 000 倍液，80%敌敌畏乳油 1 000 倍液，20%杀灭菊酯乳油 2 000～300 倍液等。③夏季发现新梢被害时，及时摘除萎蔫嫩梢或用铁丝刺死枝蔓内的幼虫；或用棉球蘸 80%敌敌畏乳剂 100 倍液塞入虫孔中，然后用泥土堵住虫孔，毒杀幼虫。

2. 葡萄根瘤蚜

葡萄根瘤蚜属同翅目、根瘤蚜科，国内外检疫对象。

【为害症状及生活习性】 葡萄根瘤蚜有根和叶瘿两种类型，根瘤型是主要的。主要以成、若虫刺吸葡萄根和叶的汁液，在新生须根端部形成比小米粒稍大的菱角状根瘤，在粗根上多呈关节状肿大，被害根皮逐渐腐烂，使树势衰弱，产量下降，一般在 5 年内可使整株枯死。叶瘿型的则寄生在叶片上，叶背形成粒状虫瘿，芽体聚集其中，虫瘿开口在叶正面，受害叶萎缩早落。山东一年发生 8 代。主要以初龄若虫和少数卵在根叉缝隙处越冬(图 3-88)。

图 3-88　葡萄根瘤蚜为害症状

【防治方法】严格检疫。不从疫区调运各种栽植材料，对可疑者需将苗木、插条、接穗、砧木及包装材料进行灭虫处理。处理方法是：将苗木、插条先浸 40 ℃热水中预热 3~5 s，然后转入 50~52 ℃热水中浸 7 s；也可用 50%辛硫磷乳剂 1 500 倍液，浸泡 1 s 后取出晾干。

3. 吸果夜蛾类

吸果夜蛾类指磷翅目昆虫中以成虫吸食多种果实汁液的一类害虫。

【为害症状及发生规律】成虫多在果实成熟期吸食浆果的果汁，被害果粒伤口逐渐腐烂而脱落。嘴壶夜蛾，南方一年约发生 4 代，以幼虫在落叶和草丛中结茧越冬。成虫一般自傍晚日落后开始迁入果园，20 时前后数量达高峰，凌晨 4 时前后陆续飞离，隐藏在灌木和草丛中。一般高温、无风、小雨的夜晚蛾活动量最多，大风雨时则很少活动。多数种类均有趋光性和喜好糖醋味的习性，但不同种类间喜好程度有差别。

【防治方法】①果实套袋，防止直接吸果为害。②灯光避蛾和诱蛾。40 W 金黄色荧光灯可以避蛾，平均每 hm² 挂 15~30 支，以果园外围树为重点，灯距 10~15 m，以不留黑暗空挡为原则，可使虫口减少 30%~100%。40 W 黑光灯诱蛾，每灯诱集范围为 35~40 m，灯下置 0.2%洗衣粉缸，每日清晨除落水死蛾，此法对趋光性强的种类有效，且需在大范围内同时进行诱集。③毒饵诱蛾。用香甜伤果浸蘸 90%敌百虫晶体或 50%辛硫磷乳油 50 倍液，傍晚挂在枝蔓间，可诱杀多种吸果夜蛾。但对专害坚果的种类效果较差。

案例六　板栗生产技术

一、生产概况

板栗原产于我国，是著名的干果。板栗营养丰富，富含淀粉、糖、蛋白质、脂肪等。板栗可生食、炒食、菜食，还可加工成风味独特的各种食品。

我国板栗栽培已有 2 000 多年的历史。最早的板栗栽培是黄河流域一带，以后传至华中与华南。目前，板栗在我国分布很广，全国有 24 个省(自治区、直辖市)有板栗栽培,主要分布在黄河流域的华北各省和长江流域各省。

板栗一般嫁接苗定植后3年可结果,5~6年进入盛果期,经济结果年限长达50~80年。板栗树适应性强,栽培管理容易,适于大面积荒山造林,既可保持水土,改善山区生态环境,又可收获果实,增加收益,是退耕还林的良好树种之一。

二、主要种类与品种

板栗属壳斗科(Fagaceae)栗属(*Castaner* Mill),该属在全世界广泛分布,可供食用的有十多种。其中具有规模经济栽培的主要有中国板栗、欧洲栗、日本栗和美洲栗4种。原产于我国的有板栗、锥栗和茅栗3种。其中,板栗为主要的栽培种,经济价值高,品种多。

1. 九家种

九家种原产于江苏吴县。刺苞扁椭圆形,刺簇稀,刺苞肉薄,出籽率高达50%~60%;坚圆形,果顶微凸,果面茸毛短,果皮赤褐色,有光泽,平均粒重12g,味甜质糯;9月中下旬成熟,耐贮藏性稍差。丰产,抗虫性稍差,要特别注意防治象鼻虫、桃蛀螟。树冠紧密,树形较小,适于密植(图3-89)。

2. 处暑红

处暑红原产于江苏太湖。树冠开张,枝条稀疏;刺苞椭圆形,刺长、密、硬、棚皮厚;出实率达35%~40%,平均粒重17.9 g,整齐,果实短圆形,红褐色,光亮美观,肉质细腻,品质佳;9月上中旬成熟。较为丰产、稳产,但不耐贮藏(图3-90)。

图3-89 九家种果实　　图3-90 处暑红果实

3. 青毛软刺栗

青毛软刺栗原产于江苏宜兴。栗棚呈椭圆形,棚刺长、软而密;出实率达38.3%,平均粒重10.1 g,果皮棕色,有光泽;10月上旬成熟,比较耐贮藏(图3-91)。

4. 魁栗

魁栗原产于浙江上虞。树势中等,树冠较紧凑,分枝力强。刺苞短椭圆形,刺长、密、硬、棚皮厚。出实率达50%左右。平均粒重18 g,整齐,果实红褐色,有光泽。9月中旬成熟。丰产、稳产,但耐贮性差。是南方菜栗代表性品种(图3-92)。

图 3-91 青毛软刺栗果实　　　图 3-92 魁栗果实

5. 它栗

原产于湖南。总苞椭圆形，坚果整齐，平均粒重 14.5g，果皮褐色，茸毛中等，出籽率达 35%～38%，肉质甜糯，品质中上。9 月下旬成熟，坚果耐贮藏。适应性强，较耐瘠薄。丰产、稳产。对栗实象鼻虫、桃蛀螟有较强的抵抗力（图 3-93）。

此外，适合南方种植的板栗还有浅刺大板栗、毛板红、粘底板、尖顶油栗、广西油栗、大红袍、农大 1 号板栗、双季板栗、焦扎、青扎、油板栗等。

图 3-93 它栗果实

三、生长发育特点

(一) 生长结果特点

1. 根

板栗系深根性树种，根系发达。垂直分布深度可达 2 m 左右，但大部分根系集中分布在 30～60 cm 的土层内。水平分布范围可超过冠径的一倍，但 85% 以上的根集中于距树干 1 m 以外到树冠外缘投影范围内。板栗根系受损伤后皮层和木质部易分离，愈合与再生能力较弱。因此，在栽培时要尽量少上根。板栗树具有菌根。板栗根系一年内有两次生长高峰期。第一次在地上部枝梢旺盛生长之后，约在 6 月；第二次在枝条缓慢生长后停止生长之前，约在 9 月。

2. 芽

板栗具有顶芽自剪特性，其顶端第一芽均为侧芽。栗芽按性质可分为混合芽、叶芽和隐芽 3 种。混合芽又分为完全混合芽（雌花芽），多着生于顶端及其以下 2～3 节，芽体肥大、饱满，芽形钝圆，茸毛较少，萌发后抽生具有雌雄两性花的结果枝；不完全混合花芽（雄花芽）着生于完全混合花芽的下部或较弱枝的顶端及下部，芽体比混合芽略小，萌发后形成只有雄花序的雄花枝；叶芽着生于生长枝的腋芽间，或结果母枝中下部，芽瘦小近圆锥形，茸毛较多，萌发后抽生各类发育枝；隐芽（休眠枝）着生于各类枝的基部，一般不萌发，但寿命长，当枝干遇到折伤、修剪等刺激时，它才萌发抽生枝条，有利于树体更新复壮。

板栗芽萌发率和发枝力均较弱，但顶端优势明显。近枝顶端的3~4芽萌发早，抽生强枝；中下部芽萌发晚，抽生细弱枝，或不萌发呈休眠状态。

3. 枝

板栗枝条可分为结果母枝、结果枝、雄花枝和发育枝4种。

(1)结果母枝。它是由上年生长健壮的雄花枝、发育枝和结果枝转化而成，但大部分是上年的结果枝。其顶端数芽抽生结果枝，下部的芽抽生雄花枝和细弱的发育枝。长度在150 cm以上，生长粗壮，有3~5个完全混合花芽的为极强结果母枝，在营养条件好时还可以连续数年结果。长度不到15 cm，生长纤细，顶端仅1~2个完全混合花芽的为弱结果母枝，连续结果能力差。结果母枝的状况是翌年产量的主要依据。

(2)结果枝。一般由上年生枝条上部的完全混合花芽发育而成。枝上有雌花簇和雄花序构成的混合花序。全枝分为4段，基部2~3节着生混合花序，中部10节左右着生雄花序，节上无芽，花序脱落后成盲节；在上1~3节着生混合花序，结果后，节上仅留果柄痕迹，花芽最先端一段为尾枝，尾枝叶腋着生混合花芽。

(3)雄花枝。由不完全混合芽抽生，其上除叶片外枝有雄花序。发生于弱枝或结果母枝中下部雄花枝大多较纤细。一般情况下，第二年不易抽生结果枝。

(4)发育枝。由叶芽、休眠芽发育而成。其上没有花序，落叶后每节上都有花芽。依生长势可分为普通发育枝、徒长枝、纤弱枝3种。普通发育枝生长充实健壮，年生长量为20~40 cm。是构成树冠骨架、培养结果枝组、产生结果母枝的重要枝；徒长枝多由隐芽受刺激后萌发而形成，长30 cm以上，有时可达1~2 m，生长旺、不充实，一二年内难以形成结果母枝；纤弱枝多从一年生枝的中下部萌发而成，生长细弱，长10 cm以下，一般不能形成结果母枝。

栗树通常每年抽梢一次。幼树、旺长树及徒长枝有二次抽梢。板栗萌芽期比一般落叶果树迟。一般在3月中下旬至4月上旬萌芽。5月枝梢生长迅速，6月以后生长缓慢。

4. 花芽分化

板栗的雄花和雌花不同时分化，雄花在前、雌花在后。雄花的分化是在6月上旬至8月中旬新梢生长停止后进行的，以后一直持续到翌春开花前4—5月。雄花的分化是在翌年3月，在已形成的雄花序基部，随着新梢的抽生、伸长进行的。分化期比较集中，仅需60 d左右。

5. 开花与授粉

板栗是雌雄同株异花株植物，雄花序为荑花序，雄花序球状，有2~5朵雌花，生在有刺的总苞内。雄花着生在结果前端1~4条雄花序的基部。板栗雌雄异熟，雄花先开8~10 d。萌芽后1~1.5个月进入花期，花期可持续15~30 d。雄花柱头露出即有授粉能力，可持续1个月，但最适授粉期为柱头露出后的9~13 d，这期间授粉结果率最高。栗为风媒花，花粉最多，花粉粒小而轻，有效散布范围在20 m以内。栗为异花授粉果树，栽培板栗时，应合理配置授粉树。

6. 果实生长发育

从雌花受精、子房发育到果实成熟需 3~4 个月。整个发育过程可划分为两个阶段。第一阶段(7月中旬至8月上旬)是果实体积迅速增长期,总苞的干物质含量增加迅速而坚果的干物质增加缓慢;第二阶段(8月中旬后)果实体积增长缓慢,总苞中的营养物质转移到坚果,坚果干物质含量显著增加,坚果逐渐充分膨大和充实。

板栗有两次生理落果高峰,第一次在开花后至7月下旬,主要因为授粉受精不良造成幼胚发育停止而落果,此为营养不足,也是落果的重要原因;在8月上旬至下旬,主要是果实干物质迅速积累而营养供给不足引起,也有因蛀果害虫造成果实生理病变而落果。

(二)对环境条件的要求

1. 温度

板栗对温度的适应范围较广,在年均温 10.5~21.8 ℃,最高温不超过 39.1 ℃,最低温不低于 −24.5 ℃的地区,均能正常开花与结果。华北栗适于我国北方栽培,要求年均温度为 8~12 ℃,生长期均温为 18~20 ℃;而华中栗要求年均温度为 15~17 ℃,生长期均温为 21~24 ℃,板栗花期适温 17~25 ℃,低于 15 ℃或高于 27 ℃则授粉受精不良。

2. 水分

板栗对湿度有较强的适应性。北方品种在年降水量 600~800 mm,南方品种在年降水量 1 000~2 000 mm 的地区都可以生长。4—10 月适量降水能促进栗树生长和结果。7—8月至采收前出现干旱会导致减产,但开花期连续降水,会导致授粉受精不良,易发生生理落果和空苞。我国南方有"干黄梅(梅雨季节少雨)板栗丰收、湿黄梅(梅雨季节多雨)则少收"的经验。

3. 光照

板栗为喜光树种,生长和结果要求光照充足。开花期光照充足,空气干爽,则开花坐果良好。花芽分化要求较高的光照条件,光照差,只形成雄花而不形成雌花,这也是板栗树外围结果的主要原因。因此,板栗适宜种在光照良好的山坡等开阔地带。为改善树冠内的光照条件,当枝条过密时应适当疏剪,以利于内膛结果。

4. 土壤

板栗对土壤要求不高,但以土层深厚、富含有机质、排水良好,pH 值为 5~6 的沙质或黏质壤土为宜。在土质黏重、排水不良的低洼地生长不良。

四、主要生产技术

(一)育苗

在生产上,板栗主要以嫁接育苗为主。

1. 砧木

板栗常用的砧木有本砧和野栗两种。播种分为春播和秋播，以春播为主，一般在2月中下旬至4月上旬播种。通常采用点播和条播。播种后加强管理，当苗粗达0.6 cm以上时，当年秋季或翌年春季即可嫁接。

2. 嫁接

春季和秋季即可嫁接，春季一般在砧木树液开始流动至萌芽期进行，长江流域在3月上旬至4月上旬；秋季嫁接一般在9—10月为宜。生产上应用较多的嫁接方法是切接、腹接、带木质部芽接等。

(二) 栽植

1. 栽植密度

栽植密度依品种和土壤条件等确定，实行计划密植。土层厚且有灌溉条件的每亩可栽56株(3 m×4 m)；土层较深(80 cm左右)，无浇灌条件的，每667 m² 可栽(2.5 m×4 m)土层在60 cm以上的丘陵、山坡地，每667 m² 可栽111株(2 m×3 m)。选用以上密度，一般经过一次间移就可以达到预留的永久株树。

2. 配种授粉树

板栗为异花授粉树种，自花授粉结实率低，因此，建园时应选择与主栽品种花期相遇的良种作授粉种，按8∶1相间种植，以提高结实率。或者选用3~5个授粉组合好的优良品种混栽，使其相互授粉。

(三) 土肥水管理

1. 土壤管理

幼龄或稀植栗园可适当间作绿肥或经济作物，间作物收获后，及时深埋作物秸秆，增加土壤有机质。温暖多湿的南方一年可进行2~3次中耕除草。

2. 施肥

合理施肥能显著提高板栗产量。栗树从早春开始雌花分化到开花坐果是需肥较多的时期，以碳和钾的吸收量较多；果实肥大期是需肥最多的时期，也以碳和钾的吸收量最多。根据板栗的需肥特点，一般每年施肥3次。

(1)基肥。采果后秋季(9—10月)施入为宜，以有机肥为主，适当加入速效氮、磷和钾肥。施肥量占全年施肥量的50%~60%。此外，为了减少空苞，可结合施硼，每平方米树冠宜施硼10~20 g。

(2)追肥。第一次在3月中旬至4月(开花期)，新梢开始生长期也是雌花分化期，以速效性氮肥为主，施肥量占全年的20%；第二次在7月中旬至8月(果实迅速膨大期)，施速效型的完全肥料，施肥量占全年的30%。

(3)根外追肥。新梢生长期喷0.3%尿素+0.1%钼酸铵；开花期喷0.2%磷酸二氢钾+0.2%硼砂+0.3%尿素2~3次，果实膨大期再喷0.2%磷酸二氢钾+0.2%硼砂+

0.3%尿素1~2次。

3. 水分管理

南方地区，果实膨大期正值高温干旱季节，应注意灌溉抗旱。对于山区栗园可采用树盘覆草或地膜覆盖或挖贮水、肥穴等保水措施进行节水栽培。4—6月梅雨季节要及时排水。

(四)整形修剪

1. 幼树整形

板栗生产上常用的树形有自然开心形和主干疏层延迟开心形。

(1)自然开心形。主干高40~50 cm，主枝3~4个，主枝间距25 cm左右，开张角度45°，每主枝着生侧枝2~3个，树高控制在2.5~3 m。

该树树形树冠开张，光照良好，结果早，便于管理，缺点是结果面积小。干形弱品种、密植园宜用此树形。

(2)主干疏层延迟开心形(小冠疏层形)。主干高50~60 cm，有中央领导干，全树留5个主枝，分两层疏散分布在中央领导干上。第一层3个主枝呈三角形方向分布，主枝间距为20~25 cm，开张角度50°左右；第二层两个主枝，与第一层错落着生。主枝基角40°左右。两层主枝间距为80~100 cm。第一层每主枝留两个侧枝(副主枝)，第一侧枝距主枝60~80 cm，第二侧枝与第一侧枝距离40~60 cm；第二层主枝留一个侧枝或不留侧枝直接着生结果枝组，树高控制在3~3.5 m。

该树形分层透光，结果面积大，成年树产量高，缺点是早期产量较低。干性强品种、立地条件肥沃或四周植树宜用此树形。

2. 结果树修剪

结果树修剪分冬季修剪和夏季修剪，冬季修剪在落叶后至翌春萌芽前进行，夏季修剪要在生长季节内。

栗树是强壮枝结果，结果部位每年外移一段，树冠内膛枝易光秃。因此，修剪的任务是促使多形成强枝结果母枝，控制结果部位外移，尽量防止内部光秃，实现高产稳产优质。

(1)结果母枝的修剪。生长充实的一年生枝常为翌年的结果母枝，一般不做修剪，过密时适当疏出部分细弱枝。但为了不使先端枝很快转弱，需对先端枝修剪和短截。如果先端生长有4个较壮的枝条，可保留2个，疏剪1个；如果长出2个强壮的枝条，则保留1个，疏剪或短截1个。通过保留、疏剪和短截，每平方米保留6~8个结果母枝较为合理。

(2)雄花枝修剪。对于10 cm以上的雄花枝留2芽短截，不超过10 cm或顶芽饱满的短粗雄花不剪，细弱雄花枝剪除。

(3)发育枝修剪。长度在30 cm以上的营养枝留2芽短截，长度在20 cm以下的健壮营养枝甩放不剪，细弱发育枝剪除。

(4)徒长枝修剪。徒长枝着生部位好，可通过夏季摘心(长到30~40 cm时摘心)培养为结果枝组，或冬季短截培养更新枝；如徒长枝位置不当，剪除。

(5) 大枝回缩。首先要回缩交叉枝和重叠枝，其次回缩前端已无适宜结果母枝的大枝。再次回缩光腿枝，有的大枝先端虽然有少量结果母枝，但伸展得很长，这类枝条应该回缩到下部有枝条的部位。如果下部没有合适的枝条，也可以剪到多年生隐芽处促进隐芽萌发。

(五) 保花保果

在保证肥水供应和合理修剪的基础上，采取以下措施可提高坐果率。

1. 疏雄花

板栗的雄花量很大，雄花生长要消耗大量的水分和养分，不利于雌花发育和着果，这是板栗低产的重要原因。可采用人工或化学药剂疏雄。人工去雄掌握在混合花序已经出现之时，对结果枝上的雄花序，在混合花序下留1~2条，其余的疏掉。雄花枝上花序长到1~2 cm时，用板栗疏雄醇1 000倍液，对雄花多的树进行树冠喷布，疏雄率达80%以上时，可使板栗增产20%~30%。

2. 果前梢摘心

当混合花序全部长出并长至1 cm左右时，花序后又长出的一段新梢称果前梢。当果树梢长到6个嫩叶以上时，在3~5个嫩叶处摘心，有利于集中营养，促进幼棚的发育。

3. 控梢保果

对初生果树和生长势强的青壮年结果树，在春梢长2~5 cm时喷一次15%多效唑300~400倍液，以控制新梢长度，促使花穗发育健壮。

4. 环剥倒贴皮

打板栗旺树和直立旺枝应用环剥倒贴皮，有显著的增产效果。方法是开花前1周，在树干或旺枝的基部，将占枝直径1/10宽的树皮剥下来后，立即倒贴在环剥口上，然后用薄膜包扎。

(六) 果实采收与采后管理

适时采收可提高产量和品质。板栗成熟标准：栗棚由绿色变为黄褐色，针刺呈枯焦状，中央开裂，栗果由褐色变为深栗色，果座与栗棚自然分离，一触即脱落。一般早熟品种的成熟期在8月下旬至9月上旬，中熟品种在10月上中旬。采收方法有捡拾法、打苞法、拾打兼用法。捡拾法：一般早晚捡拾一次。打苞法：从有30%~40%的栗棚开裂时开始，分期分批把成熟的栗棚用竹竿轻轻打落，然后拾果。拾打兼用法：前期拾栗，后期打落。

栗棚采回后，集中堆放在阴凉通风处，一般堆高不超过40 cm，上面覆草，防晒，并喷水防干，熟后3~5 d，及时取出栗实，尽快在室内摊开，以散发部分水分，需晾干至比鲜重减轻5%~10%为适度，然后进行贮藏或运输。

案例七　杨梅生产技术

一、生产概况

杨梅果实初夏成熟，色泽艳丽，果肉甜酸适中，风味良好，为广大群众所喜爱。其果实含糖量高达12%～18%，含酸1.7%～3.2%，有止咳生津、助消化、治霍乱等医药功效。杨梅树势强健，根为菌根，能固氮，在瘠薄的山地生长良好、树叶繁茂。树冠翠绿圆整，姿态优美，终年常绿，为园林绿化的优良树种。

杨梅原产于我国东南部。我国是杨梅的主产国，日本、泰国有少量栽培，印度、缅甸、越南等国出产另一种杨梅，果形小，常栽于庭院，供人观赏或糖渍食用。

杨梅性喜温湿润，在我国主要分布于长江流域以南，主要产区有浙江、福建、江苏、广东、湖南等地，台湾、广西、云南、贵州、四川、安徽南部也有分布和栽培。其中以浙江栽培面积较大，产量较高，品质较好。

二、主要种类与品种

杨梅是杨梅科(Myricaceae)杨梅属(*Myrica* Linn)果树，本属全世界有50余种，原产于我国的有杨梅、毛杨梅、青杨梅、细叶杨梅、矮杨梅和大杨梅共6个种，仅杨梅种供栽培，其余均为野生。主要品种如下。

1. 荸荠种

荸荠种原产于浙江余姚、慈溪等地。果实呈扁圆形，成熟时呈紫黑色且有光泽，因酷似老熟荸荠而得名。果中大，平均单果重约14 g，果顶微凹，果底有明显浅洼，肉柱圆头，肉质细软，味清甜，汁液多，香气浓，肉离核，核小，品质上等。产地6月中旬开始成熟，采收期长达20 d左右，果实成熟后，不易脱落，果实较耐贮运。树势较弱，丰产，稳产。较抗癌肿病和褐斑病。

2. 东魁

东魁原产于浙江黄岩。果特大，单果重22～25 g，最大达48 g；色泽鲜艳，深红色，肉厚，汁多，甜酸适度，可溶性固形物含量为13.4%，品质优良。东魁一般于7月下旬成熟，较耐贮运，鲜食、制罐皆宜。树势强健，抗逆性强，丰产，稳产。

3. 丁岙梅

原产于浙江温州、永嘉等地。果圆形，紫红色；单果重15～18 g，果肉厚，肉柱钝头，柔软、多汁、味甜，可溶性固形物含量为11.1%，核小，品质极佳。产地6月中下旬成熟，耐贮藏。其中有一优良品系，果蒂青绿，与果面的红色相映，美丽悦目，故称"红盘绿蒂"。树冠较大，呈圆头形；抗风、抗病虫力较强。

4. 早荠蜜梅

早荠蜜梅主产于浙江，由荸荠种实生变异。果实性状及品质与荸荠种相似。果实呈扁圆形，紫黑色，光亮。平均单果重 9 g，可溶性固形物含量为 12.8%，可食率为 93.1%，品质优良。比荸荠种提早 10 d 成熟。抗逆性强。

5. 乌酥核

乌酥核原产于广东潮阳。果实呈圆形，果皮为紫黑色。果大，单果重 15～17 g，核小，肉厚，质脆，汁多而味甜，可溶性固形物含量为 13.4%。品质优良。乌酥核一般于 6 月上中旬成熟。果实含水量低，耐贮运，适宜远运和出口。

此外，产地上栽培的品种还有临海早大梅、早色、迟色、大炭梅、大叶细蒂、小叶细蒂、光叶杨梅、水晶杨梅等。

三、生物学特性

(一)生长特性

杨梅雌雄异株，雄株高大，枝叶茂密，雌株较矮，也较稀疏。树冠多呈自然圆头形，层性明显。嫁接树一般 3～5 年开始结果，10～15 年盛果，30～40 年产量最高，60～70 年逐渐衰退，寿命约百年。

1. 根系

杨梅根系较浅，主根不明显，须根发达，在 60 cm 深的土层内分布较多，根系水平分布大于树冠的 1～2 倍。此外，杨梅具有菌根，有"肥料木"之称。菌根呈瘤状凸起，色灰黄，肉质分布无规律。根瘤在 25～30 ℃有较高的固氮活性，每年的 6—7 月和 10 月有两个固氮高峰，1 月末为低谷。

2. 芽和枝梢

杨梅树枝上的顶芽均为叶芽；叶芽单生，着生花芽之节无叶芽，不抽生枝条，花芽圆形，较大；叶芽比较瘦小，入冬即可识别。杨梅除顶芽和其附近 4～5 芽易抽生枝条外，中下部的芽一般不萌发，若遇刺激，则会萌芽抽枝。

杨梅叶芽比花芽晚萌发 20 d 左右，花芽一般在 2 月中下旬萌发，叶芽 3 月上旬至下旬萌发。萌发后约 15 d 展叶，同一植株萌发比较整齐。雌株的叶序为 2/5 式，雄株的叶序为 3/5 式，雌株的叶形比雄株的大。叶的寿命为 12～24 个月，春季 2—4 月脱落较多，叶片落掉后，基部常有蛰伏物，遗留于枝上，凸凹不平。

杨梅的树梢节间短，雌株比雄株更短，枝条互生，分枝呈伞状。一年抽梢 2～3 次，春梢一般从上年抽生而当年未结果的春梢和夏梢上抽生；夏梢多在当年的春梢和结果后的结果枝上抽生，少数在去年生枝上抽生；秋梢大部分于当年的春梢与夏梢上抽生。生长充实的春、夏梢是良好的结果母枝(结果枝)，叶芽当年分化为花芽。

杨梅的树梢依其性质分类，有徒长枝、发育枝、结果枝、雄花枝 4 种。雌株着生雌花的枝条称结果枝，雄株着生雄花的枝条称雄花枝。

(二)结果习性

杨梅花小，单性，无花被，雌雄异株，属风媒花，均为葇荑花序。每个雄花枝叶腋着生雄花序2~60个，雄花序长3~6 cm，由15~36朵小花组成，花呈鲜红色或紫红色；雄花开花较早，自花穗上部向下开放，花期约1个月。每一结果枝雄花序2~25个，雌花序长0.7~1.5 cm，由7~26朵小花组成，鲜红色；同一花穗自上向下开放，花期约20 d，3月上旬至4月初开花。

杨梅的结果枝，依其长短性质不同，可分为徒长性结果枝、长果枝、中果枝和短果枝。徒长性结果枝长度超过30 cm，花芽着生不多，花后结果率低；枝长在20~30 cm的长果枝，其先端5~6节为花芽，枝条细瘦，因枝条不充实，其结果率也低；枝长在10~20 cm的中果枝，除顶芽为叶芽外，其下发育充实的十余节全是花芽，结果率高，为优良结果枝；枝长在10 cm以下的短果枝，结果良好。

通常杨梅花序的坐果率为2%~5%，落花落果现象比较严重，以谢花2周（4月下旬）和果实着色期（5月下旬）为落果高峰期，尤其谢花2周落花最严重，占花数的60%~75%。影响落花落果的主要因素有：

(1)花序着生节位：以花序顶端的1~5节坐果率最高，特别是第一节占绝对优势，占总果树的20%~45%。

(2)花期天气状况：杨梅为雌雄异株果树，属风媒花，靠风传播花粉，开花期若遇阴雨大雾天气，会影响花粉传播和授粉受精。

(3)结果枝新梢生长状况：第一次落花落果前，如花枝顶端不抽春枝，则坐果率较高，如荸荠种坐果率可达15%~20%；如花枝上抽枝春梢，且生长旺盛，则会造成大量落花落果。

(4)品种与树势：晚稻杨梅、荸荠种、东魁等坐果率较高，而水梅落果较严重，幼年树生长旺盛，成年树坐果率低。

(5)雄株配置比例低或无雄株：当雄株比例低于1%或无雄株时，影响授粉受精，坐果率低。

果实为核果，每一雌花穗结1~2果，而以顶端一果最可靠，其余的花多脱落或退化，花序轴就成为顶端1~2果的果梗。食用部分是由外果皮和中果皮细胞发育而成的肉柱。每果有1 100~1 300条肉柱。

(三)对生态环境的要求

杨梅为较耐寒的常绿果树，适宜于年平均温度15~20 ℃、绝对最低温度不低于-9 ℃的气候条件。高温对杨梅的生长不利，特别是烈日照射，易引起枝干日焦枯死，栽培在山顶向阳处的树势差，结果少，品质也差。杨梅是喜阴耐湿树种，水分充足时，寿命长而丰产，果实汁多而味甜，因此，主要产区的年降水量多在1 000 mm以上。

杨梅适于质地疏松、排水良好、pH值为4.5~6，并混有石砾的红壤或黄壤种植。凡映山红、狼蕨、桃金娘、松、杉等生长良好的酸性土壤均适宜栽种。杨梅因有菌根，故在比较瘠薄而排水好的坡地生长良好，而平地土壤肥沃，水分充足，枝梢徒长，则结果迟，且落花落果严重。山地种植以海拔500 m以下，坡度5°~30°为宜。坡向不限，但北坡杨梅柔软多汁，风味佳，南坡杨梅肉柱尖而硬，因此常选择在北坡种植。如在深山谷地，因有高山相互遮阴，土壤蓄水多，各个方向均可栽培。

四、主要生产技术

（一）育苗技术

1. 砧木

砧木常选择木砧，以野生杨梅最好。果实采收后，堆沤3～5 d，待果肉腐烂后，洗净晾干，贮藏在阴凉处，播种前沙藏2～3个月。播种时期一般以春播为主。当幼苗基部已开始木质化时，进行幼苗移植。

2. 嫁接

嫁接一般在萌芽展叶后进行，广东在3月上中旬，浙江在3月中旬至4月中旬。嫁接方法以枝接为主，砧木直径为0.5～1 cm时常采用切接或皮下接，砧木直径>2～3 cm时用劈接和腹接。

杨梅树液流动旺盛，常影响嫁接成活率，特别是在大砧木上嫁接，影响较大。生产上常采留枝缓势嫁接减少伤流，即在砧木一部分枝上进行嫁接，而另留一枝作为"引水枝"以吸引水分向这一枝流动，避免嫁接部的伤流。

（二）建园技术

山地栽植杨梅，宜在栽植前开垦梯田，做好水土保持工程；坡度不大的山地应依地形等高度栽植。杨梅是雌雄异株，栽植时需注意雌雄，一般雌雄比例为1∶2。

杨梅栽植一般在春季萌芽前或春梢停止后进行，一般以春季2—3月为宜。栽培密度一般采用4 m×5 m。东魁、晚稻等树势旺的品种宜稀植，树势弱宜密植。为提高成活率，宜去掉全株的大部分叶片。

（三）土肥水管理技术

1. 土壤管理

幼年杨梅园可间种茶叶或绿肥或其他短期作物。成年杨梅园过去实行天然生草法，对土壤不行耕锄。但因杨梅有菌根，要求土壤疏松、通气良好，故雨后宜浅耕，秋梢停止生长后中耕除草，冬季全园深耕，并每年或隔年培土1次，厚7～10 cm。

2. 施肥

杨梅的生长情况对氮和钾的需求量较多，成年树对钾的需求量较高，而对磷的需求量较低。因此，杨梅施肥原则上应多施钾肥，少施氮肥，适施磷肥。通常肥料以草木灰、土杂肥、堆肥、厩肥等有机肥为主。施肥量因品种、树龄、树势、结果量、上年的施肥情况及立地条件等综合因素确定。四至五年生东魁幼树，每667 m²（栽18株）年施氮（N）量为3.5 kg，磷为0.9 kg，钾为3.0 kg，即N、P、K之比为4∶1∶3.5。钟明等（2000年）建议一至三年生幼树每年秋冬季施有机肥改土，夏季则按"一梢二肥"的原则，梢前半月施一次以氮为主的"攻梢肥"，新梢老熟前施一次以钾为主的"壮梢肥"。

成年结果树的施肥，全年每 667 m² (栽 18 株) 施氮 (N) 量为 9.2~10.6 kg，磷为 2.3 kg，钾为 12.3 kg，即 N、P、K 之比为 4:1:5。全年施肥两次，第一次在萌芽抽梢前 2—3 月施，第二次在 6—7 月采果后施，施肥量占全年的 50%~55%。在果实发育期可追施叶面肥，常使用 0.3% 磷酸二氢钾，或 0.3% 硫酸钾，或"高美施"600 倍液，或 10% 草木灰浸出液等，能增加果实的光泽度和糖度。

(四) 整形修剪技术

1. 幼树整形

杨梅幼树一般采用自然圆头形、自然开心形整形，树势强而直立的品种可采用疏散分层形。因杨梅的顶芽及其附近 1~4 芽能抽生枝梢成为骨干枝或侧枝，旗下都是隐芽，先端抽生的枝梢生长势都很强，树冠分枝很有规则。幼树整形以轻剪为宜。

2. 结果树修剪

修剪的原则是控上促下，剪上留下，抑强扶弱，开张角度；以疏剪为主、短截为辅。除 4—6 月外，全年均可进行修剪，但主要以春季 2—3 月和秋季 8—9 月修剪为主。

(1) 初结果树的修剪。通过"开天窗"，即在树冠顶部锯除大枝，改善通风透光条件，以利于花芽形成；通过拉枝、吊枝等开张枝梢角度，缓和树势，促进结果；抹除无用萌芽，合理控制春梢，抹除秋梢。

(2) 盛产树的修剪。剪除枯枝、病虫枝、衰弱枝和自根及干上着生的无用的萌蘖；回缩更新下垂枝、衰弱的结果枝组；在树冠内有选择地删除较大的骨干枝，以便通风透光与树冠的更新；以疏剪和短截相结合的方法剪除过多的结果枝，均衡树势。

(五) 杨梅大小年结果现象及其调控技术

1. 大年树管理

大年树树势强健，花芽分化良好，花多，花质好，坐果率高，因此，管理的中心工作是减少花果量。

(1) 合理修剪。2 月下旬，对树冠较大、荫闭的树，锯除影响树冠通风透光的中心直立大枝，改善内膛光照条件；短截部分 20 cm 以上的结果枝，促使抽发春梢；疏除部分 3 cm 以下的短花枝，减少花量；同时剪除病虫害枝和枯枝。

(2) 疏花疏果。在杨梅雌株盛花后期，用 15% 多效唑 500 倍液喷树冠，多效唑药液可杀死杨梅雄花花粉，致使正在开放和尚未开放的雌花不育而脱落，起到疏花作用。花量特别多的树，可在盛花后 1~2 d 喷施；一般多花树在能看到少量幼果如火柴头状时喷；喷药时应喷树冠顶部和外部。杨梅坐果后，当杨梅果实如豌豆大时 (一般在 5 月中旬) 开始疏果，疏去畸形果、病虫果、小果。

(3) 施肥。大年树一般每年施两次肥，第一次看树施壮果肥，挂果多的树在果实硬核期施磷、钾肥各 0.5~1 kg，挂果少的不施。第二次杨梅采摘后立即株施 3 kg 腐熟饼肥或 20 kg 腐熟有机肥，或株施 0.5 kg 尿素、1 kg 硫酸钾 (或氯化钾)，促使夏梢整齐抽发。

并在果实膨大期和夏梢转绿期多次进行根外追肥。

(4) 控秋梢。当大量夏梢抽发长达 10 cm 左右时,喷 15% 多效唑 300 倍液,抑制夏梢继续生长,加快夏梢老熟并进入花芽分化。喷药时间一般掌握在 8 月中旬至 9 月中旬。

2. 小年树管理

小年树由于树势弱,花芽分化迟,时间短,导致花量偏少,花质也差,因此管理的中心工作要注意保花保果。

(1) 合理修剪。2 月下旬,疏除树冠顶部和外部的部分没有花芽的营养枝,使内膛和郁闭的花枝显露出来,增强光照条件和提高授粉机会,减少梢果矛盾。

(2) 保花保果。在开花期,喷 0.2% 硼砂溶液,可提高花粉活力,并能防止杨梅枯梢病;在雌花开花盛期进行人工授粉;小年树往往出现春梢旺发而引起梢果矛盾,因此要控春梢保果。

(3) 施肥。小年树年施肥两次,第一次施芽前肥,一般在 2 月下旬株施复合肥 0.25～0.5 kg;第二次施采果肥,同大年树管理。

(六) 采收

杨梅的成熟依品种、产地而不同,一般在 5 月上旬至 7 月上中旬陆续成熟。在广西南宁,东魁杨梅在 5 月中下旬成熟。此时气温已高又正在梅雨多湿季节,果实成熟后极易腐烂和脱落。萧山果农有"一日变味,二日变色,三日色味俱变"的谚语,所以,要及时采收,随熟随采,分期分批采红留青。

采前要剪平指甲注意轻采、轻放,以免果实受伤。宜在傍晚和清晨采果;下雨或雨后初晴不宜采收,否则果实水分多,容易腐烂。

五、病虫害防治

(一) 主要病害

1. 杨梅癌肿病

【为害症状及发生规律】初期发病部位产生乳白色小突起,后逐渐增大形成肿瘤,使表面变得粗糙不平,木栓质很坚硬,呈褐色或黑褐色。细菌在有病枝干的癌肿组织中越冬;翌春从病菌表面溢出菌脓,通过雨水传播,从伤口与叶痕处侵入。结果树的枝干易发病。

【防治方法】①保护树体,减少伤口。②做好冬季清园工作。③喷药保护,春梢抽发前喷一次 1∶2∶100 波尔多液。④严格检疫,禁止从病树上采穗和出售带病苗木或接穗。

2. 杨梅褐斑病

【为害症状及发生规律】最初在叶面上出现针头大小的紫红色小点,后逐渐扩大成为圆形或不规则的病斑,中央呈红褐色,边缘为红褐色或黑褐色,直径 4～8 mm,病斑中心后期变为浅红褐色或灰褐色。病菌在病叶中越冬,随雨水传播,从伤口侵入。

【防治方法】①冬季清园。②加强果园管理,培养健壮树体。③化学防治。在果实采收前后各喷一次 1∶2∶200 的波尔多液。

(二)主要虫害

杨梅的主要虫害为果蝇。

【为害症状及生活习性】以雌果蝇产卵于成熟的杨梅果实乳柱上，孵化后的幼虫蛀食为害。受害果实凹凸不平，果汁外溢和落果，品质变劣。在杨梅果实硬籽着色之前，生果不能成为果蝇的食物，食源条件差，果蝇发生少，并不造成危害；杨梅进入成熟期以后，果实变软，果蝇有合适的食物，为害严重；随着采收，杨梅逐渐减少，果蝇数量随之下降；杨梅采收后，树上残次果和树下落地果腐烂，又会出现盛发期，而虫口又随食物的缺少而下降。

【防治方法】①在 5 月中下旬对果园除草，同时用 50% 辛硫磷乳油 1 000 倍液对地面喷雾处理，压低虫源基数。②将杨梅成熟前的生理落果和成熟采收期的落地烂果拣尽，送出园外一定距离的地方深埋；或用 30% 敌百虫乳油 500 倍液喷雾处理，可避免其生存繁殖后返回园内为害。③在杨梅果实硬籽着色进入成熟期，用 1.82% 胺氯菊酯熏烟剂 1∶1 兑水，用喷烟机械随风向对地面喷烟，熏杀成虫，有较好的效果。④利用果蝇成虫趋利性，用敌百虫、糖、醋、酒、清水按 1∶5∶10∶10∶20 配成诱饵，用塑料钵装溶液置于杨梅园内，每 667 m² 6~8 钵，诱杀成虫。定期清除幼虫钵内虫子，每周更新一次诱饵，可以收到较好的诱杀效果。

此外，杨梅还有松毛虫、衰蛾类、蚧类、蝶蛾类、天牛类等虫害，防治方法可参考其他果树。

案例八　香蕉生产技术

一、生产概况

香蕉是热带多年生大型草本果树，是全球产销量最大的热带水果，与柑橘、苹果和葡萄并称四大水果。香蕉风味独特，营养丰富，富含碳水化合物、蛋白质。香蕉除鲜食外，还可以制成果酱、果汁、果酒、果脯等加工品。富含养分和纤维素的新鲜假根和叶片可加工饲料，也可作造纸原料。香蕉生长快、投产早、产量高，经济效益好，发展前景广阔。

香蕉原产于东南亚和我国南部，目前我国海南，中越边境及泰国、印度还分布有野生香蕉。香蕉经济栽培主要在南北纬 30°之间的热带和亚热带地区。2004 年全球香蕉收获面积为 454.6 万 hm²，总产量为 7 062.9 万 t，当年香蕉产量居前 10 位的国家是印度、巴西、厄瓜多尔、中国、菲律宾、印度尼西亚、哥斯达黎加、墨西哥、泰国、哥伦比亚，十国产量占当年世界香蕉总产量的 73.91%。香蕉主要进口国是美国、德国、日本、比利时、俄罗斯、英国、中国、韩国等；主要出口国为厄瓜多尔、哥斯达黎加、菲律宾、哥伦比亚、危地马拉，占世界香蕉出口量的70.28%左右。

我国的香蕉主要分布在广东、广西、海南、福建、云南等地。我国香蕉生产已经拥有了比较成熟的技术，香蕉产业基本形成具有市场竞争力的几大优势区域。广东以粤西、粤东及珠江三角洲为主；广西以南宁市郊、钦州、凭祥、玉林为主；海南以澄迈、临高、儋州、昌江、东方、乐东、三亚等为主；福建以龙海、漳州、晋江、招安、莆田为主；云南以河口、元阳、开远、元江、西双版纳等为主。

我国香蕉产销两旺，2004年全国收获面积24.5万 hm²、总产量575万 t。部分省市已开始制定香蕉标准化生产体系。如福建省质量技术监督局发布的《天宝香蕉标准化综合体系》(DB35/T134.1~1—2001)的质量和技术规范，提高了天宝香蕉的质量和安全性、市场竞争力，促进天宝香蕉生产沿着标准化、区域化、科学化、商品化方向发展，提质增效，更快地与国际市场接轨。

近年来，福建漳州、广东徐闻、广西南宁等香蕉产区，香蕉生产采用"订单农业"的模式，销售公司对蕉农进行系统的香蕉管理技术培训，推广无损伤采收和流水线加工保鲜模式，采收过程严格要求，建设采收索道或推广"手推车＋软垫"等无损伤不着地采运方式，整个采收过程果穗不着地、不碰撞，香蕉机械损伤减少20%；销售公司对收购的香蕉实施"去把→去花→去劣→分级→清洗→保鲜处理→晾干→包装→进入冷库保鲜"的程序化加工保鲜措施。香蕉的外观品质得到了明显的改善，货架期也延长了2~3 d，提高了商品果率和果品档次。

二、主要种类与品种

香蕉属于芭蕉科(Musaceae)芭蕉属(*Musa*)，我国目前把食用蕉分为香蕉、大蕉、粉蕉和龙牙蕉四大类。目前，普遍认为栽培的蕉类是由尖叶蕉、长柄蕉两个亲本杂交或变异而来，将来自尖叶蕉的染色体基因组用A代表，将来自长柄蕉的染色体基因组用B代表。香蕉属于AAA组群，大蕉和粉蕉属于ABB组群，龙牙蕉属于AAB组群。香蕉类品种最丰富，是商品生产的主要种类。目前，生产上栽培的蕉类主要品种如下。

1. 巴西蕉

巴西蕉是1987年从巴西引入广东的品种，其适应性较强，抗风力较弱。假茎高为250~330 cm，周长70~80 cm，褐黑色偏绿，叶片细长直立；果穗8~11梳，梳距较大，果指长度19~24 cm；单株产量18~35 kg；可溶性固形物含量为18%~21%，香味较浓，丰产优质。

2. 威廉斯

威廉斯是1985年从澳大利亚引入的品种。其中，"8818""971"两品系商品性最好。假茎高250~300 cm，褐黑色，叶片直立；梳形整齐，排列紧，果指长19~24 cm，每穗8~12梳，单株产量18~33 kg；可溶性固形物含量为18%~21%，香味较浓，丰产优质，适应性和抗风性较强。但该品种种苗变异较多，易感染花叶心腐病。

3. 河口中把

河口中把是1958年从越南引入云南河口的品种。适宜高温高湿及肥水充足的地区栽种。株高 230～300 cm，假茎周长 70～80 cm，梳形整齐，每穗 9～10 梳，果指长 15～21 cm；单株产量 20～30 kg，产量高，品质好。

4. 天宝矮蕉

天宝矮蕉原产于福建省天宝。矮秆香蕉品种，株高 160～180 cm，假茎周长 50～60 cm，每穗 8～10 梳，果指长 15～20 cm，单株产量 10～15 kg。果实品质甚佳，抗风力强，适宜密植，抗叶斑病和束顶病能力弱；品种易退化。

5. 广东香蕉 2 号

广东香蕉 2 号是由广东省果树研究所从越南香蕉芽变选育的品种。株高 200～265 cm，假茎周长 55～65 cm；果穗 10～11 梳，果指 18～23 cm，可溶性固形物含量约为 20%，单株产量 22～32 kg。丰产优质，果形好。适应性强，抗风力较强。受冻后恢复生产较快。

6. 漳蕉 8 号

漳蕉 8 号是漳州市以"台湾北蕉"离体试管芽辐射诱变选育的品种，较抗叶斑病。株高 250～320 cm，假茎浅绿色，周长 65～85 cm，叶柄较长，株型较直立，果轴茸毛稀少或无茸毛。果指长 3～26 cm，单株产量 25～30 kg。

7. 西贡蕉

西贡蕉属粉蕉类型，又名糯米蕉，1932 年从越南引入，易感巴拿马枯萎病。皮薄易裂、不耐贮藏；假茎 400～500 cm，叶色淡而有红色斑纹；果梳 14～18 梳，果指饱满，长 11～14 cm，果皮薄且成熟时为淡黄色；果肉乳白色，可溶性固形物含量为 24%～28%，香气淡；单株产量 15～20 kg，抗风、耐寒、耐旱，适应性强。该品种产量中等、品质优。

8. 红皮香蕉

红皮香蕉是从东南亚地区引入我国的品种。假茎高 350～450 cm；除叶面呈绿色外，假茎、叶柄和中脉呈暗紫红色；果梳少，果指长 17～20.5 cm，果皮暗紫红色，后熟果肉淡黄色；株产 10～20 kg；可溶性固形物含量为 20%～21%，具浓郁兰花香味。单株产地的红皮香蕉易突变为绿熟，生长期特长，抗寒力弱。

此外，我国适宜商品栽培的优良蕉类品种还有齐尾、大钟高把、广东香蕉 1 号、高脚顿地雷、矮脚顿地雷、东莞中把、台蕉 1 号、红河矮蕉、台湾北蕉、米指蕉、贡蕉、广粉 1 号、过山香、鸡蕉、国强美蕉等。

三、生物学特性

(一)生长特性

1. 地下器官分布和生长

(1)地下球茎。香蕉地下球茎是根、叶、吸芽（即从香蕉地下茎长出地面的芽体）和花轴着生的器官，也是植物储存营养的器官，当蕉株抽生一定数量的叶片后，地下茎顶部分组织进行花芽分化、发育花序。地下茎生长适温是 25~35 ℃；其生长发育状况决定香蕉的生长和结果，地下茎粗壮，地上的茎干和叶片也粗大，果指肥大，产量高。

(2)根系分布和生长。香蕉根系有地下球茎长出的肉质不定根，新根呈白色，末端长有根毛，与真菌共生形成菌根。在肥水条件好、疏松的园地，根系主要分布在深度为 20~50 cm 的土层，横向生长可达 2~3 m。香蕉根系好气，既不耐旱也不耐涝；适宜生长温度为 20~35 ℃，高温高湿的 5—8 月生长量最大，10 月以后随温度下降根系生长量逐渐减少，冬季基本停止生长。

2. 假茎和叶片生长

香蕉的叶片由叶鞘、叶柄、叶翼和叶身组成。吸芽初长出叶片是无叶身的鳞状鞘叶，随后抽生叶身狭长的剑叶，以后才长出正常的大叶。吸芽长成的植株一生能长出正常叶 32~36 张，组织培养苗长成的植株能长出正常叶 40~44 张。香蕉叶片抽生速度与气温和湿度直接相关，高温高湿的夏季抽生一张叶片只需 4~6 d，冷凉的冬春季抽生一张叶片需 15~30 d。香蕉叶片寿命为 70~280 d，春夏季叶片寿命长，冬春季叶片寿命相对短。健壮植株抽生叶片面积越大，越有利于花芽分化和开花结果，抽蕾后蕉株保持 10 张以上的青叶才能保证果穗丰产优质。假茎结构疏松，由叶鞘重叠压紧而成，起着支撑花、叶、果和贮运营养与水分的作用，但极易因果穗重压和风吹而倒伏或折断。

定植后的香蕉植株生长到一定阶段后从其球茎近地面位置陆续长出许多芽体，这些芽体称为吸芽。可以选用粗壮、无病害的芽体作种苗或母株的接替株。香蕉母株抽生的吸芽数量过多会消耗大量的营养，影响母株的生长，结果产量减少。

(二)结果习性

1. 花芽分化

香蕉只有生长一定数量的叶后才能进行花芽分化，组培苗长成的植株一般需抽生 33~36 张叶、吸芽苗需正常叶 20~24 张才能分化花芽。花芽开始分化时植株抽生的那一张叶面积最大，此后抽生的叶片逐渐减小、叶柄变短，叶距越来越小。花芽分化期是果梳数和果指数的决定期，充足的肥水条件尤其是足量钾元素能增加雌花数量。从花芽分化开始到抽出花蕾植株还能抽生叶片 10~12 张，因此花芽分化时间长短由叶片抽生速度决定。

2. 抽蕾和开花结果

(1)抽蕾。香蕉花序是由顶生穗状花序，由地下茎长出并延长到假茎顶端抽出。香蕉在抽生短钝且直立生长的最后一张叶片时花序开始出现。

(2)开花。香蕉花序外由大花苞重叠包裹，开苞因品种不同有差异，大多为紫红色或粉红色，每张苞片包裹一梳小花，每梳由两排小花构成，随着花序的延长花苞逐渐展开，最后自行脱落。一株蕉一生只能抽生一个花序，香蕉的花是完全花，花型有雌花(子房占全花长度约 2/3)、中性花(子房占全花长度约 1/2)和雄花(子房占全花长度约 1/3)共 3 种类型，分别位于花轴基部、中部、顶部。雄花发育成为果实，雌花梳数的多少与品种和营养有关，少的 4~5 梳，多的 14~15 梳。

(3)果实发育。香蕉果实(即果指)是浆果,梳状螺旋排列在果轴上。大多数品种未成熟时果皮都是绿色,成熟后转为不同程度的黄色。蕉类栽培品种都是单性结实,没有种子,但粉蕉经过授粉也会产生种子。气温决定香蕉果实发育期长短,在华南地区,4—7月抽蕾只需80~90 d就成熟,9—11月抽蕾要120~160 d才成熟。粉蕉和大蕉果实发育需要的时间比香蕉长。香蕉果指生长前期果皮生长快,后期果肉生长快。

(三)对生态环境条件的要求

1. 气温

香蕉起源于热带地区,作为经济栽培要求年平均温度高于21 ℃,≥10 ℃年活动积温7 000 ℃以上,最冷月平均温度不低于15 ℃,全年无霜或有霜日1~2 d。低温延缓果实生长发育和叶片抽生速度,生育期延长。香蕉生长发育最适宜温度为24~32 ℃,气温低于10 ℃停止生长。持续低温使叶片黄化,枯萎下垂;降到5 ℃时叶片受冻,0 ℃时大多数植株冻死;如有冷雨,当气温降到4.5 ℃时植株就会烂心冻死。气温高于37 ℃时果实和叶片就会灼伤。

2. 光照

蕉园适当荫蔽更有利于香蕉的生长和结果,但光照过弱蕉株营养周期延长,假茎徒长。花芽分化期、开花期和果实成熟期如遇每天日照6 h以上、伴有阵雨的天气,香蕉果实发育整齐、大果多、成熟快,但光照过强也会灼伤果穗及部分果指。

3. 水分

香蕉生长结果需大量水分,水分不足叶片生长速度快、叶片小、极易下垂干裂;花芽分化期和开花结果期缺水,蕉株花芽分化不良,果梳少,果指短小,果品低产劣质。自然条件下要求月降水量150 mm以上才适宜香蕉生长结果,但根际长期浸水会导致烂根,叶片黄化,植株枯萎。采前7~10 d宜停止灌水。

4. 土壤

香蕉对土壤适应性广,但丰产优质栽培要求园土肥力好、疏松通气、土层深厚、排灌方便,pH值为5.5~6.5。土壤酸性过大会导致香蕉生产发育不良,易发病。

5. 风

香蕉根系浅生,假茎高大、叶片大、果穗重、抗风性弱,极易被强风吹折或吹倒,所以,蕉园最好选背风处,经常受风害的蕉园要采取防风措施。

四、主要生产技术

(一)育苗

香蕉繁殖育苗方法有吸芽繁殖、地下茎切块繁殖、组织培养3种。目前,在生产中主要是用组织培养方法进行工厂化育苗,另两种方法已极少采用。

1. 吸芽繁殖

选用宿根蕉园粗壮的剑性芽(指生长高度约30 cm时叶片还未展开、基部粗大上部尖小的吸芽)作新植蕉园的种苗。分株时，用特制的利铲，从吸芽与母株相连接处割离，尽量少伤母株地下球茎部。吸芽必须带有本身的地下茎，有利于栽后成活。

2. 地下茎切块繁殖

将香蕉地下球茎挖出，用利刀切成数块，每块留一壮芽，重120 g以上，切口涂上草木灰，晾干后，按株行距15 cm×15 cm的规格，芽眼朝上，平放于畦面上，覆盖一层薄土后再盖上些稻草，待吸芽生长到约40 cm时挖出定植。

3. 组织培养

组织培养育苗室采用生物工程先进技术，取香蕉优良、无病、健壮的母株吸芽苗的顶端生长点作为培植材料(即外植体)，消毒后移入有培养基的试管内，经过培养诱发成苗。当试管苗长到5 cm时，移植到苗圃营养袋培育。再经过一级苗圃假植炼苗和二级苗圃炼苗1~3个月的培育，组织苗长出8~12片新叶、高约25 cm时可用于大田定植。

(二)建园

1. 种植

蕉园要求阳光和水源充足，灌溉方便，土壤肥沃、疏松为最佳。园地在定植前1~2个月耕耙整地，松土深度40~50 cm，施足量的有机肥和磷肥作基肥，基肥与土壤混匀，增加园土有机质和肥力，改善土壤结构，创造有利于地下茎和根系生长的土壤环境，种植后的蕉园尽可能保证土壤湿润，满足地下茎和根系生长对水分的要求。

蕉园较合理的株距为2~2.2 m、行距为2.5~2.7 m，易积水的平地可以深沟窄畦单行种植，或宽畦(畦面宽4~5 m，畦沟宽度0.6 m)双行种植；保水能力差的旱地用浅沟单行种植法，沟深0.2~0.3 m，宽1.2~1.5 m，方便灌水和施肥。

蕉园"一种一收"根据收蕉季节决定定植时期，2—3月种植，当年年末至翌年年初收蕉；5—6月种植，翌年5—7月收蕉；9—10月种植，翌年9—12月收蕉。我国沿海蕉区春植或夏植蕉能避夏秋季台风危害。

2. 种植制度

现在我国各蕉区大多定植一次收蕉2~3年的"一种多收"模式，该模式节省劳动力和种苗投入，第二至第三年宿根蕉丰产性好，但病虫害较为严重，产期分散，蕉园不便统一管理。如果实行"一种一收"模式，病虫害相对较少，方便蕉园实行统一管理，收获期集中。无论是哪种种植模式，最后一批蕉收获后蕉园都要清理，实行轮作，水田与水稻旱地可种花生、大豆等短期作物，减少土地病源和虫害。

(三)土肥水管理

1. 土壤管理

(1)除草。蕉园畦面要及时除草，减少肥水流失，新植蕉园不宜用化学除草剂，组培苗蕉园种植后4个月才能使用除草剂，而且不能喷到蕉株。

(2)中耕和培土。"一种多收"的蕉园2—3月中耕一次，结合施基肥、除草、挖出旧蕉头进行，深度15～20 cm，但离植株50 cm以内只能浅耕6～8 cm。4月以后根系生长活跃，不宜耕种。春秋季利用蕉园畦沟的沟土等肥泥给蕉头培土。

(3)间作。新植蕉园封行前可在行间种植大豆、花生、生姜等矮秆作物，不能间种蚜虫的寄主作物，如十字花科的蔬菜类作物，因为蚜虫传播病毒。肥水条件差的蕉园不间作。

(4)地面盖覆。利用稻草、甘蔗叶、无病虫害蕉叶、干枯杂草等作物残体作畦面覆盖物，保持土壤水分，减少杂草生长。

2. 施肥

(1)香蕉肥力特点。香蕉施肥量及施肥比例因各地园土肥力及保肥能力不同而有差异，广东中山市每 hm² 目标产量 60 t 的蕉园的肥力方案为：尿素 900～1 125 kg，氯化钾 1 500～1 875 kg，过磷酸钙 750 kg，进口复合肥 1 875 kg，花生麸 2 250 kg，石灰 450 kg，硫酸镁 270 kg；全年施肥 12～15 次，其中重施 5 次，薄施 7～10 次，每次施肥后连续淋水 3 d。高产优质的香蕉园每 hm² 一般施氮肥 600～900 kg，氮（N）、磷（P_2O_5）、钾（K_2O）施肥适宜比例是 1∶0.4∶(2.4～3.0)。各地蕉园施肥量见表 3-6。

表 3-6 各地蕉园年施肥量　　　　　　　　　　　　　kg/hm²

国家或地区	纯氮(N)	纯磷(K_2O_5)	纯钾(K_2O)
中国广东	525～975	116～215	923～1710
中国广西	850～900	320～360	800～1100
中国福建	567	245	381
哥斯达黎加	300～450	0～160	600～750
印度	300～600	320～345	340～720
以色列(平原地区)	400	200	1440
澳大利亚昆士兰州	280～370	160～460	480～1 560

(2)"一种一收"蕉园施肥。

①基肥。定植前施用或结合花芽分化肥施用，每 hm² 施磷肥 1 000～1 200 kg，腐熟的有机肥或土杂肥 15 000～20 000 kg。

②稳苗肥。种植的组培苗重新抽生第一张新叶老熟前不施肥，以浇水为主，第一张新叶老熟后，每隔 7～10 d 淋 0.2%～0.3% 复合肥溶液或腐熟的稀粪水 2～3 株。

③壮苗肥。种植后重新抽生 10～13 张大叶时，每株施麸肥 1 kg，尿素和硫酸钾各 0.2 kg，施后盖土淋水，一个月施肥一次，期间每株一次性施硫酸镁 0.15 kg。

④花芽分化肥。春季种植 5～6 个月后或夏秋季种植 8～9 个月后绝大多数蕉株能重新抽生 22～25 张叶片，假茎高约 1.5 m 时进入花芽分化期，此时每株施麸肥和复合肥各 0.5 kg，尿素和硫酸钾各 0.2 kg。

⑤壮果肥。抽蕾时和断蕾后各施一次肥，每次施复合肥和硫酸钾各 0.2 kg。

(3)宿根蕉园施肥。宿根蕉园从选留吸芽后要加强肥水管理，根据蕉株各个生长阶段适时追肥(表3-7)；施肥也可以参照新植蕉园壮苗肥、花芽分化肥和壮果肥的施肥方法。大蕉和粉蕉施肥量占香蕉施肥量 70% 左右。

表 3-7　广西南宁那桐镇宿根香蕉丰产园施肥方案（品种：威廉斯）　　kg/株

施肥时期	尿素	钾肥	磷肥	麸肥	厩肥	复合肥	硫酸镁	备注
留芽至第16～18张正常大叶	1.0	1.0	0.5	0.5	10	—	0.1	营养生长前期和中期
抽生第18～20张正常大叶	0.2	0.3						

3. 水分管理

商品生产的蕉园必须有充足的水源及良好的排灌设施，实行独立排灌，平地蕉园畦沟深 0.5～0.8 m，环园沟深 1 m，沟灌水位控制在畦面以下 30 cm 处；雨天排干沟水，畦面长期保持湿润、不开裂。如采用树下软管滴灌则能节水省工。喷灌和滴灌 3～4 d 灌溉一次；沟灌则 5～7 d 灌溉一次，灌溉以畦面土壤湿润为宜，雨季要防止畦面积水造成烂根。

（四）吸芽的选留与除芽

"一种多收"种植模式的蕉园要选留粗壮的吸芽作接替株，通常每株留一株接替株，选留离母株 15～20 cm 的粗壮剑形芽，不留大叶芽（即生长高度约 30 cm 时就长出宽大叶片的吸芽），畦边和紧靠母株及蕉蕾或蕉穗垂下位置的吸芽不留。留芽时间根据预定收蕉季节而定。海南等沿海蕉园留芽要预防台风，每株蕉可在 3 月和 6 月各留吸芽 1 个，9 月下旬根据实际再取舍，如没有受风害则留大株生产冬春蕉，如蕉园受风害则留小株生产翌年夏蕉。"一种一收"种植模式的蕉园，香蕉母株抽生的全部吸芽均需铲除，集中肥水供应母株生长结果。香蕉园 2 年 3 造留芽时间、抽蕾期和收获期见表 3-8。

表 3-8　香蕉园 2 年 3 造留芽时间、抽蕾期和收获期

种植或留芽时间	抽蕾期	收获期
第一年 2—3 月或上一年 9—10 月种植	第一年 8—9 月	第一年 11—12 月至翌年 1—2 月
第一年 5—6 月留芽	第二年 5—7 月	第二年 8—11 月
第二年 3—4 月留芽	第三年 2—3 月	第三年 4—7 月

（五）植株管理

1. 校蕾

抽蕾后如发现有妨碍花蕾下垂的叶片或叶柄，要及时拨开，防止果穗畸形甚至花轴折断。

2. 断蕾

雌花开完后及时断蕾，也可依据预留的果梳数量断蕾。通常每株香蕉留 7～9 疏果，在距所留的最后一疏果约 10 cm 处把花穗末端割除。断蕾要在晴好天气进行，如天气不良又必须断蕾的应及时涂上杀菌剂溶液，并用塑料膜包扎伤口。

3. 疏果和清除残留萼片

疏果能提高香蕉商品等级。疏果应在果梳上的果指展平时进行。每梳蕉应有 16～

24只果指，疏除果穗上的反梳、发育不良的果指和过多的果指，使果梳上的果指整齐均匀，减少次品果。如第一梳蕉的果指数少于12只，可视为不合理果梳，应在其苞片开放、其下的果梳苞片尚未开放脱落之前整梳疏出，并用吸水纸包裹伤口，避免流出的蕉汁污染到下面的果指表皮。疏果应在晴天午后进行。另外，当果梳的果指展开、蕉花有约2/3变黑时用手清除果指顶上残花萼片。

4. 果穗套袋

套袋有利于增产和增长果指，减少病虫害和机械伤。一般在断蕾约10 d后进行，果袋选用透气透光良好而不透水的无纺布袋或厚度0.02～0.03 mm打孔的浅蓝色PE薄膜袋等香蕉专用袋。套袋时先将顶叶覆盖于果轴、果穗上再套袋，果袋上口扎于果轴，果袋要与果梳有1 cm以上的距离。套袋时标记日期，利于采收时确定成熟度。

5. 蕉叶管理

肥水充足才能保证香蕉抽生的叶片宽大、植株健壮。在水分充足和高温条件下，氮素充足蕉叶抽生速度快。组培种苗定植后头两个月内能抽生5～6张新叶最为适宜，所以只施复合肥和钾肥，少施氮肥，控制叶片抽生速度使幼苗顺利度过稳苗期。定植60 d后再施足磷、钾肥同时加大氮肥用量，并保证土壤湿润，加快叶片抽生速度，使植株在预定的现蕾期生长足量的叶片。蕉叶枯萎下垂和染病严重时要割除，保证蕉园通风透光。

6. 促进果实膨大

促进香蕉果实膨大除了保证充足肥水外，生产上可使用一些生长调节剂。华南地区香蕉生产常选用广东"香蕉丰满剂"，蕉穗断蕾时和断蕾后10 d各喷一次，促进果指增长和增粗，提高产量和果指大小。香蕉果实成熟中期使用0.1%萘乙酸加1%尿素混合液喷果穗，果指增长增粗，提高产量，但成熟期延迟。此外，使用1～3 mg/L的防落素在开花期喷花对促进香蕉果指粗大和提高品质也有效果。生长调节剂一定要在明确其安全性后才能使用。

7. 防倒伏

抽蕾前后用粗度约10 cm的竹或木棍在蕉蕾下方离蕉头约20 cm处打桩立柱，竹木长度要比蕉干长1m以上，埋入土中50 cm，一蕉一撑，绑缚蕉株的茎干和花轴，防止因果穗过重或风害导致折穗断株或植株倒伏。也可在植株抽蕾后用尼龙纱绑缚果轴后反方向牵引绑在邻近蕉株假茎离地面约20 cm处，全园植株互相牵引，防止植株倒伏。

8. 防晒

夏秋季果穗套袋或将果穗上直立的护叶压下覆盖果轴防止日灼。

9. 防寒

在冬季有寒害的产区，香蕉过冬生长结果要防寒，大的蕉株用稻草或蕉叶遮盖株顶，果穗要套袋，畦面覆盖地膜或稻草。冬春定植的小苗要搭简易塑料膜小拱棚防寒防冻。

(六)果实采收

1. 采收成熟度

果穗成熟度判断以果穗中部果指的饱满度为标准，现在通常以蕉株抽蕾后的发育天数结合果指饱满度确定采收期。蕉株4—8月抽蕾后70～80 d可采收，10—12月抽蕾后140～160 d才能采收，断蕾时可用小刀在果轴或假茎上刻写断蕾日期。果指棱角越钝、果皮色泽越淡成熟度越高，果身饱满但见棱角的成熟度约八成，果身饱满棱角不明显的成熟度约九成。远销香蕉采收成熟度为七至八成，本地销售的采收成熟度为九成。

2. 采收方式

2～3人为1组，一人先用利刀在假茎的中上部砍切一刀，使植株缓慢倾斜，另1～2人用软物拖住缓慢倒下的果穗，持刀人再将果轴割下，果轴长度留15～20 cm，两人合作将果穗保护性转移，放置果穗要垫有棉毡、海绵等软物。采收的果穗要避免挤伤、擦伤和碰撞。有条件的大型蕉园可采用索道悬挂式无着地采收方式，一般两人一组，一人先砍倒假茎，让植株缓慢倒下，另一人肩披软垫托起果穗，再由拿刀人砍断果轴，然后将果穗缚吊在铁索上，从索道引至加工包装场地，从采收到包装，果穗不着地，机械损伤少，可保持香蕉靓丽的外观。

五、病虫害防治

(一) 主要病害

香蕉病害主要有蕉束顶病、叶斑病、花叶心腐病、黑星病、枯萎病、炭疽病等。

1. 束顶病

束顶病是香蕉毁灭性病害。一般田间的病株率为5%～10%，部分严重的蕉园达20%～40%。

【为害症状及发生规律】病原为香蕉束顶病毒。本病因顶部叶片成束而得名，病株一般不抽花蕾，矮缩，叶片狭小，直立状，叶缘黄化，叶质硬脆，易折断，主脉及叶柄长短不一、有断断续续的深绿色条纹。如蕉株叶片已出齐后才发病则不表现"束顶"，叶片也不狭小、黄化，但幼嫩叶片主脉仍现"青筋"，抽出的花蕾直生，不结果或结果性能差，果小而少。该病远距离传播，主要通过带毒的吸芽传播，近距离的传播主要靠香蕉交脉蚜传播。

【防治方法】①选种无病蕉苗，新蕉区最好用组培苗。②彻底挖出病株及病株的蕉头，撒上生石灰消毒；③喷药防治蚜虫，3—4月和9—11月交脉蚜盛发期，喷50%抗蚜威可湿性粉剂2 000倍液等。

2. 叶斑病

叶斑病是世界性病害。主要为害叶片，引起蕉叶干枯，导致植株早衰，可减产30%～50%。病株果实品质欠佳，不耐贮藏，容易腐烂。

【为害症状及发生规律】常见的有褐缘灰斑病、煤纹病和灰纹病3种。褐缘灰斑病病斑长椭圆至纺锤形，边缘黑褐色，中部黄褐色、灰褐色和灰白色，斑外围具黄色晕圈，数个病斑可连合为不规则斑块。煤纹病多发生于叶缘，初呈卵圆形褐斑，后扩大并相互连合成斑块，斑面现污褐色云纹状轮纹，其上仍可见原来各单个灰褐至灰白色病斑。灰纹病也多始自叶缘，初为椭圆形黄褐小斑，后扩展为两端或一端较尖凸的长椭圆形大斑，斑中部灰褐色至灰色，周缘褐色，外围有黄色晕圈，斑面现同心轮纹，近边缘处的轮纹更为致密和明晰。病菌主要以菌丝在寄主病斑或病株残体上越冬。春季，越冬的病菌随风雨传播。6—7月高温多雨季节为病害盛发期，9月后病情加重，枯死的叶片骤增。

【防治方法】①每年立春前清园，清除蕉园的病叶和枯叶，并烧毁；在香蕉生长期最好每月清除病叶一次。②加强肥水管理，合理排灌，防积水，避免偏施氮肥，增施磷肥。③4—7月各喷药1～2次，确保挂果的香蕉植株有8～10片青叶，药剂可用25%敌力脱乳油（必扑尔）1 000～1 500倍液，每隔15 d喷一次，注意喷匀喷足。喷施30%氧氯化铜悬浮剂或40%灭病威悬浮剂500倍液，或70%可杀得胶悬剂也有效果。

3. 花叶心腐病

花叶心腐病是世界性的病害，其危害性不亚于束顶病。早期感病植株生长萎缩甚至死亡。成长株感病则生长衰弱，不能结实。

【为害症状及发生规律】病株叶片上出现长短不一的褪绿黄色条斑或梭状圈斑，呈现黄绿条纹相间的症状。继嫩叶黄化或出现黄色条斑后，心叶或假茎出现水渍状，横切假茎病部可见黑褐色块状病斑，中心变黑腐烂、发臭。病原为黄瓜花叶病毒香蕉株系。主要通过汁液摩擦和蚜虫传染。苗期发病严重。香蕉与黄瓜间套种者发病严重。该病在温暖干燥年份发生较为严重，这与蚜虫发生量多有密切关系。每年发病率高峰期在5—6月。

【防治方法】参照香蕉束顶病的防治方法进行防治，同时还应避免与瓜类作物和茄科作物间种。

4. 黑星病

黑星病是香蕉常见病害。主要为害叶片和果实。叶片受害后，早衰凋萎；病果外观差，商品价值低。

【为害症状及发生规律】感病叶面近叶脉密生或大或小的小黑斑，其上散生针头大的小黑粒，手摸粗糙感明显。果指青果期就可受害，症状与叶片相同，严重时果面密生黑斑，病斑中部组织下陷腐烂，手摸质感粗糙。病害严重时蕉叶干枯，病果外观受损，不耐贮运，产量和果实等级降低。夏秋温暖多湿的天气或蕉园通风透光不利于发病，偏施氮肥可使病害加重。

【防治方法】①注意蕉园卫生，经常清除老叶、病残体，集中烧坏。②加强肥水管理，增施磷、钾肥，避免偏施氮肥。③抽蕾后苞片未打开前连续喷药2～3次，10～15 d喷一次。药剂可用50%异菌脲可湿性粉剂500倍液，30%氧氯化铜悬浮剂或77%可杀得可湿性粉剂600～800倍液，或25%敌力脱乳油1 500倍液。④果穗断蕾后套袋护果，减轻果病。

（二）主要虫害

香蕉虫害主要有香蕉交脉蚜、弄蝶、网蝽、香蕉象鼻虫（香蕉象甲）、斜纹夜蛾和叶螨等。

1. 香蕉象甲

香蕉象甲又称香蕉象鼻虫。属鞘翅目、象甲科。香蕉象甲是蕉类最严重的害虫，假茎被幼虫蛀食后常腐烂和倒伏。

【为害症状及发生规律】 成虫和幼虫主要通过蛀食香蕉假茎为害，假茎内蛀道纵横交错，影响植株生长，叶片枯卷，甚至整株枯死。在华南地区，每年发生 4～5 代，世代重叠。3—6 月幼虫发生数量较多，5—6 月为害最重。

【防治方法】 注意剥除蕉苗假茎外围腐烂的叶鞘，捕捉成虫和幼虫；虫害发生严重时，可用 50%辛硫酸乳油 1 000 倍液，或用 40%毒死蜱乳油 1 000 倍液防治。

2. 弄蝶

弄蝶又名香蕉卷叶虫、蕉苞虫。属鳞翅目、弄蝶科。幼虫卷叶咬食，常将叶片吃光，是蕉园的重要害虫。

【为害症状及发生规律】 幼虫为害叶片，在叶缘处咬一缺口，然后吐丝卷叶成筒状叶苞藏身其中，边吃边卷，不断加大叶苞。幼虫长大后，还可转叶为害，另结新苞。幼虫体表分泌有大量白粉状蜡质物。一年发生 4～6 代，以老熟幼虫或蛹在叶苞内越冬。翌年 2—3 月开始化蛹，3—4 月成虫羽化，成虫喜在清晨或傍晚活动。幼虫孵出后为害叶片。

【防治方法】 ①摘除虫苞，杀死幼虫和蛹。②低龄幼虫及时用药喷杀。药剂可选用 90%敌百虫晶体 800 倍液，如每 50 kg 药液加入 20 g 洗衣粉，防治效果更好；或 10%兴棉宝乳油或 2.5%敌杀死乳油 2 000～2 500 倍液。

3. 香蕉交脉蚜

香蕉交脉蚜又名蕉蚜、焦黑蚜。属同翅目、蚜科。为害蕉类植物，同时传播香蕉束顶病和香蕉花叶心腐病，对香蕉生产有很大的危害性。其寄主植物还有番木瓜和姜等。

【为害症状及发生规律】 该虫以口器刺入蕉株幼嫩组织内，静止不动地吸食汁液。一般为害植株叶柄、叶鞘上部，以新叶基部最多。受害处常留黑色或红色痕迹，此虫分泌蜜露，导致煤烟病发生，使蕉株外观不佳，而且吸食病株汁液后常传播束顶病。

【防治方法】 发现束顶病株时立即用 40%乐果乳油 800～1 000 倍液，或 50%抗蚜威 1 500 倍液喷杀。在蚜虫发生高峰期及春后香蕉恢复生长时进行全面喷药多次。

4. 蓟马

蓟马属缨翅目、蓟马科，是一种专门为害香蕉果实的害虫。

【为害症状及发生规律】 蓟马的若虫和成虫主要刺吸香蕉子房及幼嫩果实的汁液。雌虫在幼嫩果实的表皮组织中产卵，引起果皮组织增生木栓化，后期成凸起小黑点，影响果实外观。蓟马于花蕾内隐蔽生活。在一年当中任何季节抽出花蕾时，均可在花苞内继续为害。每当花苞张开，蓟马即转移到未张开的花苞片内，保持隐蔽生活，继续为害。

【防治方法】 抽蕾期前喷药 1～2 次，主要喷蕉株的幼嫩组织及心叶，压低虫口；开花至断蕾再喷药一次。药剂可选用 40%乐果乳油 600～800 倍液、7.5%鱼藤酮乳油 1 000～1 500 倍液、10%吡虫啉可湿性粉剂 3 000～4 000 倍液等。

案例九　菠萝生产技术

一、生产概况

菠萝属热带草本类果树。果肉富含碳水化合物、蛋白质、维生素等营养成分，除鲜食外，可加工成糖水罐头、果汁、果酱、果脯，也可作菜肴；果皮能酿酒、制醋和提取菠萝蛋白酶、柠檬酸。

菠萝在热带地区适应性强，生长迅速，定植12～18个月就能收获果实，菠萝病虫害少，产量高、投资少、收效快，且可以人为催花，可全年有计划地供应鲜果。

菠萝原产于南美洲亚马孙河流域，16世纪起陆续传及世界各地，现全球有60余个国家和地区生产菠萝。2004年全球菠萝收获总面积为84.38万hm^2、总产量1 528.74万t。世界菠萝贸易以菠萝糖水罐头为主。菠萝生产大国泰国、菲律宾每年出口菠萝罐头均超过20万t。我国菠萝主产地有广西、海南、广东、云南、福建、台湾等地。目前，湛江市的徐闻和雷州菠萝种植面积约2万hm^2、产量超过全国的50%。海南、雷州半岛是我国菠萝最适宜种植区，其他产区大多仅属次适宜种植区。周期性冬季低温和霜害制约菠萝次适宜种植区的生产。

二、主要种类与品种

菠萝属凤梨科凤梨属，共有8个种，其中供栽培食用的只有一个种，全球栽培的菠萝品种有60～70个，在我国菠萝常分为"卡因""皇后"和"西班牙"三类。

目前，生产上主要栽培的品种如下。

1. 无刺卡因

无刺卡因又名夏威夷、意大利、美国种，是全球栽培面积最大的品种。植株直立健壮，一般株高80～90 cm，叶片60～80张；叶片硬直，叶缘无刺或叶尖有少许刺，叶面光滑，中间有一条紫红色彩带，叶背披白粉；单果重1.5～2.5 kg，长圆柱果形，纤维软韧，香气淡，风味偏淡；果皮薄，易受日灼；要求有较高的肥水条件。

2. 巴厘

巴厘原产于菲律宾，又名菲律宾。植株高70～80 cm，叶片40～60张；叶缘微波浪形，有细密且排列整齐的刺，叶片中央有紫红彩带，叶面两侧有条明显的狗牙状粉线，叶背有白粉；单果重0.8～1 kg，果形短圆或圆锥形，小果棱状凸起，果眼深，果肉金黄、脆甜、纤维少，香气和风味浓，品质上等；耐旱耐瘠，耐贮运，但制罐成品率低。

3. 台农4号

台农4号又名剥粒菠萝、甜蜜梨、释迦，是台湾菠萝，也是鲜果主要外销品种，植株较直立、矮小而张开，叶缘带刺；单果重1.0～1.5 kg，果眼深，圆柱果形，果肉金黄，肉质细密，脆嫩清甜，纤维少，香气浓，是鲜食良种。果实纵切后可直接剥取小果食用，无须削皮。

4. 台农 6 号

台农 6 号又名苹果凤梨，台湾培育。要求在高积温地区栽培才能生长结果良好。平均单果重约 1.3 kg，大果单果重可达 2 kg，成熟时皮肉均显浅黄色，肉质细致，纤维少，多汁，清脆可口，具苹果风味。

此外，生产上栽培的品种还有神湾、57－236、台农 11 号（香水）、台农 13 号（冬蜜）、台农 16 号（甜蜜蜜）、台农 17 号（金钻凤梨）、台农 18 号（金桂花）、台农 19 号（密宝）等。

三、生物学特性

（一）生产特性

1. 根系

菠萝的根系由茎节的根点发生，初期为气生根，入土后成为地下根，地下根与真菌共生形成菌根。菠萝根系好气浅生，90% 以上根系分布在地下 10～20 cm 土层，水平分布可远离茎部约 1 m，但主要在距植株 40 cm 的范围。疏松肥沃园土有利于菠萝根生长，园土积水或过于黏重及苗木种植过深会导致根系生长不良。温度升至 15 ℃ 根系开始生长，最适宜生长温度是 29～31 ℃。

2. 茎

菠萝茎是呈圆柱形的肉质体，分为地下茎和地上茎，起疏导和贮藏养分、水分及抽生芽体繁殖后代的作用。地上茎被叶片包裹，花芽分化前其顶端的生长点不断抽生叶片。茎粗的植株生长强壮，叶大果大。

3. 芽

菠萝芽体根据着生部位不同分为冠芽、托芽、吸芽、蘖芽 4 种，所有的芽体都可作为生产种苗，但因蘖芽弱小且量少故很少用作种苗；冠芽随植株抽蕾和果实发育而生长，芽体小，一般是单芽，少量果实有 2～3 个冠芽；托芽随着生在果实基部和果柄，每株抽生 2～6 个，托芽的数量因品种和季节而异；吸芽着生在地上叶脉，生产上选留作母株的替株，作下一造收果植株；蘖芽由地下茎的芽体萌发形成。

4. 叶

菠萝叶片为革质的狭长剑形叶，叶长 40～150 cm、宽 4～7 cm，具有抗旱性强的结构，气孔少，表皮覆盖蜡质和毛状体，以减少体内水分散失。不同类群的菠萝一生抽生的叶片数不同，卡因类抽生 60～80 张叶，皇后类 50～60 张，西班牙类 40～50 张。28～31 ℃ 高温高湿的夏季，菠萝叶片抽生速度快，每月抽生叶片 5～6 张；低温干旱季节叶片生长缓慢甚至停止生长。菠萝定植 8～12 个月后将植株全部叶片束起时其最高的 3 张叶片俗称"D"叶，通常把"D"叶作为植株生长发育状况和营养分析的标准叶。

菠萝叶片数量和叶片面积大小与果实大小有密切关系，叶片数量多、叶片面积大则果实的单果重越大。谢金凤等对台农 4 号菠萝的调查研究结果表明，青叶数与单果重相关系数达显著水平。据分析，植株每 1.2 kg 鲜叶可生产约 1 kg 的果实。供应充足肥水促进菠萝叶片旺盛生长，扩大叶面积，是菠萝丰产的营养基础。干枯的叶片要及时割除，以利于株行间通风透光。

(二) 结果习性

1. 花芽分化

菠萝属不定期花芽分化植物，自然条件下当抽生足量的叶片后就能花芽分化，如"无刺卡因"青叶数达 35～50 张开始花芽分化，"巴厘"和"神湾"的青叶数分别达 40～50 张、20～30 张开始花芽分化。菠萝花芽分化通常分为未分化期、开始分化期、花芽形成期和抽蕾期共 4 个时期。高温季节比低温季节完成花芽分化需要的时间短，在广西南宁，5—6 月用乙烯利人工催花后花芽分化历时约 30 d，而 10 月处理则需历时 50 d 以上。

2. 花

菠萝花序属头状聚合花序，花轴周围聚合 50～200 朵无柄的小花。小花有 1 片红色苞片、3 片三角形的萼片及雄蕊和雌蕊，子房下位，花瓣紫红色。通常基部小花先开放，逐渐向上开放，整个花序的花期 15～30 d，自花不孕，单性结实。

3. 果实

菠萝果实是由众多的小果构成果形状的聚合果。高温高湿的气候植株健壮，小花多、果大、产量高，营养不良植株或低温则小果低产。开花到果实成熟需要 100～180 d，高温季节果实生长发育所需时间短，夏、秋季成熟的果实色、香、味比冬、春季成熟的果实好。因为单性结实，所以绝大多数菠萝没有种子。

菠萝幼果呈紫红色，随着果实发育逐渐变为绿色，成熟果皮呈黄色；鲜果重、纵横径增长都呈单 S 形，生长速度以花谢后 20 d 内最快，蔗糖在成熟前约 40 d 起积累量急剧增加，甜度不断增加；蛋白酶含量和活性随果实成熟度的提高而增加。

(三) 对生态环境条件的要求

1. 气温

菠萝经济栽培区的年平均气温为 24～27 ℃，≥10 ℃年周期活动积温为 7 000～9 000 ℃，最冷月平均温度不低于 15 ℃，极端低温高于 −1 ℃。

菠萝在 15 ℃以上都能生长，28～32 ℃最适宜，10 ℃生长缓慢甚至停止生长、低于 8 ℃并持续 3 d 以上的冷雨天气会使植株烂心；低于 5 ℃且持续较长时间叶色变黄、叶尖干枯；0 ℃气温持续 1 d 以上植株受寒害严重，果实和心叶腐烂，根系冻死。日均温高于 16 ℃时开花，高于 37 ℃气温伴随强日照时极易灼伤果实。

2. 光照

年日照在 850～1 580 h 最适宜菠萝生长结果，漫射光比直射光更有利于菠萝生长结果，当光照不足时植株生长慢、果实小、低产劣质、风味差；但过强光照易灼伤果实，叶片褪绿变红黄色。

3. 水分

菠萝耐干旱、忌潮湿。如果水分不足，表现为叶色浅黄或红色，叶缘反卷，也影响抽蕾开花和吸芽抽生。土壤渍水 1 d 以上就导致根系大量死亡，根茎腐烂。

4. 土壤

菠萝园土以肥力中上、pH 值为 4.5～6、疏松透气的土壤最好，红黄壤、砖红壤、高岭土及黏土都能正常生长结果，其中在肥力中等的红黄壤园土菠萝果实风味品质最好，果皮鲜艳，果肉呈深黄色。我国南亚热带地区的大多数丘陵地和缓坡地都适宜种植菠萝。菠萝园土壤过黏时，雨天易烂根，晴天则因园土龟裂易断根。

四、主要生产技术

(一) 育苗

我国菠萝商品栽培的种苗目前主要是利用良种丰产园的冠芽、托芽、吸芽 3 类芽体。冠芽和托芽种苗高度以 20～40 cm 为宜，吸芽要有 30～50 cm。

组织培养工厂化育苗的方式也是菠萝重要的育苗方法。有时也用整形素处理已被乙烯利处理过的植株，将处于花芽分化状态的植株逆转为营养生长，使已形成的穗状花序的小花变为叶芽，成为"果叶芽"，基部发生"果瘤芽"，顶部出现许多小冠芽，从而获得可作种苗的芽体。而土埋或沙埋老熟茎，刺激其上潜伏芽萌发小苗也是可以获取种苗的一种方法。

(二) 建园

1. 定植时期和方法

菠萝在 3—9 月都可定植，因采果后种苗充足，因此，新园大多在 8—9 月种植。3—4 月春植冠芽和托芽，13～14 个月后可催花，18 个月果实成熟；8—10 月秋植菠萝园整个生育期相应延长 4～6 个月。沿海产区在 3 月定植有 15 张叶、茎粗 5 cm 的大吸芽苗，加强肥水管理，在 9 月催花，一般能够在翌年 4 月收果；8—10 月定植大吸芽，在肥水充足条件下翌年 6—7 月也可收果。

菠萝可用冠芽、托芽、吸芽及块状茎芽作种苗。先剥除种苗基部 2～3 张叶，露出气生根后才定植。

2. 种植方式和密度

菠萝园作畦方式为平畦、高畦和浅沟畦 3 种。高畦畦面宽度 0.8～0.9 m，畦沟宽 0.5～0.6 m，深 0.2～0.3 m。目前常用双行"品"字形定植，畦内行距 50 cm、株距 25～30 cm，每 hm² 种植约 54 000 株。不易保水的沙地可开宽度 1.2 m、深 0.3 m 的浅沟畦种植。

3. 种植制度和轮作

"一种多收"菠萝园地生产周期可达 8 年以上，但后期随着吸芽位置逐年升高，植株易倒伏，劳动力和管理成本加大，产量和优质果率下降。目前，生产采用"一种多收"模式和"一种两收"模式，生产周期分别为1~2年和3~4年，丰产和优质果率高。种植菠萝的园地最好4~5年后轮种豆类、香蕉等作物。

(三)土肥水管理

1. 土壤管理

(1)整地。新建的菠萝园在定植前两个月深翻约40 cm并暴晒，拣净草根，人工或用阿特拉津、扑草净等除草剂根除杂草；定植前7~10 d疏松整平土地，园土不宜过碎，否则易板结、透气不良，雨天细土也易溅入幼苗株心，妨碍新叶抽生。

(2)覆盖。平整畦面后覆盖地膜，四周用泥土压住，保水保肥，抑制杂草生长，尤其用黑色塑料地膜覆盖对栽植后菠萝园畦面杂草生长的抑制效果更好。覆盖地膜前畦面施足基肥，覆盖地膜按株行距打直径10 cm圆孔或用刀划"十"字后定植种苗。

(3)除草。园地在定植前要深翻除草，未覆盖膜的园地定植后，可用五氯酚钠、草甘膦等除草剂地面喷施，抑制杂草生长，但不能喷到菠萝植株；小行间和株间的杂草要及时人工铲除。在杂草萌发前或杂草幼苗期，每hm^2用五氯酚钠15~20 kg，加水2 200~2 500 kg喷洒。菠萝园常用的除草剂还有阿特拉津，每hm^2原液用量为3~4 L，稀释浓度为250倍。

(4)培土。暴雨后未覆膜的园地要及时培土，防止因雨水冲刷使根系裸露，导致植株早衰和倒伏。

2. 施肥

菠萝生长快，结果早，充足的肥水才能获得丰产优质的果品。菠萝花芽分化前需氯量较多，但生长结果的整个过程对钾肥需要量最多，在氮肥、磷肥有保证时菠萝产量随钾肥用量增加而提高。广西农业科学院刘业强等曾在广西北海红沙土的菠萝园对巴厘品种进行施肥试验，分析结果表明：每形成1 000 kg的果实需吸氮(N)7.22 kg、磷(P_2O_5)1.55 kg、钾(K_2O)14.21 kg、钙(CaO)5.03 kg、镁(MgO)0.68 kg；第一造果每hm^2施入氮(N)240~480 kg、磷(P_2O_5)75~150 kg、钾(K_2O)300~600 kg时养分基本平衡，获得丰产。

菠萝园可根据各生长发育阶段进行土壤施肥，定植前每hm^2施入750~1 000 kg三元复合肥(或优质有机肥30 000 kg、三元复合肥450 kg、磷肥750 kg)作基肥，施入畦面约10 cm深度的土层；壮苗肥在定植后1个月和5个月各施肥一次，每hm^2每次用尿素450 kg和钾肥150 kg；促花壮蕾肥在12月至翌年2月每hm^2施复合肥600 kg，促进花芽分化；壮果催芽肥在4—5月每hm^2施复合肥300 kg，促进果实增大和吸芽及时抽生。如果"一种多收"的菠萝园则在采果后每hm^2施尿素300 kg、复合肥300 kg作壮芽肥(即下一造果的基肥)，促进选留的吸芽生长健壮。第二造果追肥按上述施肥时间和70%施肥量进行。菠萝封行后土壤追肥不方便可叶面追肥，20~30 d施一次，每hm^2使用浓度为0.8%~1.0%尿素、0.8%~1.0%硫酸钾、0.3%~0.5%硫酸镁、0.1%硫酸锌和0.08%~0.1%硫酸亚铁5种化肥混合液3 000 kg，高温的7月和8月将肥水浓度减半，入冬前和果实成熟采收前一个月所有的肥液中钾肥用量增加一倍。

3. 水分管理

菠萝园积水会导致烂根，建园整地时要修整好排水沟。种苗定植时要淋定根水，月降水量少于 50 mm 时必须供灌溉水，保持畦面土壤湿润。畦面盖地膜种植保水效果好，有条件的可采用喷灌或软管滴灌系统节约灌溉。

(1)冠芽处理。目前，鲜果销售的菠萝通常要带冠芽，可增强果实新鲜感。高温季节不除冠芽也能减少果实受日灼。如果要摘除冠芽，须在冠芽长到 5~6 cm 时进行，一手扶果另一手将果实顶部的小顶芽推断，减少冠芽对养分的消耗，增大果实。如要用冠芽作种苗可延迟到冠芽长约 15 cm 时再除芽。

(2)托芽处理。托芽长到 3~4 cm 时分批摘除，每次只摘除 1~2 个，否则因伤口多引起果柄干缩，影响果实发育，导致减产。

(3)吸芽选留。"一种一收"的菠萝园不留吸芽，要及时去除抽生的吸芽，减少养分消耗。"一种多收"的果园在采果后按"除弱留壮"的原则，选留低位的吸芽作下一造的结果植株，每个母株在其两侧选留 1~2 个吸芽作接替株，多余的吸芽全部去除。菠萝植株的蘖芽全部去除。

(四)植株管理

1. 人工催芽

(1)催芽药剂和催花植株标准。菠萝自然花芽分化前都能用生长调节剂促进植株成花，因此可人为控制抽蕾期和果实成熟收获期，且药剂催花后花期整齐，抽薹率高。催花的药剂主要有乙烯利、电石(碳化钙)、萘乙烯酸钠，其中乙烯利最为常用，其催花效果最好，使用方便，无药害，安全可靠。催花的植株须达到足够的生长量才能生长大果，如"无刺卡因"品种需有长 40 cm 以上、宽约 5.5 cm 的叶片 35 张以上催花才能获得约 1.5 kg 的果实，"巴厘"品种需有长 35 cm 以上、宽约 4.5 cm 的叶片 30 张以上才能用药剂催花。

(2)催花时间和方法。菠萝第一造果的催花时期在 3 月中旬至 5 月上旬，如果在 4 月上旬催花，当年 9 月中下旬就能收果；第二造果可在 11 月中下旬或翌年 3 月上中旬催花，9 月收果；如 6—7 月催花，当年 11—12 月至翌年 1 月能收果，但因气温过高催花后抽薹率较低。通常配制 40%乙烯利 600~1 000 倍液催花，高温季节使用高浓度，低温季节使用低浓度，以晴天早晚气温低于 30 ℃ 时段催花为宜，溶液中加入 1.5%~1.7%尿素和 0.15%~0.20%硼砂可提高催花效果，每 hm² 叶面喷洒 3 000 kg 的溶液或单株灌心约 30 mL。4—5 月"巴厘"品种催花处理 30 d 后抽蕾率在 90% 以上，"无刺卡因"催花处理后约 45 d 植株抽蕾率在 90% 以上，约 150 d 果实成熟可采收。

菠萝催花也可用 1%的电石溶液或 0.002%的萘乙酸溶液每个单株灌心 30~50 mL，但不如乙烯利催花效果好。

2. 促进果实增大

菠萝抽薹后应用赤霉素、萘乙酸配合叶面追肥喷施，可提高单果重和产量。抽薹后一个月即开花的中后期起每 15 d 处理一次，连续 3 次，每 hm² 使用 3 000 kg 激素和化肥混合溶液，喷雾时以果实湿润滴水为度。第一次所用的溶液中赤霉素浓度为 0.0015%～0.0020%、萘乙酸浓度为 0.0025%～0.0030%、尿素浓度为 0.8%～1%，第二至三次喷雾的溶液增加硫酸钾(浓度 0.8%～1%)和硫酸镁(0.8%～1%)。

3. 护果

夏秋季节气温高、日照强，要注意护果，否则果实极易被灼伤，可用果袋套果或报纸包扎果实，也可将植株叶片包扎遮盖或用稻草覆盖果实，有时也可制作圆形的纸板，纸板中间打孔，将纸板套入果实顶部的冠芽，纸板能起到防日灼的作用。

易受寒害的产区在冬季用纸袋或塑料袋套住菠萝果实，袋口扎紧果柄。及时了解天气变化情况，当低于 8 ℃ 强寒流来临前用塑料膜或蔗叶、稻草覆盖菠萝园整畦的植株，以防止冻害，提高袋内温度，促进果实生长，低温过后揭除覆盖物，但果袋不需除掉。

4. 催熟果实

菠萝用浓度为 0.06%～0.1% 乙烯利溶液喷果，果实提早成熟，成熟期较为一致，但降低果实贮藏性。在植株抽蕾后 100～110 d、果实颜色由深绿转为浅绿时喷果，夏季处理后 7～12 d 果皮转黄，冬季需 15～20 d 才转黄。

5. 果实采收与采后处理

菠萝成熟的果实果皮由绿转黄，肉色由白变黄，肉质变软，果汁增多，香味日益变浓。采收成熟度的确定因果实用途不同而异，近地销售的果实整果 50% 的小果变黄时采收；远销的果实或加工原料以整果约 10% 的小果呈黄色时采收。鲜销果采收时保留果柄长度 2～3 cm，用利刀割断，冠芽是否保留则根据销售商的要求而定，果实要小心轻放，避免机械伤，尽可能在晴天采收；加工原料果采收时直接折断果柄去掉冠芽。

五、病虫害防治

(一) 主要病害

1. 菠萝心腐病

【为害症状及发生规律】主要为害幼龄植株，也为害结果植株及其果实。病株的根系变黑腐烂，心叶褪绿，变为黄色或红黄色，叶尖变褐色干枯，叶基部产生浅褐色乃至黑色水渍状腐烂组织，变成奶酪状，病健交界处呈深褐色。后期腐烂组织常发出臭味，最终整株死亡。病株的果实体小味淡，绿果染病后产生灰白色腐蚀斑块，扩展后整果腐烂。

【防治方法】①不在连作园地、低洼地、高湿地种植；低平地要高畦种植，注意田间排水。②选用健壮种苗，植前先剥去基部几片叶，用 50% 多菌灵 1 000 倍液浸泡种苗基部 10～15 min，倒置晒干后再种。③田间防治。一般以预防为主，每年 4—5 月全园喷 80% 疫霜灵 500 倍液一次。田间发现病株及时清除，同时在病区周围喷洒药剂；药液应喷施在叶腋内或淋灌在植株基部，每隔 10～15 d 施药一次，连续 2～3 次。药剂可选用 40% 三乙膦酸铝可湿性粉剂 400 倍液，或 25% 甲霜灵可湿性粉剂 1 000 倍液等杀菌剂溶液。

2. 黑腐病

【为害症状及发生规律】 幼苗被害常引起苗基部湿腐，初期外叶枯黄，逐渐扩展至内部叶片，用手拔时全部叶片与地下部分脱离。地上茎顶部或嫩叶基部被害引起植株心腐。成株叶片染病产生条形叶斑，初为黄褐色，后变灰白色。根系受害则全株枯萎、死亡。熟果受害初期在果面产生水渍状暗褐色病斑，病健部分界明显，病部果肉变黑腐烂，发出酸臭味。果实果柄切口处也易发病，采后擦伤的果实也易染病腐烂。

【防治方法】 该病的病原菌自伤口浸入，防治方法应以避免产生伤口为主要措施。收获运输及贮藏期间，果实要小心轻放，以免造成机械伤。不可在雨天采果，采果不宜堆放过厚，要通风干燥。种苗要健壮，定植前用50％多菌灵可湿性粉剂1 000倍液浸苗基部10 min。

(二) 主要虫害

1. 粉蚧

【为害症状及生活习性】 成虫椭圆形，肉色，披白色状蜡质，刺吸根、茎、果实和心叶的汁液，使植株叶片变黄变红、干枯凋萎。

【防治方法】 幼苗定植前用800~1 000倍乐果药液浸苗数分钟，晒干后再定植。若园内粉蚧为害面积较大时，重点喷洒有虫的茎或药液淋灌株兜。药剂可选用毒死蜱乳油1 000~1 500倍液，或40％辛硫磷乳油2 000倍液，或40％乐果乳油1 000倍液防治。

2. 金龟子

【为害症状及生活习性】 幼虫(蛴螬)活动于土壤中，啃食根和茎，受害植株叶片褪绿、变红，干枯下垂，甚至全株干枯，受害果实萎缩，但一般植株不会死亡，因被害植株根系被啃食完全，幼虫即转向另一株，被害植株茎基又能萌发新根，植株可恢复生长。

【防治方法】 金龟子幼虫为害集中园地，定植前可通过深翻犁地、晒地等破坏害虫的生存环境，控制金龟子幼虫为害。也可以用90％敌百虫晶体1 000倍液喷淋柱头防治。5—7月成虫交配期可安装黑光灯诱杀成虫。

此外，菠萝园常见的害虫还有独角犀，独角犀虫体大，耐药性强，可采用黑光灯诱杀及人工捕杀等方法防治。

案例十 枇杷生产技术

一、生产概况

枇杷是我国南方特有的果树。其果形美观，色泽艳丽，果肉柔软多汁，酸甜适度，风味佳，营养丰富，成熟于水果淡季的初夏，深受人们喜爱。枇杷除供鲜食外，还可制糖水罐头、果酱、果汁、果露、果冻和果酒，广销国内外；枇杷叶是润肺、止咳、健胃和清热的良药，用作热咳的止咳剂和利尿剂。枇杷种子含有大量淀粉，可供酿酒和提取工业淀粉。枇杷树是优良的绿化、蜜源树种。枇杷适应力强，病虫害轻，生长迅速，结果早，产量高，栽培容易，经济效益高。

枇杷原产于我国南方，至今已有2 000多年的栽培历史。我国枇杷在唐朝时传到日本，后传至欧美各国。我国是世界上枇杷生产第一大国，目前枇杷栽培面积约5万hm^2，产量20多万t，占世界枇杷栽培面积总量的80%以上。我国枇杷主产于福建、浙江、江西、四川、湖南、湖北、江苏、安徽、广西等地，国外以日本、印度、巴西、意大利、西班牙和土耳其等国栽培较多。

二、主要种类与品种

枇杷是蔷薇科(Rosaceae)枇杷属(*Eriobltrya* Lin dl.)植物。枇杷属植物目前已知的有30个种，我国有11个种，其中最重要的是普通枇杷、栎叶枇杷、大花枇杷、云南枇杷、台湾枇杷。

枇杷栽培品种很多。依生态条件分为热带型品种和温带型枇杷品种；依果肉色泽分为红肉类、白肉类。主要品种如下。

1. 白梨

白梨为福建主栽品种。肉白质细，风味如雪梨，因此得名；果实圆形，单果重约30 g，皮薄易剥，汁多，味浓清香，可溶性固形物含量为12.0%～14.0%，可食率达71%，无渣，入口即化，品质极优。最适鲜食，但不耐贮运。成熟期4月下旬。树势中等，抗性强，丰产性较好。

2. 大五星

大五星为四川良种。果大，均果重79 g，最大果重194 g；色泽金黄，商品性好，果核小，肉厚，可溶性固形物含量为13.5%，5月上中旬成熟。丰产性好。

3. 解放钟

解放钟是福建良种。果实呈倒卵形或梨形，单果重70～80 g，最大果重172 g；果皮橙红色，果粉多，果锈少，易剥皮；果肉厚，橙红色，质地细致，甜酸可口，风味浓。可溶性固形物含量为8.5%～12%，可食性71.46%。耐贮运，丰产。果实5月上中旬成熟。

4. 早钟6号

早钟6号为福建良种。平均单果重52.7 g，果面色泽鲜艳，外观美，不易裂果、皱果和日灼，可溶性固形物含量为11.9%，汁多，味甜，品质优良。特早熟，成熟期在3月下旬至4月上旬。抗性强，结果早，丰产性好。

5. 大红袍

大红袍主产于浙江余杭。果圆形，平均单果重37 g，果皮橙红色，表面细薄茸毛，阳面有白色、紫色斑点。果皮强韧易剥，肉厚、橙黄色，质地粗，味浓甜，汁液中等，品质上等。6月上旬成熟，耐贮运。适于鲜食和制罐。

6. 洛阳青

洛阳青又名青肚脐，主产于浙江黄岩。果近圆形，平均单果重30～40 g，果皮橙红色，成熟时果顶萼基尚留部分青色，果粉薄，皮厚韧易剥，肉质致密，较硬实，汁液中等，甜酸适口。5月下旬至6月上旬成熟，耐贮运。适宜鲜食和制罐。适应力强，抗寒、抗病力较强，丰产。此外，生产上还有软条白砂、白玉、太城4号、金丰1号、红灯笼、单边种、大钟、长红3号、香钟11号、夹脚、冠玉、田中、茂木等优良品种。

三、生物学特性

(一)生长特性

1. 根系

枇杷根系分布较浅，扩展也弱，因此枇杷抗风和抗旱力弱。根系一年有3～4次生长高峰期，与地上部的枝梢交替生长。第一次根系生长高峰在1月下旬至2月下旬，是全年根系生长量最多的一次；第二次在5月上旬至6月中旬；第三次在8月中旬至9月中旬；第四次在10月下旬至11月下旬。

2. 牙与枝梢

枇杷的芽是鳞芽。枇杷主枝顶芽抽生的延长枝生长缓慢，短而粗，而顶芽之下的几个邻近侧芽，所抽的枝条生长快而细长，成为扩大树冠的主要枝条。枇杷的芽萌发率较低，成枝力较强，因而树冠有明显的层性。花芽为混合芽，且多为顶生。

枇杷一般每年抽梢3～4次；青壮树抽生春梢、夏梢较多，抽生秋梢较少，老树抽生秋梢则更少。

(二)结果习性

枇杷定植后3～4年开始结果，10年进入盛果期，产量高的株产可达100 kg以上。40年以后产量开始下降，一般寿命为70～100年。

1. 结果母枝

枇杷的结果母枝种类主要有春夏梢、夏梢、春梢等。一般春夏梢和一次夏梢结果最好，花穗大，花数多，坐果率高。夏梢是枇杷主要的结果母枝，一般夏梢径粗0.6 cm以上才能成为优良的结果母枝。因此，采取有效的综合措施促进夏梢抽发和发育充实是使枇杷获得丰产的重要途径。

根据抽生的部位不同，结果母枝分为顶芽枝结果母枝和侧芽枝结果母枝。顶芽枝结果母枝梢短而粗壮，花穗形成早而大，开花也早；侧芽枝结果母枝枝长、节间长、叶片小，花穗形成迟，开花迟。

2. 花芽分化

枇杷是当年抽梢、当年形成花芽、当年开花结果的果树。花芽分化属于夏秋连续分化型，一般分化期在 7—8 月分化形成。花芽为混合芽。

3. 花与开花

枇杷花芽分化后，自花穗能识别，经一个月左右开始开花。枇杷的花穗是圆锥状花序，小穗为聚伞花穗。

枇杷分批开花，且花期特长，一般为 10 月至翌年 2 月。每穗花期 0.5~2 个月，整株花期 2~3 个月。根据开花的早迟，一般分为头花、二花、三花。头花 10—11 月开放，由于果实生长期长，因此果大，品质好，但易受冻；二花 11—12 月开放，较头花受冻害少，品质次之；三花 1—2 月开放，受冻少，但果实生长期短，果小而品质差。以中期花坐果率最高，早、晚期的花坐果率较低。

4. 果实发育

枇杷果实是假果，由子房、萼片及花托发育而成，食用部分为花托。枇杷果实在冬季发育，树上越冬。果实发育前期因受气温限制幼果发育缓慢，中期生长迅速，4 月中旬达到最高峰，然后逐渐变缓慢。因此，加强春季管理，多施速效性肥料，对当年产量的提高有显著的效果。

(三)对生态环境条件的要求

1. 温度

枇杷为亚热带常绿果树，由于新梢、叶和花穗密被茸毛，所以较柑橘耐寒。一般年平均温度 12 ℃以上就能生长，以年平均温度 15 ℃以上的地区最宜栽培。枇杷是冬季开花，春季形成果实，因此，冬季温度高低对产量影响很大，成为能否经济栽培的主要因素。一般以花蕾最耐寒，花其次，幼果最不耐寒，幼果在 -3 ℃时就受冻，花器在 -6 ℃时严重受害。枇杷也不耐高温，夏季气温 35 ℃以上时，根系生长停滞，幼苗生长不良，果实易被阳光灼伤。

2. 光照

枇杷幼苗喜散射光，适当密植有利于生长。成年树过于荫蔽对生长不利，日照充足有利于花芽分化和果实发育。但夏季如遇烈日直射，则易引起日烧病，尤以雨后天晴时日烧病更为严重。

3. 水分

枇杷喜温暖湿润气候，要求年降水量在 1 000 mm 以上，过分干燥的土壤和空气不利于新梢、果实发育和花芽分化。但雨量过多、排水不良的园地积水霉根，早期落叶，影响花芽分化。果实成熟期多雨，果实着色差、味淡、易裂果。

4. 土壤

枇杷适应力强，无论平地、丘陵和低山地带都能栽培，但山地坡度过大或山脊地段土壤瘠薄，易遭受旱害和风害。枇杷对土壤的适应性很强，红黄壤土、沙质土、江河冲击土、砾质土均可栽培，但枇杷根系忌水湿，以疏松透气、排水良好的土壤为最好。土壤的 pH 值在 6~6.5 为宜。

四、主要生产技术

(一) 育苗

目前,枇杷生产中大多数采用嫁接繁殖,也可采用压条繁殖和实生繁殖。

1. 砧木

枇杷主要以普通枇杷和石楠等作砧木,其中普通枇杷是最常见的砧木。枇杷种子无休眠期,从果中取出、洗净晾干后即可播种,切忌暴晒。枇杷因幼芽顶力弱,容易发生弯曲现象,故种子宜浅播,以盖没种子为度。枇杷幼苗喜荫,故播种后宜搭遮阳网遮阴。当砧木粗度达到 0.6 cm 以上时可以嫁接。

2. 嫁接

嫁接方法主要有枝接法、芽片接,小砧木常用切接或枝腹接法,大砧木用劈接法。嫁接时期以春梢萌动前后为最适宜,成活率最高。为提高嫁接成活率,需注意 3 点:

(1) 砧木保留一部分叶片,或留提水枝。

(2) 应在温和、无大风的晴天进行,避免在早晚温度太低时进行。夏、秋季节气温高,应避免中午阳光强烈时进行嫁接。

(3) 雨天、雨后土壤太湿,有浓雾或有强风的天气,均不宜进行枇杷嫁接,以免降低成活率。

(二) 建园

山地建园应选在土层深厚、土质疏松、坡度 25°以下的地方建园。平地建园应选择地势高、地下水水位低、排水良好、土层深厚而疏松的沙质壤土地块建园。

枇杷的栽植时期分为春植和秋植,春植在 2—3 月,秋植在 9—10 月。定植前注意土壤的深翻熟化。生产上多采用 4 m×5 m 或 3 m×4 m 的种植密度。

(三) 土肥水管理

1. 土壤管理

幼年枇杷园可利用行间空地间作蔬菜类和豆科作物及绿肥,既可以增加收入又可以改良土壤,提高土壤肥力。成年后,果园不宜间作,每年宜浅耕和中耕除草数次,使土壤疏松,增加土壤的透水性、保水性。在 9 月开花前,结合施有机肥进行深翻,促进根系深入土壤,提高根系的吸收率和抗旱能力。

2. 施肥

(1) 幼苗龄树施肥。枇杷幼树根系较幼嫩,对肥料的吸收能力较低,在施肥时注意勤施、薄施;利用枇杷一年内多次抽梢的特性,结合每次抽梢施肥,加速幼树成形,提早结果。每年施肥 5~6 次,促进枝梢的整齐抽发和健壮充实。

(2) 成年树的施肥。成年枇杷树需肥量大,每年施肥 2~4 次,施肥时期如下:

①花期肥。9—10月施，即在枇杷抽穗后至开花前结合土壤深翻，以施入堆肥、饼肥、厩肥、人畜肥等为主，辅以复合肥等化学肥料。目的是促进花穗壮大和提高坐果率，增强防冻能力。花期肥占全年施肥量的20%。

②促春梢肥。2—3月疏果后施，即在春梢抽发前的幼果增大期施入速效性肥料，目的是促进幼果膨大，减少落果并促进春梢的抽发和充实。促春梢肥占全年施肥量的20%～30%。

③壮果肥。3月底至4月上旬果实迅速膨大期施入。通常在疏果后立即施入，以促进果实膨大，提高产量和品质。应控制氮肥，增施磷、钾肥，壮果肥占全年施肥量的10%左右。在幼果膨大期也可进行根外追肥1～2次，可用0.3%尿素，加0.1%磷酸二氢钾，对果实膨大有显著效果。

④采果肥。5—6月施入，即采果前后至夏梢抽发前施，是全年最重要的一次肥，采果肥占全年施肥量的40%～50%，以迟效性肥和速效性肥相结合。主要作用是恢复树势，促进夏梢抽发，培养健壮结果母枝，为翌年丰产打下基础。

枇杷成年树的施肥量，据江苏省农业科学院园艺研究所等单位的研究，每生产100 kg枇杷果实需氮1.88 kg、磷0.86 kg、钾2.29 kg。

3. 灌水和排水

枇杷较耐旱，最怕积水。长江流域及南方各省4—6月梅雨季节必须及时疏通排水沟排除积水。秋季适当干旱有利于花芽分化，但若秋季长期连续干旱则对花芽分化不利，应及时适当灌水抗旱。果实成熟采收期遇到旱后雨季，会引起严重裂果，应注意排水。

(四)树体管理

1. 整形修剪

(1)整形。枇杷因品种不同整形方法不同，一般多采用主干分层形，主干高度40～60 cm，层数2～3层，层间距50～80 cm，每层留主枝3～4个，经3～4年即可成形。

主干分层形的整形方法：当苗木高度达到60～80 cm时，进行剪顶定干。侧芽萌发后，选留生长强健、方向不同、分布均匀的分枝3～4个，作为第一层主枝；选留一个相对较直立的侧枝作中心干延长枝。随中心干继续生长，在距第一层的上方70～90 cm处再留3～4个枝，作为第二层主枝。以后再继续选留第三层主枝，3～4年即可成形。

(2)修剪。枇杷修剪以轻剪为主，慎用重剪。主要以采果后修剪为主。疏除枯枝、病虫枝、密生枝、纤细枝、徒长枝，使树冠通风透光，避免内膛荫蔽，枝条光秃，结果部位外移，保持立体结果和年年丰产稳产；对结果母枝、结果枝的更新，生长势弱的从基部剪去，强壮的留3～4片叶短截，使抽发新梢，翌年结果；对主枝或侧枝上发生强旺枝梢，可采用"去强留弱"或"上抬下压回缩"方法，即强枝留下方位枝，弱枝留上方位枝，使树冠骨架从属分明，平衡树势。

2. 疏花疏果与套袋

(1)疏花穗。疏花穗在10—11月花蕾期进行，宜早不宜迟。疏去树冠密生花穗，如结果母枝上有3～4个穗的疏去1穗，4～5穗的疏去2个穗，树冠顶部要多疏，中下部应尽量多留。疏去的花穗量占总花穗量的20%左右。生长势强，栽培措施有力的，可多留花穗，反之，则少留。对刚进入结果期的幼树，则疏除侧生结果母枝上的花穗，以保证结果和扩大树冠。

(2)疏果。疏果在2—3月下旬进行。在无冻害的地区，幼果发育过程中就可以进行疏果。有冻害地区，必须在寒害后并且能辨认受冻果时进行。受冻的幼果，颜色发青褐色，果面无光泽，发育不正常，横切幼果，其种胚发褐。一般大果型品种每穗留2~3个果，中果型品种留3~5个果，小果型品种留5~8个果。另外，大年多疏；强壮果枝多留，弱的少留；树冠顶部多疏，中下部少疏多留；同一果穗疏上下留中间。

(3)果实套袋。枇杷果实套袋可防止灰斑病、吸果夜蛾及鸟类等为害，减少日灼对果实的为害及减少雨后暴晴裂果，使果实发育良好，保持果面茸毛完整，色泽鲜艳，提高果实品质。具体做法是在疏果后进行一次全园病虫害防治，2~3 d后便可进行套袋。一般用专用果袋，也可用牛皮纸袋，规格27 cm×35 cm。

3. 其他管理

(1)防寒。枇杷不耐寒，在南方栽培枇杷枝叶一般无冻害，但其花期和幼果期正值冬季低温时期，最易发生冻害而影响产量。特别是北缘地区，防止冻害是枇杷取得丰产的关键。防止冻害的主要措施如下：

①选择耐寒品种。凡花期长、花期迟、花穗下垂的品种比较耐寒。

②地面覆盖培土，在冬季严寒前，即12月中下旬，在树干周围覆盖杂草、垃圾、地膜或培土，保护根颈和根系，保持土壤温度，抗寒、抗旱。

③10—11月结合根外追肥，增施磷、钾肥，增强树势，提高抗寒力。

(2)防日灼及裂果。枇杷在成熟前期若遭连续阴雨，降雨过多，果园排水不良，易导致裂果。当果面温度增至34~35 ℃时会导致日灼。防止裂果的方法是在降雨过多时注意排水，防止日灼最有效的方法是进行套袋。

4. 果实采收

枇杷花期长，开花有先后，同一株或同一穗的果实，成熟期不一致，应分期分批采收。枇杷从开始上色到全面着色约15 d，糖分迅速增加，酸度迅速降低。所以，一般要在果实全面着色时才能采收，采收过早影响品质。如需远运的，可提前在八九成熟时采收。采收时，宜手拿果穗或果梗，小心剪下，不要擦伤果面茸毛和果粉，并轻放在有草或布的篮中，切不可用手握果实拉下，这样做易拉伤果皮，造成腐烂，在采收过程中应避免碰伤果实。

五、病虫害防治

(一)主要病害

为害枇杷的主要病害有枇杷叶斑病、癌肿病、裂果病、白纹羽病、日烧病、锈病等，生产上应加以防治。

1. 枇杷叶斑病

枇杷叶斑病包括灰斑病、斑点病和角斑病，这3种病害常常同时混合发生。

【**为害症状及发生规律**】嫩叶受害后，先出现黄褐色斑点，继而逐渐扩大连成大病斑，叶片中央呈灰白色至灰黄色。幼果受害后产生紫褐色病斑，后期凹陷，散生黑色小点，严重时果肉软化腐烂。

在温暖潮湿的环境中容易发病，长江中下游地区4—6月多雨的高温高湿天气发病较重。土壤瘠薄、管理粗放和树势差的枇杷园发病尤为严重。

【**防治方法**】①合理施肥，及时排灌提高树林的抗病能力。②改善通风透光条件，降低湿度。③冬季结合清园，剪去病枝和病叶，清扫落叶，铲去杂草后喷施0.3～0.4°Bé的石硫合剂。④在各次嫩梢抽生时，选用2%春雷霉素水剂500～800倍液、10%多抗霉素可湿性粉剂800倍液、65%代森锌可湿性粉剂500～600倍液等药剂喷雾防治，7～10 d一次，共喷2～3次。

2. 癌肿病

癌肿病又称溃疡病、芽枯病。

【**为害症状及发生规律**】病原菌为细菌。典型症状是树干上或枝上出现癌肿状。叶片上产生晕轮状斑点，苗木或幼树上往往出现新梢芽枯。病菌在气温25 ℃左右繁殖最快。

【**防治方法**】①发病严重、没有治愈希望的树应拔除烧毁。②加强肥水管理，增强树势，提高抗病能力。③主干和主枝发病时，病斑刮除及涂药，也就是自采收后至9月，仔细刮除病斑，刮到好皮为止，用链霉素加5%的巴丹水溶液混合后涂布。④在新梢抽发期和果实采收后，对叶面喷布0.5%～0.6%等量式波尔多液或30%氧氯化铜悬浮剂600倍液。

3. 裂果病

【**为害症状及发生规律**】为非侵染性病害。在果实迅速膨大期或果实着色前后，出现纵向裂果。裂果病与品种有密切关系，一般是果皮较薄的品种易裂果，树旺的裂果较重。

【**防治方法**】①选择不易裂果的枇杷品种。②疏果后进行果实套袋。③采用土壤覆盖或设施栽培。④根据天气和土壤情况，干旱时适时灌水，防止过干过湿。⑤在幼果膨大期，喷布0.3%尿素＋0.2%磷酸二氢钾＋0.2%硼砂的混合液，每隔10 d喷一次，共喷2～3次。

(二)主要虫害

1. 枇杷黄毛虫

【**为害症状及生活习性**】幼虫群集于新梢嫩叶正面取食，严重时新梢叶片被吃光。该虫一年发生3～5代，其发生高峰大致与夏梢、秋梢萌生期相同。老熟幼虫在枝条背阴处结茧化蛹。

【**防治方法**】①人工捕杀。在初龄幼虫群集新梢叶面取食时，可利用其假死性振动树枝捕杀落地幼虫。②保护天敌。越冬蛹茧多集中在树干基部，可用竹刷扫在容器内，然后放在寄生蜂保护笼中，可保护天敌。③喷药保梢。在枇杷每次新梢抽发后，在黄毛虫初发阶段，进行喷药消灭初龄幼虫，以保护新梢。药剂可选用 2.5％溴氰菊酯乳油 3 000 倍液，10％氯氰菊酯乳油 4 000 倍液。

2. 梨小食心虫

梨小食心虫又名东方蛀果蛾，简称梨小。

【为害症状及生活习性】幼虫先蛀食果肉，后蛀入果核内为害种子，将虫粪排在种子周围和果实表面。早期易使被害幼果脱落，到后期，被害果实在外观上看不出受害状，但内果皮被蛀食，果内虫粪多，不能食用。幼虫喜欢为害新梢、采果痕、抹芽痕、剪口痕等柔软部分以及受伤的地方，啃食过的地方容易侵入癌肿病菌，显著助长癌肿病的蔓延。成虫白天静伏，黄昏和傍晚活动，夜间产卵。成虫产卵于果实的萼孔内，卵孵化成幼虫钻入果内。

【防治方法】①保护利用天敌，进行生物防治。卵的天敌有赤眼蜂。幼虫的天敌有齿腿瘦姬蜂、小茧蜂、钝唇姬蜂和白僵菌等。②在青果直径达 1.5～2 cm 时进行果实套袋。③在成虫羽化时将糖醋液（用红糖 1 份、米醋 2 份、水 10 份，再加入少量杀虫剂和黄酒制成）置于枇杷园诱杀成虫。④在幼虫孵化期，选择 2.5％的溴氰菊酯乳油 3 000 倍液，或 1.8％齐螨素乳油 2 000 倍液等喷杀。⑤结合癌肿病防治，在刮治癌肿病病斑时，该虫也喜欢食刮过的地方，刮除后在要涂的链霉素液中加 5％丹巴水剂。

参考文献

[1] 陈福志,吕宝山,袁小磊.果树穴贮肥水技术[J].河北果树,2017(4):54-55.

[2] 陈海红,黄余周,彭东海,等.高职果树生产技术课程实践教学模式探索与实践[J].安徽农业科学,2022.50(14):279-282.

[3] 陈杰忠.果树栽培学各论[M].北京:中国农业出版社,2012.

[4] 丛大志.谈果树修剪技术要点及病虫害防治方式分析[J].农民致富之友,2018(24):69.

[5] 冯莎莎.南方常见果树优质高产栽培一本通[M].北京:化学工业出版社,2013.

[6] 傅秀红.果树生产技术[M].北京:中国农业出版社,2007.

[7] 高照全.果树安全优质生产[M].北京:机械工业出版社,2014.

[8] 韩廷锦.果树生产技术推广存在的问题及对策[J].乡村科技,2019(29):65-66.

[9] 黄海生.南方果树生产技术(各论)[M].北京:中国农业大学出版社,2022.

[10] 黄华明,李永武.果树生产技术[M].北京:中国林业出版社,2021.

[11] 李文华.果树栽培学总论[M].北京:中国农业出版社,1989.

[12] 刘金柱,王琳琳,靳焕焕.果树生产的品种问题与解决办法[J].北方果树,2014(3):30-31.

[13] 马君岭,吴中民,张东玲.国外果树栽培新技术[J].农村新技术,2016(4):14-15.

[14] 孟昭清,刘国杰.果树整形修剪技术(密植简化优质修剪技术)[M].北京:中国农业大学出版社,1999.

[15] 区胜祥,赵秀娟.南方常见果树栽培技术[M].广州:南方日报出版社,2002.

[16] 汪景彦,崔金涛.图说桃高效栽培关键技术[M].北京:机械工业出版社,2016.

[17] 王福海,彭玉芝.果树栽培与贮藏保鲜[M].北京:中国农业科学技术出版社,2004.

[18] 王江柱,赵胜建,解金斗.葡萄高效栽培与病虫害看图防治[M].2版.北京:化学工业出版社,2018.

[19] 王跃进.果树修剪知识与技术[M].北京:中国农业出版社,2016.

[20] 魏树伟,王少敏,童瑶,等.果园水肥一体化技术及其应用[J].果农之友,2019(9):1-2,8.

[21] 徐建国.柑橘生产配套技术手册[M].北京:中国农业出版社,2013.

[22] 许邦丽.果树栽培技术(南方本)[M].北京:中国农业大学出版社,2011.

[23] 杨芳.果树栽培与病虫害防治[M].北京：中国农业科学技术出版社，2015.

[24] 杨洪强.果树生理学[M].北京：中国农业出版社，2022.

[25] 杨明江，刘振怀.几种植物生长调节剂在果树生产中应用[J].现代园艺，2013（1）：31—32.

[26] 于利国，李学华，王广海，等.果树防寒综合技术[J].河北果树，2019（2）：48—49.

[27] 张海.设施果树栽培新技术存在的问题及改善措施[J].农业知识，2020（2）：43—44.

[28] 张力飞，卜庆雁.果树栽培学程设计[M].北京：中国农业大学出版社，2011.

[29] 张鹏飞.图说果树嫁接技术[M].北京：化学工业出版社，2020.

[30] 张同舍，肖宁月.果树生产技术[M].北京：机械工业出版社，2017.

[31] 张玉星.果树栽培学各论[M].北京：中国农业科学技术出版社，2006.

[32] 赵乐元，宋艳荣，卢慧苏.南方果树栽培与病虫害防治技术[M].北京：中国农业科学技术出版社，2020.

[33] 赵维红.浅析果树修剪技术要点及病虫害防治方式[J].种子科技，2019，37（10）：101，105.